2025 개정판

박문각 자격증

제4판

이론편

실무편

기출문제

전산회계 1급

독공 독하게 공부하자

- **Ncs** 국가직무능력표준 National Competency Standards **기준안 적용**
- **KcLep 최신 프로그램 및 개정세법 적용**
- **최신 기출문제 (104회~115회) 및 해설 수록**
- ▶ **유튜브 온라인 무료강의**

공경태, 정혜숙, 김현상, 박병규, 강만성, 이동하 편저

박문각

이 책의 **머리말**

기다렸습니다!

당신에게 행복을 주고 싶어 기다렸습니다.

언제부터인가 나는 당신이 의지할 수 있는 지팡이가 되기를 바라고 있었던 것 같습니다. 마주 앉아 커피 한 잔을 함께 나누면서 미소지을 수 있는 좋은 사람이 되고 싶었습니다. 말하지 않아도 눈빛만으로 마음이 전해지고 도움이 되는 버팀목이 되고 기쁨과 행복감이 넘쳐나는 웃음을 드리고 싶었습니다. 이 책이 당신 인생의 전환점이 되어 머지않은 가까운 날에 고맙다는 말을 건네주기를 진심으로 기다려봅니다.

📖 본서의 특징

> 본서는 2025년 일반기업회계기준과 개정세법을 반영하고 있습니다.

첫째, 30점의 이론시험 철저 대비!!!
이론을 빠짐없이 완벽하게 정리하였습니다.
전산회계 1급에서는 재무회계, 원가회계, 부가가치세회계 3과목의 이론을 학습해야 합니다. 따라서 혼자서도 교재순서에 따라 단원이론 정리, 관련 사례문제 풀이, 분개연습, 복습을 위한 이론문제 풀이를 통해 학습하면서 완벽하게 이론을 정립하고 체계를 잡을 수 있도록 집필하였습니다. 이론시험에서 매번 시험에 출제되는 <u>빈출문제에 대한 이론을 단원별로 정리</u>해 두었습니다.

둘째, 시험에 출제되는 계정과목별 분개연습!!!
전산세무회계 자격시험을 포함하여 각종 회계시험에서 <u>합격의 핵심 포인트는 전표처리</u>입니다. 따라서 전산회계 1급 시험에 출제되는 계정과목별로 분개연습문제를 풀어보면서 이해력을 높일 수 있도록 구성하였습니다.

셋째, 독학으로도 70점의 실무시험 완벽 대비!!!
본서만으로도 실무시험을 대비하기 위한 독학이 가능합니다. 합격선이 되는 전산실무편은
전산세무회계 자격시험 프로그램을 활용하여 실무시험문제 순서[기초정보관리, 일반전표입력,
매입매출전표입력, 전표 오류수정, 결산, 회계정보분석]대로 집필하였습니다. 따라서 혼자서도
충분히 실무시험을 완벽하게 준비하기 위한 연습이 가능합니다.

넷째, 최신 기출문제 풀이로 실전 대비!!!
2년간의 **최신 기출문제 12회분을 수록**하여 반복적이고 종합적인 문제풀이를 통해 마지막까지
확실한 적응력을 갖출 수 있도록 체계적으로 구성하였습니다.

전산회계자격시험을 준비하는 수험생 여러분들을 위한 최적의 교재를 만들기 위해 최선을
다했지만 다소 부족한 부분은 앞으로 계속 보완해 나갈 것을 약속드립니다.

끝으로 본 교재의 출간을 위해 물심양면으로 지원해주시고 기나긴 집필기간동안 인내심을
갖고 적극 후원해주신 박문각출판 대표님께 머리 숙여 감사드립니다. 또한 교재 출간을 위해
헌신적으로 조언을 아끼지 않으시고 교재편집을 위해 고생하신 박문각출판 편집부 직원들께도
감사의 마음을 전합니다.

저자 공경태, 김현상, 박병규, 정혜욱, 강만성, 이동하
감수위원 박은정, 김보미, 김영석

📖 **학습준비**

[수험용 프로그램(케이렙) 다운로드]

① 한국세무사회 전산세무회계자격증 사이트(https://license.kacpta.or.kr)에 접속한다.

② 홈페이지 하단의 [케이렙(수험용) 다운로드]를 클릭하여 [KcLep 수험용 프로그램]을 클릭한다.

③ 아래 화면이 나타나면 다운로드를 선택하여 바탕화면에 옮긴다.

④ 바탕화면에 있는 아이콘[KcLep Setup 수험용 프로그램]을 더블클릭하여 실행시켜
　 [사용권 계약의 조항에 동의합니다]를 체크하여 "다음" 버튼을 누른다.

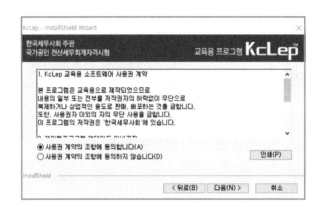

⑤ 시스템 최적화모드를 거쳐서 최종 프로그램 설치가 완료된 화면이 나타난다.

이 책의 **학습안내**

[실무수행 및 기출문제 백데이터 다운로드]

① 박문각 출판사 홈페이지(https://www.pmgbooks.co.kr)에 접속한다.

② 화면 좌측의 [백데이터 다운로드]를 클릭한다.

③ 자료실 리스트 중 [2025 독공 전산회계 1급 백데이터]를 클릭하여 자료를 바탕화면에 다운로드한다.

④ 다운로드한 백데이터 파일을 설치한다.

[실무수행 및 기출문제 백데이터 불러오기]

① 케이렙 프로그램 아이콘 을 더블클릭하여 실행한다.

② 케이렙 화면에서 [회사등록]을 선택한다.

③ [회사등록] 화면에서 [회사코드재생성]을 선택하고 [예]를 클릭한다.

④ 이후, 풀고자 하는 회사코드를 이용하여 실습하면 된다.

이 책의 **학습안내**

[백데이터 삭제하기]

① C:\KcLepDB\KcLep 폴더로 이동한다.

② 언더바(_)가 표시된 파일을 제외한 모든 폴더를 선택한 후 삭제한다.

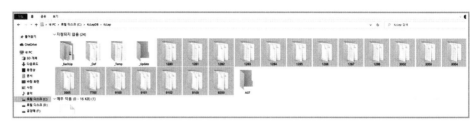

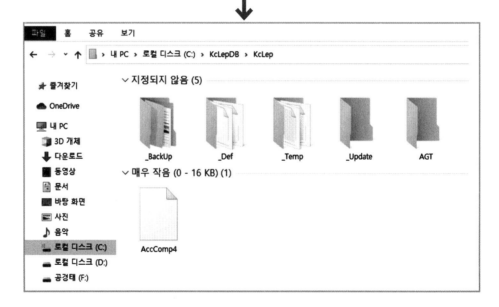

③ 이후에 본 교재에 있는 [실무수행 및 기출문제 백데이터 불러오기] 화면을 보고 재설치한다.

전산회계 1급
이론

전산회계 1급
실무

PART
03

전산회계 1급
기출문제(이론 + 실무)

PART
04

전산회계 1급
기출문제 정답 및 해설

전산회계 1급
이론

01 NCS를 적용한 재무회계 이해

1. 회계의 기본원리

◢ 01 회계의 기본개념

1) 회계의 정의

회계는 기업경영을 수행하는 과정에서 특정 경제적 사건에 대하여 회계정보 이용자가 합리적인 판단이나 의사결정을 할 수 있도록 기업 실체에 대한 유용한 경제적 정보를 식별·측정·전달하는 과정이다.

2) 회계의 분류

구분	재무회계	관리회계	세무회계
특징	결산보고 회계	의사결정 및 업적평가회계	세무조정회계
목적	기업의 이해관계자에게 필요한 정보 제공 (외부보고 목적)	경영자의 관리의사결정에 필요한 정보 제공 (내부보고 목적)	세무조정을 통한 과세표준 및 세액산출(신고목적)
정보 이용자	주주, 채권자, 정부, 거래처, 고객 등	경영자 등 내부정보이용자	국세청, 세무서 등 정부기관
작성 근거	일반적으로 인정된 회계원칙	일정한 작성기준 없음	법인세, 소득세, 부가가치세법
회계 대상	과거지향적, 화폐적	미래지향적, 비화폐적	과거지향적
보고 양식	재무제표	특정한 보고양식 없음	세무신고 서식

3) 회계단위와 회계연도

① **회계단위** : 회계 사건으로 인하여 재무정보의 증감변화나 그 원인을 기록·계산하는 범위, 즉 장소적 범위를 말한다.

② **회계연도** : 회계기간이라고 하며 기업회계기준에서는 1년을 초과할 수 없다고 되어 있다.

02 회계의 개념체계(= 회계의 기본구조)

1) 회계(재무보고)의 목적

① 투자 및 신용의사결정에 유용한 정보의 제공
② 재무상태, 경영성과, 현금흐름 및 자본변동에 관한 정보의 제공
③ 경영자의 수탁책임평가에 유용한 정보의 제공
④ 미래 현금흐름 예측에 유용한 정보의 제공

예제 1

회계의 목적을 설명한 것으로 바르지 않은 것은?

① 일정시점 회사의 재무상태를 파악한다.
② 일정기간 동안 회사의 경영성과를 측정한다.
③ 종업원을 관리하기 위해 인식한다.
④ 다양한 이해관계자들이 합리적인 의사결정을 할 수 있도록 유용한 정보를 제공한다.

[해설] --
③ 종업원을 관리하기 위함은 회계의 목적이 아니다.

2) 회계의 기본공준

① **기업실체의 공준** : 기업을 소유주와는 독립적으로 존재하는 하나의 회계단위로 간주하고 이 회계단위의 입장에서 그 경제활동에 대한 재무적 정보를 측정·보고하는 것을 말한다.
② **계속기업의 공준** : 한번 설립된 기업은 본래 목적을 달성하기 위하여 장기적으로 계속하여 존재한다는 가정으로 다음과 같은 특징이 있다.
  ㉠ 기업의 자산을 역사적원가(취득원가)로 평가하는 것
  ㉡ 유형자산의 취득원가를 내용연수의 기간 내의 비용으로 배부하는 감가상각의 회계처리
  ㉢ 자산이나 부채를 유동성 순서에 따라 분류하는 것
③ **기간별보고의 공준** : 한 기업실체의 존속기간을 일정한 기간단위로 분할하여 각 기간별로 재무제표를 작성하여 유용한 정보를 적시성 있게 보고하는 가정을 말한다.

3) 회계정보의 질적 특성

회계정보가 의사결정에 유용하도록 갖추어야 할 정보의 질적 특성을 말한다.

① **이해가능성**
회계정보가 정보이용자의 유용한 의사결정에 사용되려면 재무제표를 통해 제공된 정보가 이용자에 의해 쉽게 이해될 수 있어야 한다.

② 목적적합성

　㉠ **예측가치** : 회계정보이용자가 기업실체의 미래 재무상태, 경영성과, 현금흐름 등을 예측하는 데 활용될 수 있는 능력을 말한다.

　㉡ **피드백가치** : 과거의 기대치와 예측치를 확인 또는 수정하여 회계정보이용자의 의사결정에 영향을 미칠 수 있는 정보의 자질을 말한다.

　㉢ **적시성** : 정보이용자의 의사결정에 영향을 주기 위해 의사결정시점에 필요한 정보를 적시에 제공해야 한다는 것이다.

③ 신뢰성

　㉠ **표현의 충실성** : 회계정보가 신뢰성을 갖기 위해서는 그 정보가 나타내고자 하거나 나타낼 것이 합리적으로 기대되는 거래나 그 밖의 경제적 실질사건을 충실하게 표현하여야 한다.

　㉡ **중립성** : 회계정보가 신뢰성을 갖기 위해서는 정보에 대한 편의가 없어야 한다.

　㉢ **검증가능성** : 다수의 독립적인 측정자가 동일한 경제적 사건이나 거래에 대하여 동일한 측정방법을 적용한다면 유사한 결론에 도달할 수 있어야 함을 의미한다.

④ 질적 특성 간의 상충관계

회계정보의 목적적합성과 신뢰성은 서로 상충되기도 하므로 상충관계를 고려한 질적 특성 간의 균형이 필요하다.

구분	목적적합성	신뢰성
자산의 평가방법	공정가치법(시가법)	원가법
수익의 인식방법	진행기준	완성기준
손익의 인식방법	발생주의	현금주의
재무제표	반기재무제표	연차재무제표

⑤ 회계정보의 2차적 특성

　㉠ **비교가능성** : 회계정보를 다른 기간 또는 다른 기업과 비교할 수 있는 질적 특성을 의미하며 이는 회계정보의 유용성을 제고한다.

　㉡ **중요성** : 어떤 정보가 누락되거나 왜곡되게 표시되어 재무제표에 기초한 이용자의 경제적 의사결정에 영향을 미친다면 이는 중요한 정보이다. 이러한 중요성은 재무제표 표시와 관련된 임계치나 판단기준으로 작용한다.

✅이론문제 | 회계의 기본원리

01 다음 중 복식부기의 설명으로 틀린 것은?

① 대차평균의 원리를 이용하여 기록한다.
② 재산의 모든 변동상황을 기록한다.
③ 차변합계와 대변합계를 비교하여도 기록의 정확성은 전혀 확인할 수 없다.
④ 기록한 전체의 차변합계금액과 대변합계금액이 반드시 일치한다.

02 외부정보 이용자에게 회계정보를 제공하는 회계를 무엇이라 하는가?

① 재무회계   ② 관리회계
③ 세무회계   ④ 정부회계

03 다음 중 부기의 주목적에 해당하는 것은?

① 기업의 이해관계자에게 유용한 회계정보를 제공한다.
② 새로운 경영방침 수립에 자료를 제공한다.
③ 기업의 재무상태와 경영성과를 파악한다.
④ 세금을 부과하는 기초 자료를 제공한다.

04 다음의 회계정보의 질적 특성과 가장 관계가 깊은 것은?

어떤 기업실체의 투자자가 특정 회계연도의 재무제표가 발표되기 전에 그 해와 그 다음해의 이익을 예측하였으나 재무제표가 발표된 결과 당해 연도의 이익이 자신의 이익 예측치에 미달하는 경우 투자자는 그 다음해의 이익 예측치를 하향 수정하게 된다.

① 목적적합성   ② 비교가능성
③ 중요성   ④ 신뢰성

05 다음 중 재무보고의 목적이 될 수 없는 것은?

① 투자 및 신용의사결정에 유용한 정보를 제공한다.
② 미래 현금흐름예측에 유용한 정보를 제공한다.
③ 경영주의 의사결정에만 유용한 정보를 제공한다.
④ 경영자의 수탁책임 평가에 유용한 정보를 제공한다.

06 회사가 미래에도 계속적으로 정상적인 영업활동을 영위할 것이라는 전제하에 역사적 원가주의의 근간이 되는 회계의 기본공준은?

① 기업실체의 공준   ② 계속기업의 공준

③ 기간별보고의 공준   ④ 발생주의

07 다음은 재무제표의 질적 특성에 관련된 내용이다. 성격이 다른 하나는?

① 표현의 충실성   ② 검증가능성

③ 중립성   ④ 적시성

08 회계이론을 연역적으로 설명하기 위해 기본적인 가정 또는 전제가 필요하다. 재무회계개념체계상 재무제표를 작성·공시하는 데 있어 기초가 되는 기본전제가 아닌 것은?

① 기업실체   ② 화폐단위 측정

③ 회계기간   ④ 계속기업

이론문제 정답 및 해설

01 ③ 복식부기는 차변합계와 대변합계를 일치시키므로 정확한 자료를 얻을 수 있다.

02 ① 외부정보 이용자에게 회계정보를 제공하는 회계를 재무회계라 한다.

03 ③ 기업의 일정시점의 재무상태와 기업의 일정기간의 경영성과를 파악하는 것이 부기의 주목적이다.

04 ① 피드백가치를 설명하는 것으로 목적적합성 하부속성으로 예측가치 또는 피드백가치가 함께 포함된다.

05 ③ 재무보고의 목적은 경영주의 의사결정에만 한하지 않는다.

06 ② 재무제표를 작성하는 데 있어서 기초가 되는 기본적 전제를 회계의 기본공준이라 하며, 계속기업의 공준, 기업실체의 공준, 기간별 보고의 공준이 있다.

07 ④ 적시성은 목적적합성의 주요 질적 특성의 요소이다.

08 ② 화폐단위 측정은 회계공준과 관계가 없다.

2. 재무제표의 이해

우리나라의 일반기업회계기준에 의거한 재무제표는 다음과 같이 구성된다.

- **재무상태표** : 일정시점에 기업의 재무상태를 표시하여 주는 정태적 보고서이다.
- **손익계산서** : 일정기간 동안에 기업의 경영성과를 나타내는 동태적 보고서이다.
- **현금흐름표** : 일정기간 동안에 기업의 현금흐름을 나타내는 동태적 보고서이다.
- **자본변동표** : 일정기간 동안에 기업의 자본 변동내용을 표시하여 주는 동태적 보고서이다.
- **주석** : 재무제표의 계정과목 다음에 특정한 부호를 붙이고 난외 또는 별지에 동일한 부호를 표시하여 그 내용을 간략하게 설명해 주는 것을 말한다.

01 재무상태표의 구성요소와 양식 예시

자산 = 부채 + 자본	재무상태표 등식
부채 = 자산 − 자본	
자본 = 자산 − 부채	자본 등식

▼ **법인회사가 작성하는 재무상태표 양식 예시**

재무상태표

(주)박문각   20××년 1월 1일 현재   (단위 : 원)

자산	금액	부채와 자본	금액
자 산		부 채	
Ⅰ. 유 동 자 산	100,000,000	Ⅰ. 유 동 부 채	40,000,000
1. 당 좌 자 산	50,000,000	Ⅱ. 비 유 동 부 채	40,000,000
2. 재 고 자 산	50,000,000	자 본	
Ⅱ. 비 유 동 자 산	120,000,000	Ⅰ. 자 본 금	70,000,000
1. 투 자 자 산	20,000,000	Ⅱ. 자 본 잉 여 금	10,000,000
2. 유 형 자 산	50,000,000	Ⅲ. 자 본 조 정	10,000,000
3. 무 형 자 산	20,000,000	Ⅳ. 기타포괄손익누계액	5,000,000
4. 기타비유동자산	30,000,000	Ⅴ. 이 익 잉 여 금	45,000,000
		(당기순이익 36,000,000)	
	220,000,000		220,000,000

> 📖 **예제 2**
>
> **재무상태표의 작성에 관한 내용 중 틀린 것은?**
> ① 재부상태표 등식은 [자산 = 부채 + 자본]이다.
> ② 일정기간의 기업의 재무상태를 나타내는 회계보고서이다.
> ③ 비유동자산에는 투자자산, 유형자산, 무형자산, 기타비유동자산이 포함된다.
> ④ 재무상태표에는 표제, 상호, 작성연월일, 금액의 단위를 표시하여야 한다.
> [해설] --
> ② 재무상태표는 일정시점 기업의 재무상태를 나타내는 회계보고서이다.

1) 자산

과거의 거래나 사건의 결과로서 현재 기업실체에 의해 지배되고 미래 경제적 효익을 창출할 것으로 기대되는 자원을 말한다.

① 유동자산의 정의

ㄱ 사용의 제한이 없는 현금 및 현금성자산

ㄴ 기업의 정상적인 영업주기 내에 실현될 것으로 예상되거나 판매목적 또는 소비목적으로 보유하고 있는 재고자산과 회수되는 매출채권이 보고기간 종료일로부터 1년 이내에 현금화 또는 실현될 것으로 예상되는 자산

ㄷ 단기매매 목적으로 보유하는 자산

당좌 자산	• 정의 : 판매과정을 통하지 않고 즉시 현금화되는 자산 • 계정과목 : 현금 및 현금성자산(현금+당좌예금+보통예금+현금성자산), 단기금융상품, 단기매매증권, 매출채권(외상매출금+받을어음), 단기대여금, 미수금, 미수수익, 선급금, 선급비용 등
재고 자산	• 정의 : 생산, 판매목적으로 보유하는 자산 • 계정과목 : 상품, 소모품, 원재료, 재공품, 제품 등

② 비유동자산의 정의

보고기간 종료일로부터 1년 이후에 현금화할 수 있는 자산을 말한다.

투자자산	• 정의 : 장기간에 걸쳐 이득을 도모할 목적 또는 타회사를 지배·통제할 목적으로 보유하는 자산 • 계정과목 : 장기금융상품, 매도가능증권, 만기보유증권, 장기대여금, 투자부동산 등
유형자산	• 정의 : 업무용에 사용되며 미래의 경제적 효익이 유입될 가능성이 높고, 취득원가를 신뢰성 있게 측정 가능하며, 물리적 실체가 있는 자산 • 계정과목 : 토지, 건물, 기계장치, 차량운반구, 비품, 구축물, 건설중인 자산 등

무형자산	• 정의 : 용역의 제공, 타인에 대한 임대 또는 관리에 사용할 목적으로 기업이 보유하고 있고 장기간에 걸쳐 경제적 효익을 가져올 것으로 예상되는 자산으로 물리적 실체가 없는 자산 • 계정과목 : 영업권, 산업재산권, 광업권, 개발비 등
기타 비유동자산	• 정의 : 투자, 유형, 무형자산에 속하지 않는 비유동자산 • 계정과목 : 임차보증금, 장기성매출채권, 장기미수금 등

2) 부채

과거의 거래나 사건의 결과로서 현재 기업실체가 부담하고 미래에 자원의 유출 또는 사용이 예상되는 의무를 말한다.

유동부채	• 정의 : 보고기간 종료일로부터 1년 이내에 만기가 도래하는 부채 • 계정과목 : 매입채무(외상매입금+지급어음), 단기차입금, 미지급금, 미지급비용, 선수금, 선수수익, 예수금 등
비유동부채	• 정의 : 보고기간 종료일로부터 1년 이후에 만기가 도래하는 부채 • 계정과목 : 사채, 장기차입금, 퇴직급여충당부채 등

3) 자본

기업실체의 자산총액에서 부채총액을 차감한 잔여액, 순자산으로서 기업실체의 자산에 대한 소유주 잔여청구권, 소유주 지분, 순자산이라고도 한다.

■ 자본에 속하는 계정과목의 분류

자본금, 주식발행초과금, 감자차익, 자기주식처분손익, 미교부주식배당금, 주식할인발행차금, 감자차손, 자기주식, 매도가능증권평가손익, 이익준비금, 재무구조개선적립금, 임의적립금, 이월이익잉여금 등
---

4) 재산법을 적용한 당기순손익 계산 공식

기말자본 − 기초자본 = 당기순이익

기초자본 − 기말자본 = 당기순손실

📖 **예제 3**

다음 빈칸을 채우시오.

기초			기말			순손익
자산	부채	자본	자산	부채	자본	(−는 손실)
550,000	(1)	450,000	850,000	(2)	(3)	150,000
950,000	(4)	(5)	(6)	230,000	770,000	70,000
830,000	330,000	(7)	770,000	310,000	(8)	−40,000

[해설]

(1)	(2)	(3)	(4)
100,000	250,000	600,000	250,000
(5)	(6)	(7)	(8)
700,000	1,000,000	500,000	460,000

5) 자산, 부채, 자본 분류

📖 **예제 4**

다음 보기와 같이 계정 과목의 분류란에 자산계정은 "당좌자산", "재고자산", "투자자산", "유형자산", "무형자산", 부채계정은 "유동부채", "비유동부채", 자본계정은 "자본"이라 기입하시오.

No	계정과목	분류	No	계정과목	분류
보기	기계장치	유형자산	(12)	차량운반구	
(1)	현금		(13)	지급어음	
(2)	예수금		(14)	비품	
(3)	장기대여금		(15)	상품	
(4)	단기매매증권		(16)	받을어음	
(5)	외상매출금		(17)	미지급금	
(6)	단기차입금		(18)	토지	
(7)	선급금		(19)	소모품	
(8)	건물		(20)	미수금	
(9)	선수금		(21)	외상매입금	
(10)	당좌예금		(22)	단기대여금	
(11)	자본금		(23)	미지급비용	

[해설]

No	계정과목	분류	No	계정과목	분류
보기	기계장치	유형자산	(12)	차량운반구	유형자산
(1)	현금	당좌자산	(13)	지급어음	유동부채
(2)	예수금	유동부채	(14)	비품	유형자산
(3)	장기대여금	투자자산	(15)	상품	재고자산
(4)	단기매매증권	당좌자산	(16)	받을어음	당좌자산
(5)	외상매출금	당좌자산	(17)	미지급금	유동부채
(6)	단기차입금	유동부채	(18)	토지	유형자산
(7)	선급금	당좌자산	(19)	소모품	재고자산
(8)	건물	유형자산	(20)	미수금	당좌자산
(9)	선수금	유동부채	(21)	외상매입금	유동부채
(10)	당좌예금	당좌자산	(22)	단기대여금	당좌자산
(11)	자본금	자본	(23)	미지급비용	유동부채

6) 재무상태표 표시 및 작성기준

구분	작성 기준
구분표시의 원칙	자산은 유동자산, 비유동자산으로 부채는 유동부채, 비유동부채로 자본은 자본금, 자본잉여금, 자본조정, 기타포괄손익누계액, 이익잉여금으로 구분한다.
총액표시	자산, 부채, 자본은 총액 기재함을 원칙으로 하고 상계 표시 금지한다. 다만 대손충당금, 감가상각누계액 등의 평가성계정은 차감하는 형식과 직접 차감하여 순액으로 표시할 수도 있으며 그 사항을 주석으로 기재한다.
유동 · 비유동 기준	자산과 부채는 1년 기준뿐만 아니라 정상 영업주기를 기준으로 작성한다.
유동성배열법	재무상태표가 기재하는 자산과 부채의 항목은 유동성이 높은 항목부터 배열한다.
특정비용이연 원칙	장래의 기간에 수익과 관련이 있는 특정한 비용은 차기 이후의 기간에 배부하여 처리하기 위해 재무상태표에 자산으로 기재할 수 있다.
잉여금 구분의 원칙	자본거래에서 발생한 자본잉여금과 손익거래에서 발생한 이익잉여금을 구분하여 표시한다.
미결산계정, 비망계정 표시 금지	가지급금, 가수금, 현금과부족, 미결산 등의 항목은 그 내용을 나타내는 적절한 과목으로 표시하고 재무상태의 자산 또는 부채항목으로 표시하여서는 아니 된다.
비교재무제표의 작성	재무제표의 기간별 비교가능성을 제고하기 위하여 전기 재무제표의 모든 계량정보를 당기와 비교하는 형식으로 표시한다.
재무제표의 보고양식	기업명, 보고기간종료일 또는 회계기간, 보고통화 및 금액단위를 기재한다.

◢ 02 손익계산서의 이해

1) 손익계산서 구성요소 및 양식

① **수익** : 제품의 판매나 생산, 용역제공 및 경세실체의 경엉활동으로부터 일성기간 동안 발생하는 자산의 유입이나 증가 또는 부채의 감소에 따라 자본증가를 초래하는 경제적 효익의 증가로 정의된다.

영업수익	• 정의 : 총매출액 − 매출에누리 및 환입, 매출할인 • 계정과목 : 상품매출, 제품매출 등
영업외수익	• 정의 : 영업활동 외 발생하는 수익과 차익 • 계정과목 : 이자수익, 배당금수익, 임대료, 유형자산처분이익, 단기매매증권평가이익, 단기매매증권처분이익, 잡이익, 채무면제이익, 자산수증이익 등

② **비용** : 제품의 판매나 생산, 용역제공 및 경제실체의 경영활동으로부터 일정기간 동안 발생하는 자산의 유출이나 소멸 또는 부채의 증가에 따라 자본감소를 초래하는 경제적 효익의 감소로 정의된다.

매출원가	• 상품매출원가 = 기초상품 재고액 + 당기순매입액 − 기말상품 재고액 • 제품매출원가 = 기초제품재고액 + 당기제품제조원가 − 기말제품재고액
판매비와 관리비	• 정의 : 영업활동에 발생하는 비용 • 계정과목 : 급여, 퇴직급여, 복리후생비, 감가상각비, 기업업무추진비, 대손상각비, 잡비, 운반비, 수선비, 보험료, 임차료 등
영업외비용	• 정의 : 영업활동 외에 발생하는 비용 • 계정과목 : 이자비용, 유형자산처분손실, 단기매매증권평가손실, 단기매매증권처분손실, 잡손실, 외환차손, 외화환산손실 등
법인세비용	• 정의 : 회계기간에 납부해야 할 법인세액

③ 일반기업회계기준에 의한 보고식 손익계산서

손익계산서

(주)박문각   20××년 1월 1일부터 20××년 12월 31일까지   (단위 : 원)

계정과목		금액
Ⅰ. 매 출 액		300,000,000
Ⅱ. 매 출 원 가		200,000,000
Ⅲ. 매 출 총 이 익		100,000,000
Ⅳ. 판매비와관리비		60,000,000
Ⅴ. 영 업 이 익		40,000,000
Ⅵ. 영 업 외 수 익		10,000,000
Ⅶ. 영 업 외 비 용		10,000,000
Ⅷ. 법인세차감전순이익		40,000,000
Ⅸ. 법 인 세 등		4,000,000
Ⅹ. 당 기 순 이 익		36,000,000

2) 손익계산서 인식기준

① **총액표시** : 수익과 비용은 각각 총액으로 표시한다.

② **구분표시** : 매출액, 매출원가, 판매비관리비, 영업손익, 영업외수익, 영업외비용, 법인세차감전순이익, 법인세비용, 당기순이익, 주당순이익으로 구분표시한다.

③ **수익비용대응원칙** : 일정 회계기간에 실현된 수익 및 동 수익과 관련되어 발생된 비용을 동일 회계기간으로 인식함으로써 당해 회계기간의 이익을 합리적으로 산출해야 한다는 원칙을 말한다.

④ **발생주의 및 실현주의** : 발생주의는 현금주의와 상반된 개념으로, 현금의 수수와는 관계없이 수익은 실현되었을 때 인식되고, 비용은 발생되었을 때 인식되는 개념이다. 기업의 기간손익을 계산함에 있어서 수익과 비용을 대응시켜야 하고 이에 따라 수익과 비용을 경제가치량의 증가 또는 감소의 사실이 발생한 때를 기준으로 하여 인식하는 것을 말한다.

3) 수익, 비용 분류

예제 5

다음 계정과목의 분류란에 수익계정은 "영업외수익", 비용계정은 "판매비와관리비", "영업외비용"이라 기입하시오.

No	계정과목	분류	No	계정과목	분류
보기	매출액	영업수익	(11)	세금과공과금	
(1)	기업업무추진비		(12)	수도광열비	
(2)	단기매매증권평가손실		(13)	단기매매증권처분손실	
(3)	보험료		(14)	광고선전비	
(4)	잡손실		(15)	임대료	
(5)	여비교통비		(16)	유형자산처분손실	
(6)	급여		(17)	수수료수익	
(7)	잡이익		(18)	소모품비	
(8)	이자비용		(19)	임차료	
(9)	통신비		(20)	퇴직급여	
(10)	이자수익		(21)	유형자산처분이익	

[해설]

No	계정과목	분류	No	계정과목	분류
보기	매출액	영업수익	(11)	세금과공과금	판매비와관리비
(1)	기업업무추진비	판매비와관리비	(12)	수도광열비	판매비와관리비
(2)	단기매매증권평가손실	영업외비용	(13)	단기매매증권처분손실	영업외비용
(3)	보험료	판매비와관리비	(14)	광고선전비	판매비와관리비
(4)	잡손실	영업외비용	(15)	임대료	영업외수익
(5)	여비교통비	판매비와관리비	(16)	유형자산처분손실	영업외비용
(6)	급여	판매비와관리비	(17)	수수료수익	영업외수익
(7)	잡이익	영업외수익	(18)	소모품비	판매비와관리비
(8)	이자비용	영업외비용	(19)	임차료	판매비와관리비
(9)	통신비	판매비와관리비	(20)	퇴직급여	판매비와관리비
(10)	이자수익	영업외수익	(21)	유형자산처분이익	영업외수익

4) 손익법에 의한 손익계산서의 기본등식

① 총수익 - 총비용 = 당기순이익

② 총비용 - 총수익 = 당기순손실

5) 재산법과 손익법의 당기순손익의 일치성

① 기말자본 – 기초자본 = 당기순이익, 총수익 – 총비용 = 당기순이익

② 기초자본 – 기말자본 = 당기순손실, 총비용 – 총수익 = 당기순손실

※ 재산법이나 손익법이나 모두 당기순이익 또는 당기순손실이 반드시 동일한 금액으로 계산되어야 한다.

📖 **예제 6**

다음 빈칸에 들어갈 금액을 계산하시오.

구분	기초			기말			경영성과 및 순손익		
	자산	부채	자본	자산	부채	자본	총수익	총비용	순손익
(1)	70,000	30,000	(①)	100,000	40,000	(②)	(③)	30,000	(④)
(2)	(⑤)	50,000	40,000	(⑥)	80,000	30,000	20,000	(⑦)	(⑧)
(3)	150,000	(⑨)	100,000	200,000	(⑩)	140,000	(⑪)	10,000	(⑫)

[해설]

구분	기초			기말			경영성과 및 순손익		
	자산	부채	자본	자산	부채	자본	총수익	총비용	순손익
(1)	70,000	30,000	(40,000)	100,000	40,000	(60,000)	(50,000)	30,000	(20,000)
(2)	(90,000)	50,000	40,000	(110,000)	80,000	30,000	20,000	(30,000)	(-10,000)
(3)	150,000	(50,000)	100,000	200,000	(60,000)	140,000	(50,000)	10,000	(40,000)

✔️ 이론문제 | **재무제표의 이해**

01 다음 빈칸에 들어갈 금액을 바르게 나열한 것은? (단위 : 원)

상호명	자산	부채	자본
동탄상사	7,000,000	(가)	300,000
수원상사	(나)	470,000	720,000

	(가)	(나)		(가)	(나)
①	5,000,000원	150,000원	②	6,700,000원	1,190,000원
③	1,190,000원	6,700,000원	④	150,000원	5,000,000원

02 다음 중 기업회계기준상 당좌자산에 속하지 않는 것은?

① 일반적 상거래에서 발생한 외상매출금과 받을어음
② 회수기한이 1년 내에 도래하는 대여금
③ 상품·원재료 등의 매입을 위하여 선급한 금액
④ 받은 수익 중 귀속시기가 차기 이후에 속하는 금액

03 다음 항목들 중에서 유동자산의 합계금액은 얼마인가?

• 현금	150,000원	• 단기매매증권	180,000원
• 매입채무	420,000원	• 장기금융상품	305,000원
• 선급비용	230,000원	• 매출채권	510,000원
• 기계장치	340,000원	• 개발비	100,000원

① 840,000원
③ 1,145,000원
② 1,070,000원
④ 2,235,000원

04 유동성배열법으로 배열 시 가장 먼저 기재되는 것은?

① 건물
③ 상품
② 외상매출금
④ 장기투자증권

05 기업회계기준상 재무상태표의 설명에 적합하지 않은 것은?

① 재무상태표는 기업의 재무상태를 명확히 보고하기 위하여 재무상태표일 현재의 기업의 자산·부채·자본을 나타내는 정태적 보고서를 말한다.
② 재무상태표에서 자산·부채·자본은 총액표시를 원칙으로 한다.
③ 재무상태표는 유동성배열법에 따라 유동성이 낮은 항목부터 나열한다.
④ 기업회계기준상 재무상태표의 작성방법에는 보고식과 계정식이 있다.

06 재무상태표에 대한 설명 중 옳지 않은 것은?

① 일정기간 동안 기업의 경영성과에 대한 정보를 제공하는 재무보고서이다.
② 자산은 유동자산과 비유동자산으로 구분한다.
③ 비유동자산은 투자자산, 유형자산, 무형자산 및 기타 비유동자산으로 구분한다.
④ 자본은 자본금, 자본잉여금, 자본조정, 기타포괄손익누계액 및 이익잉여금(또는 결손금)으로 구분한다.

07 다음 중 재무제표 양식에 대한 설명으로 틀린 것은?

① 재무제표 양식은 보고식을 원칙으로 표준식 또는 요약식으로 작성할 수 있다.
② 재무제표는 당해 회계연도 분과 직전 회계연도 분을 비교하는 형식으로 작성하여야 한다.
③ 회계방침 등 필요한 사항은 주석으로 작성하여야 한다.
④ 재무상태표는 계정식으로 작성할 수 없다.

08 재무상태표상의 자본에 대한 설명으로 틀린 것은?

① 자본금은 발행주식수에 발행가액을 곱하여 계산하며 재무상태표에 공시할 때에는 주식종류별로 구분하여 표시한다.
② 재무상태표상의 자본잉여금은 주식발행초과금, 감자차익, 자기주식처분이익 등 기타자본잉여금으로 구성된다.
③ 재무상태표상의 자본은 자본금, 자본잉여금, 이익잉여금, 자본조정, 기타포괄손익누계액으로 구성된다.
④ 주식할인발행차금은 자본조정항목이다.

09 다음 20×1년 1월 1일의 재무상태를 자료로 할 때 자본금은 얼마인가?

• 현금	200,000원	• 당좌예금	500,000원	• 외상매출금	300,000원
• 받을어음	400,000원	• 상품	100,000원	• 외상매입금	300,000원
• 비품	300,000원	• 지급어음	100,000원	• 단기차입금	300,000원
• 자본금	( )				

① 1,000,000원   ② 1,100,000원
③ 1,200,000원   ④ 1,300,000원

10 우리나라 기업회계기준상 재무상태표 작성기준에 해당되지 않는 것은?

① 구분표시   ② 총액주의
③ 유동성배열법   ④ 총액표시

11 현행 기업회계기준서에 의한 손익계산서의 작성기준으로 옳은 것은?

① 손익계산서상 수익과 비용은 순액에 의해 기재함을 원칙으로 한다.
② 손익계산서상 영업손익은 매출액에서 매출원가를 차감하여 표시한다.
③ 손익계산서상 매출액은 총매출액에서 매출할인, 매출환입 및 매출에누리를 차감한 금액이다.
④ 손익계산서상 매출원가는 기초상품 재고액에서 당기순매입액을 가산한 금액에서 기말상품 재고액을 가산한 금액이다.

12 기업회계기준에 의한 손익계산서의 작성기준으로 틀린 것은?

① 모든 수익과 비용은 그것이 발생한 기간에 정당하게 배부되도록 처리하여야 한다.
② 수익과 비용은 총액에 의하여 기재함을 원칙으로 한다.
③ 수익은 실현시기를 기준으로 계상한다.
④ 미실현수익은 당기의 손익계산에 산입함을 원칙으로 한다.

13 수익의 분류 중 영업수익은 기업의 주된 영업활동으로부터 발생하는 수익을 말한다. 다음 중 영업수익에 해당하는 것은?

① 이자수익   ② 보험차익
③ 매출원가   ④ 매출액

14 다음 중 수익의 구분상 기업회계기준에서 영업외수익에 속하지 않는 것은?

① 이자수익　　　　　　　　　　② 유형자산처분이익

③ 기부금　　　　　　　　　　　④ 배당금수익

15 다음 중 손익계산서에 있어서 판매비와관리비에 속하는 항목이 아닌 것은?

① 기부금　　　　　　　　　　　② 세금과 공과금

③ 광고선전비　　　　　　　　　④ 감가상각비

16 다음 자료에서 제조업을 영위하는 (주)제조의 영업손익은 얼마인가?

• 급여	30,000원	• 이자수익	45,000원
• 광고선전비	8,000원	• 소모품비	4,000원
• 단기매매증권처분손실	10,000원	• 수도광열비	10,000원
• 경상연구개발비	3,000원	• 배당금수익	2,000원
• 매출총이익	200,000원		

① 78,000원　　　　　　　　　　② 88,000원

③ 145,000원　　　　　　　　　④ 163,000원

17 다음 자료를 이용하여 손익계산서에 계상될 영업이익을 계산하면 얼마인가?

• 매출총이익	1,000,000원	• 기업업무추진비	30,000원	• 감가상각비	20,000원
• 이자비용	50,000원	• 경상개발비	40,000원	• 복리후생비	70,000원
• 기부금	60,000원				

① 730,000원　　　　　　　　　② 780,000원

③ 820,000원　　　　　　　　　④ 840,000원

18 다음 계정과목 중 영업이익 계산과정에서 제외되어야 할 것만 열거한 것은?

ㄱ. 매출원가	ㄴ. 종업원의 복리후생비
ㄷ. 이자비용	ㄹ. 건물의 감가상각비
ㅁ. 기부금	ㅂ. 유가증권평가손실

① ㄱ, ㄷ, ㅁ   ② ㄴ, ㅁ, ㅂ
③ ㄷ, ㄹ, ㅂ   ④ ㄷ, ㅁ, ㅂ

19 현행 기업회계기준(서)상 재무제표에 대한 설명으로 잘못된 것은?

① 유동자산은 당좌자산과 재고자산으로 구분하고, 비유동자산은 투자자산, 유형자산, 무형자산, 기타비유동자산으로 구분한다.
② 전기 재무제표가 당기 재무제표를 이해하는 데 반드시 필요한 경우를 제외하고는 전기 재무제표는 표시하지 아니하는 것을 원칙으로 한다.
③ 재무제표는 재무상태표, 손익계산서, 현금흐름표, 자본변동표로 구성되며, 주석을 포함한다.
④ 자본은 자본금, 자본잉여금, 자본조정, 기타포괄손익누계액 및 이익잉여금(또는 결손금)으로 구분한다.

20 다음 자료로 기말자산을 계산하면 얼마인가?

〈자료〉

20×1년 1월 1일 현금 3,000,000원과 차량운반구 2,000,000원을 출자하여 영업을 시작하여 기말에 부채는 3,000,000원이고 동성상점의 1년 동안에 발생한 총수익은 10,000,000원이고, 총비용은 6,000,000원이다.

① 3,000,000원   ② 6,000,000원
③ 9,000,000원   ④ 12,000,000원

이론문제 정답 및 해설

01 ② 동탄상사 : 자산 7,000,000원 = 부채 (6,700,000원) + 자본 300,000원
수원상사 : 자산 (1,190,000원) = 부채 470,000원 + 자본 720,000원

02 ④ 받은 수익 중 귀속시기가 차기 이후에 속하는 금액은 선수수익계정으로 유동부채에 속한다(기업
회계기준 제23조).

03 ② 유동자산 = 현금 + 단기매매증권 + 선급비용 + 매출채권 = 1,070,000원

04 ② 유동성배열법 : 현금화가 빨리 되는 자산부터 기재하는 방법으로 외상매출금(당좌자산), 상품(재
고자산), 장기투자증권(투자자산), 건물(유형자산) 순으로 배열한다.

05 ③ 유동성배열법은 유동성이 높은 것부터 배열하는 방법이다.

06 ① 손익계산서를 설명하고 있으며, 재무상태표는 일정시점에 현재 기업이 보유하고 있는 경제적 자
원인 자산과 경제적 의무인 부채, 그리고 자본에 대한 정보를 제공하는 재무보고서이다.

07 ④ 재무상태표는 계정식으로도 작성할 수 있다.

08 ① 재무상태표상의 자본금은 발행주식수 × 액면가액으로 공시된다.

09 ② 기초자산 – 기초부채 = 기초자본이 된다. 따라서, 자본금은 1,100,000원이 산출된다.
• 기초자산(1,800,000원) = (현금 200,000원 + 당좌예금 500,000원 + 외상매출금 300,000원 +
받을어음 400,000원 + 상품 100,000원 + 비품 300,000원)
• 기초부채(700,000원) = (외상매입금 300,000원 + 지급어음 100,000원 + 단기차입금 300,000원)

10 ② 총액주의란 수익과 비용은 총액에 의하여 기재함을 원칙으로 하고, 수익항목과 비용항목을 직접
상계함으로써 그 전부 또는 일부를 손익계산서에서 제외하여서는 아니 된다.

11 ③ 매출액 = 총매출액 – 매출할인 – 매출에누리 및 환입

12 ④ 미실현수익은 당기의 손익계산에 산입하지 않는다.

13 ④ 기업의 주된 영업활동으로부터 발생하는 수익은 매출액을 말한다.

14 ③ 기부금은 영업외비용에 속한다.

15 ① 기부금은 영업외비용에 속한다.

16 ③ 영업외수익(이자수익, 배당금수익, 단기매매증권처분손실, 배당금수익)은 제외하고, 매출총이익에서 판매비와 일반관리비를 차감한다.
(매출총이익 200,000원 - 급여 30,000원 - 광고선전비 8,000원 - 소모품비 4,000원 - 수도광열비 10,000원 - 경상연구개발비 3,000원 = 145,000원)

17 ④ 영업이익 840,000원은 매출총이익 1,000,000원에서 판매비와관리비 160,000원(기업업무추진비, 감가상각비, 경상개발비, 복리후생비)을 차감하여 산출한다.

18 ④ 영업이익은 매출총이익에서 판매비와관리비를 차감하여 산출하는데 이자비용, 기부금, 단기매매증권평가손실은 영업외비용으로 영업이익 계산에서 제외한다.

19 ② 재무제표의 기간별 비교가능성을 제고하기 위하여 전기 재무제표의 모든 계량정보를 당기와 비교하는 형식으로 표시한다.

20 ④ • 총수익(10,000,000원) - 총비용(6,000,000원) = 당기순이익(4,000,000원)
• 기초자본금(5,000,000원) + 당기순이익(4,000,000원) = 기말자본금(9,000,000원)
• 기말부채(3,000,000원) + 기말자본금(9,000,000원) = 기말자산(12,000,000원)

3. 회계순환과정

01 회계상 거래와 일반생활에서의 거래의 구분

반드시 일반적 개념의 거래와 일치하지는 않는다.

1) 회계상 거래가 되는 것

   실제적으로 자산·부채·자본의 증감변화가 발생하는 것을 말한다.

2) 회계상의 거래가 아닌 것

회계상의 거래		일반생활의 거래(회계상 거래가 아닌 것)
화재, 도난, 분실, 파손 등에 의한 자산 감소	상품매매, 채권·채무의 발생·소멸, 각종 대금의 회수, 손익의 발생 등	주문, 임대차계약, 약속, 보관, 추심의뢰, 위탁, 채용 등

예제 7

다음 사항 중 회계상의 거래인 것은 ○표, 회계상의 거래가 아닌 것은 ×표를 하시오.

(1) 상품을 매입하고 대금은 현금지급하다.   (   )
(2) 상품을 외상으로 매출하다.   (   )
(3) 상품을 창고회사에 보관하다.   (   )
(4) 건물을 빌리기로 계약을 맺다.   (   )
(5) 금고에 보관 중이던 현금을 도난당하다.   (   )

[해설] --

(1) ○ (2) ○ (3) × (4) × (5) ○

02 거래의 8요소

기업에서 발생하는 회계상의 모든 거래는 8개의 요소로 구성되어 있는데 이것을 거래의 8요소라고 한다. 거래가 발생하면 차변요소와 대변요소가 결합하여 나타나는데, 차변요소끼리 또는 대변요소끼리는 결합이 불가능하다.

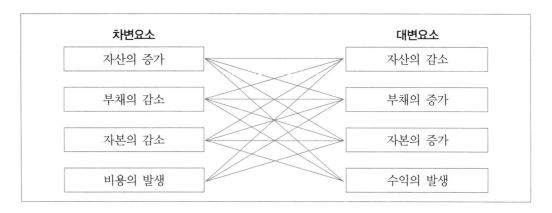

1) 거래의 성격에 따른 분류

① 교환거래 : 자산, 부채, 자본만이 증감 발생하는 거래를 말한다.

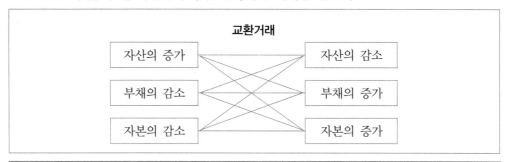

거래	(거래) 비품 80,000원을 외상으로 매입하다.
결합관계 (분개)	(차) 자산의 증가(비품) 80,000원 / (대) 부채의 증가(미지급금) 80,000원

② 손익거래 : 자산·부채·자본 중 1거래와 비용·수익 중 1거래가 연결되는 거래를 말한다.

거래	(거래) 전화요금 60,000원을 현금으로 지급하다.
결합관계 (분개)	(차) 비용의 발생(통신비) 60,000원 / (대) 자산의 감소(현금) 60,000원

③ 혼합거래 : 교환거래와 손익거래가 동시에 혼합되어 있는 거래를 말한다.

PART
01

거래	(거래) 대여금 100,000원과 이자 5,000원을 현금으로 받다.
결합관계 (분개)	(차) 자산의 증가(현금)　 105,000원 / (대) 자산의 감소(단기대여금)　 100,000원 수익의 발생(이자수익)　 5,000원

2) 현금의 수입과 지출에 따른 분류

① **입금거래** : 차변에 전부 현금이 입금되는 거래로 입금전표를 만들 수 있다.

거래	(거래) 은행 예금에 대한 이자 10,000원을 현금으로 받다.
결합관계 (분개)	(차) 자산의 증가(현금)　 10,000원 / (대) 수익의 발생(이자수익)　 10,000원

② **출금거래** : 대변에 전부 현금이 출금되는 거래로 출금전표를 만들 수 있다.

거래	(거래) 여비교통비 20,000원을 현금으로 지급하다.
결합관계 (분개)	(차) 비용의 발생(여비교통비)　 20,000원 / (대) 자산의 감소(현금)　 20,000원

③ **대체거래** : 현금의 거래가 아니거나 또는 1전표로 전부 처리하는 경우에 현금의 일부 거래로 대체전표를 만들 수 있다.

거래	(거래) 상품 50,000원을 매입하고 대금 중 40,000원은 현금으로 지급하고 잔액은 외상으로 하다.
결합관계 (분개)	(차) 자산의 증가(상품)　 50,000원 / (대) 자산의 감소(현금)　 40,000원 부채의 증가(외상매입금)　 10,000원

◢ 03 회계의 순환절차

> 거래 발생 ➡ 분개(전표기입) ➡ 총계정원장에 전기 ➡ 결산예비절차(시산표, 기말수정분개, 정산표 작성) ➡ 결산본절차(총계정원장 작성 및 마감) ➡ 결산후절차(손익계산서와 재무상태표 작성 및 마감)

1) 계정, 계정과목, 계정계좌(또는 계좌)

계정이란 기업의 거래들을 구체적인 항목별로 체계적으로 기록하기 위한 장소(단위)이며, 계정의 명칭은 계정과목이라 하고, 계정기입의 장소는 계정계좌 또는 계좌라고 한다.

2) 자산 · 부채 · 자본 · 비용 · 수익계정 잔액을 재무제표에 연결하는 방법

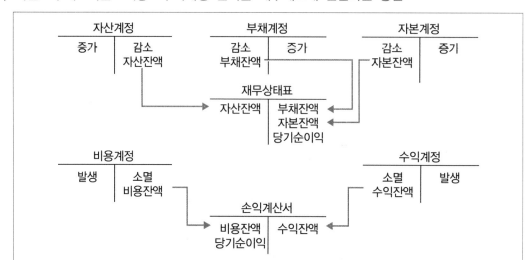

3) 대차평균의 원리와 자기검증기능

① 거래의 이중성[1]으로 인해 모든 거래는 두 가지 이상의 계정에 동시에 영향을 미친다. 따라서 차변합계와 대변합계는 반드시 일치하게 되어 차변과 대변은 평형을 이루게 되는데 이를 대차평균(평형)원리라고 한다.

② 거래의 이중성과 대차평균(평형)원리를 이용하여 계정의 차변합계와 대변합계를 비교하여 그것이 일치하는가를 확인함으로써 그 기록 · 계산에 오류가 있는지 여부를 자동적으로 검증할 수 있게 되는데, 이를 복식부기의 자기검증기능이라고 한다.

4) 분개와 분개장

하나의 거래를 차변요소와 대변요소로 나누고, 그 계정과목과 금액을 결정하는 것으로 ① 어느 계정에 기입할 것인지 계정과목을 정하고, ② 그 계정의 차변 또는 대변에 기입할 것인가, ③ 얼마의 금액을 기입할 것인가를 결정하는 것이다. 이러한 분개를 기입하는 장부를 분개장이라고 한다.

5) 전표입력에 의한 총계정원장과 전기

특정계정과목의 거래내역과 증감액을 손쉽게 파악하기 위해서 분개장에 기록된 것을 다시 계정과목별로 별도의 장부에 집계해야 하는데 이와 같이 계정과목별로 집계되어 있는 장부를 총계정원장 또는 원장이라고 한다. 이와 같이 분개장 또는 일계표에 집계된 것을 원장상의 해당계정에 옮겨 적는 절차를 전기라 한다.

---

1) 거래의 이중성이란 하나의 거래에 대해 두 가지 사항을 인식할 수 있다는 것으로, 거래가 발생하면 반드시 양쪽이 같은 금액으로 변동한다는 것을 의미한다. 즉, 차변에 자산이 증가하면 대변에 동액의 자산이 감소하거나 부채 또는 자본이 증가하여 차변과 대변은 항상 동액이 증감한다는 것이다.

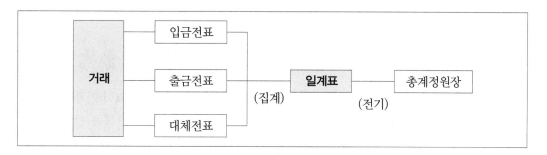

6) 분개와 전기의 예제

거래) 3/10 상품 100,000원을 현금으로 매입하다.
분개) 3/10 (차) 상품 100,000 (대) 현금 100,000
전기)

상품		현금	
3/10 현금 100,000			3/10 상품 100,000

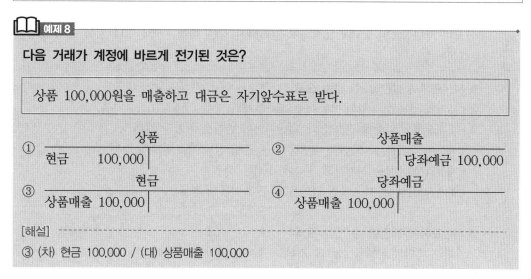

예제 8

다음 거래가 계정에 바르게 전기된 것은?

상품 100,000원을 매출하고 대금은 자기앞수표로 받다.

① 상품 / 현금 100,000 |

② 상품매출 / | 당좌예금 100,000

③ 현금 / 상품매출 100,000 |

④ 당좌예금 / 상품매출 100,000 |

[해설] --
③ (차) 현금 100,000 / (대) 상품매출 100,000

7) 장부의 분류

기업의 경영활동에서 발생하는 모든 거래를 기록·계산·정리하는 지면을 장부라 하며, 기업의 경영활동에 관한 원인과 결과를 명백히 하기 위한 기록상의 서류를 말한다.

주요부	• 분개장 : 모든 거래내용을 발생한 순서대로 분개를 기입하는 장부로, 총계정원장에 전기하는 기초가 된다. • 총계정원장 : 분개장에서 분개한 것을 계정과목별로 계정계좌를 세워 거래를 계정단위로 기입하는 장부이다.
보조부	• 보조기입장 : 현금출납장, 당좌예금출납장, 매입장, 매출장, 받을어음기입장, 지급어음기입장 등이 있다. • 보조원장 : 상품재고장, 매입처원장, 매출처원장 등이 있다.

04 결산 및 결산절차

1) 결산예비절차

① 수정전시산표

결산을 시작하기 전에 예비절차로 분개장에서 총계정원장에 전기된 금액이 정확한지를 확인하기 위하여 모든 계정의 차변금액과 대변금액이 일치하는지 자기검증하는 표를 시산표라 한다.

㉠ 수정전시산표 등식 : 수정분개를 반영하기 전의 시산표이다.

> 기말자산 + 총비용 = 기말부채 + 기초자본 + 총수익

㉡ 수정전시산표의 종류
- 합계시산표 : 각 계정원장의 차변합계액과 대변합계액을 모아서 작성한 표이다.
- 잔액시산표 : 각 계정원장의 대 · 차 차액인 잔액으로 작성한 표이다.
- 합계잔액시산표 : 합계시산표와 잔액시산표를 동시에 나타낸 표이다.

② 시산표에서의 오류

시산표의 차변합계액과 대변합계액이 일치하지 않는 때에는 계산이나 기록 중에 오류가 있기 때문이다.

■ 시산표에서 발견할 수 없는 오류
- 분개의 전체가 누락되거나 이중으로 분개된 경우
- 분개장에서 원장에 전기할 때 대 · 차변이 반대로 전기된 경우
- 원장에 전기할 때 차변과 대변을 모두 틀린 금액으로 전기한 경우
- 계정과목을 잘못 분개하고 원장에 전기한 경우
- 분개장 작성 시 대 · 차변 금액을 바꾸어 기록한 경우

■ 시산표에서 발견할 수 있는 오류
차변과 대변의 금액을 다르게 기록할 경우는 파악이 가능하다.

📖 예제 9

다음 중 시산표 작성 시 발견이 가능한 오류는?

① 분개할 때 성격이 다른 계정과목을 사용하였다.
② 거래 내용의 전체가 누락되었다.
③ 같은 거래를 이중으로 기록하였다.
④ 차변과 대변의 금액을 다르게 기록하였다.

[해설] --
④ 차변과 대변의 금액을 다르게 기록하는 경우에는 파악이 가능하다.

2) 재고조사표와 기말수정분개

회계 기말에 기업의 정확한 재무상태와 경영성과를 파악하기 위하여 총계정원장의 각 계정잔액을 기말에 수정분개와 함께 수정할 필요가 있다. 재고조사표란 이러한 결산정리의 모든 사항을 하나의 일람표로 작성하는 것을 말한다.

3) 정산표(= 수정후시산표)

잔액시산표를 기초로 하여 결산 전에 손익계산서와 재무상태표를 함께 작성하는 일람표이다.

4) 결산본절차(총계정원장 마감)

① 총계정원장에 있는 비용계정과 수익계정의 원장잔액을 "손익"으로 마감한다.
② 손익계정에서 당기순손익을 계산하여 "이월이익잉여금" 원장으로 대체기입한다.
③ 자산, 부채, 자본계정을 차기이월로 마감하여 "전기이월"로 마감하여 이월시킨다.
④ 이월된 잔액을 집계하여 이월시산표를 작성하여 대차합계가 일치하는지를 확인한다.

5) 결산후절차

결산본절차에서 작성된 손익계정을 보고 손익계산서를 작성하며, 이월시산표를 보고 재무상태표를 작성한다.

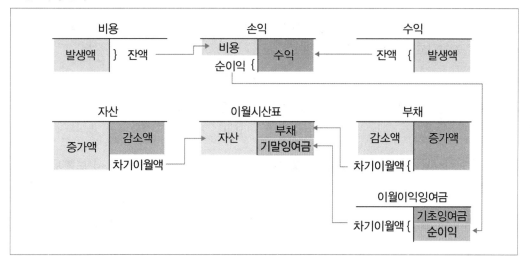

분개연습 | 회계순환과정

01 다음의 거래를 읽고 보기와 같이 거래의 8요소에 대한 결합관계를 표시하고 분개를 적어보시오.

〈보기〉

샘표상사에 상품 200,000원을 매출하고, 대금은 현금으로 받다.

| (차) 현금(자산의 증가) | 200,000 | (대) 상품매출(수익의 발생) | 200,000 |

[1] 상품을 3,000,000원에 매입하고 대금 중 일부는 현금으로 2,000,000원을 결제하였으며, 나머지 잔액은 보통예금에서 이체하다.
(차)   (대)

[2] 상품 320,000원을 매입하고, 대금 중 120,000원은 현금으로 지급하고 잔액은 외상으로 하다.
(차)   (대)

[3] 상품을 매입하기로 하고, 계약금 300,000원을 국민은행 계좌로 이체지급하다.
(차)   (대)

[4] 위 [3]의 상품 800,000원을 매입하고 대금은 계약금을 제외하고 200,000원은 당좌수표를 발행하여 지급하고 잔액은 외상으로 하다.
(차)   (대)

[5] (주)강남상사에 상품 480,000원을 매출하고, 대금은 월말에 받기로 하다.
(차)   (대)

[6] 오작교상사에 상품 600,000원을 매출하고 대금은 현금으로 회수하여 즉시 보통예입하다.
(차)   (대)

[7] 화곡(주)에 상품 700,000원을 매출하기로 하고, 계약금 10%를 당사 보통예금계좌로 이체받다.
(차)   (대)

[8] 위 [7]번의 화곡(주)에 주문받은 상품을 매출하고, 대금은 계약금을 제외한 금액 중 360,000원은 보통예금으로 입금받고, 잔액은 약속어음으로 받다.
(차)   (대)

[9] 공장에서 제품생산에 사용할 기계장치 1,000,000원을 매입하고 현금으로 700,000원을 지급하였으며 나머지 잔액은 1달 후 결제하기로 하였다.
(차)   (대)

[10] 영업부 팀원들이 놀부식당에서 회식을 실시하고 대금은 신용카드로 400,000원을 결제하였다.
(차)   (대)

[11] IBM회사에서 업무용 컴퓨터 1,550,000원을 구입하고 대금 중 550,000원은 현금으로 구입하였고 잔액은 외상으로 하다.
(차)   (대)

[12] 위 [11]번의 미지급금 1,000,000원을 보통예금으로 계좌이체하여 지급하였다.
(차)   (대)

[13] 종업원의 급여통장에 급여이체 시 발생한 수수료가 보통예금에서 500원 차감되었음을 확인하였다.
(차)   (대)

[14] 8월분 종업원 김도현의 급여에서 공제액을 차감한 후 보통예금에서 이체하여 지급하였다.

| • 급여총액 | 2,500,000원 | • 소득세 등 | 300,000원 |
| • 차인지급액 | 2,200,000원 | | |

(차)   (대)

[15] 사무용 문방구류 등을 520,000원에 구입하고 대금은 현금으로 지급하다. (단, 소모품비로 처리할 것)
(차)   (대)

02 다음의 거래의 예를 참조하여 5월 거래내역을 분개, 전기하고 합계잔액시산표를 작성하시오.

거래	기계장치 1,000,000원을	현금으로 구입하다.
결합관계	자산의 증가	자산의 감소
분개	**차변기입**	**대변기입**
	(차) 기계장치 1,000,000	(대) 현금 1,000,000

전기절차

기계장치
현금   1,000,000

현금
기계장치   1,000,000

― 〈거래〉 ―

[1] 당사는 주식 6,500주(1주 액면금액 10,000원)를 발행하고, 대금 중 55,000,000원은 현금으로 받고 나머지는 당좌예금에 입금하였다.

[2] IBK은행에 현금 1,000,000원을 보통예입하다.

[3] 마포갈비에서 종업원 회식을 하고 식사대금 200,000원은 월말에 지급하기로 하다.

[4] 당사사무실 임차료로 500,000원을 현금 지급하였다.

[5] 좋은가구로부터 사무실 책상(내용연수 5년)을 1,600,000원에 구입하고 대금은 당좌수표를 발행하여 지급하다.

[6] 재고상품의 부족으로 거래처 신창상회로부터 상품 5,000,000원을 매입하기로 하고 상품매입대금 10%를 계약금으로 당좌예금통장에서 거래처 신창상회통장으로 이체시키다.

[7] 기획부사원 이지숙씨의 급여를 지급하면서 국민연금과 건강보험료 소득세를 공제하고 보통예금통장에서 이체하다.

성명	급여	국민연금	건강보험	소득세
이지숙	1,500,000원	135,000원	42,000원	36,000원

[8] 당사는 현대자동차에서 업무용승용차 1대(20,000,000원)를 구입하고, 15,000,000원은 현대캐피탈에서 6개월 무이자할부로 하고, 5,000,000원은 현금으로 지급하다. 그리고 차량구입에 따른 취득세·등록세 1,100,000원도 현금으로 지급하다.

[9] 신창상회에서 매입하기로 한 상품 5,000,000원이 도착하여 인수하고, 계약금 500,000원을 제외한 잔금은 검수가 완료된 후에 지급하기로 하다.

[10] 매출처 홍제상사에 상품 10,000,000원을 판매하고, 대금 중 8,000,000원은 보통예금으로 받고, 잔액은 외상으로 하다.

[11] 위 [9]번 거래와 연결하여 신창상회에 대한 외상매입금 중 2,000,000원은 보통예금계좌에서 계좌이체하고 잔액은 현금으로 지급하다.

번호	차변과목	금액	대변과목	금액
1				
2				
3				
4				
5				
6				

7				
8				
9				
10				
11				

현금	당좌예금
	보통예금
외상매출금	비품
상품	선급금
차량운반구	예수금
자본금	외상매입금

미지급금	상품매출
급여	임차료
복리후생비	

합계잔액시산표
20××년 12월 31일   단위 : 원

차변		원면	계정과목	대변	
잔액	합계			합계	잔액

03 (주)박문각의 수익·비용계정의 잔액을 보고 손익계정에 대체한 후 자산·부채·자본계정을 마감하시오. (또한 당기순손익을 이월이익잉여금계정에 대체하고 분개하는 것도 표시할 것)

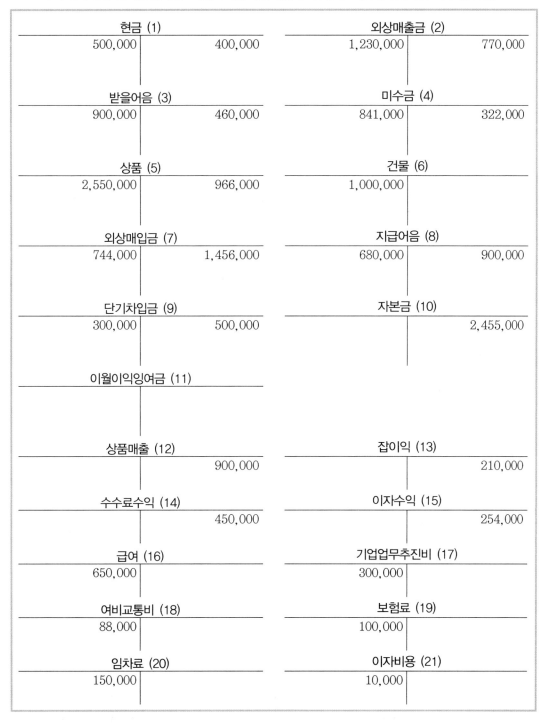

현금 (1)		외상매출금 (2)	
500,000	400,000	1,230,000	770,000

받을어음 (3)		미수금 (4)	
900,000	460,000	841,000	322,000

상품 (5)		건물 (6)	
2,550,000	966,000	1,000,000	

외상매입금 (7)		지급어음 (8)	
744,000	1,456,000	680,000	900,000

단기차입금 (9)		자본금 (10)	
300,000	500,000		2,455,000

이월이익잉여금 (11)

상품매출 (12)		잡이익 (13)	
	900,000		210,000

수수료수익 (14)		이자수익 (15)	
	450,000		254,000

급여 (16)		기업업무추진비 (17)	
650,000		300,000	

여비교통비 (18)		보험료 (19)	
88,000		100,000	

임차료 (20)		이자비용 (21)	
150,000		10,000	

손익 (22)

구분	차변과목	금액	대변과목	금액
수익계정 대체분개				
비용계정 대체분개				
당기순이익 대체분개				

손익계산서

(주)박문각　　　　　　20××년 1월 1일 ~ 20××년 12월 31일　　　　　　단위 : 원

비용	금액	수익	금액

이월시산표

20××년 12월 31일 현재

차변	원면	계정과목	대변

재무상태표

(주)박문각　　　　　　　　　　　20××년 12월 31일 현재　　　　　　　　　　단위 : 원

자산	금액	부채 · 자본	금액

분개연습 정답 및 해설

01 분개

번호	차변과목	금액	대변과목	금액
1	상품(자산의 증가)	3,000,000	현금(자산의 감소) 보통예금(자산의 감소)	2,000,000 1,000,000
2	상품(자산의 증가)	320,000	현금(자산의 감소) 외상매입금(부채의 증가)	120,000 200,000
3	선급금(자산의 증가)	300,000	보통예금(자산의 감소)	300,000
4	상품(자산의 증가)	800,000	선급금(자산의 감소) 당좌예금(자산의 감소) 외상매입금(부채의 증가)	300,000 200,000 300,000
5	외상매출금(자산의 증가)	480,000	상품매출(수익의 발생)	480,000
6	보통예금(자산의 증가)	600,000	상품매출(수익의 발생)	600,000
7	보통예금(자산의 증가)	70,000	선수금(부채의 증가)	70,000
8	선수금(부채의 감소) 보통예금(자산의 증가) 받을어음(자산의 증가)	70,000 360,000 270,000	상품매출(수익의 발생)	700,000
9	기계장치(자산의 증가)	1,000,000	현금(자산의 감소) 미지급금(부채의 증가)	700,000 300,000
10	복리후생비(비용의 발생)	400,000	미지급금(부채의 증가)	400,000
11	비품(자산의 증가)	1,550,000	현금(자산의 감소) 미지급금(부채의 증가)	550,000 1,000,000
12	미지급금(부채의 감소)	1,000,000	보통예금(자산의 감소)	1,000,000
13	수수료비용(비용의 발생)	500	보통예금(자산의 감소)	500
14	급여(비용의 발생)	2,500,000	예수금(부채의 증가) 보통예금(자산의 감소)	300,000 2,200,000
15	소모품비(비용의 발생)	520,000	현금(자산의 감소)	520,000

02 합계잔액시산표 작성

번호	차변과목	금액	대변과목	금액
1	현금(자산의 증가) 당좌예금(자산의 증가)	55,000,000 10,000,000	자본금(자본의 증가)	65,000,000
2	보통예금(자산의 증가)	1,000,000	현금(자산의 감소)	1,000,000
3	복리후생비(비용의 발생)	200,000	미지급금(부채의 증가)	200,000
4	임차료(비용의 발생)	500,000	현금(자산의 감소)	500,000
5	비품(자산의 증가)	1,600,000	당좌예금(자산의 감소)	1,600,000
6	선급금(자산의 증가)	500,000	당좌예금(자산의 감소)	500,000
7	급여(비용의 발생)	1,500,000	예수금(부채의 증가) 보통예금(자산의 감소)	213,000 1,287,000
8	차량운반구(자산의 증가)	21,100,000	미지급금(부채의 증가) 현금(자산의 감소)	15,000,000 6,100,000
9	상품(자산의 증가)	5,000,000	선급금(자산의 감소) 외상매입금(부채의 증가)	500,000 4,500,000
10	보통예금(자산의 증가) 외상매출금(자산의 증가)	8,000,000 2,000,000	상품매출(수익의 발생)	10,000,000
11	외상매입금(부채의 감소)	4,500,000	보통예금(자산의 감소) 현금(자산의 감소)	2,000,000 2,500,000

현금

자본금	55,000,000	보통예금	1,000,000
		임차료	500,000
		차량운반구	6,100,000
		외상매입금	2,500,000

당좌예금

자본금	10,000,000	비품	1,600,000
		선급금	500,000

보통예금

현금	1,000,000	급여	1,287,000
상품매출	8,000,000	외상매입금	2,000,000

외상매출금

상품매출	2,000,000		

비품

당좌예금	1,600,000		

상품

제좌	5,000,000		

선급금

당좌예금	500,000	상품	500,000

	차량운반구	
제좌	21,100,000	

	예수금	
	급여	213,000

	자본금	
	제좌	65,000,000

	외상매입금	
제좌	4,500,000	상품	4,500,000

	미지급금	
	복리후생비	200,000
	차량운반구	15,000,000

	상품매출	
	제좌	10,000,000

	급여	
제좌	1,500,000	

	임차료	
현금	500,000	

	복리후생비	
미지급금	200,000	

합계잔액시산표

20××년 12월 31일   단위 : 원

차변		원면	계정과목	대변	
잔액	합계			합계	잔액
44,900,000	55,000,000		현금	10,100,000	
7,900,000	10,000,000		당좌예금	2,100,000	
5,713,000	9,000,000		보통예금	3,287,000	
2,000,000	2,000,000		외상매출금		
5,000,000	5,000,000		상품		
1,600,000	1,600,000		비품		
21,100,000	21,100,000		차량운반구		
			예수금	213,000	213,000
			미지급금	15,200,000	15,200,000
			자본금	65,000,000	65,000,000
			상품매출	10,000,000	10,000,000
1,500,000	1,500,000		급여		
500,000	500,000		임차료		
200,000	200,000		복리후생비		
90,413,000	105,900,000			105,900,000	90,413,000

03 수익과 비용을 결산하여 당기순손익 대체분개

현금 (1)			
	500,000		400,000
		차기이월	100,000
	500,000		500,000
전기이월	100,000		

외상매출금 (2)			
	1,230,000		770,000
		차기이월	460,000
	1,230,000		1,230,000
전기이월	460,000		

받을어음 (3)			
	900,000		460,000
		차기이월	440,000
	900,000		900,000
전기이월	440,000		

미수금 (4)			
	841,000		322,000
		차기이월	519,000
	841,000		841,000
전기이월	519,000		

상품 (5)			
	2,550,000		966,000
		차기이월	1,584,000
	2,550,000		2,550,000
전기이월	1,584,000		

건물 (6)			
	1,000,000	차기이월	1,000,000
전기이월	1,000,000		

외상매입금 (7)			
	744,000		1,456,000
차기이월	712,000		
	1,456,000		1,456,000
		전기이월	712,000

지급어음 (8)			
	680,000		900,000
차기이월	220,000		
	900,000		900,000
		전기이월	220,000

단기차입금 (9)			
	300,000		500,000
차기이월	200,000		
	500,000		500,000
		전기이월	200,000

자본금 (10)			
차기이월	2,455,000		2,455,000
	2,455,000		2,455,000
		전기이월	2,455,000

이월이익잉여금 (11)			
차기이월	516,000	손익	516,000
	516,000		516,000
		전기이월	516,000

상품매출 (12)			
손익	900,000		900,000

잡이익 (13)			
손익	210,000		210,000

수수료수익 (14)			
손익	450,000		450,000

이자수익 (15)			
손익	254,000		254,000

급여 (16)			
	650,000	손익	650,000

기업업무추진비 (17)			
	300,000	손익	300,000

여비교통비 (18)			
	88,000	손익	88,000

보험료 (19)			
	100,000	손익	100,000

임차료 (20)			
	150,000	손익	150,000

이자비용 (21)			
	10,000	손익	10,000

손익 (22)

급여	650,000	상품매출	900,000
기업업무추진비	300,000	잡이익	210,000
여비교통비	88,000	수수료수익	450,000
보험료	100,000	이자수익	254,000
임차료	150,000		
이자비용	10,000		
이월이익잉여금	516,000		
	1,814,000		1,814,000

구분	차변과목	금액	대변과목	금액
수익계정 대체분개	상품매출	900,000	손익	1,814,000
	잡이익	210,000		
	수수료수익	450,000		
	이자수익	254,000		
비용계정 대체분개	손익	1,298,000	급여	650,000
			기업업무추진비	300,000
			여비교통비	88,000
			보험료	100,000
			임차료	150,000
			이자비용	10,000
당기순이익 대체분개	손익	516,000	이월이익잉여금	516,000

손익계산서

(주)박문각　　　　20××년 1월 1일 ~ 20××년 12월 31일　　　　단위 : 원

비용	금액	수익	금액
급여	650,000	상품매출	900,000
기업업무추진비	300,000	잡이익	210,000
여비교통비	88,000	수수료수익	450,000
보험료	100,000	이자수익	254,000
임차료	150,000		
이자비용	10,000		
이월이익잉여금	516,000		
	1,814,000		1,814,000

이월시산표

20××년 12월 31일 현재

차변	원면	계정과목	대변
100,000	1	현금	
460,000	2	외상매출금	
440,000	3	받을어음	
519,000	4	미수금	
1,584,000	5	상품	
1,000,000	6	건물	
	7	외상매입금	712,000
	8	지급어음	220,000
	9	단기차입금	200,000
	10	자본금	2,455,000
	11	이월이익잉여금	516,000
4,103,000			4,103,000

재무상태표

(주)박문각   20××년 12월 31일 현재   단위 : 원

자산	금액	부채·자본	금액
현금	100,000	외상매입금	712,000
외상매출금	460,000	지급어음	220,000
받을어음	440,000	단기차입금	200,000
미수금	519,000	자본금	2,455,000
상품	1,584,000	이월이익잉여금	516,000
건물	1,000,000		
	4,103,000		4,103,000

✅ 이론문제 | **회계순환과정**

01 다음 중 회계상의 거래인 것은?

① 종업원을 월급 1,200,000원으로 채용하다.
② 건물을 월세 500,000원으로 임차계약을 맺기로 구두로 약속하다.
③ 상품 300,000원의 주문을 받다.
④ 광고료 100,000원을 현금으로 지급하다.

02 기업의 경영활동에 의해서 자산, 부채, 자본의 증감변화를 가져오는 일체의 경제적 사건을 무엇이라고 하는가?

① 계정　　　　　　　　　　　　② 전기
③ 거래　　　　　　　　　　　　④ 측정

03 다음 거래 중 비용의 발생과 자산의 감소로 결합될 수 있는 거래인 것은?

① 우편물을 발송하고, 대금은 현금으로 지급한 거래
② 상품을 외상으로 매출한 거래(단일상품계정인 총기법으로 처리)
③ 자본적 지출에 해당하는 영업용 자동차의 수리비를 지급한 거래
④ 상품을 매입하고 대금은 외상으로 지급한 거래

04 상품 5,000,000원(부가가치세 별도)을 매입하고 대금은 부가가치세와 함께 어음을 발행하여 지급한 거래를 분개할 때 기입되지 않는 계정과목인 것은?

① 매입(혹은 상품)　　　　　　　② 부가세대급금
③ 지급어음　　　　　　　　　　④ 부가세예수금

05 "거래은행(우체국은행)에 차용증서(3년 후 일시상환조건)를 작성하여 주고 창업자금으로 현금 5,000,000원을 차입하여 영업을 시작하다."의 거래를 분개할 때 대변에 해당하는 계정과목인 것은?

① 단기차입금　　　　　　　　　② 자본금
③ 장기차입금　　　　　　　　　④ 현금

06 "회사의 업무용 건물(취득가액 1,000,000원, 처분 시까지의 감가상각누계액 0원)을 1,100,000원에 처분하고 현금으로 받다."의 분개가 올바른 것은?

① (차) 현금   1,100,000원   (대) 건물   1,000,000원
  유형자산처분이익   100,000원

② (차) 현금   1,100,000원   (대) 건물   1,100,000원

③ (차) 현금   1,000,000원   (대) 건물   1,100,000원
  유형자산처분이익   100,000원

④ (차) 현금   900,000원   (대) 건물   900,000원

07 다음 거래가 재무상태표의 자산, 부채 및 자본에 미치는 영향을 바르게 나타낸 것은?

> 비품 400,000원을 구입하고, 대금 중 100,000원은 현금 지급하고 잔액은 3개월 후 지급하기로 하다.

① 총자산과 총부채가 증가한다.
② 총자산과 총자본이 증가한다.
③ 총부채가 증가하고, 총자본은 감소한다.
④ 총자산이 감소하고, 총부채가 증가한다.

08 다음 각 내용별로 계정과목이 올바른 것은?

> (가) 사무실에서 사용하던 복사기를 처분(매각)한 외상판매대금
> (나) 제품 판매 시 수령한 어음

① (가) 대여금   (나) 받을어음   ② (가) 미수금   (나) 대여금
③ (가) 미수금   (나) 받을어음   ④ (가) 외상매출금   (나) 미수금

09 당점 발행 매입처 앞 약속어음(200,000원)을 발행하여 외상매입금을 지급한 거래의 전기가 바르게 된 것은?

① 외상매입금 / 당좌예금 200,000원 | ×××
② 외상매입금 / ××× | 지급어음 200,000원
③ 외상매입금 / 지급어음 200,000원 | ×××
④ 외상매입금 / ××× | 외상매입금 200,000원

10 작성한 시산표의 대차가 서로 일치하지 않는 경우 그 원인으로 가장 적절한 것은?

① 기말재고조사오류　　　　　　　　② 현금출납장의 기입오류

③ 매출처원장의 기입오류　　　　　　④ 총계정원장으로의 전기오류

11 다음 중 결산의 예비절차가 아닌 것은?

① 수정전시산표　　　　　　　　　　② 재고조사표 작성

③ 정산표 작성　　　　　　　　　　　④ 재무상태표 작성

12 다음 중 결산의 절차를 순서대로 바르게 나열한 것은?

ㄱ. 시산표의 작성	ㄴ. 재무제표의 작성
ㄷ. 수익과 비용계정의 마감	ㄹ. 자산, 부채, 자본계정의 마감
ㅁ. 결산정리사항의 수정	ㅂ. 정산표의 작성

① ㄴ → ㄷ → ㅂ → ㄱ → ㅁ → ㄹ　　② ㄱ → ㄷ → ㅁ → ㄴ → ㅂ → ㄹ

③ ㅂ → ㄱ → ㅁ → ㄷ → ㄹ → ㄴ　　④ ㄱ → ㅁ → ㅂ → ㄷ → ㄹ → ㄴ

13 계정과목별 전기가 총계정원장에 정확하게 되었는지 확인할 수 있는 표는 시산표(trial balance : T/B)이다. 다음 시산표등식의 괄호 안에 들어갈 내용으로 알맞은 것은?

시산표등식 ⇨ 기말자산 + 총비용 = 기말부채 + (　　　) + 총수익

① 기초자본　　　　　　　　　　　　② 기말자본

③ 기초부채　　　　　　　　　　　　④ 당기순이익

14 회계장부는 기능에 따라 주요부와 보조부로 구분된다. 이에 대한 설명으로 옳지 않은 것은?

① 보조원장은 거래를 발생순서에 따라 기입하는 장부로 매입장, 매출장 등이 있고, 보조기입장은 원장계정의 명세를 기입하는 장부로 상품재고장 등이 있다.

② 보조부는 주요부의 부족한 점을 보충하거나 주요부의 특정 계정과목의 내용을 상세하게 표시하는 장부를 말한다.

③ 총계정원장은 분개장에 기록된 거래를 계정과목별로 기록한다.

④ 주요부는 회계의 기본이 되는 장부로 분개장과 총계정원장을 말한다.

15 회계담당자가 잔액시산표를 작성한 결과 차변과 대변의 합계가 일치하지 않았을 때 그 원인이 될 수 있는 사례로 옳은 것은?

① 외상매출금 100,000원을 현금으로 회수한 거래 전체를 기장 누락하였다.

② 건물 화재보험료 200,000원을 현금으로 지급한 거래를 차변에 세금과 공과금 계정으로 기입하였다.

③ 소모품 30,000원을 현금으로 지급한 거래를 소모품비 계정 차변에는 기입하였으나 현금계정 대변에는 기장 누락하였다.

④ 현금 100,000원을 보통예금으로 입금한 거래의 분개를 현금계정 차변과 보통예금 계정 대변에 전기하였다.

16 다음 손익계정의 기입내용에 대한 설명으로 가장 적절한 것은?

손익		
자본금	5,000원	

① 자본금 5,000원을 손익계정에 대체하였다.

② 당기순손실 5,000원을 자본금계정에 대체하였다.

③ 추가출자액 5,000원을 손익계정에 대체하였다.

④ 당기순이익 5,000원을 자본금계정에 대체하였다.

이론문제 정답 및 해설

01 ④ (차) 광고선전비(비용의 발생) / (대) 현금(자산의 감소) 회계상의 거래이다.

02 ③ 자산, 부채, 자본의 증감변화를 가져오는 일체의 경제적 사건을 거래라고 한다.

03 ① 분개와 결합관계는 다음과 같다.

    (차) 통신비(비용의 발생)   ×××   (대) 당좌예금(자산의 감소)   ×××

04 ④ 상품을 매입하므로 부가세예수금은 해당하지 않는다.

05 ③ 자금을 장기간(1년 이상)으로 차입하여 영업을 시작하면 대변계정과목은 장기차입금이 된다. 분개는 (차) 현금 5,000,000원 (대) 장기차입금 5,000,000원이 된다.

06 ① 취득가액 1,000,000원 − 처분대금 1,100,000원 = 100,000원, 유형자산처분이익을 기재한다.

    (차) 현금   1,100,000원   (대) 건물   1,000,000원

                                                    유형자산처분이익   100,000원

07 ① 분개와 결합관계는 다음과 같다.

    (차) 비품(자산의 증가)   400,000원   (대) 미지급금(부채의 증가)   300,000원

                                                  현금(자산의 감소)   100,000원

08 ③ (가) 미수금 : 재고자산 이외의 자산을 판매해서 생긴 채권

    (나) 받을어음 : 재고자산의 판매에서 생긴 채권

09 ③ 외상매입금계정 차변의 적요란에는 상대과목인 지급어음으로 기장된다.

    (차) 외상매입금   200,000원   (대) 지급어음   200,000원

10 ④ 시산표는 총계정원장에 전기된 것이 정확한지 검증하기 위한 표로서 그 오류는 여기에서 나타난다.

11 ④ 결산예비절차 : 수정전시산표 → 재고조사표 작성 → 정산표 작성

12 ④ 결산절차 시산표 작성 → 결산정리사항의 수정 → 정산표의 작성 → 주요부와 보조부 마감 → 재무제표의 작성

13 ① 시산표등식은 [기말자산 + 총비용 = 기말부채 + 기초자본 + 총수익]을 사용한다.

14 ① 보조기입장은 거래를 발생순서에 따라 기입하는 장부로 매입장, 매출장 등이 있고, 보조원장은 원장계정의 명세를 기입하는 장부로 상품재고장 등이 있다.

15 ③ 시산표에서 차변과 대변 중 어느 한 쪽의 금액을 누락하게 되면 대차차액이 발생한다.

16 ④ 손익계정 차변은 비용을, 손익계정 대변은 수익을 기재하게 되어 있다. 따라서 자본금이 차변에 발생한 것은 수익에서 비용을 차감한 당기순이익을 5,000원을 자본금계정에 대체하려고 하는 것이다.

4. 유동(당좌자산) - 현금 및 현금성자산 회계처리

◢ 01 현금

■ 현금의 분류
- 통화 : 주화, 지폐
- 통화대용증권 : 거래처(동점)가 발행한 당좌수표, 자기앞수표, 가계수표, 우편환증서, 만기도래 국·공사채이자표, 배당금지급통지표, 송금수표, 개인수표, 은행환어음, 일람출급어음 등
- 요구불예금 : 당좌예금, 보통예금

■ 통화대용증권으로 보지 않는 것
- 선일자수표(어음)
- 우표·엽서(통신비)
- 급여가불증(임직원단기채권)
- 수입인지(세금과공과)
- 차용증서(대여금 또는 차입금)

회계 사건	차변		대변	
현금수입 시	현금	50,000,000	상품매출	50,000,000
현금지출 시	상품	60,000,000	현금	60,000,000

📖 **예제 10**

다음 대화에서 밑줄 친 ㉠의 계정과목으로 옳은 것은?

> 박부장 : 지난달 10월의 외상매출금 500,000원은 어떠한 방법으로 회수했습니까?
> 김대리 : 네! ㉠ 200,000원은 타인발행수표로, 300,000원은 어음으로 받았습니다.

[해설] --
타인(= 거래처)발행수표는 현금계정과목으로 표시한다.

02 현금과부족

장부상 현금 잔액과 실제 현금잔액이 계산의 착오나 거래의 누락 등에 의해서 일치하지 않는 경우 처리하는 일시적인 가계정이다.

회계사건		차변		대변	
현금 실제잔액 부족 시	차액 발생 시	현금과부족	10,000	현금	10,000
	원인 확인	통신비	8,000	현금과부족	8,000
	결산 시 원인불명	잡손실	2,000	현금과부족	2,000
현금 실제잔액 과잉 시	차액 발생 시	현금	15,000	현금과부족	15,000
	원인 확인	현금과부족	12,000	이자 수익	12,000
	결산 시 원인불명	현금과부족	3,000	잡이익	3,000
결산일 실제잔액 부족 시		잡손실	100,000	현금	100,000
결산일 실제잔액 과잉 시		현금	110,000	잡이익	110,000

03 당좌예금과 보통예금

1) 당좌예금

은행과 당좌계약을 맺고 당좌예입하지만 인출은 반드시 당점(우리회사)이 당좌수표를 발행하는 경우이다.

① 당좌예금개설보증금

특정현금과예금(비유동자산)으로 분류하고 주석에는 당좌개설보증금으로 사용이 제한되어 있다는 사실을 기재한다.

② 당좌예금 입·출금의 회계처리

회계사건	수표거래		당좌예금 계좌에 입금 시
	수취	지급	
자기앞수표	(차)현금/(대)계정	(차)계정/(대)현금	(차)당좌예금/(대)계정
타인발행 당좌수표			
자기발행 당좌수표	–	(차)계정/(대)당좌예금	

③ 당좌차월(= 단기차입금) 주의 유동부채로 표시함

사전 약정에 의하여 당좌예금 잔액이 없더라도 당좌수표를 발행할 수 있는데, 이때 당좌예금 잔액을 초과하여 지급된 금액을 말한다.

예제 11

업무용 토지를 3억에 구입하고 대금은 당좌수표를 발행하여 지급한 경우 올바른 분개는? (단, 당좌예금잔액은 1억, 5억의 당좌차월계약 체결됨)

[해설]

(차) 토지　　　　　　　300,000,000　　(대) 당좌예금(자산의 감소)　　　　　　100,000,000
　　(자산의 증가)　　　　　　　　　　　　　단기차입금(=당좌차월, 부채의 증가)　200,000,000

2) 보통예금

기업 또는 개인이 예금과 인출을 자유롭게 할 수 있는 저축성예금으로서 체크카드, 직불카드 등을 이용하여 사용할 수 있다.

■ 보통예금(국민은행) 거래내역

번호	거래일	내용	찾으신금액	맡기신금액	잔액	거래점
		계좌번호 204-023-4471415 하나상회				
1	20×1-12-22	(주)스카상사	2,000,000		*****	서대문

04 현금성자산

큰 거래비용 없이 현금으로 전환이 쉽고 이자율 변동에 따라 가치가 쉽게 변하지 않는 금융상품으로 취득 당시 만기가 3개월 이내인 것을 말한다.

현금성 자산의 예	① 취득 당시 만기 3개월 이내에 도래하는 채권 ② 취득 당시 상환일까지의 기간이 3개월 이내인 상환우선주 ③ 취득 당시 3개월 이내에 환매조건인 환매채 ④ 초단기 수익증권(MMF포함)

예제 12

서울상회가 결산일 현재에 보유하고 있는 유동자산의 일부이다. 현금 및 현금성자산으로 계상할 금액은 얼마인가?

- 자기앞수표　　　　200,000원
- 당좌예금　　　　　250,000원
- 보통예금　　　　　110,000원
- 종로상회발행수표　200,000원
- 차용증서　　　　　500,000원
- 수입인지　　　　　300,000원
- 우편환　　　　　　70,000원
- 선일자수표　　　　80,000원
- 배당금지급통지표　70,000원

[해설]

200,000원(자기앞수표) + 250,000원(당좌예금) + 70,000원(우편환) + 110,000원(보통예금) + 200,000원(종로상회발행수표) + 70,000원(배당금지급통지표) = 현금 및 현금성자산 900,000원이 된다.

✅ 분개연습 | 유동(당좌자산) – 현금 및 현금성자산 회계처리

단, 상품판매는 상품매출계정 사용, 결합관계 표시, 부가가치세는 고려하지 말 것

[1] 기업은행의 보통예금계좌에 현금 4,000,000원을 입금하였다.
(차)   (대)

[2] 단기차입금 2,000,000원을 상환하면서 이자 150,000원과 함께 현금으로 지급하였다.
(차)   (대)

[3] 충남상사에 상품을 판매하고 상품대금 3,000,000원이 당사 당좌예금계좌에 입금되었다.
(차)   (대)

[4] 국민은행에 당좌거래 계약을 체결하고, 당좌거래개설보증금 5,000,000원과 당좌예금 40,000,000원을 보통예금에서 이체하여 지급하였다.
(차)   (대)

[5] 기중에 현금이 과잉된 현금과부족 50,000원에 대해 원인 조사를 하였으나 12월 31일까지 판명하지 못하였다.
(차)   (대)

[6] 성결상사에서 상품 5,000,000원을 매입하고, 대금은 당좌수표를 발행하여 지급하다. (단, 당좌예금 잔고는 4,500,000원이 있다.)
(차)   (대)

분개연습 정답 및 해설

번호	차변		대변	
1	보통예금(자산의 증가)	4,000,000원	현금(자산의 감소)	4,000,000원
2	단기차입금(부채의 감소)	2,000,000원	현금(자산의 감소)	2,150,000원
	이자비용(비용의 발생)	150,000원		
3	당좌예금(자산의 증가)	3,000,000원	상품매출(수익의 발생)	3,000,000원
4	특정현금과예금(자산의 증가)	5,000,000원	보통예금(자산의 감소)	45,000,000원
	당좌예금(자산의 증가)	40,000,000원		
5	현금과부족(임시계정)	50,000원	잡이익(수익의 발생)	50,000원
6	상품(자산의 증가)	5,000,000원	당좌예금(자산의 감소)	4,500,000원
			단기차입금(부채의 증가)	500,000원

✔ 이론문제 | 유동(당좌자산) - 현금 및 현금성자산 회계처리

01 다음 자료에 의하여 결산 재무상태표에 표시되는 현금 및 현금성자산은 얼마인가?

㉠ 당좌예금	150,000원	㉡ 보통예금	120,000원
㉢ 자기앞수표	500,000원	㉣ 양도성예금증서(30일 만기)	500,000원

① 1,270,000원
② 770,000원
③ 620,000원
④ 270,000원

02 다음 중 현금 및 현금성자산으로 분류될 수 없는 것은?

① 취득 당시 만기가 3개월 이내에 도래하는 채권
② 3개월 이내의 환매조건부 채권
③ 사용이 제한된 예금
④ 당좌예금

03 기업회계기준상 현금흐름표 작성의 기준이 되는 현금 및 현금성자산에 해당되지 않는 것은?

① 취득 당시 만기가 1년 이내에 도래하는 채권
② 배당금지급통지표
③ 요구불 당좌예금
④ 만기도래 사채 이자표

04 다음 중 일반기업회계기준에서 유동자산으로 분류하도록 규정하고 있지 않는 것은?

① 1년을 초과하여 사용제한이 있는 현금 및 현금성자산
② 단기매매목적으로 보유하는 자산
③ 기업의 정상적인 영업주기내에 실현될 것으로 예상되거나 판매목적 또는 소비목적으로 보유하고 있는 자산
④ 보고기간 종료일로부터 1년 이내에 현금화 또는 실현될 것으로 예상되는 자산

05 다음 중 은행과의 약정에 의해 당좌예금 잔액을 초과하여 당좌수표를 발행하였을 때 대변에 기입하여야 하는 계정과목으로 가장 적절한 것은?

① 선수금

② 단기대여금

③ 단기차입금

④ 지급어음

06 다음 중 일반기업회계기준상 현금 및 현금성자산이 아닌 것은?

① 은행권, 주화

② 즉시 인출가능한 보통예금

③ 타인발행수표

④ 수입인지

07 다음 중 재무상태표의 현금 및 현금성자산에 포함되지 않는 것은?

① 통화 및 타인발행수표 등 통화대용증권

② 단기매매증권

③ 취득 당시 만기일(또는 상환일)이 3개월 이내인 금융상품

④ 당좌예금과 보통예금

08 다음은 기말자산과 기말부채의 일부분이다. 기말재무상태표에 표시될 계정과목과 금액이 틀린 것은?

- 지급어음 : 10,000,000원
- 타인발행수표 : 25,000,000원
- 받을어음 : 10,000,000원
- 외상매입금 : 50,000,000원
- 외상매출금 : 40,000,000원
- 우편환증서 : 5,000,000원

① 매입채무 60,000,000원

② 현금 및 현금성자산 30,000,000원

③ 매출채권 50,000,000원

④ 당좌자산 75,000,000원

09 다음 항목 중 반드시 현금성자산에 해당하는 것은?

① 지급기일 도래한 사채이자표

② 결산 시점 만기 6개월 양도성예금증서

③ 선일자수표

④ 결산 시점 만기 3개월 양도성예금증서

이론문제 정답 및 해설

01 ① ㉠ 150,000원 + ㉡ 120,000원 + ㉢ 500,000원 + ㉣ 500,000원 = 1,270,000원이 된다.

02 ③ 사용이 제한된 예금은 만기 1년을 기준으로 장기 또는 단기금융상품으로 분류한다.

03 ① 취득 당시 만기가 1년 이내에 도래하는 채권은 단기금융상품으로 분류된다.

04 ① 1년을 초과하여 사용제한이 있는 현금 및 현금성자산은 장기금융상품으로 투자자산(비유동자산)
이다.

05 ③ 당좌차월은 단기적인 차입에 해당하므로 단기차입금계정에 기입한다.

06 ④ 수입인지는 세금과공과금 등으로 처리한다.

07 ② 단기투자자산은 기업이 여유자금의 활용 목적으로 보유하는 단기예금, 단기매매증권, 단기대여금
및 유동자산으로 분류되는 매도가능증권과 만기보유증권 등의 자산을 포함한다.

08 ④ 지급어음과 외상매입금은 매입채무계정으로, 타인발행수표와 우편환증서는 현금 및 현금성자산
계정으로, 받을어음과 외상매출금은 매출채권계정으로 처리한다. 당좌자산은 타인발행수표, 외
상매출금, 받을어음, 우편환증서로 총 80,000,000원이다.

09 ① 지급기일이 도래한 사채이자표는 현금성자산으로 처리한다. 그리고 양도성예금증서를 현금성자
산으로 분류하기 위해서는 취득시점에서 만기 3개월 이내이어야 하며, 결산 시점을 기준으로 분
류하지 않는다.

5. 유동(당좌자산) - 단기투자자산 회계처리

금융자산 중 기업이 여유자금을 단기간에 운용하는 것으로 단기금융상품과 단기매매증권이 있다.

01 단기금융상품

금융기관이 취급하는 정기예금, 정기적금, 사용이 제한되어 있는 예금 및 기타 정형화된 상품 등으로 단기적 자금운용목적으로 소유하거나 기한이 1년 내에 도래하는 것을 말한다. 양도성예금증서(CD), 신종기업어음(CP), 어음관리계좌(CMA), 중개어음, 표지어음 등이 있다.

02 단기매매증권

형태에 따라 지분증권, 채무증권으로 구분하고, 보유목적에 따라 단기매매증권, 만기보유증권, 매도가능증권, 지분법적용투자주식으로 구분한다.

1) 단기매매증권으로 분류되기 위한 조건

　① 시장성이 있어야 한다.
　② 단기적 시세차익을 얻을 목적으로 취득하여야 한다.

분류	보유목적에 따른 분류	계정과목	자산종류	평가방법
지분증권 (주식)	㉠ 시장성이 있고 단기시세차익 목적으로 취득 시(중대한 영향력 행사 목적이 없음)	단기매매증권	당좌자산	공정가액법
	㉡ 장기투자목적으로 취득 시	매도가능증권	투자자산	공정가액법
채무증권 (채권)	㉠ 시장성이 있고 단기시세차익 목적으로 취득 시(만기보유할 목적이 없음)	단기매매증권	당좌자산	공정가액법
	㉡ 만기보유할 목적이 있다.	만기보유증권	투자자산	원가법
	㉢ 장기투자목적으로 취득 시	매도가능증권	투자자산	공정가액법

2) 단기매매증권 취득과 처분 시 회계처리

회계사건	차변		대변	
취득 시	단기매매증권 수수료비용(영업외비용)	1,000,000 25,000	현금	1,025,000
① 처분 장부가 < 처분가	현금	1,300,000	단기매매증권 단기매매증권처분이익	1,000,000 300,000
② 처분 장부가 > 처분가	현금 단기매매증권처분손실	950,000 50,000	단기매매증권	1,000,000

※ 단기매매증권처분이익(영업외수익)과 단기매매증권처분손실(영업외비용)은 손익계산서에 기재한다.

3) 기말시점에 단기매매증권 평가

기업회계기준에서는 기업이 결산일에 단기매매증권의 공정가액[2](= 시가법 평가)와 장부금액의 차액을 반드시 평가하여 그 차액에 대해서 단기매매증권평가이익(영업외수익)과 단기매매증권평가손실(영업외비용)로 회계처리한 후 당기손익에 반영하도록 규정하고 있다. 단가는 개별법, 총평균법, 이동평균법 또는 기타 합리적인 방법에 의하여 산정한다.

회계사건	차변		대변	
취득 시	단기매매증권 수수료비용	1,000,000 25,000	현금	1,025,000
① 평가 장부가 1,000,000 < 공정가 1,200,000	단기매매증권	200,000	단기매매증권평가이익	200,000
② 평가 장부가 1,000,000 > 공정가 950,000	단기매매증권평가손실	50,000	단기매매증권	50,000

2) 결산일 현재 공정가액(fair value)이란 재무상태표일 현재 종가를 말한다.

PART
01

📖 예제 13

다음 연속된 거래내역을 회계처리하시오.

(1) 20×1년 8월 14일 당사는 단기자금운용 목적으로 주식 500주를 주당 1,000원에 매입하였고 거래수수료 50,000원과 함께 당좌수표를 발행하여 지급하다.

(2) 20×1년 12월 31일 현재 공정가액은 주당 1,500원으로 평가되었다.

(3) 20×2년 1월 7일 위 주식을 1주당 2,000원에 처분하고, 대금은 처분수수료 50,000원을 차감한 후 현금으로 받다.

[해설]

20×1년 8/14	(차)	단기매매증권 수수료비용	500,000 50,000	(대)	당좌예금	550,000
20×1년 12/31	(차)	단기매매증권	250,000	(대)	단기매매증권평가이익	250,000
20×2년 1/7	(차)	현금	950,000	(대)	단기매매증권 단기매매증권처분이익	750,000 200,000

※ 단기매매증권의 취득금액, 공정금액, 처분금액은 다음과 같다.

20×1년 8/14 취득금액	20×1년 12/31 공정가치(종가)	20×2년 1/7 처분금액
500주×1,000원 = 500,000원 수수료는 별도 처리	500주×1,500원 = 750,000원	(500주×2,000) − 처분수수료 50,000 = 처분금액 950,000원

4) 배당금수익 및 이자수익의 인식

회계사건	차변		대변	
소유 주식에 대한 현금배당을 받은 경우	현금 (자산의 증가)	150,000	배당금수익 (영업외수익 증가)	150,000
소유 국공·사채 등에 대한 이자를 받은 경우	현금 (자산의 증가)	150,000	이자수익 (영업외수익 증가)	150,000

5) 단기매매증권의 재분류

단기매매증권은 원칙적으로 변경이 불가능하나, 시장성을 상실한 단기매매증권은 매도가능증권으로 분류가 가능하다.

✓ 분개연습 │ 유동(당좌자산) - 단기투자자산 회계처리

[1] (주)전남은 단기시세차익목적으로 수식 2,000주(1주당 액면 500원, 취득원가 550원)를 취득하고, 취득수수료 25,000원과 함께 현금으로 지급하다.

(차)   (대)

[2] (주)경남은 단기시세차익을 목적으로 공채액면 10,000,000원(액면 10,000원)을 9,200원에 취득하고, 대금은 동점발행수표로 지급하다.

(차)   (대)

[3] (주)전남은 위 [1]의 주식을 1주당 650원으로 매각처분하고, 대금은 매각수수료 10,000원을 차감한 잔액을 당좌예금에 입금하였다.

(차)   (대)

[4] (주)경남은 위 [2]의 공채를 10,000원에 대하여 9,000원에 매각처분하고, 대금은 보통예금에 입금하였다.

(차)   (대)

[5] (주)충북은 주식 2,000주(1주당 1,000원)를 1주당 1,500원에 단기시세차익을 목적으로 취득하고, 대금은 보통예금 계좌에서 지급하였다.

(차)   (대)

[6] (주)충북은 위 [5]의 주식을 결산 시에 1주당 1,400원의 공정가액으로 평가하다.

(차)   (대)

[7] (주)충북의 주식을 보유하고 있는 상태에서 배당금영수증 180,000원을 받다.

(차)   (대)

분개연습 정답 및 해설

번호	차변		대변	
1	단기매매증권(자산의 증가)	1,100,000	현금(자산의 감소)	1,125,000
	수수료비용(비용의 발생)	25,000		
2	단기매매증권(자산의 증가)	9,200,000	현금(자산의 감소)	9,200,000
3	당좌예금(자산의 증가)	1,290,000	단기매매증권(자산의 감소)	1,100,000
			단기매매증권처분이익 (수익의 발생)	190,000
	처분가액 : (2,000주 × 650원) − 매각수수료 10,000원 = 당좌예금수령액 1,290,000원			
4	보통예금(자산의 증가)	9,000,000	단기매매증권(자산의 감소)	9,200,000
	단기매매증권처분손실 (비용의 발생)	200,000		
5	단기매매증권(자산의 증가)	3,000,000	보통예금(자산의 감소)	3,000,000
6	단기매매증권평가손실 (비용의 발생)	200,000	단기매매증권(자산의 감소)	200,000
7	현금(자산의 증가)	180,000	배당금수익(수익의 발생)	180,000

✓ 이론문제 │ **유동(당좌자산) - 단기투자자산 회계처리**

01 다음 거래의 분개 시 차변 계정과목과 금액으로 옳은 것은?

> 자금에 여유가 생겨 단기매매차익을 얻을 목적으로 상장회사인 (주)으뜸유통이 발행한 주식 10주(액면가액 1주당 5,000원)를 1주당 7,000원에 구입하고, 대금은 수수료 5,000원과 함께 수표를 발행하여 지급하다.

① 단기매매증권   55,000원   ② 단기매매증권   70,000원
③ 단기금융상품   55,000원   ④ 단기금융상품   70,000원

02 ㈜청주의 주식 1,000주를 1주당 3,000원에 매입하고 그 대금은 수수료 200,000원과 함께 현금으로 지급한 경우 옳은 분개인 것은?

① (차) 단기매매증권   3,000,000원   (대) 현금   3,200,000원
　　　 수수료비용   200,000원
② (차) 현금   3,200,000원   (대) 단기매매증권   3,000,000원
　　　　　　　　　　　　　　　　　　　　　　수수료수익   200,000원
③ (차) 단기매매증권   3,200,000원   (대) 현금   3,200,000원
④ (차) 현금   3,200,000원   (대) 단기매매증권   3,200,000원

03 기말 현재 단기매매증권 보유현황은 다음과 같다. 다음 중 일반기업회계기준에 따른 기말 평가를 하는 경우 올바른 분개인 것은?

> • A사 주식의 취득원가는 200,000원이고 기말공정가액은 300,000원이다.
> • B사 주식의 취득원가는 150,000원이고 기말공정가액은 120,000원이다.

① (차) 단기매매증권   100,000원   (대) 단기매매증권평가이익   100,000원
② (차) 단기매매증권   70,000원   (대) 단기매매증권평가이익   70,000원
③ (차) 단기매매증권   420,000원   (대) 단기매매증권평가이익   420,000원
④ (차) 단기매매증권   350,000원   (대) 단기매매증권평가이익   350,000원

04 다음 중 유가증권의 후속측정에 대해 바르게 설명하지 않은 것은?

① 단기매매증권과 매도가능증권은 원칙적으로 공정가치로 평가한다.

② 매도가능증권 중 시장성이 없는 지분증권의 공정가치를 신뢰성 있게 측정할 수 없는 경우에는 취득원가로 평가한다.

③ 만기보유증권을 상각후원가로 측정할 때에는 장부금액과 만기액면금액의 차이를 상환기간에 걸쳐 유효이자율법에 의하여 상각하여 취득원가와 이자수익에 가감한다.

④ 만기보유증권은 공정가치와 상각후원가 중 선택하여 평가한다.

05 (주)영광은 제1기(1.1.~12.31.)의 1/2에 단기적인 시세차익 목적으로 상장주식 100주(주당 20,000원)를 현금으로 취득하였다. 12/31의 1주당 시가는 25,000원이었다. (주)영광은 제2기(1.1.~12.31.) 1/1에 1주당 30,000원에 50주를 매각하였다. 제2기 12/31의 1주당 시가는 20,000원이었다. 일련의 회계처리 중 잘못된 것은?

① 주식 취득 시 : (차) 단기매매증권　　2,000,000원 (대) 현금　　　　　　　　　2,000,000원

② 제1기 12/31 : (차) 단기매매증권　　　500,000원 (대) 단기매매증권평가이익 500,000원

③ 제2기　1/1　: (차) 현금　　　　　 1,500,000원 (대) 단기매매증권　　　　　 1,000,000원
　　　　　　　　　　　　　　　　　　　　　　　　　　 단기매매증권처분이익 500,000원

④ 제2기 12/31 : (차) 단기매매증권평가손실 250,000원 (대) 단기매매증권　　　　　 250,000원

06 20×1년 1월 30일에 주식 200주를 1주당 1,000원에 취득하였으며, 20×1년 6월 25일에 100주를 1주당 1,200원에 처분한 경우 옳은 분개인 것은?

① (차) 현금　　　　　　　 120,000원　(대) 단기매매증권　　　　　　 100,000원
　　　　　　　　　　　　　　　　　　　　　　 단기매매증권처분이익　　　 20,000원

② (차) 단기매매증권　　　 100,000원　(대) 현금　　　　　　　　　　 120,000원
　　　 단기매매증권처분손실　 20,000원

③ (차) 현금　　　　　　　 120,000원　(대) 단기매매증권　　　　　　 120,000원

④ (차) 단기매매증권　　　 120,000원　(대) 현금　　　　　　　　　　 120,000원

07 다음은 (주)고려개발이 단기매매목적으로 매매한 (주)삼성가전 주식의 거래내역이다. 기말에 (주)삼성가전의 공정가치가 주당 20,000원인 경우 손익계산서상의 단기매매증권평가손익과 단기매매증권처분손익은 각각 얼마인가? (단, 취득원가의 산정은 이동평균법을 사용한다.)

거래일자	매입수량	매도(판매)수량	단위당 매입금액	단위당 매도금액
6월 1일	200주		20,000원	
7월 6일	200주		18,000원	
7월 20일		150주		22,000원
8월 10일	100주		19,000원	

① 단기매매증권평가손실 450,000원   단기매매증권처분이익 350,000원
② 단기매매증권평가이익 450,000원   단기매매증권처분이익 350,000원
③ 단기매매증권평가이익 350,000원   단기매매증권처분손실 450,000원
④ 단기매매증권평가이익 350,000원   단기매매증권처분이익 450,000원

08 다음 중 기업회계기준서에서 규정하고 있는 유가증권의 분류에 관한 설명으로 옳지 않은 것은?

① 채무증권을 만기까지 보유할 목적으로 취득하였으며 실제 만기까지 보유할 능력이 있는 경우에는 만기보유증권으로 분류한다.
② 단기매매차익을 목적으로 취득하고 매수와 매도가 빈번하게 이루어지는 채무증권은 단기매매증권으로 분류한다.
③ 단기매매증권이나 만기보유증권으로 분류되지 않은 채무증권은 매도가능증권으로 분류해야한다.
④ 어떠한 경우에도 단기매매증권을 매도가능증권이나 만기보유증권으로 분류변경할 수 없다.

09 다음의 자료로 20×2년 5월 5일 현재 주식수와 주당금액을 계산한 것으로 옳은 것은?

> • (주)갑의 주식을 20×1년 8월 5일 100주를 주당 10,000원(액면가액 5,000원)에 취득하였다. 회계처리 시 계정과목은 단기매매증권을 사용하였다.
> • (주)갑의 주식의 20×1년 12월 31일 주당 공정가치는 7,700원이었다.
> • (주)갑으로부터 20×2년 5월 5일에 무상으로 주식 10주를 수령하였다.

① 100주, 7,000원/주   ② 100주, 7,700원/주
③ 110주, 7,000원/주   ④ 110주, 7,700원/주

10 기말 현재 단기매매증권 보유현황은 다음과 같다. 단기매매증권을 보유함에 따라 손익계산서에 반영할 영업외손익의 금액은 얼마인가?

> • A사 주식의 취득원가는 200,000원이고 기말공정가액은 300,000원이다.
> • A사 주주총회를 통해 현금배당금 60,000원을 받다.
> • B사 주식의 취득원가는 150,000원이고 기말공정가액은 120,000원이다.

① 70,000원   ② 100,000원
③ 130,000원   ④ 160,000원

11 단기 시세 차익을 목적으로 보유하고 있는 주식에 대하여 500,000원의 주식 배당을 받은 경우 회계처리가 올바른 것은?

① (차) 현금   500,000   (대) 배당금 수익   500,000
② (차) 단기매매증권   500,000   (대) 배당금 수익   500,000
③ (차) 매도가능증권   500,000   (대) 배당금 수익   500,000
④ 분개없음

이론문제 정답 및 해설

01 ② 단기매매증권 취득 시 구입가격(10주 × 7,000원)과 수수료(5,000원)는 구분하여 단기매매증권계정의 차변에 기입한다.

02 ① 1,000주 × 3,000원 = 3,000,000원을 취득원가로 하며 수수료 200,000원은 별도로 영업외비용으로 회계처리한다.

03 ② 단기매매증권평가이익 = (300,000 + 120,000) − (200,000 + 150,000) = 70,000원

04 ④ 만기보유증권은 상각후원가로 표시하며 평가하지 않는다.

05 ③ 처분가격은 50주 × 30,000원 = 1,500,000원, 취득원가는 50주에 대한 금액을 기록하기 때문에 1,250,000원이 된다.

   (차) 현금   1,500,000원   (대) 단기매매증권   1,250,000원
                                                  단기매매증권처분이익   250,000원

06 ① 취득원가 100주 × 1,000원 = 100,000원
   처분가격 100주 × 1,200원 = 120,000원
   따라서, 처분이익 20,000원이 발생한다.

07 ④ 단기매매증권의 처분손익 = 150주 × 22,000원 − 150주 × 19,000원[∵(200주 × 20,000원 + 200주 × 18,000원) ÷ 400주] = 150주 × 3,000원 = 450,000원
   단기매매증권의 평가손익 = 평가금액 − 장부금액 = 350주 × 20,000원 − 350주 × 19,000원 = 350주 × 1,000원 = 350,000원

08 ④ 원칙은 단기매매증권을 매도가능증권이나 만기보유증권으로 분류변경할 수 없으나 시장성을 상실한 경우에는 매도가능증권으로 분류변경할 수 있다.

09 ③ 110주, 7,000원   20×1. 8. 5.   단기매매증권 1,000,000원(100주, 10,000원/주)
                       20×1. 12. 31. 단기매매증권   770,000원(100주, 7,700원/주)
                       20×2. 5. 5.   단기매매증권   770,000원(110주, 7,000원/주)

10 ③ A사 주식단기매매증권 평가이익 100,000원 + 배당금수익 60,000원 = 160,000원
   B사 주식단기매매증권 평가손실   −30,000원
   합계   130,000원

11 ④ 주식 배당을 받은 것은 분개가 없고 주석에 보유주식 수량만 증가시킨다.

6. 유동(당좌자산) - 외상채권 및 대손 회계처리

수취채권	매출채권 : 일반적인 상거래 채권(외상매출금 + 받을어음)
	미수금 : 일반적인 상거래 이외의 채권(기타채권)
	대여금 : 자금의 대여(기타채권)

◁ 01 외상매출금과 외상매입금

1) 외상매출금(자산)

제품이나 상품을 매출 거래처 등에 외상으로 판매하게 되면 매출이라는 수익이 발생하고 외상 판매로 인하여 받을 권리가 생기는 것을 말한다.

외상매출금	
(자산의 증가) 외상매출금 기초잔액 외상으로 판매할 경우	**(자산의 감소)** 매출환입(반품), 매출에누리, 매출할인, 회수불능(대손), 외상매출금 회수금액, 외상매출금 기말잔액

회계사건	차변	대변
상품을 외상으로 판매 시	외상매출금 1,000,000 (자산의 증가)	상품매출 1,000,000 (수익의 발생)
① 환입(반품), 에누리, 조기할인 시[3]	매출환입및에누리 150,000 매출할인 50,000 (매출액 차감, 수익의 감소)	외상매출금 200,000 (자산의 감소)
② 나머지 외상매출금을 회수 시	현금 500,000 (자산의 증가)	외상매출금 500,000 (자산의 감소)
③ 대손처리 시	대손충당금 200,000 (외상매출금차감, 자산의 증가) 대손상각비 100,000 (비용의 발생)	외상매출금 300,000 (자산의 감소)

---

3) 매출품에 대한 환입(반품), 매출에누리, 매출할인은 외상매출금과 총매출액에서 동시에 차감해야 한다. 그리고 대차를 마이너스(-) 분개 처리도 가능하다.
(별해분개) (차) 외상매출금 -200,000 / (대) 상품매출 -200,000

2) 외상매입금

원재료나 상품을 외상으로 매입하고 지급할 의무가 생기는 것을 말한다.

외상매입금	
(부채의 감소) 매입환출(반품), 매입에누리, 매입할인, 외상매입금 지급금액, 외상매입금 기말잔액	**(부채의 증가)** 외상매입금 기초잔액 외상으로 매입할 경우

거래내용	차변		대변	
상품을 외상으로 매입 시	상품 (자산의 증가)	1,800,000	외상매입금 (부채의 증가)	1,800,000
① 환출(반품), 에누리, 조기할인 시[4]	외상매입금 (부채의 감소)	300,000	매입환출및에누리 매입할인 (매입액 차감, 비용의 감소)	220,000 80,000
② 나머지 외상매입금을 지급할 경우	외상매입금 (부채의 감소)	1,500,000	현금 (자산의 감소)	1,500,000

◢02 받을어음과 지급어음 관리

1) 어음의 회계처리 및 원장기입

거래내용		차변		대변	
상거래 시 (상품, 원재료 등)	어음수취	받을어음 (자산의 증가)	3,000,000	상품매출 (수익의 발생)	3,000,000
	어음발행	상품 (자산의 증가)	2,500,000	지급어음 (부채의 증가)	2,500,000
상거래 아닌 경우 (비품, 건물, 차량, 기계 등)	어음수취	미수금 (자산의 증가)	4,000,000	건물 (자산의 감소)	4,000,000
	어음발행	비품 (자산의 증가)	3,200,000	미지급금 (부채의 증가)	3,200,000

---

4) 매입품에 대한 환출(반품), 매입에누리, 매입할인은 외상매입금과 총매입액에서 동시에 차감해야 한다. 그리고
대차를 마이너스(−) 분개 처리도 가능하다.
(별해분개) (차) 상품 −300,000 / (대) 외상매입금 −300,000

받을어음		지급어음	
받을어음 기초잔액 어음의 수취	어음의 배서 어음의 할인 어음의 개서 어음의 대손 받을어음 기말잔액	지급어음 대금지급 지급어음 기말잔액	지급어음 기초잔액 약속어음의 발행 환어음의 인수

2) 대변에 받을어음 처리(자산의 감소)하는 경우

분류	거래내용	차변		대변	
① 만기 결제	정의 : 어음 만기일에 추심하는 것을 말하며 추심수수료는 "수수료비용"으로 회계처리한다.				
	보유한 어음 55,000원이 만기가 되어 현금으로 받다.	현금 (자산의 증가)	55,000	받을어음 (자산의 감소)	55,000
② 배서 양도	정의 : 만기일 전에 기명날인하여 어음상의 채권을 타인에게 양도하는 것을 말한다.				
	보유한 어음 80,000원을 외상매 입금을 지급하기 위해 배서양도 하다.	외상매입금 (부채의 감소)	80,000	받을어음 (자산의 감소)	80,000
③ 부도	정의 : 지급이 거절된 어음을 말한다(부도어음과 수표 → 6개월 후에 대손처리함).				
	보유한 어음 60,000원이 만기일 에 지급거절이 되었다.	부도어음과수표 (자산의 증가)	60,000	받을어음 (자산의 감소)	60,000
④ 개서	보유한 어음 70,000원을 만기에 거래처 사정으로 연장이자 5,000원 을 포함하여 개서하다.	받을어음 (자산의 증가)	75,000	받을어음 (자산의 감소) 이자수익 (수익의 발생)	70,000 5,000

3) 어음 할인에 대한 매각거래와 차입거래 비교

만기일 전에 금융기관에서 할인료를 차감하고 자금을 융통하는 것을 말한다. 이때 어음의 할인료
[만기금액 × 할인율 × 할인기간]는 매각거래(매출채권처분손실)와 차입거래(이자비용)로 처리
할 수 있다.

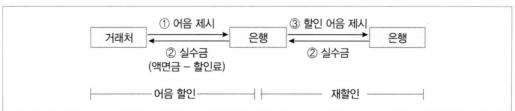

① 매각거래

거래내용	차변	대변
어음할인 시	당좌예금 940,000(자산의 증가) 매출채권처분손실 60,000(비용의 발생)	받을어음 1,000,000(자산의 감소)
만기일 무사히 결제 시	분개없음	

② 차입거래

거래내용	차변	대변
어음할인 시	당좌예금 ×××(자산의 증가) 이자비용 ×××(비용의 발생)	단기차입금 ×××(부채의 증가)
만기일 무사히 결제 시	단기차입금 ×××(부채의 감소)	받을어음 ×××(자산의 감소)

03 채권에 대한 기중에 대손 회계처리 방법

부분 재무상태표

매출채권	1,000,000	
대손충당금	(100,000)	900,000
매출채권의 순 장부금액 = 매출채권 − 대손충당금		

1) 매출채권의 대손 = 대손상각비(판매비와관리비)
2) 미수금, 단기대여금 등의 대손 = 기타의 대손상각비(영업외비용)

분류	거래내용	차변	대변
① 매출 채권	정의 : 외상매출금 또는 받을어음을 기중에 거래처가 파산, 부도 등으로 회수가 불가능한 경우에 하는 회계처리를 말한다.			
	㉠ 외상매출금 50,000원을 파산으로 대손처리하다. (단, 대손충당금 없음)	대손상각비 50,000 (비용의 발생)	외상매출금 50,000 (자산의 감소)
	㉡ 외상매출금 50,000원을 파산으로 대손처리하다. (단, 대손충당금 40,000원 있음)	대손충당금 40,000 (자산의 증가) 대손상각비 10,000 (비용의 발생)	외상매출금 50,000 (자산의 감소)
	㉢ 외상매출금 50,000원을 파산으로 대손처리하다. (단, 대손충당금 80,000원 있음)	대손충당금 50,000 (자산의 증가)	외상매출금 50,000 (자산의 감소)

② 기타 채권	정의 : 단기대여금 또는 미수금을 기중에 거래처가 파산 등으로 회수가 불가능한 경우를 말하며 영업외비용으로 회계처리한다.		
	단기대여금 50,000원을 파산으로 대손처리하다. (단, 대손충당금 40,000원 있음)	대손충당금 40,000 (자산의 증가) 기타의 대손상각비 10,000 (비용의 발생)	단기대여금 50,000 (자산의 감소)

04 기말에 대손충당금 설정방법

1) 직접차감법

회수불가능한 채권금액을 당기비용으로 인식하고 동시에 채권에서 직접 차감하는 방법을 말한다.

2) 대손충당금설정법(기업회계기준)

결산일에 회수 불가능한 금액을 추정하여 대손충당금을 설정하고 대손이 발생하는 경우에 대손충당금을 감액시키고 동시에 채권을 차감하는 방법을 말한다. 매출채권이 순실현가능가액으로 평가된다.

3) 대손의 추정방법

① **매출채권잔액비율법** : 회계기말 현재의 매출채권 잔액에 과거의 대손율을 적용하는 방법을 말한다.

> 기말 매출채권 잔액 × 대손예상률 − 대손충당금잔액 = 보충액, 환입액
>   ↳ 당기 대손충당금

거래내용	차변	대변
㉠ 기말 결산 시 매출채권 잔액 3,000,000 원에 대하여 2% 대손충당금을 설정하다. (단, 대손충당금 잔액 30,000원 있음)	대손상각비 30,000 (비용의 발생)	대손충당금 30,000 (자산의 감소)
㉡ 기말 결산 시 매출채권 잔액 3,000,000 원에 대하여 2% 대손충당금을 설정하다. (단, 대손충당금 잔액 80,000원 있음)	대손충당금 20,000 (자산의 증가)	대손충당금환입 20,000 (판매관리비에서 차감항목)

② **연령분석법** : 회계기말 현재의 채권 잔액을 경과기일에 따라 분류하고, 분류된 채권에 각각 다른 대손율을 적용하는 방법을 말한다.

05 대손상각금액의 회수

1) 전기에 대손처리하였던 매출채권을 회수 시 무조건 대손충당금으로 대변에 처리하는 것으로 기 중에 회수하게 되면 대손충당금이 증가하므로 결산 시 증가한 만큼 대손을 설정할 수는 없다.

2) 당기에 발생하여 회계처리하였던 채권을 회수 시에는 대손충당금, 대손상각비를 상계하는 반대 의 분개를 한다.

> **예제 14**
>
> **전기에 대손처리한 외상매출금 500,000원을 현금으로 회수하다.**
>
> [해설] --
>
> (차) 현금(자산의 증가) 500,000 / (대) 대손충당금(자산의 감소) 500,000

06 기타채권·채무에 관한 기장

거래내용	채권(자산처리)		채무(부채처리)	
① 상품 등의 매입, 매출 전 계약금을 주고받는 경우	(차) 선급금 (대) 현금	10,000(자산의 증가) 10,000(자산의 감소)	(차) 현금 (대) 선수금	10,000(자산의 증가) 10,000(부채의 증가)
② 상품 이외의 자산을 외상(월말) 거래한 경우	(차) 미수금 (대) 기계장치	15,000(자산의 증가) 15,000(자산의 감소)	(차) 기계장치 (대) 미지급금	15,000(자산의 증가) 15,000(부채의 증가)
③ 금전을 빌려주거나(대여) 빌려온 (차입)경우	(차) 단기대여금 (대) 현금	8,000(자산의 증가) 8,000(자산의 감소)	(차) 현금 (대) 단기차입금	8,000(자산의 증가) 8,000(부채의 증가)
④ 종업원 등이 가불한 경우	(차) 임직원단기채권 5,000(자산의 증가) (대) 현금 5,000(자산의 감소)		–	
⑤ 사원에게 여비개산액(출장비)을 지급한 경우	(차) 가지급금 (대) 현금	3,000(자산의 증가) 3,000(자산의 감소)	–	
⑥ 내용불명의 돈을 회수한 경우			(차) 현금 (대) 가수금	4,000(자산의 증가) 4,000(부채의 증가)

☑️ 분개연습 | 유동(당좌자산) - 외상채권 및 대손 회계처리

단, 상품판매는 상품매출계정 사용, 부가가치세는 고려하지 말 것

[1] (주)송주식품의 외상매출금 8,500,000원 중 7,000,000원은 약속어음으로 받고 나머지는 현금으로 받았다.
(차)   (대)

[2] (주)상주식품에 상품 3,000,000원을 매출하고, 대금 중 2,000,000원은 (주)상주식품이 발행한 당좌수표로 받고, 잔액은 당점이 발행한 약속어음으로 받다.
(차)   (대)

[3] 외상매입금 4,000,000원을 결제하면서 다른 거래처로부터 받은 받을어음 3,000,000원을 결제하고, 나머지는 현금으로 상환하였다.
(차)   (대)

[4] (주)기아자동차로부터 화물자동차 5,000,000원을 구입하고, 대금 중 3,000,000원은 당좌수표를 발행하여 지급하고 잔액은 약속어음을 발행하여 지급하다.
(차)   (대)

[5] (주)명월식품에 현금 2,500,000원을 대여하고 대금은 약속어음을 교부받았다.
(차)   (대)

[6] (주)기린식품은 거래처의 파산으로 인하여 받을어음 6,000,000원을 대손처리하다. (단, 대손충당금 잔액은 7,000,000원이 있다.)
(차)   (대)

[7] 전기에 대손처리한 외상매출금 2,200,000원을 회수하여 보통예금에 입금하였다. (단, 대손세액 공제를 받지 않았다.)
(차)   (대)

[8] 기말 결산 시 매출채권 잔액 8,500,000원의 1%를 대손충당금으로 설정하였다. (단, 대손충당금 잔액은 50,000원이 있다.)
(차)   (대)

[9] 기말 결산 시 매출채권 잔액 9,000,000원의 1%를 대손충당금으로 설정하였다. (단, 대손충당금 잔액은 100,000원이 있다.)
(차)   (대)

[10] 카드사로부터 지난달에 신용카드로 매출한 대금 1,000,000원에 대하여 카드수수료 40,000원을 공제한 잔액을 보통예금으로 이체받았다.
(차)　　　　　　　　　　　　(대)

[11] 종업원 이태식에게 급여 3,500,000원을 지급함에 있어, 가불금 500,000원과 소득세원천징수세액 150,000원(지방소득세 포함), 건강보험료 등 280,000원을 공제한 잔액을 종업원 보통예금계좌에 자동이체하여 주다.
(차)　　　　　　　　　　　　(대)

[12] 직원 이덕화에게 출장을 명하고 여비개산액 500,000원을 현금으로 지급하다.
(차)　　　　　　　　　　　　(대)

[13] 직원 이덕화가 출장 중에 내용을 알 수 없는 송금액 4,000,000원을 당사 보통예금계좌로 보내오다.
(차)　　　　　　　　　　　　(대)

[14] 직원 이덕화가 출장을 다녀와 아래와 같이 보고하였다. 출장비는 정산 후 추가로 현금 지급하였다.

〈자료〉
① 여비개산액 정산내역 : 숙박비 및 식대 등 540,000원
② 가수금 내역 : 거래처 외상매출금 회수액 2,650,000원
　　　　　　　　거래처 상품주문대금 계약금 1,350,000원

(차)　　　　　　　　　　　　(대)

[15] (주)대전식품은 상품 8,000,000원을 매입하기로 계약하고, 대금 중 계약금 800,000원을 동점발행수표로 지급하다.
(차)　　　　　　　　　　　　(대)

[16] (주)마산식품은 상품 10,000,000원을 매출하기로 계약하고, 대금 중 계약금 1,000,000원은 당사 보통예금계좌에 입금되었다.
(차)　　　　　　　　　　　　(대)

[17] ㈜여수식품에서 받아 보관 중인 약속어음 10,000,000원을 만기일 3개월 이전에 연 12%의 조건으로 우리은행에서 할인하고, 할인료를 차감한 잔액은 당좌예입하다. (단, 어음할인에 대한 회계처리는 매각거래로 한다.)
(차)　　　　　　　　　　　　(대)

[18] 외상매입금 4,500,000원을 지급하기 위하여 (주)목포로부터 받아 보관 중인 약속어음을 배서양도하다.

(차)   (대)

분개연습 정답 및 해설

번호	차변		대변	
1	받을어음(자산의 증가)	7,000,000	외상매출금(자산의 감소)	8,500,000
	현금(자산의 증가)	1,500,000		
2	현금(자산의 증가)	2,000,000	상품매출(수익의 발생)	3,000,000
	지급어음(부채의 감소)	1,000,000		
3	외상매입금(부채의 감소)	4,000,000	받을어음(자산의 감소)	3,000,000
			현금(자산의 감소)	1,000,000
4	차량운반구(자산의 증가)	5,000,000	당좌예금(자산의 감소)	3,000,000
			미지급금(부채의 증가)	2,000,000
5	단기대여금(자산의 증가)	2,500,000	현금(자산의 감소)	2,500,000
6	대손충당금(자산의 증가)	6,000,000	받을어음(자산의 감소)	6,000,000
7	보통예금(자산의 증가)	2,200,000	대손충당금(자산의 감소)	2,200,000
8	대손상각비(비용의 발생)	35,000	대손충당금(자산의 감소)	35,000
9	대손충당금(자산의 증가)	10,000	대손충당금환입 (판매관리비에서 차감)	10,000
10	수수료비용(비용의 발생)	40,000	미수금(자산의 감소)	1,000,000
	보통예금(자산의 증가)	960,000		
11	급여(비용의 발생)	3,500,000	임직원단기채권 (자산의 감소)	500,000
			예수금(부채의 증가)	430,000
			보통예금(자산의 감소)	2,570,000
12	가지급금(자산의 증가)	500,000	현금(자산의 감소)	500,000
13	보통예금(자산의 증가)	4,000,000	가수금(부채의 증가)	4,000,000
14	여비교통비(비용의 발생)	540,000	가지급금(자산의 감소)	500,000
	가수금(부채의 감소)	4,000,000	현금(자산의 감소)	40,000
			외상매출금(자산의 감소)	2,650,000
			선수금(부채의 증가)	1,350,000
15	선급금(자산의 증가)	800,000	현금(자산의 감소)	800,000
16	보통예금(자산의 증가)	1,000,000	선수금(부채의 증가)	1,000,000
17	매출채권처분손실(비용의 발생)	300,000	받을어음(자산의 감소)	10,000,000
	당좌예금(자산의 증가)	9,700,000		
18	외상매입금(부채의 감소)	4,500,000	받을어음(자산의 감소)	4,500,000

☑️ 이론문제 │ **유동(당좌자산) - 외상채권 및 대손 회계처리**

01 다음은 상품매출과 관련된 내용이다. 당월에 회수한 외상매출금은 얼마인가?

• 외상매출금 월초 잔액 : 250,000원   • 당월 외상매출액 : 400,000원 • 외상매출액 중 환입액 : 70,000원   • 외상매출금 월말 잔액 : 120,000원

① 390,000원   ② 460,000원
③ 530,000원   ④ 600,000원

02 다음 자료에 의하여 기말외상매입금 잔액을 계산하면 얼마인가? (단, 상품매입은 전부 외상이다.)

• 기초상품 재고액 : 500,000원   • 기말상품 재고액 : 600,000원 • 기중상품매출 : 1,500,000원   • 매출총이익률 : 30% • 기초외상매입금 : 400,000원   • 기중 외상매입금 지급 : 1,200,000원

① 330,000원   ② 340,000원
③ 350,000원   ④ 360,000원

03 다음 중 받을어음 계정의 대변에 올 수 없는 거래인 것은?

① 어음대금의 회수   ② 약속어음의 수취
③ 어음의 예치   ④ 소지한 어음의 부도

04 대손충당금을 올바르게 설명한 것은?

① 유동부채 계정   ② 비유동부채 계정
③ 채권에 대해 가산되는 평가계정   ④ 채권에 대해 차감되는 평가계정

05 경기상점에서 받은 받을어음 55,000,000원을 국민은행에서 할인하고 할인료를 차감한 잔액을 당좌예금하였다. 매각거래로 처리하며, 할인율은 연 10%이고 할인 후 만기일까지 기간은 60일이다. 올바른 분개는? (단, 원 미만 버림)

① (차) 당좌예금   54,095,891원   (대) 받을어음   55,000,000원
    매출채권처분손실   904,109원
② (차) 매출채권처분손실   904,109원   (대) 매출채권   904,109원
③ (차) 당좌예금   54,095,891원   (대) 단기차입금   55,000,000원
    이자비용   904,109원
④ (차) 매출채권처분손실   5,000원   (대) 단기차입금   5,000원

06 유형자산 처분에 따른 미수금 기말잔액 45,000,000원에 대하여 2%의 대손충당금을 설정하려 한다. 기초 대손충당금 400,000원이 있었고 당기 중 320,000원 대손이 발생되었다면 보충법에 의하여 기말 대손충당금 설정 분개로 올바른 것은?

① (차) 대손상각비   820,000원   (대) 대손충당금   820,000원
② (차) 기타의 대손상각비   820,000원   (대) 대손충당금   820,000원
③ (차) 대손상각비   900,000원   (대) 대손충당금   900,000원
④ (차) 기타의 대손상각비   900,000원   (대) 대손충당금   900,000원

07 외상매출금 20,000원이 회수불능되었다. 기업회계기준에 따라 회계처리할 경우 다음 각 상황별로 계상되어야 할 대손상각비는 얼마인가?

> • 상황 1 : 대손충당금 잔액이 없는 경우
> • 상황 2 : 대손충당금 잔액이 13,000원인 경우
> • 상황 3 : 대손충당금 잔액이 23,000원인 경우

① 20,000원, 13,000원, 3,000원   ② 20,000원, 7,000원, 0원
③ 20,000원, 7,000원, 3,000원   ④ 20,000원, 13,000원, 0원

08 매출채권 중 1,000,000원이 대손이 확정되었다. 대손 확정 시 매출채권에 대한 대손충당금 잔액이 2,500,000원이었다. 당해 대손 확정이 재무제표에 미치는 영향으로 잘못된 것은?

① 순자산가액은 불변이다.   ② 순이익이 감소한다.
③ 매출채권총액이 감소한다.   ④ 자본총액은 불변이다.

09 다음은 결산 시 매출채권에 대한 대손충당금을 계산하는 경우의 예이다. 틀린 것은?

	결산 전 대손충당금잔액	기말 매출채권 잔액 (대손율 1%)	회계처리의 일부	
①	10,000원	100,000원	(대) 대손충당금환입	9,000원
②	10,000원	1,000,000원	회계처리 없음	
③	10,000원	1,100,000원	(차) 대손상각비	1,000원
④	10,000원	1,100,000원	(차) 기타의 대손상각비	1,000원

10 결산일 현재 매출채권 잔액은 5,000,000원이며 이에 대한 결산 전 대손충당금 잔액은 10,000원이다. 기업회계기준에 따라 기말의 매출채권 잔액에 대하여 2%의 대손충당금을 설정할 경우 재무상태표에 표시되는 매출채권의 순장부가액은 얼마인가?

① 1,000,000원   ② 4,000,000원
③ 4,900,000원   ④ 5,000,000원

11 다음 매출채권과 관련된 기업회계기준의 내용 중 틀린 것은?

① 채권에 대한 대손이 확정되는 경우 당해 채권의 발생연도에 관계없이 대손충당금과 우선 상계하고 잔액이 부족한 경우 대손상각비로 처리한다.

② 대손충당금의 설정 시에는 회수불능추정액과 대손 충당금잔액의 차액을 회계처리하는 충당금 설정방법에 따른다.

③ 대손충당금은 해당자산에 평가계정으로 자산에 차감하는 형식으로 표시하거나 직접 가감하여 표시한다.

④ 매출채권에서 발생한 대손상각비는 영업외비용으로 분류하고 기타채권에서 발생한 기타 대손상각비는 판매비와관리비로 분류한다.

이론문제 정답 및 해설

01 ② 외상매출금 전월이월 250,000원 + 당월 외상매출액 400,000원 − 외상매출액 중 환입액 70,000원 − 외상매출금 차기이월 120,000원 = 460,000원이다.

02 ③ • 매출원가 : 매출액 1,500,000원 × (1 − 0.30) = 1,050,000원이 된다.
    • 다시 매출원가 1,050,000원 = 기초재고 500,000원 + 기중외상매입(1,150,000원) − 기말재고 600,000원이 된다.
    • 기말외상매입금 잔액(350,000원) = 기초 400,000원 + 기중외상매입 1,150,000원 − 기중외상 지급 1,200,000원이 된다.

03 ② 약속어음의 수취는 수취인 입장에서 회계처리를 하므로 차변에 받을어음을 기재한다.

04 ④ 대손충당금액은 매출채권과 기타채권에서 차감되는 평가계정이다.

05 ① (차) 당좌예금   54,095,891원   (대) 받을어음   55,000,000원
        매출채권처분손실   904,109원
        55,000,000원 × 10% × 60/365 = 904,109원(매출채권처분손실)

06 ② 유형자산 처분에 따른 미수금은 기타의 대손상각비로 처리하고, 대손충당금 설정액은 (45,000,000원 × 2%) − 80,000원 = 820,000원이다.

07 ② 외상매출금이 회수불능이 될 경우 대손충당금잔액을 차감하고 대손처리하게 되어 있다. 이러한 상황이 발생 시 대손상각비를 계상하면 다음과 같다.
    • 상황 1 : 전액 대손상각비 20,000원
    • 상황 2 : 대손충당금 13,000원, 대손상각비 7,000원
    • 상황 3 : 전액 대손충당금 20,000원

08 ② 대손충당금 범위 내에서 매출채권의 대손이 확정되는 경우 손익에는 영향을 미치지 않는다.

09 ④ 기타의 대손상각비로 회계처리하는 경우에는 미수금, 단기대여금 등이 해당한다.

10 ③ 순장부가액(회수가능가액 또는 순실현가능가치) = 매출채권잔액 − 대손충당금
    5,000,000원 × 2% = 100,000원 대손충당금설정액
    5,000,000원(매출채권잔액) − 100,000원(대손충당금) = 4,900,000원(순장부가액)

11 ④ 매출채권에서 발생한 대손상각비는 판매비와관리비로 분류하고 기타채권에서 발생한 기타의 대손상각비는 영업외비용으로 분류한다.

7. 유동(재고자산) - 상품매매기장에 관한 회계처리

재고자산이란 기업의 정상적인 영업활동 과정에서 판매를 위하여 보유하고 있는 자산과, 제품을 생산하거나 서비스를 제공하는 과정에서 투입될 원재료나 소모품 형태로 존재하는 자산을 말한다.

구분		의의	계정 과목
상기업		판매 목적으로 보유하고 있는 자산	상품
		업무 목적으로 보유하고 있는 자산	유형 및 무형자산
제조기업		판매를 위하여 보유하거나 생산과정에 있는 자산 및 생산과정에 투입될 원재료	원재료, 저장품, 재공품, 반제품, 제품
부동산 매매기업		판매 목적으로 보유하고 있는 자산	상품
		업무 목적으로 보유하고 있는 자산	유형 및 무형자산
금융회사기업		판매 목적으로 보유하고 있는 유가증권	재고자산
			유가증권 계정

📖 **예제 15**

재고자산으로 볼 수 없는 것은?

① 부동산매매기업에서 판매를 목적으로 구입한 건물
② 도자기제조기업에서 생산을 목적으로 구입한 흙
③ 가전제품제조기업에서 직원 사무실에 비치한 에어컨
④ 우유제조기업에서 생산한 치즈

[해설] --
③ 가전제품제조기업에서 직원 사무실에 비치한 에어컨은 복리후생비 또는 비품으로 회계처리한다.

◢ 01 재고자산의 종류

판매용 상품, 제품, 반제품, 재공품, 원재료, 저장품(소모품 등)이 있다.

▼ 기말재고자산의 포함 여부 분류

구분		매출자의 수익인식 시기	재고자산 포함 여부
미착품	선적기준	선적 시점	선적 전 : 매출자, 선적 후 : 매입자
	도착기준	도착 시점	도착 전 : 매출자, 도착 후 : 매입자
시송품		매입 의사표시한 시점	매입 의사표시 전 : 매출자
적송품		수탁자 판매한 시점	수탁자 판매 전 : 위탁자
할부판매		인도 시점	인도 시점 이후 : 매입자

예제 16

다음의 항목 중에서 기말재고자산에 포함되지 않는 항목은?

① 수탁자에게 판매를 위탁하기 위하여 발송한 상품

② 도착지 인도기준에 의하여 운송 중인 매입상품

③ 소비자가 구입의사를 표시하기 전에 시용판매된 제품

④ 선적지 인도기준에 의하여 운송 중인 매입상품

[해설]
② 도착지 인도기준인 매입상품은 매입자에게 도착되었을 경우 매입자의 상품이나 운송 중에 있으므로 판매자의 재고자산으로 보고되어야 한다.

02 재고자산 취득원가

매입원가 = 매입가격 + 매입부대비용[5] + 수입관세(환급예정분 제외) − 매입할인, 에누리, 환출 등

03 재고자산의 수량결정방법 및 회계처리

1) 계속기록법

재고자산의 입출고마다 수량을 계속적으로 기록하는 방법으로 장부상 재고수량을 기말재고수량으로 결정하는 방법이며 별도의 재고실사가 필요하지 않은 모델이다. 통제목적과 내부관리목적에 적합하다.

기초 재고수량 + 당기 매입수량 − 당기 판매수량 = 기말재고 수량

2) 실지재고조사법

재고자산을 매입할 때에는 매입수량, 금액을 모두 기입하지만 매출할 때에는 특별한 기록을 하지 아니하였다가 기말에 실지재고조사를 통하여 기말 재고의 수량을 파악하여 당기 판매수량을 산출하는 방법으로 외부보고목적에 충실하다.

기초 재고수량 + 당기 매입수량 − 기말 재고수량 = 당기 판매수량

---

5) 취득과정에서 정상적으로 발생한 지출이며 취득원가에 포함해야 한다(매입운임, 하역비, 설치비, 보관료, 등기비용, 보험료, 세금, 수입 관련한 수입관세 등).

3) 혼합법(병행법)

계속기록법에 의하여 상품재고장의 기록은 유지하고 일정시점에서 실지재고조사를 하는 방법이다. 따라서 회계연도 말에 실지재고조사법에 의하여 수량을 조사하여 차이가 있는 것은 재고자산 감모손실로 처리하고 비용으로 인식한다.

04 재고자산의 단가결정방법 및 회계처리

1) 개별법

개별물량흐름을 직접 추적하여 원가를 대응시키는 방법이다. 즉 재고자산에 가격표를 붙여 매입상품별로 매입가격을 알 수 있도록 하여 매입가격별로 판매된 것과 재고로 남은 것을 구별하여 매출원가와 기말재고로 구분한다. 주로 거래 빈도수가 많지 않고 수량이 적은 고가품 판매업, 부동산 매매업, 조선업 등에서 사용한다.

2) 선입선출법과 후입선출법

구분	선입선출법	후입선출법
장점	• 물량흐름은 먼저 들어온 것이 먼저 판매되므로 원가흐름 가정이 실물흐름과 일치한다. • 기말재고는 최근에 구입한 상품의 원가가 되므로 재무상태표상 재고자산가액은 공정가액에 가깝다. • 디플레이션 시 절세효과를 가질 수 있다.	• 현행수익에 최근원가가 대응되므로 수익 비용의 대응이 적절하게 이루어진다. • 물가상승 시 이익이 과소계상되므로 물가변동에 유연하다. • 세금이연효과로 인해 현금흐름이 유리하다.
단점	• 현행수익에 과거원가가 대응되므로 수익·비용의 대응이 부적절하다. • 물가상승 시 이익이 과대계상되므로 법인세부담과 배당압력이 높아진다.	• 물량흐름은 나중에 들어온 것이 먼저 판매되므로 실물흐름과 반대이다. • 재고자산이 현재가치를 표시하지 못한다.

PART
01

📖 예제 17

8월 중 상품매매에 관한 다음 거래를 계속기록법에 의한 선입선출법과 후입선출법으로 기록한 경우 기말재고와 매출원가는 각각 얼마인가?

8월 1일 : 전월이월		50개	@180
10일 : 매입		120개	@200
11일 : 매입환출	(10일 매입분 30개)		
20일 : 매출		100개	@270

	선입선출법		후입선출법	
	기말재고	매출원가	기말재고	매출원가
①	7,200원	19,000원	7,200원	19,000원
②	8,000원	19,000원	7,200원	19,800원
③	8,000원	19,800원	8,000원	19,000원
④	10,000원	23,000원	10,000원	23,000원

[해설] --

② • 선입선출법은 먼저 매입한 상품을 먼저 출고시키는 방법으로, 기말재고는 나중에 매입한 상품이 남게 된다.

기말재고 (40개×@200) = 8,000원

매출원가 = 기초재고(50개×@180) + 당기총매입(120개×@200) − 매입환출(30개×@200)
  − 기말재고(40개×@200) = 19,000원

또는 기초재고(50개×@180) + 매입(50개×@200) = 19,000원이 바로 매출원가가 된다.

• 후입선출법은 나중에 매입한 상품을 먼저 출고시키는 방법으로 기말재고는 먼저 매입한 상품이 남게 된다.

기말재고 (40개×@180) = 7,200원

매출원가 = 기초재고(50개×@180) + 당기총매입(120개×@200) − 매입환출(30개×@200)
  − 기말재고(40개×@180) = 19,800원

또는 기초재고(10개×@180) + 매입(90개×@200) = 19,800원이 바로 매출원가가 된다.

3) 이동평균법

계속기록법하에서 재고의 구입이 일어날 때마다 매입당시까지 누적된 직전 취득원가에 새로 구입한 취득원가를 가산하여 이를 판매가능한 수량으로 나누어 가중평균단가를 구한 후, 상품의 매출이 일어날 때마다 각각의 평균단가를 매출원가로 처리하는 방법이다.

$$이동평균단가 = \frac{매입직전재고가액 + 매입가액}{매입직전재고수량 + 매입수량}$$

4) 총평균법

실지재고조사법하에서 한 회계 기간 동안 구입한 판매가능한 상품총원가를 총판매가능수량으로 나누어 평균단위당 원가를 구하여 기말재고금액과 매출원가를 산정하는 방법으로 실무적으로 적용이 간편한 방법이다.

$$총평균단가 = \frac{기초재고액 + 당기매입액}{기초재고수량 + 당기매입수량}$$

◢ 05 물가 상승 시 재무제표에 미치는 영향

▼ 원가흐름의 가정 요약

구분	크기 비교	비고
기말재고자산	선입선출법 > 이동평균법 > 총평균법 > 후입선출법	
매출원가	선입선출법 < 이동평균법 < 총평균법 < 후입선출법	
당기순이익	선입선출법 > 이동평균법 > 총평균법 > 후입선출법	
법인세	선입선출법 > 이동평균법 > 총평균법 > 후입선출법	과세소득이 충분함
현금흐름	선입선출법 < 이동평균법 < 총평균법 < 후입선출법	법인세효과임

◢ 06 재고자산 감모손실과 재고자산 평가손실

1) 저가법

취득원가와 시가를 비교하여 시가가 취득원가보다 낮은 경우에는 시가를 재무상태표 가액으로 한다(저가법의무화). 단, 재고자산평가이익은 회계처리하지 않는다.

2) 재고자산 감모손실(수량차이)

재고자산 감모손실은 자연증발이나 도난·파손·훼손 등의 사유로 회사의 장부상 수량과 실제 재고수량에 의한 수량과의 차이에서 발생하는 손실을 말한다.

감모손실 = 감모수량(장부상 수량 − 실제 수량) × 장부상 단위당 취득원가

거래내용	차변		대변	
정상적 감모 (원가성이 있음)	매출원가(비용의 발생)	× × ×	재고자산(자산의 감소)	× × ×
비정상적 감모 (원가성이 없음)	재고자산 감모손실 (비용의 발생)	× × ×	재고자산(자산의 감소) (적요8번 타계정으로 대체)	× × ×

3) 재고자산 평가손실(가격차이) – 종목별 기준법을 원칙으로 함

거래내용	차변		대변	
시세하락	재고자산 평가손실 (매출원가 가산)	×××	재고자산 평가충당금 (재고자산 차감계정)	×××
시세회복	재고자산 평가충당금 (재고자산 가산계정)	×××	재고자산 평가충당금환입 (매출원가 차감)	×××

※ 단, 공정가치가 장부금액보다 상승한 경우에는 최초의 장부금액을 초과하지 않는 범위 내에 서 평가손실을 환입한다.

07 상품매출원가와 매출총이익 계산

- 당기 순매입액 = 총매입액 + 매입운임 등 취득부대비용 – 매입에누리와 환출 – 매입할인
- 당기 순매출액 = 총매출액 – 매출에누리와 환입 – 매출할인
- 매출원가 = 기초상품 재고액 + 당기순매입액 – 기말상품 재고액 + 정상적인 재고자산 감모손실 + 재고자산 평가손실
- 매출총이익 = 당기 순매출액 – 매출원가

예제 18

다음 보기를 참고하여 매출액, 매출원가, 매출총이익을 계산하시오.

• 총매출액	1,000,000원	• 매출할인	20,000원
• 총매입액	600,000원	• 매입에누리	30,000원
• 매입할인	4,000원	• 매입운임	50,000원
• 기초상품 재고액	150,000원	• 기말상품 재고액	110,000원
• 매출운임	25,000원	• 매입하역비	15,000원

[해설]
- 매출액 : 1,000,000 – 20,000 = 980,000원
- 매출원가 : 150,000 + 600,000 + 50,000 + 15,000 – 30,000 – 4,000 – 110,000 = 671,000원
- 매출총이익 : 980,000 – 671,000 = 309,000원

☑️ 이론문제 │ 유동(재고자산) - 상품매매기장에 관한 회계처리

01 다음 자료에서 재고자산을 구하면 얼마인가?

• 제품	5,000,000원	• 재공품	2,500,000원
• 매출채권	1,000,000원	• 원재료	1,200,000원

① 6,200,000원   ② 7,500,000원
③ 8,700,000원   ④ 9,700,000원

02 다음 중 재고자산의 취득원가에 차감되는 항목인 것은?

① 매입운임   ② 매입수수료
③ 매입관세   ④ 매입할인

03 다음 중 재고자산평가방법에 해당하지 않는 것은?

① 선입선출법   ② 후입선출법
③ 연수합계법   ④ 이동평균법

04 다음 설명 중 옳지 않은 것은?

① 상품 매입관련 비용은 상품원가에 포함한다.
② 매출에누리와 매출할인은 상품재고장에 기록하지 않는다.
③ 매출장은 상품의 매출을 거래의 순서대로 원가로 기입하는 보조기입장이다.
④ 상품재고장의 단가와 금액은 매입 시와 매출시 모두 매입원가로 기록한다.

05 상품매매거래를 3분법으로 기장하는 경우, 매출원가를 산출할 수 있는 계정인 것은?

① 이월상품   ② 매입
③ 매출   ④ 손익

06 상품매출에 의한 매출에누리와 매출환입에 대한 올바른 회계처리방법인 것은?

① 매출에누리는 매출액에서 차감하고 매출환입은 비용 처리한다.
② 매출에누리와 매출환입 모두 비용 처리한다.
③ 매출에누리와 매출환입 모두 매출액에서 차감한다.
④ 매출에누리는 비용처리하고, 매출환입은 외상매출금에서 차감한다.

07 기업회계기준상 매출원가에 대한 설명 중 틀린 것은?

① 판매업에 있어서의 매출원가는 기초상품 재고액과 당기상품매입액의 합계액에서 기말상품 재고액을 차감하는 형식으로 기재한다.
② 제조업에 있어서의 매출원가는 기초제품재고액과 당기제품제조원가의 합계액에서 기말제품재고액을 차감하는 형식으로 기재한다.
③ 상품매입에 직접 소요된 상품매입액과 제비용은 구분하여 기재한다.
④ 매출액에서 매출총이익을 차감하면 매출원가가 나온다.

08 기말재고액이 비교적 시가에 가까운 최근의 원가로 평가되는 방법인 것은?

① 개별법   ② 선입선출법
③ 후입선출법   ④ 평균원가법

09 다음의 재고자산 평가방법 중 실물흐름에 따른 기말재고자산의 단가결정방법으로서 수익과 비용의 대응이 가장 정확하게 이루어지는 방법은?

① 개별법   ② 선입선출법
③ 후입선출법   ④ 평균법

10 재고자산의 평가방법 중 다음과 같은 특징이 있는 평가방법은?

> • 일반적으로 물량흐름과 원가흐름의 가정이 일치하지 않는다.
> • 기말재고자산은 오래전에 구입한 원가로 구성되어 현재가치를 표시하지 못한다.
> • 다른 방법에 비하여 현재의 수익에 현재의 원가가 대응되므로 수익, 비용의 대응이 적절히 이루어진다.

① 후입선출법   ② 선입선출법
③ 이동평균법   ④ 총평균법

11 (주)신화는 재고자산에 대하여 후입선출법을 적용한다. 다음 자료를 이용한 경우에 기말재고금액 및 매출원가는 얼마인가?

날짜	내용	수량	단가	금액
01월 01일	기초재고	150개	100원	15,000원
01월 10일	매입	100개	120원	12,000원
01월 15일	매출	200개	?	?
01월 31일	기말재고	50개	?	?

    <u>매출원가</u>   <u>기말재고액</u>
①   22,000원   5,000원
②   27,000원   6,000원
③   23,000원   5,000원
④   12,000원   15,000원

12 제품 장부상 재고수량은 200개이나 실지재고조사 결과 180개인 것으로 판명되었다. 개당 원가는 200원이고 시가가 180원일 경우 제품감모손실은 얼마인가?

① 4,000원   ② 3,600원
③ 2,000원   ④ 1,600원

13 다음 자료에서 당기 순매출액을 계산하면 얼마인가?

• 기초상품 재고액	1,000원	• 기말상품 재고액	3,000원
• 당기순매입액	8,000원	• 매출총이익	2,000원

① 7,000원   ② 8,000원
③ 9,000원   ④ 10,000원

14 외국에 제품을 수출하기 위해 수출업자에게 제품을 200,000원에 외상매출하면서 30일 이내에 대금을 지급하면 5%를 할인해 주기로 하였다. 실제로 30일 이내에 대금을 받았다면 기업회계 기준상 매출액은 얼마인가?

① 190,000원   ② 195,000원
③ 200,000원   ④ 205,000원

15 다음 자료를 이용하면 매출원가는 얼마인가?

• 기초상품 재고액	5,000,000원	• 당기매입액	150,000,000원
• 매입환출액	2,000,000원	• 매입할인액	3,000,000원
• 기말상품 재고액	6,000,000원		

① 149,000,000원   ② 146,000,000원

③ 144,000,000원   ④ 134,000,000원

16 다음 자료에서 매출원가는 얼마인가?

• 기초상품 재고액	1,500,000원	• 매입에누리	90,000원
• 당기매입액	3,000,000원	• 기말상품 재고액	2,000,000원
• 매입운임	200,000원		

① 2,560,000원   ② 2,580,000원

③ 2,610,000원   ④ 2,700,000원

17 다음 자료에 의하여 기초상품 재고액을 계산하면 얼마인가?

• 당기매입액	50,000원	• 기말상품 재고액	5,000원
• 당기매출액	80,000원	• 매출총이익	15,000원

① 5,000원   ② 10,000원

③ 15,000원   ④ 20,000원

18 다음 자료에 의하여 기말상품 재고액을 계산하면 얼마인가?

• 당기상품 순매출액	100,000원	• 당기 매출총이익	30,000원
• 당기상품 순매입액	70,000원	• 기초상품 재고액	20,000원

① 10,000원   ② 20,000원

③ 30,000원   ④ 40,000원

19 상품의 매입과 매출에 관련된 자료가 다음과 같을 때 기업회계기준에 따른 매출총이익은 얼마인가?

• 총매출액　　　20,000원	• 총매입액　　　12,000원	• 매입운임　　　2,000원
• 기초상품 재고액　3,000원	• 기말상품 재고액　2,000원	

① 3,000원　　　　　　　　　　　② 4,000원

③ 5,000원　　　　　　　　　　　④ 6,000원

20 주어진 자료에서 영업이익을 계산하면 얼마인가?

• 당기매출액　　　1,000,000원	• 기초상품 재고액　　　400,000원
• 당기매입액　　　500,000원	• 기말상품 재고액　　　200,000원
• 급여　　　　　　200,000원	• 이자비용　　　　　　　20,000원

① 80,000원　　　　　　　　　　② 100,000원

③ 120,000원　　　　　　　　　　④ 140,000원

21 물가가 지속적으로 하락하는 경우 전기와 당기의 재고자산의 수량이 일정하게 유지된다면 당해연도의 손익계산서에 반영되는 매출원가의 크기가 올바른 것은?

① 선입선출법 > 후입선출법 > 총평균법

② 선입선출법 > 총평균법 > 후입선출법

③ 후입선출법 > 총평균법 > 선입선출법

④ 후입선출법 > 선입선출법 > 총평균법

22 다음 중 재고자산에 포함되지 아니하는 것은?

① 상품 인도 후 고객이 구매의사를 표시하지 아니한 시용판매 상품

② 상품권은 발행되었으나, 상품권이 결산 시까지 회수되지 아니한 상품

③ 위탁판매를 위하여 발송한 후 수탁자가 창고에 보관 중인 적송품

④ 도착지 인도기준에 의하여 구매계약 완료 후 결산일 현재 운송 중인 상품

이론문제 정답 및 해설

01 ③ 제품 5,000,000원 + 재공품 2,500,000원 + 원재료 1,200,000원 = 8,700,000원이다.

02 ④ 재고자산의 취득원가에 매입운임, 매입수수료, 매입관세 등은 가산하나 매입할인은 차감한다.

03 ③ 재고자산평가방법에는 개별법, 선입선출법, 후입선출법, 이동평균법, 총평균법, 매출가격환원법 등이 있다. 연수합계법은 유형자산을 감가상각하는 방법이다.

04 ③ 매출장은 상품의 매출을 거래의 순서대로 매가로 기입하는 보조기입장이다.

05 ② 3분법은 이월상품, 매입, 매출계정을 사용하는 것을 말한다. 이월상품은 기초재고와 기말재고를 이월시키는 계정이고, 매입계정은 매출원가를 산출하며, 매출계정은 순매출액을 산출한다.

06 ③ 총매출액 − 매출환입 − 매출에누리 − 매출할인 = 순매출액이 된다.

07 ③ 상품매입에 직접 소요된 상품매입액과 제비용은 구분하여 기재하지 않고 취득원가에 포함한다.

08 ② 선입선출법은 먼저 매입한 것을 먼저 매출하는 방법으로, 기말재고로 남는 것은 가장 나중에 매입한 것이기 때문에 비교적 시가에 가까운 최근의 원가로 평가된다.

09 ① 개별법은 실물흐름에 따른 단가결정방법이나, 다른 방법은 모두 원가흐름에 일정한 가정을 하고 있는 단가결정방법이다.

10 ① 자료의 상기 내용은 재고자산의 평가방법 중 후입선출법에 해당한다.

11 ① 후입선출법은 나중에 매입한 상품을 먼저 매출하는 방법이다.
후입선출법에 따라 매출원가를 계산하면 다음과 같다.
(최근에 당기매입한)100개 × (단가)120원 + (기초재고량)100개 × (단가)100원 = 22,000원
기말재고액은 마지막 남은 기초재고수량금액을 계산금액으로 한다.
01/31 (01.01. 기초재고량)50개 × (단가)100원 = 5,000원

12 ① • 감모손실 4,000원 : (장부수량 200개 − 실지수량 180개) × 취득원가 200원
• 평가손실 3,600원 : 실지재고수량 180개 × (취득원가 200원 − 시가 180원)

13 ② • 매출총이익 2,000원 = 매출액 (8,000원) − 매출원가 6,000원
• 매출원가 6,000원 = 기초상품 재고액 1,000원 + 당기매입액 8,000원 − 기말상품 재고액 3,000원

14 ① 매출액은 총매출액에서 매출에누리와 환출 및 매출할인을 차감한 금액으로 한다.
따라서 매출액 = 200,000원 − 200,000원 × 5% = 190,000원

15 ③ 매출원가 144,000,000원 = 기초상품 재고액 5,000,000원 + 당기매입액 145,000,000원 - 기말상품
    재고액 6,000,000원이다. 이때 당기매입액은 매입환출액과 매입할인액을 차감한 순매입액을 계
    산금액으로 한다.

16 ③ 기초상품 재고액 1,500,000원 + 당기매입액 3,000,000원 + 매입운임 200,000원 - 매입에누리
    90,000원 - 기말상품 재고액 2,000,000원 = 매출원가 (2,610,000원)이 된다.

17 ④ 당기매출액 80,000원 - 매출총이익 15,000원 = 매출원가 (65,000원)이 된다. 따라서 매출원가
    (65,000원) = 기초상품 재고액 (20,000원) + 당기매입액 50,000원 - 기말상품 재고액 5,000원이다.

18 ② 당기매출액 100,000원 - 매출총이익 30,000원 = 매출원가 (70,000원)이 된다. 따라서 매출원가
    (70,000원) = 기초상품 재고액 20,000원 + 당기매입액 70,000원 - 기말상품 재고액 (20,000원)
    이다.

19 ③ • 기초상품 재고액 3,000원 + (총매입액 12,000원 + 매입운임 2,000원) - 기말상품 재고액 2,000
       원 = 상품매출원가 15,000원
     • 매출액 20,000원 - 상품매출원가 15,000원 = 매출총이익 5,000원

20 ② • 매출총이익 300,000원 = 매출액 1,000,000원 - 매출원가 700,000원
     • 매출원가 700,000원 = 기초상품 재고액 400,000원 + 당기매입액 500,000원 - 기말상품 재고액
       200,000원
     • 영업이익 100,000원 = 매출총이익 300,000원 - 급여 200,000원
     단, 이자비용은 영업외비용에 해당하므로 계산에 넣지 않는다.

21 ② 인플레이션 시 당기순이익이 큰 순서는 [선>이>총>후]이며 매출원가는 그 반대이다. 물가가
    하락하는 디플레이션의 경우 크기가 반대가 된다.

22 ④ 도착지 인도기준에 의한 매매의 경우 소유권의 이전은 상품이 도착한 때에 이루어진다.

8. 비유동자산 - 투자자산 회계처리

기업의 정상적인 영업활동과는 무관하게 타회사를 지배하거나 통제할 목적 또는 장기적인 투자, 이윤을 얻을 목적으로 장기적으로 투자된 자산을 말한다.

◢ 01 투자자산의 분류

1) 투자 부동산

영업활동과 무관한 투자목적으로 보유하는 토지, 건물 등을 말하며 그 내용을 주석으로 공시하여야 한다.

2) 장기금융상품

금융기관이 취급하는 정형화된 상품이나 신종금융상품에 투자한 경우로 재무상태표일로부터 1년 이후에 만기가 도래하는 것을 말하며 장기금융상품 중 차입금에 대한 담보제공 등으로 인하여 사용이 제한되는 경우에는 주석으로 공시한다.

3) 장기대여금

이자수익을 창출할 목적으로 타인에게 장기의 자금을 대여한 경우를 말하며 그 내용이 중요하여 재무상태표에 개별표시하고 대여 내용은 주석으로 기재하여야 한다.

4) 유가증권

타사가 발행한 지분증권, 국·공채, 사채 등의 채무증권에 투자한 경우를 말한다. 유가증권은 단기매매증권, 매도가능증권, 만기보유증권, 지분법적용투자주식으로 분류된다.

5) 기타의 투자자산

위에 속하지 않는 투자자산을 말한다.

◢ 02 매도가능증권 취득, 평가 처분에 관한 회계처리

1) 매도가능증권으로 취득 시

■ 취득가액 1,000,000원, 수수료 25,000원이 발생한 경우			
(차) 매도가능증권	1,025,000	(대) 현금	1,025,000
취득원가 = 취득가액 + 취득부대비용(수수료·등록비·증권거래세 등)			

2) 취득일 이후의 평가

원칙적으로 공정가치로 평가하며 만약 시장성이 없는 경우에는 공정가치가 신뢰성을 상실하여 측정할 수 없으므로 취득원가로 평가한다.

① 장부금액 1,025,000원 < 공정가치 1,100,000원인 경우

(차) 매도가능증권	75,000	(대) 매도가능증권평가이익 (기타포괄손익누계액)	75,000

② 장부금액 1,025,000원 > 공정가치 1,000,000원인 경우

(차) 매도가능증권평가손실 (기타포괄손익누계액)	25,000	(대) 매도가능증권	25,000

3) 처분 시 회계처리

매도가능증권평가손익을 먼저 반영한 후 매도가능증권처분이익(영업외수익)과 매도가능증권처분손실(영업외비용)로 인식해야 한다.

① 공정가치 1,100,000원, 처분금액 1,200,000원이며 매도가능증권평가이익 75,000원이 반영되어 있는 경우

(차) 현금(처분가) 매도가능증권평가이익	1,200,000 75,000	(대) 매도가능증권 매도가능증권처분이익	1,100,000 175,000

② 공정가치 1,000,000원, 처분금액 1,200,000원이며 매도가능증권평가손실 25,000원이 반영되어 있는 경우

(차) 현금(처분가)	1,200,000	(대) 매도가능증권 매도가능증권처분이익 매도가능증권평가손실	1,000,000 175,000 25,000

4) 배당금수익 및 이자수익의 인식

회계사건	차변		대변	
소유 주식에 대한 현금배당을 받은 경우	현금 (자산의 증가)	150,000	배당금수익 (영업외수익 증가)	150,000
소유 국공·사채 등에 대한 이자를 받은 경우	현금 (자산의 증가)	150,000	이자수익 (영업외수익 증가)	150,000

03 만기보유증권

만기보유증권은 만기가 고정되었고 지급금액이 확정되었거나 만기까지 보유할 적극적인 의도와 능력이 있는 경우의 금융자산을 말한다.

1) 취득원가

매입금액 + 취득부대비용(수수료 등 포함)

(차) 만기보유증권	×××	(대) 현금	×××

2) 기말평가

만기보유증권은 취득원가에서 할인·할증 상각액을 가감한 가액을 의미하는 상각원가법으로 평가한다. 따라서 기말에 별도의 회계처리를 하지 않는다.

✅ 분개연습 | 비유동자산 - 투자자산 회계처리

[1] 비업무용 도지 8,000,000원을 취득하면서 취·등록세로 200,000원 및 매입수수료 100,000원을 현금으로 지급하다.

(차)   (대)

[2] 현금 20,000,000원을 2년 상환조건으로 대여하다.

(차)   (대)

[3] 다음 연속된 거래를 분개하시오.

> ① 20×1년 1월 1일 장기 투자 목적으로 (주)수성산업의 주식 100주(1주 액면 5,000원)를 6,000원에 취득하고 대금은 취득수수료 15,000원과 함께 현금으로 지급하다. (단, 구입한 주식은 중대한 영향력을 행사할 수 없고, 시장성이 있다.)
> ② 20×1년 12월 31일 (주)수성산업의 위 ①번의 1주 공정가액이 4,500원으로 하락하였다.

	차변	대변
①		
②	차변	대변

분개연습 정답 및 해설

번호		차변		대변	
1		투자부동산(자산의 증가)	8,300,000	현금(자산의 감소)	8,300,000
2		장기대여금(자산의 증가)	20,000,000	현금(자산의 감소)	20,000,000
3	①	매도가능증권 (자산의 증가)	615,000	현금(자산의 감소)	615,000
	②	매도가능증권평가손실 (자본의 감소)	165,000	매도가능증권 (자산의 감소)	165,000

PART
01

✅ 이론문제 | 비유동자산 – 투자자산 회계처리

01 기업회계기준상 투자자산이 아닌 것은?

① 장기금융상품
② 매도가능증권
③ 투자부동산
④ 개발비

02 다음의 (   )에 들어갈 계정과목으로 옳은 것은?

> 유가증권을 분류하는 목적에 따라 장기간 투자를 목적으로 보유하는 것 중에서 단기매매증권이나 만기보유증권으로 분류되지 않는 것을 (   )이라 한다.

① 투자부동산
② 매도가능증권
③ 특정현금과예금
④ 산업재산권

03 다음 2가지의 목적을 참고로 취득원가와 공정가액에 의하여 20×1년 손익계산서에 표시되는 단기매매증권평가이익과 매도가능증권평가이익은 얼마인가?

주식취득	취득목적	1주 공정가액
1,500주, 1주 취득 1,000원 취득수수료 30,000원	단기간의 시세차익을 목적으로 하는 경우	1주 1,150원
	장기 투자를 목적으로 하는 경우	

	단기매매증권평가이익	매도가능증권평가이익
①	225,000원	195,000원
②	225,000원	185,000원
③	195,000원	225,000원
④	195,000원	185,000원

이론문제 정답 및 해설

01 ④ 개발비는 무형자산이다.

02 ② 매도가능증권은 기업의 여유자금을 활용하여 장기간 투자를 통해 이윤 또는 배당 수령을 목적으로 하는 유가증권이다.

03 ① • 단기매매증권은 취득 시에 취득수수료를 별도로 처리하기 때문에 1,500,000원을 취득원가로 본다. 기말결산에는 1주 공정가액이 1,150원으로 증가하여 단기매매증권평가이익은 225,000원이 된다.
   • 매도가능증권은 취득 시에 취득수수료를 포함하므로 1,530,000원을 취득원가로 본다. 기말결산에는 1주 공정가액이 1,150원으로 증가하여 매도가능증권평가이익은 195,000원이 된다.

9. 비유동자산 - 유형자산 회계처리

유형자산은 물리적인 형체가 있는 자산으로서 재화의 생산, 용역의 제공, 타인에 대한 임대 또는 자체적으로 사용할 목적으로 보유하고 장기간(1년 초과) 사용할 것이 예상되는 비화폐성자산으로서 토지, 건물, 기계장치 등을 말한다.

1) 유형자산 인식조건

① 기업 실체에 의해 지배하고 있어야 한다.
② 자산의 미래 경제적 효익이 유입될 가능성이 높다.
③ 자산의 취득원가를 신뢰성 있게 측정할 수 있다.

2) 유형자산 종류

① **토지** : 대지, 임야, 전답, 잡종지 등이며 매매목적 보유 토지와 비업무용 토지는 제외한다.
② **건물** : 건물과 냉난방, 조명 및 기타 부속설비를 말한다.
③ **구축물** : 교량, 안벽, 부교, 갱도, 기타의 토목설비, 공작물 등을 말한다.
④ **기계장치** : 기계장치, 운송설비(콘베이어, 호이스트, 기중기 등) 및 기타부속설비를 말한다.
⑤ **차량운반구** : 철도차량, 자동차, 기타육상운반구 등을 말한다.
⑥ **선박** : 선박과 기타의 수상운반구를 말한다.
⑦ **건설중인자산** : 유형자산의 건설을 위한 재료비, 노무비, 경비를 말하며 건설을 위하여 지출한 도급액을 말한다.
⑧ 그 밖에 비행기, 비품, 공구와 기구, 금형 등이 있다.

3) 유형자산의 취득원가 결정

취득원가 = 매입금액(취득시점의 공정가치) + 직접부대비용 - 매입할인

■ 유형자산 취득 시 취득원가에 포함해야 할 부대비용

- 매입 시 운반비 ・ 하역비 ・ 보관료 ・ 설치비
- 취・등록세 ・ 관세 ・ 복구비용 ・ 운송 보험료
- 자본화대상인 차입원가
- 강제로 매입하는 채권의 매입금액과 현재가치의 차액
- 설계와 관련하여 전문가에게 지급하는 수수료
- 신규 건물과 토지 구입 시 건물철거비용

① 토지, 건물, 구축물의 외부구입 시 취득원가

가장 일반적인 방법으로서 매입가격에 그 자산이 본래의 기능을 수행하기까지 발생한 중개료, 등기료, 설치비, 운반비, 기존 건물의 철거비용 등의 취득부대비용을 가산한 금액으로 정한다.

> **예제 19**
>
> 다음 자료에서 (주)박문각의 토지, 건물, 구축물 등 유형자산의 계정과목별 취득원가는 얼마인가?
>
> | | |
> |---|---|
> | 1. 신축을 위한 구건물과 토지 구입비용 | 2,000,000 |
> | 2. 철거비용 | 180,000 |
> | 3. 철거폐물 판매수익 | 20,000 |
> | 4. 토지정지비 | 50,000 |
> | 5. 중개수수료 | 15,000 |
> | 6. 관청이 유지관리할 도로포장비 | 70,000 |
> | 7. 토지취득세와 등록세 | 45,000 |
> | 8. 건물건설원가 | 3,400,000 |
> | 9. 건물주차장 건설비 | 210,000 |
> | 10. 울타리공사비 | 120,000 |
> | 11. 건물등기비 | 10,000 |

[해설]
- 토지원가 = 2,000,000* + 180,000 − 20,000** + 50,000 + 15,000 +70,000*** +45,000
= 2,340,000원
* 신축목적이므로 전액 토지원가에 산입한다.
** 철거비용은 토지원가에 산입하고 폐물판매수익은 차감한다.
*** 관청이 관리할 도로에 대한 지출은 구축물이 아닌 토지의 원가이다.
- 건물원가 = 3,400,000 + 10,000 = 3,410,000
- 구축물원가 = 210,000 + 120,000 = 330,000

② 일괄구입

이종자산을 일괄취득대금을 당해 자산의 공정가액을 기준으로 안분하여 개별 유형자산의 취득원가를 결정한다.

$$\text{개별자산의 취득원가} = \text{일괄구입가격} \times \frac{\text{개별자산의 공정시가}}{\text{일괄구입자산의 공정시가액}}$$

③ 자가건설

　　㉠ 완성 전까지 지출한 설계비, 재료비, 노무비, 경비 및 도급·주문한 경우의 계약금, 중도금, 제조·건설·매입에 사용된 차입금 등의 이자비용 등

> (차) 건설중인자산(자산의 증가)　×××　(대) 현금(자산의 감소)　　　×××

　　㉡ 완성 후 사용가능 시점

> (차) 건물(자산의 증가)　　　　×××　(대) 건설중인자산(자산의 감소) ×××

④ 현물출자

　　주식을 발행한 대가로 현금 이외의 자산을 수령하는 것을 말하며 기업회계기준에서는 공정가액을 취득원가로 한다고 규정되어 있다.

> (차) 토지(자산의 증가)　　×××　(대) 자본금(자본의 증가)　　　　×××
> 　　　　　　　　　　　　　　　　　　주식발행초과금(자본잉여금 증가)　×××

⑤ 증여·무상 취득

　　유형자산의 취득원가는 공정가액으로 한다고 규정되어 있다.

예제 20

(주)박문각은 (주)강남으로부터 토지를 무상으로 증여받았다. 증여 시점에서의 공정한 시가는 8,000,000원이며 (주)강남의 장부가액은 5,300,000원이었다. (주)박문각은 토지소유 이전과 관련하여 220,000원을 현금으로 지출하였다. 토지의 취득원가를 계산하고 회계처리를 하시오.

[해설] --

- 토지의 취득원가 = 8,000,000 + 220,000 = 8,220,000원
- 회계처리

　(차)　토지(자산의 증가)　　　8,220,000　(대)　자산수증이익(수익의 발생)　8,000,000
　　　　　　　　　　　　　　　　　　　　　　　　현금 (자산의 감소)　　　　　220,000

⑥ 이종자산의 교환과 동종자산의 교환

구분	이종자산 교환	동종자산 교환
교환손익 인식여부	자기가 제공한 자산의 공정가액, 교환손익을 인식한다.	자기가 제공한 자산의 장부가액, 교환손익을 인식하지 않는다.
현금수수	현금수수와 무관하게 교환손익을 즉시 인식한다.	㉠ 현금수수액이 중요하지 않은 경우 : 동종자산과의 교환거래로 보고 교환손익을 인식하지 않는다. ㉡ 현금수수액이 중요한 경우 : 이종자산의 교환으로 취급한다.

⑦ 강제로 국공채를 매입하는 경우

유형자산을 취득하면서 불가피하게 국가 기간에 등록되어 있는 국채, 공채 등을 취득하는 경우 매입금액과 현재가치의 차액을 자산의 취득원가에 포함한다.

📖 **예제 21**

다음 거래를 분개하시오.

> 업무용 승용차 5,000,000원을 구입하면서, 액면가액 500,000원(공정가액 350,000원) 의 공채를 구입하고 대금은 현금으로 지급하다. (단, 공채는 단기매매증권으로 할 것)

[해설]
(차) 차량운반구(자산의 증가) 5,150,000 / (대) 현금(자산의 감소) 5,500,000
단기매매증권(자산의 증가) 350,000

4) 유형자산의 취득 후 지출(후속 원가)

구분	자본적 지출	수익적 지출
분류	① 본래의 용도를 변경하기 위한 개조 ② 엘리베이터 및 에스컬레이터 설치 ③ 냉난방 및 피난시설 설치 ④ 내용연수가 연장되는 지출 ⑤ 중고품을 구입하고 사용 전 수리비 지급 ⑥ 기타 개량, 확장, 증설 등 자산의 가치를 증가시키는 것	① 오래된 건물, 벽의 도색 ② 파손된 유리, 기와의 대체 ③ 기계의 소모된 부속품과 벨트의 대체 ④ 자동차의 타이어, 배터리 교체 ⑤ 건물내부의 조명기구 교환 ⑥ 유지나 원상회복 등을 위한 것
효과	① 자산의 과대계상 ② 당기순이익 과대계상 ③ 법인세 과대계상	① 비용의 과대계상 ② 당기순이익 과소계상 ③ 법인세 과소계상
분개	(차) 유형자산(자산의 증가) ××× (대) 현금(자산의 감소) ×××	(차) 수선비(비용의 발생) ××× (대) 현금(자산의 감소) ×××

5) 감가상각비

유형자산의 취득원가에서 잔존가치를 차감한 감가상각대상금액을 매 기간별 체계적이고 합리적으로 배부하여 비용화시키는 과정을 말한다.

① 감가상각 계산의 요소

감가상각을 하기 위해서는 다음의 3가지 요소가 결정되어야 한다.

㉠ **취득원가** : 취득원가는 자산의 취득금액 또는 처분금액 이외에 이를 사용하기까지 부대비용과 자본적 지출로 사용된 금액도 포함된다.

ⓒ **내용연수** : 기업 활동이나 수익창출활동에 이용 가능한 기간을 말한다. 내용연수 기간이 감가상각 대상 기간이 되며 내용연수는 자산의 마모 등 물리적 원인과 기술진부화 등 경제적 원인을 고려하여 측정하여야 한다.

ⓒ **잔존가치** : 유형자산의 내용연수가 끝나는 시점에 자산을 처분 또는 폐기할 때 획득될 것으로 추정되는 금액에서 폐기 및 처분에 관련된 비용 등을 차감한 금액을 말한다.

② **감가상각방법**

감가상각방법은 합리적이고 체계적인 방법을 사용하여야 한다.

㉠ **정액법** : 자산의 내용연수에 걸쳐 균등하게 감가상각비를 인식하는 방법을 말한다.

$$\text{감가상각비} = \frac{(\text{취득원가} - \text{잔존가액})}{\text{내용연수}} \times \frac{\text{사용월수}}{12}$$

㉡ **정률법** : 유형자산의 장부가액에 매 기간 상각률을 적용하여 감가상각하는 방법으로 초기에 많은 금액이 상각되고 기간이 경과함에 따라 상각액이 점차 감소하게 된다.

$$\text{감가상각비} = (\text{취득원가} - \text{감가상각누계액}) \times \text{상각률} \times \frac{\text{사용월수}}{12}$$

㉢ **연수합계법** : 내용연수의 합계를 분모로 하고 잔여내용연수를 분자로 하여 상각률을 구하고, 이 상각률을 감가상각대상금액에 곱하여 당해 감가상각비를 산출하는 방법이다.

$$\text{감가상각비} = (\text{취득원가} - \text{잔존가액}) \times \frac{(\text{내용연수 역순})}{\text{내용연수의 합계}} \times \frac{\text{사용월수}}{12}$$

㉣ **생산량비례법** : 생산 또는 채굴량에 비례하여 가치가 소멸하는 유형자산에 적용하는 방법으로 산림, 유전, 광산과 같은 천연자원의 감가상각비를 계산하는 데 유용한 방법이다.

$$\text{감가상각비} = (\text{취득원가} - \text{잔존가액}) \times \frac{\text{당기 실제생산량}}{\text{총예정생산량}} \times \frac{\text{사용월수}}{12}$$

③ **감가상각비 회계처리**

당해 유형자산에서 차감하는 형식의 간접차감법으로 인식한다.

(차) 감가상각비(비용의 발생) ××× / (대) 감가상각누계액(자산의 감소) ×××

재무상태표			손익계산서	
기계장치	50,000,000		판매 및 관리비	
감가상각누계액	(9,000,000)		1. 감가상각비	9,000,000
	41,000,000		2. ⋮	

6) 유형자산의 처분

유형자산을 처분하거나 영구적으로 폐기하여 미래 경제적 효익을 기대할 수 없게 될 때 재무상태표에서 제거한다.

■ **처분 회계**
- 유형자산처분이익 = 처분금액 > 장부금액
- 유형자산처분손실 = 처분금액 < 장부금액

(차)	현금(처분가격)	×××	(대)	유형자산(취득원가)	×××
	감가상각누계액	×××		유형자산처분이익	×××

✅ 분개연습 | 비유동자산 – 유형자산 회계처리

[1] 공장건물을 신축하기 위하여 토지와 건물을 일괄하여 30,000,000원에 취득하고, 보통예금에서 계좌이체하였으며, 현금 4,000,000원을 추가로 지출하여 건물을 즉시 철거하였다.
(차)   (대)

[2] 업무용 목적으로 자동차를 20,000,000원에 취득하였으며 취득세 500,000원이 발생하였다. 취득세는 현금으로 지급하였으며, 자동차 구입대금은 외상으로 하였다.
(차)   (대)

[3] 20×1년 1월 1일에 기계장치를 취득하여 3년간 사용하기로 하였다. 20×2년의 감가상각비를 계산하여 회계처리하시오. (단, 취득원가 10,000,000원, 정률법 연 10%, 간접법으로 처리)
(차)   (대)

[4] 업무용 건물를 처분하고, 그 대금 1,800,000원 중 1,500,000원은 거래처발행의 자기앞수표로 받고, 잔액은 월말에 받기로 하다. (단, 취득가액 2,500,000원, 내용연수 10년, 정액법, 간접법, 2년간 감가상각하여 왔음)
(차)   (대)

[5] 공장에 업무용으로 사용하고 있던 차량에 대해 수선을 하고 당좌수표를 발행하여 지급하다. (단, 수리비용 6,000,000원, 자본적 지출 70%, 수익적 지출 30%)
(차)   (대)

분개연습 정답 및 해설

번호	차변		대변	
1	토지(자산의 증가)	34,000,000	보통예금(자산의 감소)	30,000,000
			현금(자산의 감소)	4,000,000
2	차량운반구(자산의 증가)	20,500,000	미지급금(부채의 증가)	20,000,000
			현금(자산의 감소)	500,000
3	감가상각비(비용의 발생)	900,000	감가상각누계액(자산의 감소)	900,000
4	감가상각누계액(자산의 증가)	500,000	건물(자산의 감소)	2,500,000
	현금(자산의 증가)	1,500,000		
	미수금(자산의 증가)	300,000		
	유형자산처분손실(비용의 발생)	200,000		
5	차량운반구(자산의 증가)	4,200,000	당좌예금(자산의 감소)	6,000,000
	차량유지비(비용의 발생)	1,800,000		

✅ 이론문제 | 비유동자산 - 유형자산 회계처리

01 다음 중 유형자산의 취득원가에 포함되지 않는 것은?

① 설치장소 준비를 위한 지출
② 외부운송 및 취급비
③ 새로운 시설을 개설하는 데 소요되는 원가
④ 설치비

02 본사 건물을 신축하기 위해 총 공사비 중 일부를 계약금으로 지급하였다. 차변에 기입되는 계정으로 옳은 것은?

① 건설중인자산   ② 건물
③ 보증금   ④ 선급금

03 다음은 유형자산의 취득원가와 관련된 내용이다. 틀린 것은?

① 유형자산은 최초 취득원가로 측정한다.
② 현물출자, 증여, 기타 무상으로 취득한 자산은 공정가치를 취득원가로 한다.
③ 취득원가는 구입원가 또는 경영진이 의도하는 방식으로 자산을 가동하는 데 필요한 장소와 상태에 이르게 하는 데 지출된 직접원가와 간접원가를 포함한다.
④ 유형자산이 정상적으로 작동되는지 여부를 시험하는 과정에서 발생하는 원가도 취득원가에 포함한다.

04 다음 중 수익적 지출로 회계처리하여야 할 것으로 가장 타당한 것은?

① 냉난방 장치 설치로 인한 비용   ② 파손된 유리의 원상회복으로 인한 교체비용
③ 사용용도 변경으로 인한 비용   ④ 증설·확장을 위한 비용

05 수익적 지출로 처리하여야 할 것을 자본적 지출로 잘못 회계처리한 경우 재무제표에 미치는 영향이 아닌 것은?

① 현금 유출액이 과대계상된다.   ② 당기순이익이 과대계상된다.
③ 자본이 과대계상된다.   ④ 자산이 과대계상된다.

06 다음 중 감가상각을 필요로 하지 않는 자산은?

① 건물
② 비품
③ 기계장치
④ 토지

07 유형자산의 감가상각과 관련한 다음 설명 중 가장 옳지 않은 것은?

① 감가상각대상금액은 취득원가에서 잔존가치를 차감하여 결정한다.
② 감가상각의 주목적은 취득원가의 배부에 있다.
③ 감가상각비는 다른 자산의 제조와 관련된 경우 관련자산의 제조원가로 계상한다.
④ 정률법은 내용연수 동안 감가상각비를 매 기간 동일하게 계산하는 방법이다.

08 유형자산의 감가상각비를 계산하는 방법으로 옳은 것은?

① 정액법 : (취득원가 - 감가상각누계액) ÷ 내용연수
② 정률법 : (취득원가 - 잔존가치) × 상각률
③ 연수합계법 : (취득원가 - 감가상각누계액) × $\dfrac{\text{잔여내용연수}}{\text{내용연수의 합계}}$
④ 생산량비례법 : (취득원가 - 잔존가치) × $\dfrac{\text{당기실제생산량}}{\text{총추정예정량}}$

09 20×1년 1월 1일에 취득한 기계의 취득원가는 100,000원이고 잔존가치는 5,000원이며 내용연수는 5년이다. 이 기계를 정률법으로 감가상각하는 경우 20×2년 감가상각비는 얼마인가? (단, 감가상각률은 0.45로 가정한다.)

① 45,000원
② 42,845원
③ 25,770원
④ 24,750원

10 다음 자료에 의해 정액법으로 계산할 경우, 20×3년 12월 31일 결산 이후 기계장치 장부가액은 얼마인가?

• 기계장치 취득원가 : 20,000,000원	• 취득시기 : 20×1년 1월 1일
• 잔존가치 : 2,000,000원	• 내용연수 : 5년
• 전기말 감가상각누계액 : 7,200,000원	

① 3,600,000원
② 4,000,000원
③ 9,200,000원
④ 10,800,000원

11 다음 자료에 의해 정액법으로 계산할 경우 2차년도 감가상각비는 얼마인가?

* 취득원가 : 1,000,000원
* 잔존가치 : 200,000원
* 내용연수 : 4년

① 200,000원   ② 250,000원
③ 150,000원   ④ 100,000원

12 20×1년 1월 1일 건물 3,000,000원을 구입하고 취득세 200,000원과 등록세 100,000원을 현금으로 지급하였다. 20×2년 12월 31일 결산 시 정액법에 의한 감가상각비는? (단, 내용연수 10년, 잔존가액 0원, 결산 연 1회)

① 300,000원   ② 310,000원
③ 320,000원   ④ 330,000원

13 다음은 감가상각누계액의 변화추이에 따른 감가상각방법을 나타낸 그래프이다. (가)와 (나)에 대한 설명으로 옳은 것을 모두 고른 것은?

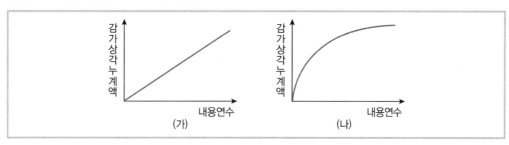

ㄱ. (가)는 자산의 예상조업도 혹은 생산량에 근거하여 감가상각액을 인식하는 방법이다.
ㄴ. (가)는 자산의 내용연수 동안 일정액의 감가상각액을 인식하는 방법이다.
ㄷ. (나)는 자산의 내용연수 동안 감가상각액이 매 기간 감소하는 방법이다.

① ㄱ   ② ㄴ
③ ㄱ, ㄴ   ④ ㄴ, ㄷ

14 내용연수가 5년인 기계를 정액법으로 감가상각할 때 정률법과 비교하여 1차연도 감가상각결과에 대한 설명으로 옳은 것은?

① 당기순이익이 적고 유형자산 금액도 적게 표시된다.

② 당기순이익이 크고 유형자산 금액은 적게 표시된다.

③ 당기순이익이 적고 유형자산 금액은 크게 표시된다.

④ 당기순이익이 크고 유형자산 금액도 크게 표시된다.

15 유형자산의 감가상각방법 중 정액법, 정률법 및 연수합계법 각각에 의한 1차연도말 계상된 감가상각비가 큰 금액부터 나열한 것은?

- 기계장치 취득원가 : 1,000,000원(1월 1일 취득)
- 정률법 상각률 : 0.4
- 내용연수 : 5년
- 잔존가치 : 취득원가의 10%

① 정률법 > 정액법 > 연수합계법   ② 정률법 > 연수합계법 > 정액법

③ 연수합계법 > 정률법 > 정액법   ④ 연수합계법 > 정액법 > 정률법

16 내용연수 10년, 잔존가액이 100,000원인 기계장치를 1,000,000원에 구입하여 정액법으로 상각해 왔다. 기계장치 구입 후 3년이 되는 연도 말에 이 기계장치를 800,000원에 처분하였을 경우 처분손익은 얼마인가?

① 100,000원 이익   ② 100,000원 손실

③ 70,000원 이익   ④ 70,000원 손실

17 (주)박문각은 20×1년 7월 18일 구입하여 사용 중인 기계장치를 20×2년 6월 1일 37,000,000원에 처분하였다. 당기분에 대한 감가상각 후 처분시점의 감가상각누계액은 8,000,000원이며, 처분이익 5,000,000원이 발생하였다. 내용연수 5년, 정액법으로 월할상각하였다고 가정할 경우 기계장치의 취득원가는?

① 32,000,000원   ② 40,000,000원

③ 45,000,000원   ④ 50,000,000원

이론문제 정답 및 해설

01 ③ 유형자산의 원가가 아닌 예는 다음과 같다(일반기업회계기준 10.10).
- 새로운 시설을 개설하는 데 소요되는 원가
- 새로운 상품과 서비스를 소개하는 데 소요되는 원가(예 광고 및 판촉활동과 관련된 원가)
- 새로운 지역에서 또는 새로운 고객층을 대상으로 영업을 하는 데 소요되는 원가(예 직원 교육 훈련비)
- 관리 및 기타 일반간접원가

02 ① 본사 건물을 신축하기 위해 총 공사비 중 일부를 계약금으로 지급하는 것을 건설중인자산으로 처리한다.

03 ③ 유형자산을 취득하는 데 직접 관련된 원가만 포함한다(일반기업회계기준 10.8).

04 ② ②는 수익적 지출, ①, ③, ④는 자본적 지출에 해당한다.

05 ① 비용과소, 이익과대, 자본과대 등의 영향을 초래한다.

06 ④ 토지와 건설중인자산은 감가상각의 대상이 되는 자산이 아니다.

07 ④ 정액법은 유형자산의 내용연수 동안 균등하게 일정액의 감가상각액을 인식하는 방법이며, 정률법은 유형자산의 장부가액에 매 기간 상각률을 적용하여 감가상각하는 방법이다. 감가상각방법은 해당 자산으로부터 예상되는 미래 경제적 효익의 소멸형태에 따라 선택하고, 소멸형태가 변하지 않는 한 매 기간 계속 적용한다.

08 ④ 유형자산의 감가상각방법에는 정액법, 체감잔액법(예 정률법 등), 연수합계법, 생산량비례법 등이 있다(일반기업회계기준 10.40).
- 정액법 : (취득원가 − 잔존가치) ÷ 내용연수
- 정률법 : (취득원가 − 감가상각누계액) × 상각률
- 연수합계법 : (취득원가 − 잔존가치) × $\dfrac{\text{잔여내용연수}}{\text{내용연수의 합계}}$

09 ④
- 20×1년 12월 31일 : 100,000원 × 0.45 = 45,000원
- 20×2년 12월 31일 : (100,000원 − 45,000원) × 0.45 = 24,750원

10 ③ 9,200,000원

(취득가액 20,000,000원 - 잔존가치 2,000,000원) ÷ 내용연수 5년

= 20×1년 12월 31일 감가상각비 3,600,000원

20×2년 12월 31일 감가상각비 3,600,000원

20×3년 12월 31일 감가상각비 3,600,000원

20×3년 12월 31일 감가상각누계액 10,800,000원

취득가액 20,000,000원 - 20×3년 12월 31일 감가상각누계액 10,800,000원 = 9,200,000원

11 ① 정액법 : (취득원가 - 잔존가액) ÷ 내용연수 → (1,000,000원 - 200,000원) ÷ 4년 = 200,000원

12 ④ 취득원가 3,300,000원 ÷ 내용연수 10년 = 감가상각비 330,000원

13 ④ (가)는 정액법에 의한 감가상각방법, (나)는 체감잔액법과 연수합계법에 의한 감가상각방법을 의미한다.

ㄱ은 생산량비례법에 의한 감가상각방법의 설명이다.

14 ④ 정률법보다는 정액법이 감가상각비의 금액이 적기 때문에 유형자산의 크기는 커지고, 이익도 크게 발생한다.

15 ② • 1차연도말 감가상각비 정률법 400,000 = 1,000,000 × 0.4

• 1차연도말 감가상각비 연수합계법 300,000 = (1,000,000 - 100,000) × 5/15

• 1차연도말 감가상각비 정액법 180,000 = (1,000,000 - 100,000) × 1/5

16 ③ 정액법 = (취득원가 - 잔존가액 ÷ 내용연수)

90,000 = (1,000,000 - 100,000) ÷ 10년

따라서 3년 동안의 감가상각누계액은 270,000원이 된다.

(차) 감가상각누계액 270,000 (대) 기계장치 1,000,000

현금 800,000 유형자산처분이익 70,000

17 ② 40,000,000원 = 처분가액 37,000,000원 - 처분이익 5,000,000원 + 감가상각누계액 8,000,000원

10. 비유동자산 - 무형, 기타비유동자산 회계처리

1) 무형자산의 정의

무형자산은 재화의 생산이나 용역의 제공, 타인에 대한 임대 또는 관리에 장기간 사용할 목적으로 기업이 보유하고 있는 물리적 형체가 없지만 식별 가능하고 기업이 통제하고 있으며 미래 경제적 효익이 있는 비화폐성자산을 말한다.

2) 무형자산의 인식요건

① **식별 가능성** : 무형자산이 식별 가능하기 위해서는 법적인 권리이거나 별도로 분리가 가능하여야 한다. 분리가능의 의미는 다른 자산과 분리하여 임대, 매각, 교환, 분배할 수 있는 것을 말한다.

② **통제 가능성** : 미래 경제적 효익을 확보할 수 있고 제3자의 접근을 제한할 수 있는 배타적인 권리에 대한 소유여부를 의미한다.

③ **미래 경제적 효익** : 무형자산의 미래 경제적 효익은 재화의 매출, 용역수익, 원가절감 또는 기타 효익의 형태로 발생되며 미래 순현금의 유입으로 나타난다.

3) 무형자산의 종류

① **영업권** : 외부에서 유상 취득한 영업권만을 무형자산으로 인정하고 내부적으로 창출한 영업권은 인정하지 않는다.

② **산업재산권** : 특허권, 실용신안권, 의장권, 상표권

③ **기타** : 라이센스와 프랜차이즈, 저작권, 컴퓨터소프트웨어, 임차권리금, 광업권, 어업권 등을 포함한다. 다만 이들 항목이 중요한 경우에는 개별 표시한다.

④ **개발비** : 신제품·신기술의 개발과 관련하여 발생한 비용 중 미래 경제적 효익이 기업에 유입될 가능성이 높으며, 취득원가를 신뢰성 있게 측정 가능한 것을 말한다. 단, 연구단계와 개발단계로 구분할 수 없는 경우는 연구단계로 하여 당기비용으로 인식한다.

구분	연구단계	개발단계
분류	㉠ 새로운 지식을 얻고자 하는 활동 ㉡ 연구결과나 기타 지식을 탐색, 평가, 최종 선택, 응용하는 활동 ㉢ 재료, 장치, 제품, 공정, 시스템이나 용역에 대한 여러 가지 대체안을 탐색하는 활동 ㉣ 새롭거나 개선된 재료, 장치, 제품, 공정, 시스템이나 용역에 대한 여러 가지 대체안을 제안, 설계, 평가 최종 선택하는 활동	㉠ 생산이나 사용 전의 시제품과 모형을 설계, 제작, 시험하는 활동 ㉡ 새로운 기술과 관련된 공구, 기구, 주형, 금형 등을 설계하는 활동 ㉢ 상업적 생산목적으로 실현가능한 경제적 규모가 아닌 시험공장을 설계, 건설, 가동하는 활동 ㉣ 신규 또는 개선된 재료, 장치, 제품, 공정, 시스템이나 용역에 대하여 최종적으로 선정된 안을 설계, 제작, 시험하는 활동

효과	⊙ 판매관리비의 연구비	무형자산의 개발비
	ⓒ 제조원가의 연구비	
	개발 이후 자산인식 요건 미충족 시에는 "경상연구개발비" 계정으로 인식한다.	

4) 무형자산의 취득원가 결정

$$취득원가 = 매입금액 + 직접부대비용 - 매입할인$$

■ **무형자산 취득 시 취득원가에 포함해야 할 비용**
- 무형자산 창출에 직접 종사한 인원에 대한 급여, 상여금, 퇴직급여 등의 인건비
- 무형자산 창출에 직접 사용된 재료비, 용역비 등
- 무형자산 창출에 직접 사용된 유형자산 감가상각비와 무형자산 상각비
- 법적 권리를 등록하기 위한 수수료, 취·등록세 등
- 무형자산 창출에 필요하며 합리적이고 일관된 방법으로 배부할 수 있는 간접비

※ 〈유의사항〉 취득원가에 포함되지 않는 것
　　판매비와관리비, 기타 간접지출, 무형자산으로 인식되기 전 명백한 비효율로 인한 손실금액 및 초기 단계의 운용손실, 무형자산 운용하는 직원의 훈련과 관련된 지출을 말한다.

5) 무형자산 상각

유형자산의 감가상각과 동일한 개념으로 무형자산의 취득원가를 내용연수 동안 비용화하는 원가 배부의 과정을 무형자산의 상각이라고 한다.

① **무형자산의 상각** : 독점적·배타적인 권리를 부여하고 있는 관계법령이나 계약이나 정해진 경우를 제외하고는 사용가능한 시점부터 20년을 초과할 수 없다. 내용연수는 경제적 요인과 법적인 요인의 영향을 받으며 무형자산의 내용연수는 이러한 요인에 의해 결정된 기간 중 짧은 기간으로 한다.

② **잔존가치** : 무형자산의 잔존가치는 없는 것이 원칙이다.

③ **상각방법** : 무형자산의 상각방법은 합리적이고 체계적인 방법을 사용하여야 한다. 일반기업회계기준에서는 감가상각방법으로 정액법, 정률법, 연수합계법, 생산량비례법 등을 들고 있으나 합리적인 상각방법을 정할 수 없는 경우에는 정액법을 사용한다. 다만 영업권의 경우 정액법만 허용된다.

④ **상각비 회계처리** : 무형자산의 상각이 다른 자산의 제조와 관련된 경우에는 관련 자산의 제조원가로 그 밖의 경우에는 판매비와관리비로 인식한다. 무형자산을 상각할 때에는 일반적으로 기업 실무에서는 직접차감법을 많이 사용한다.

(차) 무형자산상각비 (비용의 발생)　××　/ (대) 무형자산 (자산의 감소)　××

6) 기타비유동자산

투자자산, 유형자산, 무형자산에 속하지 않는 비유동자산으로 투자수익이 없고 다른 자산으로 분류하기 어려운 자산을 말하며, 분류하면 다음과 같다.

① **이연법인세자산** : 차감할 일시적 차이 등으로 인하여 미래에 경감될 법인세부담액으로서 유동자산으로 분류되는 이연법인세자산을 제외한 부분을 말한다.

② **보증금** : 전세권, 회원권, 임차보증금 및 영업보증금을 말한다.

③ **장기성매출채권** : 유동자산에 속하지 아니하는 일반적 상거래에서 발생한 장기의 매출채권을 말한다.

④ 장기선급비용, 장기선급금, 장기미수금 등을 포함한다.

✅ 분개연습 | 비유동자산 – 무형, 기타비유동자산 회계처리

[1] 특허청에 특허권 출원 비용 30,000,000원을 수표 발행하여 지급하고 특허권을 취득하다. (단, 일반기업회계기준 계정을 사용할 것)

(차)   (대)

[2] 신제품 개발을 위하여 현금 2,000,000원을 지출하였다. 단, 해당 지출은 전액 자본화요건을 충족한다. (단, 무형자산 처리)

(차)   (대)

[3] Celep 소프트웨어 용역을 10,000,000원을 공급받고, 대금은 월말에 지급하기로 하였다. (단, 계정과목은 무형자산 항목으로 처리한다.)

(차)   (대)

[4] 창고 임차보증금에 대한 계약금 2,000,000원을 상화빌딩에 자기앞수표로 지급하였다. 계약기간은 20×1년 8월 1일 ~ 20×2년 7월 31일이다.

(차)   (대)

[5] (주)부흥상사에 사무실을 임대하였는데, 임대보증금 30,000,000원 중 3,000,000원만 (주)부흥상사 발행 당좌수표로 받고, 나머지는 월말에 지급받기로 하였다.

(차)   (대)

분개연습 정답 및 해설

번호	차변		대변	
1	특허권(자산의 증가)	30,000,000	당좌예금(자산의 감소)	30,000,000
2	개발비(자산의 증가)	2,000,000	현금(자산의 감소)	2,000,000
3	소프트웨어(자산의 증가)	10,000,000	미지급금(부채의 증가)	10,000,000
4	선급금(자산의 증가)	2,000,000	현금(자산의 감소)	2,000,000
5	현금(자산의 증가)	3,000,000	임대보증금(부채의 증가)	30,000,000
	미수금(자산의 증가)	27,000,000		

✅ 이론문제 | 비유동자산 - 무형, 기타비유동자산 회계처리

01 다음 중 영업권의 설명으로 바르지 않은 것은?

① 기업실체와 분리하여 식별할 수 있는 자산을 말한다.
② 기업실체와 분리하여 식별할 수 없는 자산도 영업권에 포함된다.
③ 재무상태표에 계상되는 영업권은 합병, 영업양수 등 유상으로 취득한 것에 한한다.
④ 영업권의 발생원인은 우수한 인적자원, 높은 기술력 등이다.

02 다음 중 기업회계기준상 무형자산에 해당되는 항목으로만 묶어 놓은 것은?

a. 특허권	b. 개발비	c. 연구비
d. 개업비	e. 상표권	f. 창업비

① a, c, d
② a, b, d
③ a, b, e
④ a, b, f

03 다음의 무형자산에 대한 설명 중 올바른 것은?

① 무형자산은 진부화되거나 시장가치가 급격히 하락해도 손상차손을 인식할 수 없다.
② 연구비와 개발비는 전액 비용처리한다.
③ 자가 창설(내부창출)된 영업권(goodwill)은 무형자산으로 계상할 수 없다.
④ 무형자산은 5년 이내의 기간 내에 정액법으로 상각해야 한다.

04 현행 기업회계기준서상 무형자산 상각과 관련한 설명으로 옳은 것은?

① 무형자산의 상각방법에서 합리적인 방법을 정할 수 없는 경우에는 정률법을 사용한다.
② 무형자산 상각 시 잔존가액은 어떠한 경우라도 없는 것으로 한다.
③ 무형자산의 상각기간은 독점적·배타적인 권리를 부여하고 있는 관계 법령이나 계약에 정해진 경우를 제외하고는 20년을 초과할 수 없다.
④ 무형자산의 상각은 당해 자산을 취득한 시점부터 시작한다.

이론문제 정답 및 해설

01 ② 내부적으로 창출한 영업권은 무형자산으로 식별할 수 없으므로 인식하지 않는다.

02 ③ 특허권, 개발비, 상표권이 무형자산에 해당된다.

03 ③ 무형자산도 일정한 사유가 있는 경우 손상차손을 인식할 수 있고, 개발비는 무형자산으로 계상할 수 있다. 무형자산의 내용연수는 관계법령이나 계약에 정해진 경우를 제외하고는 20년을 초과할 수 없다.

04 ③ ① 정액법을 사용한다.
② 다만, 경제적 내용연수보다 짧은 상각기간을 정한 경우에 상각기간이 종료될 때 제3자가 자산을 구입하는 약정이 있거나, 그 자산에 대한 활성시장이 존재하여 상각기간이 종료되는 시점에 자산의 잔존가치가 활성시장에서 결정될 가능성이 매우 높다면 잔존가치를 인식할 수 있다.
④ 무형자산의 상각은 당해 자산을 사용 가능한 시점부터 시작한다.

11. 부채 - 유동부채와 비유동부채 회계처리

1) 부채의 정의

　① 부채란 특정기업이 과거의 거래나 사건의 결과로 인해, 현재 기업실체가 부담하고 그 이행에 자원의 유출이 예상되는 의무이다.

　② 기업회계기준에서는 매입채무, 미지급비용 등 영업활동과 관련된 부채는 1년 기준과 정상영업순환주기를 기준으로 구분하며 기타의 부채는 1년 기준으로 유동부채로 분류하도록 하고 있다.

2) 유동부채 중 매입채무

분류	거래내용	차변		대변	
① 외상매입금	㉠ 상품 30,000원을 외상으로 매입하다.	상품 (자산의 증가)	30,000	외상매입금 (부채의 증가)	30,000
	㉡ ㉠의 외상매입금을 현금으로 지급하다.	외상매입금 (부채의 감소)	30,000	현금 (자산의 감소)	30,000
② 지급어음	㉠ 상품 35,000원을 매입하고 대금은 약속어음을 발행하여 지급하다.	상품 (자산의 증가)	35,000	지급어음 (부채의 증가)	35,000
	㉡ ㉠의 약속어음을 현금으로 지급하다.	지급어음 (부채의 감소)	35,000	현금 (자산의 감소)	35,000

3) 부가세예수금

상품 등을 매출하고 받는 10%의 부가세를 말하며, 부가가치세법 상 과세기간이 종료되는 시점에 부가세대급금과 상계처리한다.

▼ 부가가치세대급금(자산)과 부가가치세예수금(부채)의 비교

구분	차변		대변	
상품 매입 시	상품(자산의 증가) 부가세대급금(자산의 증가)	××× ×××	현금(자산의 감소)	×××
상품 매출 시	현금(자산의 증가)	×××	상품매출(수익의 발생) 부가세예수금(부채의 증가)	××× ×××
부가세 상계	부가세예수금(부채의 감소)	×××	부가세대급금(자산의 감소) 미지급세금(부채의 증가)	××× ×××

4) 유동부채 중 기타부채

분류	거래내용	차변		대변	
③ 미지급금	㉠ 비품 20,000원을 외상으로 매입하다.	비품 (자산의 증가)	20,000	미지급금 (부채의 증가)	20,000
	㉡ ㉠의 미지급금을 현금으로 지급하다.	미지급금 (부채의 감소)	20,000	현금 (자산의 감소)	20,000
④ 선수금	㉠ 상품을 주문받고 계약금 70,000원을 현금으로 받다.	현금 (자산의 증가)	70,000	선수금 (부채의 증가)	70,000
	㉡ ㉠에 대해 실제 상품을 발송하다.	선수금 (부채의 감소)	70,000	상품매출 (수익의 발생)	70,000
⑤ 예수금	㉠ 급여 50,000원 중 원천징수세액 5,000원을 제외하고 현금으로 지급하다.	급여 (비용의 발생)	50,000	예수금 (부채의 증가) 현금 (자산의 감소)	5,000 45,000
	㉡ ㉠의 원천징수세액을 세무서에 현금으로 납부하다.	예수금 (부채의 감소)	5,000	현금 (자산의 감소)	5,000
⑥ 선수수익	㉠ 1년분 임대료 60,000원을 현금으로 받다.	현금 (자산의 증가)	60,000	선수수익 (부채의 증가)	60,000
	㉡ ㉠ 중 당기분 임대료 48,000원을 계상하다.	선수수익 (부채의 감소)	48,000	임대료 (수익의 증가)	48,000
⑦ 미지급 비용	결산일 현재 미지급급여 20,000원을 계상하다.	급여 (비용의 발생)	20,000	미지급비용 (부채의 증가)	20,000
⑧ 유동성 장기부채	장기차입금 80,000원의 상환기간이 1년 내로 도래하다.	장기차입금 (부채의 감소)	80,000	유동성장기부채 (부채의 증가)	80,000

5) 비유동부채 – 사채

이사회의 결의에 의하여 일반 대중으로부터 장기자금을 조달하기 위하여 회사가 발행한 확정채무임을 표시하는 유가증권을 사채라 한다.

① 사채의 발행

분류	거래내용	차변	대변
㉠ 액면발행	액면이자율 = 시장이자율, 액면가액 = 발행가액		
	사채 액면 10,000원을 발행하고 대금은 현금으로 받다.	현금(발행가액) 10,000 (자산의 증가)	사채(액면가액) 10,000 (부채의 증가)
㉡ 할인발행	액면이자율 < 시장이자율, 액면가액 > 발행가액		
	사채 액면 10,000원을 9,500원에 발행하고 대금은 현금으로 받다.	현금(발행가액) 9,500 (자산의 증가) 사채할인발행차금 500 (사채차감평가계정)	사채(액면가액) 10,000 (부채의 증가)
㉢ 할증발행	액면이자율 > 시장이자율, 액면가액 < 발행가액		
	사채 액면 10,000원을 11,500원에 발행하고 대금은 현금으로 받다.	현금(발행가액) 11,500 (자산의 증가)	사채(액면가액) 10,000 (부채의 증가) 사채할증발행차금 1,500 (사채가산평가계정)

② **사채발행비** : 사채할인발행차금에 가산하고 사채할증발행차금에서 차감한다.

6) 비유동부채 – 장기차입금

1년을 초과하는 상환 조건으로 빌려온 금전을 말한다.

7) 비유동부채 – 퇴직급여충당부채

① 인식요건 3가지

㉠ 장래에 지출될 것이 확실하고

㉡ 당해 지출에 원인이 당기에 있으며

㉢ 당해 지출금액을 합리적으로 추정할 수 있어야 한다.

② 결산 시점에 퇴직급여 설정 회계처리

> (차) 퇴직급여(비용의 발생)   1,000 / (대) 퇴직급여충당부채(부채의 증가) 1,000

③ 퇴직금지급 시

> (차) 퇴직급여충당부채(부채의 감소) 1,000 / (대) 현금(자산의 감소)   1,200
>   퇴직급여(비용의 발생)   200

④ 퇴직연금 형태별 계정과목 처리

㉠ 확정기여형(DC형) : 퇴직급여 계정과목으로 처리한다.

㉡ 확정급여형(DB형) : 퇴직연금운용자산 계정과목으로 처리한다.

8) 가지급금과 가수금

① **가지급금의 정의** : 임직원의 출장경비를 먼저 처리하는 경우 또는 현금을 지급하였으나 계정
과목이나 금액을 확정할 수 없을 경우 차변에 먼저 처리한 후에 구체적인 계정과목이나 금액
이 확정되면 대변에 상계처리한다.

거래내용	차변	대변
㉠ 영업직원 마동탁에게 광주 출장을 명하고 100,000원을 현금으로 지급하다.	가지급금　　　100,000 (자산의 증가)	현금　　　　　30,000 (자산의 감소)
㉡ 출장을 다녀 온 후 출장비 120,000 원을 지출함을 확인하고 차액은 현금으로 지급하다.	여비교통비　　120,000 (비용의 발생)	현금(자산의 감소)　20,000 가지급금　　　100,000 (자산의 감소)

② **가수금의 정의** : 현금의 수입이 있었으나 처리할 계정과목 또는 금액을 확정할 수 없을
경우 대변에 먼저 처리한 후에 구체적인 계정과목이나 금액이 확정되면 차변에 상계처리
한다.

거래내용	차변	대변
㉠ 영업직원 마동탁이 내용을 알 수 없는 금액 150,000원을 보통예금에 보내왔다.	보통예금　　150,000 (자산의 증가)	가수금　　　150,000 (부채의 증가)
㉡ 가수금은 외상매출금 회수금액으로 판명되다.	가수금　　　150,000 (부채의 감소)	외상매출금　150,000 (자산의 감소)

✔분개연습 │ 부채 - 유동부채와 비유동부채 회계처리

[1] 당사는 우리은행으로부터 현금 20,000,000원을 차입하였다. 상환기간은 6개월이다.
(차)   (대)

[2] 위 [1]번의 차입원금과 이자 2,800,000원을 현금으로 상환하였다.
(차)   (대)

[3] ㈜효성에서 기계장치를 50,000,000원에 10개월 단기할부로 구입하였다.
(차)   (대)

[4] 위 [3]번의 1회분 기계대금을 보통예금계좌에서 이체하여 지급하다.
(차)   (대)

[5] 당사는 (주)대교에게 상품 8,000,000원을 매출하기로 계약을 맺고, 대금 중 800,000원을 현금으로 받아 당좌예금하다.
(차)   (대)

[6] 위 [5]번의 상품을 ㈜대교에 발송하고 계약금을 제외한 나머지는 월말에 받기로 하다.
(차)   (대)

[7] 당사는 20×1년 1월 1일에 은행으로부터 장기차입금 10,000,000원을 현금으로 빌리고 3년 뒤에 만기에 일시상환을 하기로 하였다.
(차)   (대)

[8] 위 [7]번의 장기차입금이 그동안 이자는 적정하게 지급되었다고 가정하고 20×2년 12월 31일 결산일 현재 시점에 회계처리를 하시오.
(차)   (대)

[9] ㈜대도에서 상품 1,500,000원을 매입하고, 대금은 약속어음을 발행하여 지급하다.
(차)   (대)

[10] 위 [9]번에서 발행한 어음이 만기가 도래하여 국민은행 당좌수표를 발행하여 지급하다.
(차)   (대)

[11] 9월분 급여 3,000,000원을 지급하고 소득세 등 원천징수세액 125,000원을 공제하고 차인지급액은 우리은행 보통예금계좌에서 이체하여 지급하다.
(차)   (대)

[12] 위 [11]번에서 원천징수한 세액 125,000원을 양천세무서에 현금으로 납부하다.
  (차)   (대)

[13] 12월분 건물 임차료 4,200,000원이 다음달 5일에 지급될 예정이다.
  (차)   (대)

[14] 당사의 전 직원이 당해 연도 말에 퇴직할 것을 가정할 경우에 퇴직급여추계액은 150,000,000원
    이다. 또한 기초퇴직급여충당부채 잔액은 120,000,000원이며, 실제로 퇴직한 종업원들에게 지
    급한 금액은 25,000,000원이다. 당해 말에 퇴직급여충당부채 설정액에 대한 회계처리를 하시오.
  (차)   (대)

분개연습 정답 및 해설

번호	차변		대변	
1	현금(자산의 증가)	20,000,000	단기차입금(부채의 증가)	20,000,000
2	단기차입금(부채의 감소)	20,000,000	현금(자산의 감소)	22,800,000
	이자비용(비용의 발생)	2,800,000		
3	기계장치(자산의 증가)	50,000,000	미지급금(부채의 증가)	50,000,000
4	미지급금(부채의 감소)	5,000,000	보통예금(자산의 감소)	5,000,000
5	당좌예금(자산의 증가)	800,000	선수금(부채의 증가)	800,000
6	선수금(부채의 감소)	800,000	상품매출(수익의 발생)	8,000,000
	외상매출금(자산의 증가)	7,200,000		
7	현금(자산의 증가)	10,000,000	장기차입금(부채의 증가)	10,000,000
8	장기차입금(부채의 감소)	10,000,000	유동성장기부채(부채의 증가)	10,000,000
9	상품(자산의 증가)	1,500,000	지급어음(부채의 증가)	1,500,000
10	지급어음(부채의 감소)	1,500,000	당좌예금(자산의 감소)	1,500,000
11	급여(비용의 발생)	3,000,000	예수금(부채의 증가)	125,000
			보통예금(자산의 감소)	2,875,000
12	예수금(부채의 감소)	125,000	현금(자산의 감소)	125,000
13	임차료(비용의 발생)	4,200,000	미지급비용(부채의 증가)	4,200,000
14	퇴직급여(비용의 발생)	55,000,000	퇴직급여충당부채(부채의 감소)	55,000,000

☑️ 이론문제 │ 부채 - 유동부채와 비유동부채 회계처리

01 다음 중 부채가 아닌 것은?

① 단기매매증권 ② 장기충당부채

③ 장기차입금 ④ 미지급금

02 다음 중 부채에 대한 설명으로 틀린 것은?

① 미지급금 중 재무상태표일로부터 만기가 1년 이내에 도래하는 것은 유동부채로 표시한다.

② 재무상태표일로부터 차입기간이 1년 이상인 경우에는 장기차입금계정을 사용하여 표시한다.

③ 가수금은 영구적으로 사용하는 부채계정으로서 결산 시에도 재무제표에 표시된다.

④ 상품을 인도하기 전에 상품대금의 일부를 미리 받았을 때에는 선수금계정의 대변에 기입한다.

03 다음 중 유동부채에 해당하는 금액을 모두 합하면 얼마인가?

- 외상매입금 : 50,000원
- 장기차입금 : 1,000,000원(유동성장기부채 200,000원 포함)
- 단기차입금 : 200,000원
- 미지급비용 : 70,000원
- 선수금 : 90,000원
- 퇴직급여충당부채 : 80,000원

① 410,000원 ② 520,000원

③ 530,000원 ④ 610,000원

04 다음 중 재무상태표의 자산 및 부채계정의 차감적인 평가항목이 아닌 것은?

① 사채할증발행차금 ② 재고자산평가충당금

③ 대손충당금 ④ 감가상각누계액

05 다음 자료에 의하여 재무상태표에 계상될 외상매입금은 얼마인가?

가. 외상매입대금 지급액	500,000원	나. 기초외상매입금	300,000원
다. 당기 외상매입액	700,000원		

① 100,000원   ② 500,000원
③ 900,000원   ④ 1,500,000원

06 다음 중 지급어음계정이 차변에 기입되는 거래인 것은?

① 상품 1,000,000원을 매입하고 약속어음을 발행하여 지급하다.
② 상품 3,000,000원을 매입하고 소지하고 있던 약속어음을 배서양도하다.
③ 외상매입금 5,000,000원을 약속어음을 발행하여 지급하다.
④ 당점 발행의 약속어음 6,000,000원이 만기가 되어 현금으로 지급하다.

07 다음 중 충당부채의 인식기준을 충족시키는 경우인 것은?

① 미래의 예상 영업손실
② 구조조정에서 발생하는 기업의 계속적인 활동과 관련한 지출
③ 손실부담계약을 체결한 경우 관련된 현재의무
④ 우발부채

08 다음 자료에서 비유동부채 금액은 얼마인가?

• 외상매입금 : 6,000,000원	• 미지급비용 : 1,000,000원
• 장기차입금 : 2,000,000원	• 퇴직급여충당부채 : 5,000,000원

① 5,000,000원   ② 7,000,000원
③ 8,000,000원   ④ 11,000,000원

09 비유동부채 중 재무상태표일로부터 1년 이내에 상환될 금액을 대체할 경우 이용되는 계정과목은 무엇인가?

① 장기차입금   ② 유동성장기부채
③ 단기차입금   ④ 외상매입금

이론문제 정답 및 해설

01 ① 단기매매증권은 유동자산이며 당좌자산에 속한다.

02 ③ 가수금계정은 일시적으로 사용하는 부채계정으로 결산 시에는 그 계정의 내역을 밝혀내어 확정 계정과목으로 재무제표에 표시한다.

03 ④ 외상매입금 50,000원 + 유동성장기부채 200,000원 + 단기차입금 200,000원 + 미지급비용 70,000 원 + 선수금 90,000원 = 610,000원

04 ① ① 사채할증발행차금은 사채계정의 부가적인(+) 평가계정이나, ② 재고자산평가충당금은 재고 자산의 차감적인 평가계정이고, ③ 대손충당금은 자산의 채권관련계정의 차감적인 평가계정이 고, ④ 감가상각누계액은 유형자산의 차감적인 평가계정이다.

05 ② 기초외상매입금 300,000원 + 당기외상매입금 700,000원 – 당기외상매입금지급액 500,000원 = 기말 외상매입금 500,000원

06 ④ ① (차) 상품   1,000,000원   (대) 지급어음   1,000,000원
       ② (차) 상품   3,000,000원   (대) 받을어음   3,000,000원
       ③ (차) 외상매입금   5,000,000원   (대) 지급어음   5,000,000원
       ④ (차) 지급어음   6,000,000원   (대) 현금   6,000,000원

07 ③ 미래의 예상 영업손실과 우발부채는 충당부채로 인식하지 못한다. 또한 구조조정충당부채로 인 식할 수 있는 지출은 구조조정과 관련하여 필수적으로 발생하는 지출과 기업의 계속적인 활동과 관련 없는 지출의 요건을 모두 충족하여야 한다.

08 ② 2,000,000원(장기차입금) + 5,000,000원(퇴직급여충당부채) = 7,000,000원

09 ② 비유동부채 중 재무상태표일로부터 1년 이내에 상환될 금액을 대체할 경우에는 "유동성장기부채" 계정으로 표시한다.

12. 주식회사의 자본 회계처리

1) 자본의 의의

기업의 자산총액에서 부채총액을 차감한 후의 잔여청구권으로 주주지분 또는 순자산이라 한다.

- 자본등식 ⇨ 자산 – 부채 = 자본(잔여지분, 순자산)
- 자산 = 채권자 지분 + 소유주 지분
- 발행주식수 × 1주당 액면가액 = 자본금

2) 주식의 발행

구분	차변		대변	
할증발행 (액면가액 < 발행가액)	당좌예금	××× (발행가액)	자본금 주식발행초과금	××× (액면가액) ×××
	주식발행비용은 발행금액에서 차감하며 영향은 주식발행초과금에서도 동시에 차감된다.			
평가발행 (액면가액 = 발행가액)	당좌예금 주식할인발행차금	××× (발행가액) ×××	자본금 현금	××× (액면가액) ××× (발행비용)
할인발행 (액면가액 > 발행가액)	당좌예금 주식할인발행차금	××× (발행가액) ×××	자본금	××× (액면가액)
	주식발행비용은 발행금액에서 차감하며 영향은 주식할인발행차금에서도 동시에 가산된다.			

3) 증자와 감자

① 증자 : 자본금을 증가시키는 것을 말한다.

구분	차변		대변		예
실질적증자(유상증자)	당좌예금	×××	자본금	×××	주식발행
형식적증자(무상증자)	제잉여금	×××	자본금	×××	잉여금 자본전입

② 감자 : 자본금을 감소시키는 것을 말한다.

구분	차변		대변		예
실질적감자(유상감자)	자본금	×××	당좌예금	×××	매입소각
형식적감자(무상감자)	자본금	×××	이월결손금 감자차익	××× ×××	결손금 보전

4) 자본잉여금의 의의

자본거래에서 발생한 잉여금으로서 주식발행에 의한 주식의 납입, 자본의 변동 등 주주와의 자본
거래에서 발생하는 잉여금을 말한다. 자본잉여금은 기업을 유지하는 데 필요한 자본의 일부로서
결손보전이나 자본전입의 경우에만 사용할 수 있다. 자본잉여금의 종류에는 주식발행초과금, 자
기주식처분이익, 감자차익 등이 있다.

예제 22

다음 거래를 분개하시오.

주식 100주(1주 액면 5,000원)를 1주당 3,000원에 현금으로 매입하여 소각하다.

[해설]

(차) 자본금(자본의 감소) 500,000 / (대) 현금(자산의 감소)   300,000
　　　　　　　　　　　　　　　　　　　감자차익(자본의 증가)   200,000

예제 23

다음 거래를 분개하시오.

(1) 자기주식 100주를 1주당 8,000원에 구입하고 대금은 현금으로 지급하다.
(2) 자기주식 중 50주를 1주당 9,000원에 매각하고 대금은 당좌예입하다.

[해설]

(1) (차) 자기주식(자본의 감소) 800,000 / (대) 현금(자산의 감소)   800,000
(2) (차) 당좌예금(자산의 증가) 450,000 / (대) 자기주식(자본의 증가)   400,000
　　　　　　　　　　　　　　　　　　　　자기주식처분이익   50,000
　　　　　　　　　　　　　　　　　　　　(기타자본잉여금 증가)

5) 자본조정

자본에 가산 또는 차감되어야 하나 자본금, 자본잉여금, 이익잉여금 어느 항목에도 속하지 않아
임시적으로 처리하는 계정을 말한다.

① **주식할인발행차금** : 주식을 액면가액 이하로 발행하는 것으로 주식발행초과금을 먼저 상계회
계처리하고 상계할 주식발행초과금이 존재하지 않을 경우 "3년" 이내로 매기 균등상각하며
동 금액만큼 이익잉여금처분에서 상각한다.

② **미교부주식배당금** : 이익처분 중 주식으로 배당하는 것을 말한다.

③ **자기주식(= 재취득주식)** : 발행한 자기회사 주식을 다시 재취득하며 자기주식 취득 시 취득원
가로 기록하고 자본의 차감계정인 자본조정으로 회계처리(원가법)한다(기업회계기준에서
채택한다).

6) 기타포괄손익누계액

① 매도가능증권평가손익

② 해외사업환산손익

③ 파생상품평가손익

7) 이익잉여금

손익거래에 의하여 발생한 잉여금을 말하며, 영업활동이나 재무활동 등 기업의 이익창출활동에 의해 축적된 이익으로서 사외에 유출되거나 불입자본에 대체되지 않고 사내에 유보된 부분을 말한다. 이익잉여금은 배당을 통해 주주에게 분배되거나 사내에 유보되어 결손보전 또는 사업확장 등의 특정 목적에 사용하기 위한 것이다.

① **이익준비금** : 회사는 자본금의 1/2에 달할 때까지 매 결산기의 금전에 의한 배당액의 1/10 이상의 금액을 적립한다(법정준비금).

② **기타법정적립금** : 재무구조개선적립금

③ **임의적립금**

　ㄱ 적극적 적립금 : 기업의 순자산을 증대시키기 위한 목적으로 적립한다(감채적립금, 사업확장적립금 등). 또한 적극적 적립금은 목적이 달성이 되면 별도적립금으로 대체한다.

　ㄴ 소극적 적립금 : 기업의 순자산의 감소를 막기 위한 적립금을 말한다(배당평균적립금, 결손보전적립금, 퇴직급여적립금 등).

④ **차기이월이익잉여금** : 당기순이익에서 주주총회에서 이익처분한 것을 차감한 잔액을 말한다.

📖 예제 24

다음 거래를 분개하시오.

(1) 12/31 당기순이익 20,000,000원 계상

(2) 12/31 이월이익잉여금 대체

(3) 02/28 주주총회에 의한 잉여금 처분

　　(이익준비금 500,000원, 현금배당금 5,000,000원, 주식배당금 5,500,000원)

[해설]

(1)	(차) 손익	20,000,000	/ (대) 미처분이익잉여금	20,000,000	
(2)	(차) 미처분이익잉여금	20,000,000	/ (대) 이월이익잉여금	20,000,000	
(3)	(차) 이월이익잉여금	11,000,000	/ (대) 이익준비금	500,000	
			미지급배당금	5,000,000	
			미교부주식배당금	5,500,000	

분개연습 | 주식회사의 자본 회계처리

[1] (주)여산은 미발행주식 6,000주(1주 액면 10,000원)를 12,500원으로 발행하고, 대금은 현금으로 받아 당좌예금하다. (단, 주식발행에 따른 제비용 1,000,000은 현금으로 지급하다.)
(차)   (대)

[2] (주)부여는 미발행주식 5,000주(1주 액면 10,000원)를 9,000원으로 발행하고, 주금은 보통예금으로 하다.
(차)   (대)

[3] 이익준비금 1,000,000원을 자본금에 전입하기로 의결하고, 주식 1,000주(1주 액면 1,000원)를 주주에게 무상으로 교부하다.
(차)   (대)

[4] (주)공주는 이월결손금 700,000원을 보전하기 위하여 주식 2,000주(1주 액면 1,000원)를 500원으로 감자하기로 의결하다.
(차)   (대)

[5] (주)서산은 주주총회를 갖고 당기순이익 2,000,000원과 전기이월이익잉여금 500,000원을 다음 자료와 같이 이익처분하였다.
[자료] 이익준비금 500,000원, 재무구조개선적립금 800,000원, 현금배당 1,000,000원
(차)   (대)

[6] (주)삼천포는 주주총회에서 결정된 주식배당 10,000주(1주 액면 5,000원)을 4월 2일에 실제배당하였다. 이에 대한 4월 2일자로 회계처리를 하시오.
(차)   (대)

분개연습 정답 및 해설

번호	차변		대변	
1	당좌예금(자산의 증가)	75,000,000	자본금(자본의 증가)	60,000,000
			주식발행초과금(자본잉여금 증가)	14,000,000
			현금(자산의 감소)	1,000,000
2	보통예금(자산의 증가)	45,000,000	자본금(자본의 증가)	50,000,000
	주식할인발행차금 (자본조정, 자본의 감소)	5,000,000		
3	이익준비금(자본의 감소)	1,000,000	자본금(자본의 증가)	1,000,000
4	자본금(자본의 감소)	1,000,000	이월결손금(결손보전 차감)	700,000
			감자차익(자본의 증가)	300,000
5	미처분이익잉여금 (이익잉여금 감소)	2,500,000	이익준비금(자본의 증가)	500,000
			재무구조개선적립금(자본의 증가)	800,000
			미지급배당금(부채의 증가)	1,000,000
			이월이익잉여금(이익잉여금 증가)	200,000
6	미교부주식배당금 (자본의 감소)	50,000,000	자본금(자본의 증가)	50,000,000

✅ 이론문제 | 주식회사의 자본 회계처리

01 A회사가 자본금을 증자하기 위하여 신주 10,000주(액면가액 @10,000)를 @12,000에 발행하였다면, 그 차액은 어느 것에 해당하는가?

① 이익준비금　　　　　　　　　② 임의적립금
③ 자본잉여금　　　　　　　　　④ 주식발행초과금

02 다음 중 자본잉여금에 해당하는 것은?

① 이익준비금　　　　　　　　　② 임의적립금
③ 감자차익　　　　　　　　　　④ 차기이월이익잉여금

03 신주 100주(액면가액 @10,000)를 @11,000에 발행하였다. 이 경우 옳은 분개는?

① (차) 현금	1,100,000	(대) 자본금	1,000,000
		주식발행초과금	100,000
② (차) 현금	1,100,000	(대) 자본금	1,000,000
		자기주식처분이익	100,000
③ (차) 현금	1,100,000	(대) 자본금	1,000,000
		이익잉여금	100,000
④ (차) 현금	1,100,000	(대) 자본금	1,100,000

04 다음 중 이익잉여금에 속하지 않는 것은?

① 이익준비금　　　　　　　　　② 기타의 법정적립금
③ 주식발행초과금　　　　　　　④ 임의적립금

05 다음 중 자본조정계정이 아닌 것은?

① 주식할인발행차금　　　　　　② 자기주식
③ 감자차손　　　　　　　　　　④ 외환차익

06 다음 중 기업회계기준에 의한 자본의 분류로 틀린 것은?

① 자본금은 법률에 의하여 정해진 납입자본금을 의미하는데, 발행주식수에 발행가액을 곱한 금액이다.
② 이익잉여금은 영업활동을 통하여 발생된 이익이 축적된 부분이다.
③ 자본잉여금은 주주와의 자본거래에서 발생한 것으로서 자본이 증가된 것이다.
④ 주식발행초과금, 감자차익, 자기주식처분이익은 자본잉여금이다.

07 다음 중 손익계산서에 반영되는 이익에 해당하는 것은?

① 자기주식처분이익   ② 감자차익
③ 매도가능증권평가이익   ④ 단기매매증권처분이익

08 재무상태표상의 자본에 대한 설명으로 옳은 것은?

① 자본금은 발행주식수에 발행가액을 곱하여 계산하며 재무상태표에 공시할 때에는 주식종류별로 구분하여 표시한다.
② 재무상태표상의 자본잉여금은 매도가능증권평가손익, 감자차손, 기타자본잉여금으로 구성된다.
③ 재무상태표상의 자본은 자본금, 자본잉여금, 자본조정, 기타포괄손익누계액, 이익잉여금으로 구성된다.
④ 감자차손은 기타자본잉여금항목이다.

09 보통주 100주(액면가액 1,000원, 발행가액 5,000원)를 발행하여 증자를 하고, 주식발행에 따른 제비용 10,000원을 차감한 잔액은 모두 당좌예입하였다면 올바른 회계처리인 것은?

① (차) 당좌예금	500,000원		(대) 자본금	100,000원
	신주발행비	10,000원		주식발행초과금	400,000원
				현금	10,000원
② (차) 당좌예금	490,000원		(대) 자본금	100,000원
				주식발행초과금	390,000원
③ (차) 현금	500,000원		(대) 자본금	100,000원
	주식할인발행차금	10,000원		주식발행초과금	410,000원
④ (차) 당좌예금	490,000원		(대) 자본금	100,000원
	신주발행비	10,000원		주식발행초과금	400,000원

10 다음의 거래를 통해 재무상태표의 자본에 표시될 금액으로 올바른 것은?

(주)박문각은 10월 1일에 설립하면서 액면가 1,000원의 보통주 10,000주를 주당 3,000원에 발행하였다.

	자본금	자본잉여금	자본조정
①	30,000,000원	20,000,000원	–
②	30,000,000원	–	20,000,000원
③	10,000,000원	(20,000,000원)	–
④	10,000,000원	20,000,000원	–

11 다음의 자료에서 자본조정에 해당하는 항목의 금액은 얼마인가?

• 주식발행초과금	300,000원	• 주식할인발행차금	100,000원
• 감자차익	200,000원	• 감자차손	100,000원
• 자기주식처분이익	300,000원	• 자기주식처분손실	400,000원
• 배당건설이자	300,000원	• 별도적립금	320,000원
• 이익준비금	800,000원		

※ 예시된 항목의 상계는 고려하지 말 것

① 200,000원　　　　　② 400,000원
③ 500,000원　　　　　④ 900,000원

12 다음은 (주)박문각의 자본 현황이다. 자본잉여금은 얼마인가?

• 자본금	200,000,000원	• 주식발행초과금	9,000,000원
• 감자차익	2,000,000원	• 이익준비금	7,000,000원
• 사업확장적립금	3,000,000원	• 기타자본잉여금	4,000,000원

① 9,000,000원　　　　　② 11,000,000원
③ 13,000,000원　　　　　④ 15,000,000원

이론문제 정답 및 해설

01 ④ (차) 보통예금   120,000,000원   (대) 자본금   100,000,000원
                                          주식발행초과금   20,000,000원

02 ③ 자본잉여금에는 감자차익, 주식발행초과금, 자기주식처분이익 등이 있다.

03 ① 100주 × 1주당 10,000원 = 액면금액 1,000,000원(자본금)과
100주 × 1주당 11,000원 = 발행가액 1,100,000원의 차액 100,000원은 주식발행초과금에 해당한다.

04 ③ 주식발행초과금은 자본잉여금에 속한다.

05 ④ 외환차익은 외화자산의 외화부채의 상환 시 환율변동으로 인하여 발생하는 이익을 말하며 영업
외수익에 해당한다.

06 ① 법정자본금은 발행주식수에 액면가액을 곱한 금액이다.

07 ④ 단기매매증권처분이익은 손익계산서상에 영업외수익에 기재한다. 감자차익과 자기주식처분이익은
자본잉여금에 해당하며, 매도가능증권평가이익은 기타포괄손익누계액에 해당한다.

08 ③ 재무상태표상의 자본은 자본금, 자본잉여금, 자본조정, 기타포괄손익누계액, 이익잉여금으로 구성된다.
① 재무상태표상의 자본금은 발행주식수에 액면가액을 곱하여 계산한다. 액면가액과 발행가액의 차액
은 주식발행초과금이나 주식할인발행차금으로 처리한다.
② 재무상태표상의 자본잉여금은 주식발행초과금, 감자차익, 기타자본잉여금으로 구성된다.
④ 감자차손은 자본조정항목이다.

09 ② 100 × 1,000원 = 100,000원 자본금 액면금액
100 × 5,000원 = 500,000원 – 제비용 10,000원 = 490,000원 발행금액
(차) 당좌예금   490,000원   (대) 자본금   100,000원
                                         주식발행초과금   390,000원

10 ④ 자본금 10,000,000원 = 액면가액 × 발행주식수 = 1,000원 × 10,000주
주식발행초과금(20,000,000원) = (1,000원 – 3,000원) × 10,000주

11 ④ 자본조정 항목은 (주식할인발행차금 100,000원 + 감자차손 100,000원 + 자기주식처분손실
400,000원 + 배당건설이자 300,000원) = 900,000원이다.

12 ④ 주식발행초과금 9,000,000원 + 감자차익 2,000,000원 + 기타자본잉여금 4,000,000원 =
15,000,000원이다.

13. 수익과 비용 인식 회계처리

1) 수익의 인식기준

주요 경영활동에서 재화의 생산·판매, 용역의 제공 등에 따른 경제적 효익의 유입으로서 이는 자산의 증가 또는 부채의 감소 및 그 결과에 따른 자본의 증가로 나타난다.

▼ 일반기업회계기준서에서 수익인식 기준

구분	기준서
재화판매	• 원칙 : 판매기준(인도하는 날)
용역제공	• 원칙 : 진행기준

① 수익의 인식 : 실현주의

수익이 실현되었거나 실현가능할 때의 실현기준과 획득되었을 때의 가득기준이 있다.

② 현금주의, 발생주의 기준 이해

    ㉠ 현금주의 : 기업의 경제적 사건의 발생여부와 무관하게 영업활동으로 인한 현금유입을 수익으로 인식하며 현금유출을 비용으로 인식하는 방법이다.

    ㉡ 발생주의 : 순자산에 영향을 미치는 경제적 사건이 발생한 시점(화폐적 금액으로 측정하여 수익과 비용인식)에서 경영성과를 측정하기 때문에 현행회계의 기간손익계산의 기본원리가 되고 있다.

③ 특수매매 시 인식기준 적용

    ㉠ 위탁판매 : 수탁자가 제3자에게 위탁품을 판매한 날

    ㉡ 시용판매 : 고객이 구매의사를 표시한 날

    ㉢ 할부판매 : 원칙은 단기와 장기 구분 없이 판매한 날

      ※ 특례 : 기업회계기준은 중소기업 특례로서 장기할부판매 시 회수기준과 단기용역매출 시 완성기준을 적용할 수 있도록 규정

    ㉣ 부동산판매 : 잔금청산일, 소유권이전등기일, 매입자가 사용가능일 중 가장 빠른 날

    ㉤ 상품권 판매 : 선수금(상품권선수금 계정 등)으로 처리한 후 상품권을 회수한 날(물품 등을 제공하거나 판매한 때)

📖 **예제 25**

다음 중 기업회계기준에 의한 수익인식기준으로 틀린 것은?

① 상품권매출 – 상품권을 회수한 날
② 장기건설공사 – 완성기준
③ 위탁판매 – 수탁자가 적송품(위탁품)을 판매한 날
④ 시용판매 – 매입자가 매입의사표시를 한 날

[해설]

② 건설형공사계약의 경우 특례규정을 제외하고 장·단기를 불문하고 진행기준에 따라 수익을 인식하도록 규정하고 있다.

2) 비용

영업활동과 관련하여 재화를 생산·공급하고 용역을 제공함으로써 발생하게 되는 기업의 자산 감소 및 소비, 부채의 증가를 의미한다.

① 비용의 인식기준

　수익과 비용 대응의 원칙에 근거한다.

　㉠ 직접대응 : 수익과 비용이 직접적인 인과관계가 성립할 때 수익인식시점에서 비용을 인식하는 것이다(예 매출원가, 판매수수료, 매출운임 등).

　㉡ 간접대응 : 특정수익과 직접적인 인과관계를 명확히 알 수 없지만 발생원가가 일정기간 동안 수익창출활동에 기여한 경우 해당기간에 걸쳐 합리적이고 체계적인 방법에 의해 배부해야 한다(예 감가상각비, 보험료기간배부).

　㉢ 즉시인식 : 당기의 발생원가가 미래효익을 제공하지 못하거나 전기에 자산으로 기록된 항목이 미래의 경제적 효익을 상실할 때는 발생 즉시 당기의 비용으로 인식한다(예 일반관리비, 광고선전비, 이자비용 등).

📖 **예제 26**

다음 중 기업회계기준에 의한 비용인식기준으로 틀린 것은?

① 수익과 비용 대응의 원칙에 근거한다.
② 직접대응은 수익과 비용이 직접적인 인과관계가 성립할 때 인식한다.
③ 간접대응의 예는 감가상각비, 보험료 등 기간배부 항목을 말한다.
④ 즉시인식의 예는 매출원가, 판매수수료 등을 인식한다.

[해설]

④ 즉시인식의 예는 일반관리비, 광고선전비, 이자비용 등이 해당한다.

② 영업외손익

    ⊙ **영업외수익** : 기업의 영업활동과 무관하게 발생되는 수익으로서 이자수익, 단기매매증권 처분이익, 단기매매증권평가이익, 유형자산처분이익 등이 있다.

    ⓒ **영업외비용** : 기업의 영업활동과 무관하게 발생되는 비용으로서 이자비용, 단기매매증권 처분손실, 단기매매증권평가손실, 유형자산처분손실, 잡손실 등이 있다.

③ 법인세 등(= 법인세비용)

법인기업이 회계연도를 결산한 후 발생한 과세표준에 적용세율을 곱하여 산출한 세금을 말한다.

구분	차변		대변	
중간예납 시	선납세금(자산의 증가)	×××	현금(자산의 감소)	×××
결산 시 추산액 (-) 중간예납 시	법인세비용 (비용의 발생)	×××	선납세금(자산의 감소) 미지급법인세(부채의 증가)	××× ×××
확정신고 납부 시	미지급법인세(부채의 감소)	×××	현금(자산의 감소)	×××

☑️ 이론문제 | 수익과 비용 인식 회계처리

01 회계용어 중 수익인식이나 비용인식에서 인식이란 다음 중 어느 깃을 뜻하는 것인가?

① 수익 또는 비용이 어느 회계기간에 귀속하는 것인지를 확정짓는 일
② 수익 또는 비용의 발생과정을 설명하는 일
③ 수익 또는 비용에 해당하는 현금을 받거나 또는 지출하는 일
④ 수익 또는 비용을 측정하는 일

02 다음 중 기업회계기준에 의할 경우 수익의 인식시점으로 옳지 않은 것은?

① 위탁매출은 수탁자가 상품을 판매한 날
② 단기할부매출은 상품 등을 인도한 날
③ 용역매출은 진행기준에 따름
④ 상품권매출은 상품권을 고객에게 제공한 날

03 다음 중 기업회계기준에 의한 수익인식기준으로 틀린 것은?

① 단기건설공사(비상장 중소기업 제외) - 완성기준
② 장기건설공사 - 진행기준
③ 위탁판매 - 수탁자가 적송품(위탁품)을 판매한 날
④ 시용판매 - 매입자가 매입의사표시를 한 날

04 다음 중 기업회계기준에 의할 경우 수익의 인식시점으로 옳지 않은 것은?

① 용역매출은 진행기준(비상장 중소기업의 단기용역은 완성기준 가능)
② 단기할부판매는 상품 등을 인도한 날
③ 수출의 경우 관세청에 수출신고를 한 날
④ 상품권매출은 재화의 판매로 상품권을 회수한 시점

이론문제 정답 및 해설

01 ① 인식이란 수익 또는 비용이 어느 회계기간에 귀속하는 것인지를 확정짓는 일이다.

02 ④ 상품권매출은 상품권을 고객이 물건을 구입하면서 상품권과 교환할 때 수익을 인식한다.

03 ① 건설형 공사계약의 경우 장·단기를 불문하고 진행기준에 따라 수익을 인식하도록 규정하고 있다.

04 ③ 수출의 경우에도 일반적인 상품매출과 마찬가지로 인도 시점에 수익을 인식한다.

14. 결산절차 및 기말결산수정분개

◢ 01 프로그램의 결산 방법

1) 정의

일년 간의 전표입력 등 회계처리에 대해 12월 31일에 장부를 마감하고 재무제표를 작성하는 과정을 말한다.

2) 수동결산

[일반전표입력]메뉴에 12월 31일자로 결산대체 분개를 직접 입력한다.

① 선급비용, 미수수익	② 미지급비용, 선수수익
③ 가수금, 가지급금 정리	④ 현금과부족잔액 정리
⑤ 소모품정리	⑥ 외화자산, 부채 평가
⑦ 단기매매증권 평가	⑧ 선납세금정리
⑨ 총액법 적용 시 대손충당금의 환입	

3) 자동결산

[결산자료입력]메뉴에 해당금액을 입력한 후 "전표추가" 키를 이용하여 결산을 완료한다.

① 기말재고자산	② 퇴직급여충당부채
③ 유형자산, 무형자산 감가상각	④ 매출채권에 대한 대손충당금설정
⑤ 미지급법인세계상	

◢ 02 수동결산(손익의 이연과 예상)

구분	결산분개 내용
비용의 이연	(차) 선급비용 ××× / (대) 해당비용 ×××
수익의 이연	(차) 해당수익 ××× / (대) 선수수익 ×××
비용의 발생	(차) 해당비용 ××× / (대) 미지급비용 ×××
수익의 발생	(차) 미수수익 ××× / (대) 해당수익 ×××

📖 **예제 27**

다음 자료에 대하여 분개하시오.

> 본사건물 화재보험에 가입하여 1년분(20×1년 10/1 ~ 20×2년 9/30) 보험료
> 1,200,000원을 전액 보험회사에 현금으로 지급하였다. (단, 월할계산할 것)

[해설] --

[1년분 보험료 ÷ 12월 = 월 보험료 100,000원]이다. 따라서 귀속연도를 구분하면 다음과 같다.

20×1년 당해 보험료	20×2년 차기 선급비용
3개월 × 100,000 = 300,000원	9개월 × 100,000 = 900,000원

20×2년 차기분을 12월 31일자에 다음과 같이 수정분개를 한다.
(차) 선급비용 900,000 / (대) 보험료 900,000

📖 **예제 28**

다음 자료에 대하여 분개하시오.

> 건물에 대해 임대계약을 맺고 임대료 1년분 240,000원(20×1년 7/1 ~ 20×2년 6/30)을
> 전액 현금으로 받았다. (단, 월할계산할 것)

[해설] --

[1년분 임대료 ÷ 12월 = 월 임대료 20,000원]이다. 따라서 귀속연도를 구분하면 다음과 같다.

20×1년 당해 임대료	20×2년 차기 선급비용
6개월 × 20,000 = 120,000원	6개월 × 20,000 = 120,000원

20×2년 차기분을 12월 31일자에 다음과 같이 수정분개를 한다.
(차) 임대료 120,000 / (대) 선수수익 120,000

📖 **예제 29**

다음 자료에 대하여 분개하시오.

> 12월분 급여 1,500,000원을 결산 시점에서 미지급하였다.

[해설] --

12월 31일자에 다음과 같이 수정분개를 한다.
(차) 급여 1,500,000 / (대) 미지급비용 1,500,000

📖 **예제 30**

다음 자료에 대하여 분개하시오.

> 은행 정기예금 7,500,000원에 대한 결산이자를 계상하여 원본에 전입하였다. (단, 연이율 5%, 예금가입일 20×1년 9/1일, 만기 3년)

[해설] --
이자는 7,500,000원 × 5% × 4/12 = 125,000원
12월 31일자에 다음과 같이 수정분개를 한다.
(차) 미수수익 125,000 / (대) 이자수익 125,000

03 수동결산분개(일반전표입력)

기타 거래내용 및 결산 수정분개

① 단기매매증권평가이익(장부가액 10,000 < 결산 공정가액 12,000)
   (차) 단기매매증권(자산의 증가)   2,000   (대) 단기매매증권평가이익(수익의 발생)   2,000

② 단기매매증권평가손실(장부가액 15,000 > 결산 공정가액 12,000)
   (차) 단기매매증권평가손실(비용의 발생)3,000   (대) 단기매매증권(자산의 감소)   3,000

③ 장부상현금 1,600,000 < 실제현금 1,680,000
   (차) 현금(현금과부족, 자산의 증가) 80,000   (대) 잡이익(수익의 발생)   80,000

④ 장부상현금 1,660,000 > 실제현금 1,600,000
   (차) 잡손실(비용의 발생)   60,000   (대) 현금(현금과부족, 자산의 감소)   60,000

⑤ 장기차입금을 유동성장기부채로 대체
   (차) 장기차입금(부채의 감소)   10,000   (대) 유동성장기부채(부채의 증가)   10,000

⑥ 장부상 외화금액 800,000 < 결산 시 외화금액 1,000,000
   (차) 외상매출금(자산의 감소)   200,000   (대) 외화환산이익(수익의 발생)   200,000
   ※ 외상매입금(부채)이 감소하면 외화환산이익으로 처리한다.

04 수동결산분개(소모품과 소모품비)

1) 소모품비로 나올 경우 : 소모품 미사용액 분개로 한다.

> (차) 소모품 ××× / (대) 소모품비 ×××

2) 소모품으로 나올 경우 : 소모품 사용액 분개로 한다.

> (차) 소모품비   ××× / (대) 소모품   ×××

📖 **예제 31**

다음 자료에 대하여 분개하시오.

> 본사 사무실에서 구입하여 사용하는 소모품(구입 시 전액 비용계정으로 회계처리했음)
> 중 미사용 잔액은 100,000원이다.

[해설]
(차) 소모품 100,000원   (대) 소모품비   100,000원

◁ **05** 자동결산분개(결산자료입력)

1) 기말재고(상품)금액 입력

[결산자료입력]에서 기말상품 재고액란에 금액을 입력한다.

2) 퇴직급여추계액에서 퇴직급여충당부채금액을 차감하고 설정

(방법 1) 결산자료입력 상단의 [CF8 퇴직충당] 버튼을 선택하여 퇴직급여추계액란에 금액 입력한 후 결산에 반영한다.
(방법 2) 판매비와 일반관리비와 제조경비 아래에서 [2. 퇴직급여(전입액)]란에 금액을 입력한다.
(방법 3) 일반전표 12월 31일자로 수동으로 입력한다.

> (차) 퇴직급여   ××× / (대) 퇴직급여충당부채   ×××

3) 매출채권 등에 대한 대손충당금 설정

(방법 1) 결산자료입력 상단의 [F8 대손상각] 버튼을 선택하여 결산에 반영한다.
(방법 2) 판매비와 일반관리비 아래에서 [5. 대손상각]란에 금액을 입력한다.
(방법 3) 일반전표 12월 31일자로 수동으로 입력한다.

> (차) 대손상각비   ××× / (대) 대손충당금   ×××

4) 유형/무형자산 감가상각비 설정

(방법 1) 결산자료입력 상단의 [F7 감가상각] 버튼을 선택하여 금액 입력한 후 결산에 반영한다.
(방법 2) 판매비와 일반관리비와 제조경비 아래에서 [4. 감가상각비, 6. 무형자산상각비]란에 금액을 입력한다.

(방법 3) 일반전표 12월 31일자로 수동으로 입력한다.

> (차) 감가상각비   ×××   / (대) 감가상각누계액   ×××

5) 선납세금 등

미지급법인세를 결산자료입력에 금액을 입력한 후 [전표추가]를 한다.

📖 **예제 32**

다음 자료에 대하여 분개하시오.

> 당기말 결산서상 법인세차감전순이익에 대한 법인세등 추산액은 13,000,000원이다.
> (선납세금계정에 법인세중간예납세액 6,000,000원이 계상되어 있다.)

[해설] --
(방법 1) 일반전표입력
(차) 법인세등   13,000,000   / (대) 선납세금   6,000,000
                                 미지급세금   7,000,000
또는
(방법 2) 자동결산
[결산자료입력] 메뉴에서 법인세 계상에 7,000,000원 입력 후 전표추가

✅ 이론문제 │ **결산절차 및 기말결산수정분개**

01 다음 중 기말의 결산정리 분개 대상이 아닌 것은?

① 고정자산에 대한 감가상각비의 계상
② 미지급비용의 계상
③ 기간미경과 보험료의 선급비용 계상
④ 유가증권처분손익의 계상

02 다음 중 기말의 결산정리 분개 대상이 아닌 것은?

① 정기적금에 대한 미수이자 계상
② 차량보험료에 대한 기간미경과 선급비용 계상
③ 기계장치에 대한 감가상각비 계상
④ 신용카드사용액에 대한 미지급금 현금 지급

03 보험기간이 20×1년 9월 1일부터 20×2년 2월 28일까지인 보험료 600,000원을 지급하였다. 20×1년도 결산 시 선급비용은 얼마인가? (단, 기간은 월 단위로 계산할 것)

① 200,000원
② 300,000원
③ 400,000원
④ 600,000원

04 20×1년 10월 1일 영업용 차량의 보험료 1년분 120,000원을 현금으로 지급한 경우 20×1년 12월 31일 결산 시 선급보험료에 해당하는 금액은 얼마인가? (단, 월할 계산할 것)

① 60,000원
② 70,000원
③ 80,000원
④ 90,000원

05 삼일상점은 20×1년 7월 1일 건물의 1년분 임대료 60,000원을 전액 현금으로 받고 수익계정으로 회계처리하였다. 20×1년 12월 31일 결산 재무상태표에 보고되는 선수임대료는 얼마인가?

① 20,000원
② 25,000원
③ 30,000원
④ 40,000원

06 20×1년 9월 1일 건물임대료 6개월분 30,000원을 현금으로 받고 수익으로 회계처리하였다. 12월 31일 결산 시 선수임대료에 해당하는 금액은 얼마인가? (단, 월할계산할 것)

① 10,000원   ② 15,000원

③ 20,000원   ④ 25,000원

07 미지급 이자비용을 당기에 계상하지 않을 경우 당기에 어떤 영향을 미치는가?

① 부채가 과대평가된다.   ② 자산이 과소평가된다.

③ 이익이 과대평가된다.   ④ 순이익이 적어진다.

08 다음의 사항을 통해 기말(12월 31일)에 행해질 결산분개는 어떤 것인가?

> • 7월 1일 사무용 소모품 2,000,000원을 구입하고 대금은 현금으로 지급하고 다음과 같이 회계처리하였다.
>
> (차) 소모품   2,000,000원   (대) 현금   2,000,000원
>
> • 12월 31일 결산일 현재 소모품 미사용금액 1,200,000원

① (차) 소모품   800,000원   (대) 소모품비   800,000원

② (차) 소모품비   800,000원   (대) 소모품   800,000원

③ (차) 소모품   1,200,000원   (대) 소모품비   1,200,000원

④ 분개없음

09 결산일 현재 매출채권 잔액은 1,000,000원이며 이에 대한 결산 전 대손충당금 잔액은 70,000원이다. 기업회계기준에 따라 기말의 매출채권 잔액에 대하여 1%의 대손충당금을 설정할 경우 재무상태표에 표시되는 매출채권의 순장부가액은 얼마인가?

① 1,000,000원   ② 990,000원

③ 930,000원   ④ 920,000원

10 기말 현재 단기매매증권 보유상황은 다음과 같다. 올바른 분개인 것은?

구분	취득원가	공정가액
A사 주식	210,000원	250,000원
B사 주식	180,000원	150,000원

① (차) 단기매매증권   40,000원   (대) 단기매매증권평가차익   40,000원
② (차) 단기매매증권평가손실   30,000원   (대) 단기매매증권   30,000원
③ (차) 단기매매증권   10,000원   (대) 단기매매증권평가차익   10,000원
④ (차) 단기매매증권평가손실   30,000원   (대) 단기매매증권   30,000원

11 결산 결과 당기순이익이 300,000원으로 계산되었으나 아래의 사항이 누락되었음을 발견하였다. 수정 후 정확한 당기순이익을 계산하면 얼마인가?

| • 임대료 선수분 | 30,000원 | • 보험료 미지급액 | 50,000원 |

① 220,000원   ② 280,000원
③ 320,000원   ④ 380,000원

12 결산 결과 당기순이익 10,000원이 산출되었으나 아래 사항이 누락된 것을 추후에 발견하였다. 수정 후 당기순이익은 얼마인가?

| • 보험료 선급분 | 2,000원 | • 이자 미지급분 | 1,000원 |

① 9,000원   ② 11,000원
③ 12,000원   ④ 13,000원

13 제2기 결산을 한 결과 당기순이익이 210,000원으로 계상되었으나 다음의 내용이 계상상 누락된 오류를 발견하였다. 정확한 당기순이익은 얼마인가?

| • 보험료 선급분 | 60,000원 |
| • 대여금에 대한 이자 미수분 | 40,000원 |

① 310,000원   ② 270,000원
③ 250,000원   ④ 110,000원

이론문제 정답 및 해설

01 ④ 유가증권처분손익은 기말수정분개에 해당하지 않는다.

02 ④ 신용카드사용액에 대한 미지급금 현금지급은 매월 미지급금액을 지급하는 것으로 기말결산정리 분개 대상이 아니다.

03 ① 보험료 600,000원을 6개월로 나누어보면 1개월분 100,000원이 계산된다. 따라서 결산 시점에서 20×2년 2개월분(100,000원 × 2 = 200,000원)이 선급비용이 된다.

04 ④ 보험료 120,000원을 12개월로 나누어보면 1개월분 10,000원이 계산된다. 따라서 결산 시점에서 20×2년 9개월분(10,000원 × 9 = 90,000원)이 선급비용이 된다.

05 ③ 임대료 60,000원을 12개월로 나누어보면 1개월분 5,000원이 계산된다. 따라서 결산 시점에서 20×2년 6개월분(5,000원 × 6 = 30,000원)이 선수수익이 된다.

06 ① 임대료 30,000원을 6개월로 나누어보면 1개월분 5,000원이 계산된다. 따라서 결산 시점에서 20×2년 2개월분(5,000원 × 2 = 10,000원)이 선수수익이 된다.

07 ③ 미지급비용을 계상하지 않으면 비용이 과소계상되며, 이익이 과대계상된다.

08 ② 800,000원(소모품사용액) = 2,000,000원(소모품구입액) − 1,200,000원(소모품미사용액)

09 ② 대손충당금을 설정하는 공식은 [매출채권잔액 × 대손율 − 대손충당금잔액 = 당기설정액]이다. 즉, [1,000,000 × 1% − 70,000 = −60,000(환입)]으로 계산되므로 대손충당금잔액은 10,000원이 남는다. 따라서 매출채권 1,000,000원에서 10,000원을 차감하면 순장부가액은 990,000원이 표시된다.

10 ③ 취득원가의 공정가액의 차액을 계산하여 A사 주식(평가이익 40,000원)과 B사(평가손실 30,000원)을 합하면 평가이익 10,000원이 발생하게 된다.

11 ① 정확한 당기순이익 : 수정 전 당기순이익 + (수익증가, 비용감소) − (수익감소, 비용증가) 즉, 300,000원 − 30,000원 − 50,000원 = 220,000원이 된다.

12 ② 당기순이익 10,000원 + 선급보험료 2,000원 − 이자미지급 1,000원 = 11,000원이 수정 후 당기순이익이 된다.

13 ① 보험료 선급분(60,000원)과 이자 미수분(40,000원)은 당기순이익에 더하여 계산한다.
보험료 선급분 : (차) 선급 보험료   60,000원   (대) 보험료   60,000원
이자 미수분 :   (차) 미수이자   40,000원   (대) 이자수익   40,000원
정확한 당기순이익 : 210,000원 + 60,000원 + 40,000원 = 310,000원

02 NCS를 적용한 원가회계 이해

1. 원가회계의 기본개념과 분류

1) 원가의 개념과 구분

① 원가회계 : 기업의 생산과 영업활동에 관한 원가자료를 집계·배부·분석하는 것이다. 즉, 제품제조에 필요한 재료비, 임금, 기타비용을 계산하여 그 원가를 제품별로 부과하는 것을 말한다.

② 원가회계의 목적

    ㉠ 재무제표의 작성에 필요한 원가정보의 제공

    ㉡ 원가통제에 필요한 원가정보의 제공

    ㉢ 경영의사결정에 필요한 원가정보의 제공

    ㉣ 예산편성 및 예산통제에 필요한 원가자료의 제공

③ 원가와 비용 구분

    미소멸원가(재고자산)은 기업의 수익획득에 아직 사용되지 않은 부분으로 재무상태표에 기재한다. 반면에 소멸된 원가는 아래의 특성에 따라 구별될 수 있다.

원가(cost)	비원가항목	비용(expense)
제품제조를 위하여 소비된 경제적 가치	제품의 생산이나 수익획득에 기여하지 못하고 소멸된 부분	수익획득을 위하여 사용한 경제적 가치
공장종업원의 임금	파업기간의 임금	사무직원의 급료
공장 건물·기계감가상각비	갑작스런 정전으로 발생한 불량품의 제조원가	본사 건물 감가상각비
공장의 수도료·전기료	화재나 도난 등에 의한 원재료나 제품의 감소액	본사의 수도료·전기료
공장건물의 재산세 등	–	본사건물의 재산세 등

2) 원가의 분류

원가회계는 기본원가와 가공원가로 분류할 수 있다.

• 기본원가(기초원가, 주요원가) : 직접재료비 + 직접노무비

• 가공원가(전환원가) : 직접노무비 + 제조간접비

※ 제조간접비는 간접재료비, 간접노무비, 간접제조경비를 합산한 금액을 말한다.

---

① 제조활동 관련성에 따른 분류

  ㉠ 제조원가 : 재료비, 노무비, 제조간접비(원가의 3요소)

  ㉡ 비제조원가 : 기업의 제조활동과 관련 없이 발생한 원가로 판매비와관리비 등에서 발생하는 원가를 말한다. 예를 들면 광고선전비, 판매수수료, 판매직원에 대한 급료 등이 있다.

② 추적가능성에 따른 분류

  ㉠ 직접비 : 특정 제품에 직접 소비되는 원가로 직접재료비, 직접노무비, 직접제조경비 등을 말한다.

  ㉡ 간접비 : 여러 종류의 제품에 공통으로 소비되는 원가로 일정한 기준에 의해 제품에 부과하는 원가를 말한다. 예를 들면 간접재료비, 간접노무비, 간접제조경비 등이 있다.

③ 원가행태(조업도, 생산량) 변화에 따른 분류

  ㉠ 순수변동비 : 조업도가 증가하면 총원가는 증가하고 제품단위당 원가는 일정하다. 예를 들면 재료비, 노무비, 변동제조경비 등이 있다.

  ㉡ 고정비 : 조업도가 증가하면 총원가는 일정하고 제품단위당 원가는 감소한다. 예를 들면 감가상각비, 임차료 등이 있다.

  ㉢ 준변동비(혼합원가) : 고정비(기본요금)와 변동비가 혼합된 형태로서 조업도가 증가하면 총원가도 증가하는 형태이다. 예를 들면 통신비(휴대폰요금) 등이 있다.

  ㉣ 준고정비(계단원가) : 일정한 조업도 내에서는 일정하지만 그 범위를 벗어나면 총액이 증가하는 것을 말한다. 예를 들면 공장 감독자의 급료 등이 해당한다.

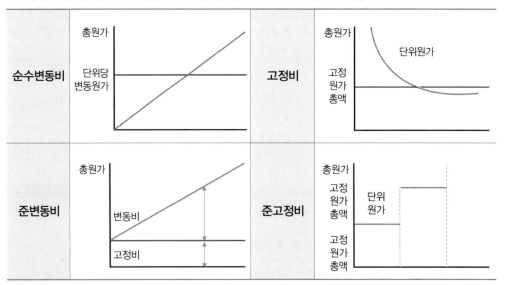

④ 수익과의 대응관계에 따른 분류(= 자산화 여부에 따른 분류)

  ㉠ 제품원가(= 재고가능원가) : 예를 들면, 사용된 원재료의 원가(직접재료원가), 생산직 종업원의 임금(직접노무원가), 공장 감가상각비, 공장 관리자의 급료, 공장수선유지비, 공장수도·전기료(제조간접원가) 등이 있다.

ⓒ 기간원가(= 재고불능원가) : 일반적으로 손익계산서에 판매비와관리비로 처리된다. 예를 들면 사무실 소모품비, 판매직원의 급료, 영업용건물의 감가상각비, 사장·사무원의 급료, 영업용건물의 수선유지비, 영업용건물의 수도·전기료 등이 해당된다.

⑤ 의사결정과의 관련성에 따른 분류

㉠ 관련원가 : 특정 의사결정과 직접적으로 관련 있는 원가이다. 여기에는 선택 가능한 대안 사이에 발생할 수 있는 미래의 원가차이를 의미한 차액원가가 있다.

㉡ 매몰원가(= 기발생원가) : 특정 의사결정과 관련이 없는 원가로 이미 발생하였으므로 현재의 의사결정에 아무런 영향을 미치지 못하는 비관련원가, 통제불능원가 등이 해당된다.

㉢ 회피가능원가와 회피불능원가

• 회피가능원가 : 다른 대안을 선택할 경우 절약되거나 발생되지 않을 원가를 말한다.

• 회피불능원가 : 다른 대안을 선택하더라도 계속 발생하리라 예상되는 원가로서 기발생원가와 유사하지만 미래에도 계속해서 발생할 수 있다는 면에서 차이가 있다.

㉣ 기회원가 : 선택된 대안 이외의 다른 대안 중 최선의 대안을 선택했더라면 얻을 수 있었던 효익을 말한다.

⑥ 생산형태에 따른 분류

㉠ 개별원가계산 : 종류, 규격, 성질이 다른 제품을 개별적으로 생산하는 제조업(건축업, 조선업, 기계공업 등 주문생산 형태)에서 채택하여 원가계산을 하는 방법이다.

㉡ 종합원가계산 : 종류, 규격, 성질이 동일한 제품을 연속적으로 대량생산하는 제조업(방직업, 제지업, 제분업, 화학공업 등)에서 채택하여 원가계산을 하는 방법이다.

⑦ 원가계산범위에 따른 분류

㉠ 전부원가계산(= 흡수원가계산) : 재료의 구입에서 제품 제조과정을 거쳐 제품 판매에 이르기까지 소요된 원가의 일체를 계산하는 방법(변동비 + 고정비)을 말한다.

㉡ 변동원가계산(= 직접원가계산) : 제품제조의 과정 중에서 원가계산상 필요한 범위에 따라 어느 일부과정만을 별도로 원가를 계산하는 방법(변동원가계산으로 변동비만을 제조원가로 계산하고, 고정비는 비원가항목으로 처리하여 원가계산을 하는 방법)이다.

✅ 이론문제 | 원가회계의 기본개념과 분류

01 다음 자료에서 제조원가에 포함될 금액은 얼마인가?

1. 간접재료비	100,000원	2. 공장보험료	20,000원
3. 영업사원 급료	15,000원	4. 제조외주가공비	13,000원
5. 본사 건물 보험료	5,000원	6. 공장장 급료	10,000원

① 143,000원
② 148,000원
③ 153,000원
④ 163,000원

02 변동비와 고정비에 대한 다음 설명 중 틀린 것은?

① 변동비와 고정비는 주로 경영자의 의사결정 목적에 사용되는 원가분류이다.
② 변동비와 고정비는 제조원가명세서의 작성에는 사용되지 아니한다.
③ 조업도가 변동하는 경우 단위당 고정원가는 변함이 없다.
④ 조업도가 변동하는 경우 단위당 변동원가는 변함이 없다.

03 변동비와 고정비에 대한 다음 설명 중 옳은 것은?

① 관련범위 내에서 조업도가 증가하면 단위당 변동비는 증가한다.
② 관련범위 내에서 조업도가 증가하면 단위당 고정비는 증가한다.
③ 관련범위 내에서 조업도가 증가하여도 총변동비는 일정하다.
④ 관련범위 내에서 조업도가 증가하여도 총고정비는 일정하다.

04 다음은 원가에 대한 개념 설명이다. 틀린 것은?

① 관련원가란 여러 대안 사이에 차이가 있는 미래원가로 의사결정과 관련있는 원가를 의미한다.
② 간접원가란 특정한 원가대상에 직접 추적할 수 없는 원가를 의미한다.
③ 매몰원가란 경영자가 통제할 수 없는 과거의 의사결정으로부터 발생한 원가를 의미한다.
④ 기회비용이란 자원을 다른 대체적인 용도에 사용할 경우 얻을 수 있는 최대금액으로 회계장부에 기록되어야 한다.

05 다음 중 원가회계의 목적으로 적합하지 않은 것은?

① 매출원가의 계산
② 제품원가의 통제
③ 매출액의 계산
④ 재고자산의 평가

06 다음 원가 중 기본원가에 속하면서 동시에 가공원가에 속하는 것은?

① 직접재료비
② 직접노무비
③ 제조간접비
④ 직접재료비와 직접노무비

07 다음 자료에 의하여 가공비 금액을 계산하면 얼마인가?

• 직접재료비 : 200,000원	• 직접노무비 : 300,000원
• 변동제조간접비 : 550,000원	• 고정제조간접비 : 400,000원

① 500,000원
② 950,000원
③ 1,050,000원
④ 1,250,000원

08 다음 원가요소자료에 의하여 가공비 금액을 계산하면 얼마인가?

• 변동제조간접비 : 850,000원	• 고정제조간접비 : 300,000원
• 직접재료비 : 1,200,000원	• 직접노무비 : 1,500,000원

① 1,150,000원
② 1,500,000원
③ 2,650,000원
④ 3,850,000원

09 오래된 재고자산 500단위가 회계장부상에는 3,000,000원으로 기록되어 있다. 그런데 이 재고자산을 재작업 없이 판매할 경우 1,200,000원에 판매할 수 있으나 재작업을 하여 판매한다면 2,200,000 원에 판매된다(재작업비용은 600,000원 투입). 이때 재작업을 결정했다면 매몰원가와 기회비용의 합은 얼마인가?

① 3,200,000원
② 4,000,000원
③ 4,200,000원
④ 4,800,000원

10 20×1년 책 생산량 5,000권(최대생산가능량 : 10,000권)에 대한 원가 일부자료는 다음과 같다.

가. 공장 임차료	20,000,000원	나. 운송차량 자동차세	600,000원
다. 공장화재보험료	1,000,000원	라. 책표지 특수용지	10,000,000원

20×2년 책 생산량은 8,000권으로 예상될 때, 20×2년에도 동일하게 발생할 것으로 예상되는 것을 모두 고른 것은?

① 가
② 가, 나, 라
③ 가, 나, 다
④ 가, 나, 다, 라

이론문제 정답 및 해설

01 ① 간접재료비 100,000원 + 공장보험료 20,000원 + 제조외주가공비 13,000원 + 공장장 급료 10,000원 = 제조원가 143,000원

02 ③ 조업도가 변동하는 경우 단위당 고정원가는 반비례 증감한다.

03 ④ 조업도가 증가하면 단위당 변동비는 일정하고, 단위당 고정비는 감소하며, 총변동비는 증가하고, 총고정비는 일정하다.

04 ④ 기회비용은 관리적 차원에서 사용되는 원가개념이고 회계장부에는 실제원가만이 기재되므로 기회비용은 회계장부에 기록되지 않는다.

05 ③ 원가회계의 목적 : 제품원가계산의 계획, 예산, 통제 및 경영자의 단·장기 의사결정, 재고자산의 평가 등

06 ② 기본원가 = 직접재료비 + 직접노무비, 가공원가 = 직접노무비 + 제조간접비

07 ④ 직접노무비 300,000원 + [제조간접비(변동, 고정) 550,000원 + 400,000원] = 가공비 1,250,000원

08 ③ 변동제조간접비 850,000원 + 고정제조간접비 300,000원 + 직접노무비 1,500,000원 = 가공비 2,650,000원

09 ③ 매몰원가는 최초 구입했던 3,000,000원이며, 기회비용은 재작업 없이 판매할 경우 1,200,000원이다.

10 ③ 가, 나, 다는 생산량과 관계없이 발생하는 고정비이다.

2. 원가의 흐름

1) 제조원가의 흐름(원재료 → 재공품 → 제품 → 매출원가)

재료비와 임금이 지출되는 시점에 비용처리하는 것이 아니라 제품이 완성되는 시점까지를 재고
자산으로 보고, 판매되는 시점에 비용으로 처리하는 것이다.

2) 원가계산의 절차

① 요소별 원가계산(1단계) → ② 부문별 원가계산(2단계) → ③ 제품별 원가계산(3단계)

3) 원가의 구성도

			이익	
		판매비와관리비		
	제조간접비			
직접재료원가				판매가격
직접노무원가	직접원가	제조원가	판매원가	
직접제조경비				

4) 제조원가명세서 작성

5) 제조원가와 매출원가의 계산 흐름 요약

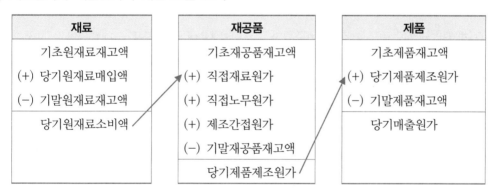

재료	재공품	제품
기초원재료재고액	기초재공품재고액	기초제품재고액
(+) 당기원재료매입액	(+) 직접재료원가	(+) 당기제품제조원가
(−) 기말원재료재고액	(+) 직접노무원가	(−) 기말제품재고액
당기원재료소비액	(+) 제조간접원가	당기매출원가
	(−) 기말재공품재고액	
	당기제품제조원가	

6) 원가의 흐름 관련 분개처리

☑️ 이론문제 | 원가의 흐름

01 다음 자료에 의하면 당기제품제조원가는 얼마인가?

• 기초재공품재고액	20,000원	• 기말재공품재고액	20,000원
• 기초제품재고액	30,000원	• 기말제품재고액	25,000원
• 당기총제조비용	100,000원		

① 94,000원 ② 100,000원
③ 104,000원 ④ 124,000원

02 회계기간 중 재공품계정의 기말재고액이 재공품계정의 기초재고액보다 증가한 경우에 대한 설명으로 옳은 것은?

① 매출원가가 제품제조원가보다 더 클 것이다.
② 제품제조원가가 매출원가보다 더 클 것이다.
③ 당기총제조비용이 제품제조원가보다 더 클 것이다.
④ 당기총제조비용이 제품제조원가보다 더 적을 것이다.

03 다음 중 원가의 집계를 위한 원가흐름이 옳은 것은?

① 재료비 − 재공품 − 제품 − 매출원가 ② 재료비 − 재공품 − 매출원가 − 제품
③ 노무비 − 제품 − 재공품 − 매출원가 ④ 재료비 − 제품 − 재공품 − 매출원가

04 다음 자료에 의한 당기제품제조원가는 얼마인가?

• 기초원재료재고	50,000원	• 기말원재료재고	50,000원	• 당기원재료매입	150,000원
• 직접노무비	100,000원	• 제조간접비	50,000원	• 기초재공품재고	100,000원
• 기말재공품재고	50,000원	• 기초제품재고	100,000원	• 당기매출원가	400,000원

① 250,000원 ② 300,000원
③ 350,000원 ④ 400,000원

05 다음 자료에 의한 매출원가는 얼마인가?

당기총제조비용	기초재공품	기말재공품	기초제품	기말제품
1,000,000원	150,000원	250,000원	100,000원	200,000원

① 800,000원   ② 850,000원

③ 860,000원   ④ 760,000원

06 다음의 자료를 근거로 매출원가를 계산하면 얼마인가?

- 당기총제조비용   2,000,000원   • 기초재공품재고액   200,000원
- 기말재공품재고액   300,000원   • 기초제품재고액   400,000원
- 기말제품재고액   500,000원

① 1,800,000원   ② 1,900,000원

③ 2,200,000원   ④ 3,000,000원

07 다음은 9월 중 원가자료이다. 당기총제조비용은 얼마인가?

- 직접재료비   800,000원   • 직접노무비   750,000원
- 제조간접비   직접재료비의 50%   • 판매비와관리비   200,000원

① 1,950,000원   ② 1,850,000원

③ 1,750,000원   ④ 1,550,000원

08 다음은 10월 중 원가자료이다. 당기총제조비용은 얼마인가?

- 직접재료비   50,000원   • 직접노무비   30,000원   • 제조간접비   20,000원
- 기초재공품재고액   5,000원   • 기말재공품재고액   7,000원

① 100,000원   ② 102,000원

③ 105,000원   ④ 108,000원

09 제조원가와 관련된 자료가 다음과 같을 때 기말재공품은 얼마인가?

> • 직접재료비 400,000원 • 직접노무비   350,000원 • 제조간접비 170,000원
> • 기초재공품 300,000원 • 당기제품제조원가 1,000,000원

① 200,000원 ② 210,000원
③ 220,000원 ④ 230,000원

10 5월 화재로 장부가 손상되어 아래의 자료만 남아있다. 다음 자료에 의하면 전기에 이월되었던 재공품원가는 얼마인가?

> • 기초제품   5,000,000원 • 기말제품   3,000,000원
> • 기말재공품 2,000,000원 • 당기총제조원가 10,000,000원
> • 매출원가   12,000,000원

① 0원 ② 2,000,000원
③ 3,000,000원 ④ 5,000,000원

11 다음 중에서 "당기제품제조원가"와 "매출원가"가 동일해지는 경우로 옳은 것은?
① 기초제품재고금액과 당기제품제조원가 금액이 동일한 경우
② 기말제품재고금액과 당기제품제조원가 금액이 동일한 경우
③ 기초제품재고금액과 기말제품재고금액이 동일한 경우
④ 기초제품재고금액과 매출원가금액이 변동없이 동일한 경우

이론문제 정답 및 해설

01 ② 기초재공품재고액 20,000원 + 당기총제조비용 100,000원 – 기말재공품재고액 20,000원 = 당기제품제조원가 (100,000원)이 된다.

02 ③ 기초재공품보다 기말재공품이 크다면 당기총제조비용이 제품제조원가보다 더 클 것이다.

03 ① 재료비 – 재공품 – 제품 – 매출원가

04 ③ • 기초원재료재고액 50,000원 + 당기원재료매입액 150,000원 - 기말원재료재고액 50,000원 = 직접재료비 소비액 150,000원
  • 기초 재공품재고액 100,000원 + 직접재료비 150,000원 + 직접노무비 100,000원 + 제조간접비 50,000원 - 기말재공품 50,000원 = 당기제품제조원가 350,000원

05 ① • 기초재공품 150,000원 + 당기총제조비용 1,000,000원 - 기말재공품 250,000원 = 당기제품제조원가 900,000원
  • 기초제품 100,000원 + 당기제품제조원가 900,000원 - 기말제품 200,000원 = 매출원가 800,000원

06 ① • 당기제품제조원가 = 200,000원 + 2,000,000원 - 300,000원 = 1,900,000원
  • 매출원가 = 400,000원 + 1,900,000원 - 500,000원 = 1,800,000원

재공품

기초재공품	200,000	당기제품제조원가	(1,900,000)
당기총제조비용	2,000,000	기말재공품	300,000
	2,200,000		2,200,000

제품

기초제품	400,000	매출원가	(1,800,000)
당기제품제조원가	1,900,000	기말제품	500,000
	2,300,000		2,300,000

07 ① 당기총제조비용(1,950,000원) = 직접재료비 800,000원 + 직접노무비 750,000원 + 제조간접비(800,000원 × 50%)

08 ① 직접재료비 50,000원 + 직접노무비 30,000원 + 제조간접비 20,000원 = 당기총제조비용 100,000원

09 ③ 기초재공품 + 직접재료비 + 직접노무비 + 제조간접비 - 기말재공품 = 당기제품제조원가가 된다.

제조간접비

기초재공품	300,000	당기제품제조원가	1,000,000
직접재료비	400,000	기말재공품	(220,000)
직접노무비	350,000		
제조간접비	170,000		
	1,220,000		1,220,000

10 ② • 매출원가 = 기초제품재고액 + 당기제품제조원가 - 기말제품재고액
  12,000,000원 = 5,000,000원 + 10,000,000원 - 3,000,000원
  • 당기제품제조원가 = 기초재공품원가 + 당기총제조비용 - 기말재공품원가
  10,000,000원 = X + 10,000,000원 - 2,000,000원
  ∴ X = 2,000,000원

11 ③ 기초제품재고금액과 기말제품재고금액이 변동이 없거나 0원일 경우에는 당기제품제조원가와 매출원가금액이 서로 동일하다.

3. 요소별 원가회계

01 원재료와 원재료비

1) 용어 정리

① **원재료** : 제조기업이 제품을 제조하기 위해 외부로부터 구입한 물품을 말한다.

② **원재료비** : 제품제조과정에서 소비된 재료의 가치를 말하며, 원재료는 재무상태표상 재고자산으로 기재하지만, 원재료비는 제품제조원가 계산에서 사용된다.

2) 원재료의 형태에 따른 분류(제조활동에 사용되는 형태)

① **주요재료** : 제품의 중요한 부분을 이루게 되는 재료의 소비액을 말한다(**예** 가구제조업의 목재, 기계류제조업의 철강, 제과회사의 밀가루 등).

② **보조재료** : 제품제조과정에서 주요재료의 보조적으로 사용되는 재료의 소비액을 말한다(**예** 가구제조업의 못, 제과업의 설탕 등).

③ **부품** : 제품에 부착되어 제품의 일부분을 차지하는 재료의 소비액을 말한다(**예** 가구제조업의 장식품, 자동차제조업의 타이어 등).

④ **소모공구기구비품** : 내용연수가 1년 미만이거나 그 가액이 크지 않은 소모성 공구기구 비품의 소비액을 말한다(**예** 망치, 드라이버 등).

3) 원가계산절차에 따른 분류(제품과의 관련성에 따른 분류)

① **직접재료비** : 특정 제품의 제조에만 사용·소비되어 특정 제품에 직접 부과할 수 있는 재료비를 말한다. 여기에는 주요재료비와 부품비가 해당되며 재공품 a/c에 대체된다.

② **간접재료비** : 여러 제품의 제조에 공통적으로 사용·소비된 재료비를 말한다. 여기에는 보조재료비와 소모공구기구비품으로 제조간접비 계정에 대체한 후 재공품 계정에 대체한다.

4) 기말재료재고 차이(재료재고감모손실)

장부상의 재고량과 실제재고량에 차이 발생 시 처리하는 방법이다.

- 정상적인 차액 → 제조간접비 계정에 대체한 후 제조원가에 포함한다.
- 비정상적인 차액 → 영업외비용으로 분류한 후 손익계정에 대체한다.

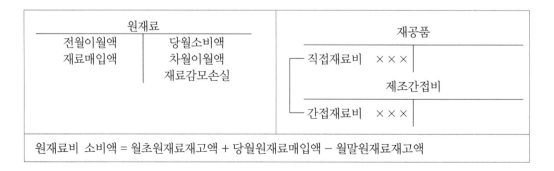

원재료비 소비액 = 월초원재료재고액 + 당월원재료매입액 − 월말원재료재고액

02 노무비계산

1) 노무비

제품을 제조하기 위해 제조과정에서 소비되는 노동력의 가치를 말한다.

2) 노무비의 지급형태에 따른 분류

① **임금** : 작업현장에 직접 종사하는 생산직 근로자에게 지급하는 보수를 말한다(연장근로수당, 야간작업수당 등 포함).

② **급료** : 공장장, 감독자 및 공장 사무원에게 지급하는 보수를 말한다.

③ **잡급** : 일시적으로 고용된 노무자에게 지급하는 보수를 말한다.

④ **종업원상여수당** : 작업과 직접적인 관련 없이 정기적으로 지급되는 상여금과 수당을 말한다 (가족수당, 통근수당 등 포함).

3) 제품과의 관련성에 따른 분류

① **직접노무비** : 특정 제품제조에 직접 종사하는 종업원의 임금 등 특정 제품에 개별집계가 가능한 노무비를 말한다.

② **간접노무비** : 특정 제품에 공통적으로 발생한 노무비로 생산감독자 급료, 공장장 급료, 공장 사무원 급료, 수선유지부 직원 급료, 공장 경비원 급료를 말한다.

4) 노무비의 지급임금 계산과 기장

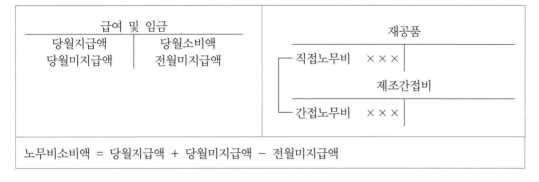

급여 및 임금		재공품	
당월지급액	당월소비액	직접노무비 ×××	
당월미지급액	전월미지급액	제조간접비	
		간접노무비 ×××	
노무비소비액 = 당월지급액 + 당월미지급액 - 전월미지급액			

03 제조경비계산

1) 제조경비

    재료비와 노무비를 제외한 모든 원가요소를 말한다.

2) 제조경비의 계산

    ① **월할경비** : 각 월별로 월할계산하는 제조경비(소비금액 ÷ 해당월수)

    　예 보험료, 감가상각비, 세금과공과, 특허권사용료, 임차료

    ② **측정경비** : 측정계기에 의해 산정되는 제조경비(당월 검침량 × 단위당 가격)

    　예 전력료, 가스료, 수도료 등

    ③ **지급경비** : 원가계산기간 중에 지급해야 할 제조경비

    　예 복리후생비, 수선비, 잡비, 운반비, 보관료, 여비교통비, 기업업무추진비, 외주가공비

    ④ **발생경비**

    　예 재료재고감모손실, 반품차손비 등

각종 경비 항목		제조간접비	
전월선급액	당월소비액	경비	× × ×
당월지급액	당월선급액		
제조경비소비액 = 당월지급액 + 전월선급액 − 당월선급액			

☑️ 이론문제 | 요소별 원가회계

01 다음 자료에 의하면 당월의 제품제조에 소요된 원재료 소비액은 얼마인가?

• 월초 원재료재고액	20,000원	• 당월 원재료매입액	420,000원
• 월말 원재료재고액	40,000원		

① 360,000원   ② 400,000원

③ 440,000원   ④ 480,000원

02 갑회사의 당월 임금지급액이 100,000원, 전월 임금미지급액이 20,000원인 경우 제조비용에 포함될 당월 임금소비액은 얼마인가?

① 60,000원   ② 80,000원

③ 100,000원   ④ 120,000원

03 직접재료비 200,000원을 제품제조에 배부하였을 때의 분개로 옳은 것은?

① (차) 직접재료비   200,000원   (대) 재공품   200,000원

② (차) 재공품   200,000원   (대) 제조간접비   200,000원

③ (차) 재공품   200,000원   (대) 직접재료비   200,000원

④ (차) 제조간접비   200,000원   (대) 재공품   200,000원

04 원가의 발생형태에 따라 제품의 원가를 계산하기 위한 방법 중 요소별 원가계산의 범위에 속하지 않는 것은?

① 재료비계산   ② 재공품계산

③ 제조경비계산   ④ 노무비계산

05 다음 중 제조원가 3요소에 해당하지 않는 것은?

① 재료비   ② 외주가공비

③ 노무비   ④ 제조경비

06 제품의 제조과정에서 소비된 인건비로서 원가요소 중의 하나인 것은?

① 재료비   ② 노무비

③ 경비   ④ 간접비 배부액

07 다음 중 월할경비에 해당하지 않는 것은?

① 보험료   ② 감가상각비

③ 가스수도료   ④ 특허권사용료

08 당기의 재료매입액이 30,000원이다. 기말의 재료재고액이 기초의 재료재고액에 비하여 5,000원 감소하였다면 재공품으로 대체될 당기의 재료원가는 얼마인가?

① 25,000원   ② 30,000원

③ 35,000원   ④ 40,000원

09 다음 자료에 의하여 당월 노무비 소비액을 계산하면 얼마인가?

• 임금 전월 미지급액	50,000원
• 임금 당월 지급액	500,000원
• 임금 당월 미지급액	70,000원

① 520,000원   ② 530,000원

③ 550,000원   ④ 560,000원

이론문제 정답 및 해설

01 ② 월초 원재료재고액 20,000원 + 당월 원재료매입액 420,000원 - 월말 원재료재고액 40,000 = 원재료 소비액 400,000원

02 ② 당월 임금지급액 100,000원 - 전월 임금미지급액 20,000원 = 당월 임금소비액 80,000원

03 ③ 원재료소비액은 직접재료비와 간접재료비로 나눌 수 있다. 이때 직접재료비는 재공품계정에 대체하며, 간접재료비는 제조간접비계정에 대체한 후 재공품계정에서 제조원가를 산출할 때 사용한다.

04 ② 요소별 원가계산에는 재료비, 노무비, 제조경비계산이 해당된다.

05 ② 제조원가 3요소에는 직접재료비, 직접노무비, 제조경비가 해당된다.

06 ② 제품의 제조과정에서 소비된 인건비로 처리하는 것은 노무비이다.

07 ③ 월할경비란 각 월별로 월할계산하는 제조경비(소비금액 ÷ 해당월수)를 말한다(**예** 보험료, 감가상각비, 세금과공과, 특허권사용료, 임차료 등).

08 ③ 기초 재료재고액 X원 + 당기 재료매입액 30,000원 - 기말 재료재고액 (X - 5,000원) = 재료원가 35,000원
X에 임의로 10,000원 등 계산하기 쉬운 숫자를 대입하여 계산하여도 된다.

원재료

기초	X	재료원가	? (35,000)
매입	30,000	기말	X - 5,000
	40,000		40,000

09 ① 당월 지급액 500,000원 + 당월 미지급액 70,000원 - 전월 미지급액 50,000원 = 당월 소비액 520,000원

노무비

당월 지급액	500,000	전월 미지급액	50,000
당월 미지급액	70,000	당월 소비액	(520,000)

4. 제조간접비 배부와 개별원가계산

◢01 제조간접비 배부 대상

1) 용어

① **원가배부** : 원가집합을 인위적인 배부기준에 따라 원가대상으로 배부하는 과정을 말한다.

② **원가집합** : 둘 이상의 유사한 간접원가항목이 집계되는 계정을 원가집합이라고 한다(**예** 제조간접비).

③ **원가대상** : 제품, 제조부문, 보조부문, 활동, 각 사업부 등과 같이 원가가 집계되는 장소로 원가계산을 위한 최종적인 원가대상은 제품이며, 제품으로 원가가 최종 배부·집계되기 위한 중간 원가대상으로서 제조부문이나 보조부문, 활동 등이 있다.

2) 원가배부기준

① **인과관계기준** : 원가발생이라는 결과를 야기한 원인에 따라, 즉 인과관계에 입각하여 원가배부를 하는 것으로 가장 합리적인 원가배부기준이다(**예** 전력의 사용을 원인으로 전력비가 부과되므로, 사용한 전력량을 기준으로 전력비를 배부한다).

② **수혜기준(= 수익자 부담기준)** : 제공받은 효익의 크기에 비례하여 원가를 배부하는 방법이다(**예** 광고로 인해 매출액이 증가한 경우 광고 전과 광고 후의 각 제품 매출액의 증가액을 기준으로 광고비를 배부한다).

③ **부담능력기준** : 부담할 수 있는 능력에 비례하여 원가를 배부하는 방법이다(**예** 방위성금을 회사의 각 사업부에 분담시킬 경우 수익성이 높은 사업부에 더 많은 성금을 부담시킨다).

④ **공정성과 공평성기준** : 여러 원가대상에 원가를 배부할 때 그 원가배부는 공정하고 공평하게 이루어져야 한다는 기준이다.

◢02 개별원가계산

이종의 제품, 주문생산형태, 제조지시서별로 원가를 구분·집계하여 계산하는 방법이다(**예** 건설업, 조선업, 항공기 제조업, 주문에 의한 가구 및 기계 제작업).

03 개별원가계산의 종류

1) 실제개별원가계산

> ■ 제조간접비 배부액
> - 제조간접비 배부율 = 제조간접비 ÷ 배부기준(조업도)
> - 제조간접비 배부액 = 실제발생액 × 실제배부기준(조업도)
> ※ 조업도는 직접재료비, 직접노무비, 직접원가(직접재료비 + 직접노무비), 노무(작업)시간을 기준으로 계산한다.

2) 정상개별원가계산

제조직접비(직접재료비와 직접노무비)는 개별작업과 관련하여 원가를 추적, 금액을 구분할 수 있으나, 제조간접비는 특정작업과 관련하여 집계하기 힘들다. 기말 이전에 원가집계가 필요할 경우, 제조간접비에 대한 예정배부율을 이용하여 제품원가계산을 하고, 기말에 이를 정산하는 제도이다. 원가형태는 직접재료비(실제), 직접노무비(실제), 제조간접비(예정)이다.

① 제조간접비 예정배부액 계산

과거의 경험을 토대로 연간 제조간접비예산액을 연간 작업시간으로 나누어 예정배부율을 산출한 후 실제작업시간을 곱한다.

> ■ 제조간접비 예정배부액
> - 제조간접비 예정배부율 = 제조간접비 예산 ÷ 예정조업도(배부기준)
> - 제조간접비 예정배부액 = 실제작업시간 × 예정배부율

② 제조간접비 배부차이

제조간접비

간접재료비(실제)	× × ×	재공품(예정)	× × ×
간접노무비(실제)	× × ×	제조간접비 배부차이(과소)	× × ×
간접제조경비(실제)	× × ×		
제조간접비 배부차이(과대)	× × ×		

구분	차변		대변	
예정소비액	재공품	× × ×	제조간접비	× × ×
실제소비액	제조간접비	× × ×	재료비 노무비 제조경비	× × × × × × × × ×
예정>실제(과대)	제조간접비	× × ×	제조간접비 배부차이	× × ×
예정<실제(과소)	제조간접비 배부차이	× × ×	제조간접비	× × ×

📖 **예제 1**

다음 (주)박문각의 갑제품 자료를 참조하여 물음에 답하시오.

- 1년간의 제조간접비 예산총액 : 1,800,000원
- 1년간의 예정작업시간 : 600,000시간
- 1년간의 실제작업시간 : 610,000시간
- 제조간접비 실제발생액 1,900,000원

(1) 예정배부율 계산 :

(2) 예정배부액 계산 :

(3) 실제발생액과 비교하여 과대배부 또는 과소배부 여부 판단 :

[해설] --

(1) 예정배부율 계산 : 1,800,000원 ÷ 600,000원 = 3

(2) 예정배부액 계산 : 610,000원 × 3 = 1,830,000원

(3) 실제발생액 1,900,000원 > 예정배부액 1,830,000원

    과소배부 70,000원

☑️이론문제 | 제조간접비 배부와 개별원가계산

01 다음의 괄호에 들어갈 적당한 말은?

> (   )(이)란 원가집합에 집계된 공통원가 또는 간접원가를 합리적인 배부기준에 따라 원가
> 대상에 대응시키는 과정을 말한다.

① 원가대상   ② 원가집합
③ 원가배부   ④ 원가대응

02 다음 중 제조간접비로 처리하는 것은?

① 임금   ② 판매비와관리비
③ 전력비   ④ 원재료비

03 다음 중 제조간접비에 포함되는 항목에 대한 설명으로 가장 적절한 것은?

① 직접재료비와 직접노무비를 제외한 모든 제조원가가 포함된다.
② 간접노무비는 포함되지만 간접재료비는 포함되지 않는다.
③ 모든 제조원가가 포함된다.
④ 간접재료비는 포함되지만 간접노무비는 포함되지 않는다.

04 다음 자료에 의한 제조간접비는 얼마인가?

• 직접재료비	250,000원	• 직접노무비(15,000/h)	480,000원
• 기계감가상각비	15,000원	• 공장임차료	300,000원
• 사무실임차료	200,000원	• 판매수수료	50,000원
• 공장전력비	120,000원		

① 1,215,000원   ② 1,165,000원
③ 685,000원   ④ 435,000원

05 정상개별원가 계산 시 제조간접비를 예정배부할 경우 예정배부계산식으로 옳은 것은?

① 배부기준의 실제발생액 × 예정배부율
② 배부기준의 실제발생액 × 실제배부율
③ 배부기준의 예정발생액 × 예정배부율
④ 배부기준의 예정발생액 × 실제배부율

06 (주)박문각은 직접노무비를 기준으로 제조간접비를 배부한다. 다음 자료에 의하여 갑제품에 배부되어야 할 제조간접비를 계산하면 얼마인가?

• 제조간접비 총액	700,000원	• 직접노무비 총액	500,000원
• 갑제품 직접노무비	300,000원	• 을제품 직접노무비	200,000원

① 300,000원
② 420,000원
③ 500,000원
④ 700,000원

07 직접작업시간법으로 계산한 제조지시서#101의 제조간접비 예정배부액은 얼마인가?

• 연간 예정제조간접비총액 : 200,000원
• 연간 예정직접작업시간 : 400시간
• 제조지시서별 실제작업시간 : #101 - 300시간, #201 - 600시간

① 120,000원
② 130,000원
③ 150,000원
④ 200,000원

08 (주)항공산업의 항공기 제작과 관련하여 5월 중에 발생한 원가자료는 다음과 같다. B항공기의 당기총제조원가는 얼마인가?

구분	A항공기	B항공기	C항공기	합계
직접재료비	30,000원	30,000원	40,000원	100,000원
직접노무비	60,000원	40,000원	100,000원	200,000원

• 5월 중에 제조간접비 발생액은 160,000원이다. 회사는 직접노무비를 기준으로 제조간접비를 배부한다.

① 100,000원
② 102,000원
③ 110,000원
④ 122,000원

09 (주)방위산업의 군함 제작과 관련하여 8월 중에 발생한 원가자료는 다음과 같다. 항공모함의 당기총제조원가는 얼마인가?

구분	군함	항공모함	잠수함	합계
직접재료비	130,000원	300,000원	70,000원	500,000원
직접노무비	160,000원	340,000원	200,000원	700,000원

• 8월 중에 제조간접비 발생액은 250,000원이다. 회사는 직접재료비를 기준으로 제조간접비를 배부한다.

① 790,000원 ② 500,000원
③ 640,000원 ④ 700,000원

10 개별원가계산에 대한 설명으로 가장 옳지 않은 것은?

① 개별작업에 대한 작업원가표가 기초가 된다.
② 고객의 주문에 따라 제품을 생산하는 주문생산형태에 적합한 원가계산방법이다.
③ 제품원가를 제조공정별로 집계한 다음, 이를 그 공정의 생산량으로 나누어서 단위당 원가를 계산한다.
④ 제조직접비와 제조간접비의 구분이 중요하다.

11 개별원가계산에서 정확한 제품원가의 산정에 가장 중요한 것은?

① 직접재료비의 부과 ② 직접노무비의 부과
③ 제조간접비의 배부 ④ 판매가격의 결정

이론문제 정답 및 해설

01 ③ 원가배부란 원가집합에 집계된 공통원가 또는 간접원가를 합리적인 배부기준에 따라 원가대상에 대응시키는 과정을 말한다.

02 ③ 전력비는 제조기업에서 사용하는 측정제조경비로서 대부분 제조간접비로 처리한다.

03 ① 직접재료비와 직접노무비를 제외한 모든 제조원가가 포함된다.

04 ④ 제조간접비 = 기계감가상각비 + 공장임차료 + 공장전력비
    435,000원 =   15,000원   + 300,000원 + 120,000원

05 ① 제조간접비 예정배부액 = 배부기준의 실제발생액 × 예정배부율

06 ② 700,000원 × 300,000원/500,000원 = 420,000원

07 ③ • 예정배부율 : 200,000원 ÷ 400시간 = 500원/직접작업시간
      • 예정배부액 : 500원/시간 × 300시간 = 150,000원

08 ② • 제조간접비 배부율 = 제조간접비/총직접노무비 = 160,000원/200,000원 = 80%
      • 당기총제조원가 = 직접재료비 + 직접노무비 + 제조간접비
                    = 30,000원 + 40,000원 + (40,000원 × 80%) = 102,000원

09 ① • 제조간접비 배부율 = 제조간접비/총직접재료비 = 250,000원/500,000원 = 50%
      • 예정배부액 : 300,000원 × 50% = 150,000원
      • 당기총제조원가 = 직접재료비 + 직접노무비 + 제조간접비
                    = 300,000원 + 340,000원 + (300,000원 × 50%) = 790,000원

10 ③ 종합원가계산에 대한 설명이다.

11 ③ 개별원가계산에서 가장 핵심적인 부분은 제조간접비를 배부하는 것이다.

5. 부문별 원가계산

◢ 01 부문별 원가계산

제품의 제조원가를 정확히 산정하기 위하여 제조간접비(부문비)를 우선적으로 그 발생장소인 부문별로 분류·집계하는 절차를 말하며, 이것이 발생한 장소를 원가부문이라 한다.

1) 제조부문

제품의 제조활동을 직접 담당하는 부문(예 조립부문, 절단부문 등)

2) 보조부문

제조활동에 직접 참여하지는 않으나 제조부문의 제조활동을 보조하고 용역을 제공하는 부문(예 전력부문, 수선부문, 공장관리부문 등)

◢ 02 부문별 원가계산 절차

1) 부문직접비의 부과(제1단계)

2) 부문간접비의 배부(제2단계)

▼ 부문간접비 배부기준

No.	부문간접비	배부기준
1	간접재료비	각 부문의 직접재료비
2	간접노무비	각 부문의 직접노무비, 종업원 수, 직접노동시간 등
3	감가상각비	기계 : 사용시간, 건물 : 면적
4	전력비	각 부문의 전력소비량 또는 기계마력수×운전시간
5	수선비	각 부문의 수선횟수
6	가스수도료	각 부문의 가스·수도 사용량
7	운반비	각 부문의 운반물품의 무게, 운반거리, 운반횟수
8	복리후생비	각 부문의 종업원 수
9	임차료·재산세·화재보험료	각 부문이 차지하는 면적 또는 기계의 가격
10	기타부문간접비	각 부문의 직접노동시간, 종업원 수, 면적 등

3) 보조부문비의 배부(제3단계)

구분	보조부문간 용역수수	장점	단점
직접배부법	완전 무시함	간편한	원가계산 부정확한
단계배부법	일부만 고려	우선순위 정함, 직접배부법과 상호 절충	
상호배부법	완전 고려(연립방정식 이용)	원가계산 정확함	복잡함

4) 제조부문비의 제품에의 배부(제4단계)

📖 예제 2

보조부문과 제조부문의 발생원가와 용역제공비율이 다음과 같을 때 원가배부방법에 따라 제조부문의 원가를 계산하시오.

	보조부문		제조부문	
	A	B	C	D
자기부문 발생원가	900,000	450,000	2,000,000	3,200,000
A	–	10%	40%	50%
B	20%	–	30%	50%

(1) 직접배부법에 따라 원가를 배부할 때 제조부문 C, D의 원가합계는?

(2) 단계배부법(A를 먼저 배부)에 따라 원가를 배부할 때 제조부문 C, D의 원가합계는?

[해설]

(1) 직접배부법에 따른 원가계산

	보조부문		제조부문	
	A	B	C	D
발생원가	900,000	450,000	2,000,000	3,200,000
A	–		400,000	500,000
	A 900,000원을 C, D에 4:5의 비율로 배부			
B		–	168,750	281,250
	B 450,000원을 C, D에 3:5의 비율로 배부			
합계	0	0	2,568,750	3,981,250

(2) 단계배부법에 따른 원가계산 : A를 먼저 배부

	보조부문		제조부문	
	A	B	C	D
발생원가	900,000	450,000	2,000,000	3,200,000
A	–	90,000	360,000	450,000
	A 900,000원을 B, C, D에 1:4:5의 비율로 배부			
B		–	202,500	337,500
	B 540,000원을 C, D에 3:5의 비율로 배부			
합계	0	0	2,562,500	3,987,500

✅ 이론문제 | 부문별 원가계산

01 보조부문의 배부방법인 직접배부법과 단계배부법, 상호배부법을 서로 비교하는 설명으로 옳지 않은 것은?

① 가장 정확한 것은 상호배부법이다.
② 단계배부법은 직접배부법과 상호배부법의 절충적인 방법이다.
③ 배부순위를 고려하는 것은 단계배부법이다.
④ 직접배부법은 가장 번거로운 방법이다.

02 기계장치 감가상각비를 각 부문에 배부하는 기준으로 가장 적당한 것은?

① 작업인원수   ② 기계장치작업시간
③ 전력사용량   ④ 재료투입비율

03 다음 중 부문비 배부법의 설명으로 틀린 것은?

① 단계식배부법은 보조부문의 우선순위가 결정되어야 한다.
② 직접배부법은 보조부문의 자가용역을 고려하지 않는다.
③ 일반적으로 동력부는 마력수 × 운전시간을 기준으로 배부하는 것이 합리적이다.
④ 상호배부법은 보조부문간 용역제공을 전혀 고려하지 않는다.

04 공장건물 임차료를 각 부문에 배부하는 기준으로 가장 적당한 것은?

① 각 부문의 점유면적   ② 각 부문의 작업인원수
③ 각 부문의 작업시간   ④ 각 부문의 직접재료비

05 다음 중 부문비 배부법의 설명으로 틀린 것은?

① 단계배부법은 보조부문간의 용역제공을 일부만 고려하는 방법이다.
② 직접배부법은 보조부문 상호간에 주고받는 용역의 정도를 고려하지 않는다.
③ 상호배부법은 보조부문 상호간의 용역수수를 전부 고려하는 가장 정확한 원가배부방식 이다.
④ 상호배부법은 직접배부법과 단계배부법의 절충적인 중간형태이다.

06 다음 자료에 의해 직접배부법으로 배부할 경우 제조부문 B에 배부할 수선부문비를 계산하면 얼마인가?

부문	제조부문A	제조부문B	수선부문	관리부문	원가
수선부문	40%	40%	–	20%	18,000원
관리부문	70	10	20%	–	9,000원

① 3,600원   ② 7,200원
③ 9,000원   ④ 18,000원

07 다음 보조부문의 원가를 직접배부법을 사용하여 제조부문에 배부할 경우 제조부문 중 절단부문에 배부되는 보조부문의 원가는 얼마인가?

구분	제조부문		보조부문	
	절단부문	조립부문	동력부문	수선부문
자기부문발생액	72,000원	68,000원	30,000원	14,000원
동력부문(kw/h)	600	400	–	500
수선부문(횟수)	40	60	50	–

① 5,600원   ② 18,000원
③ 23,600원   ④ 34,000원

이론문제 정답 및 해설

01 ④

구분	보조부문간 용역수수	장점	단점
직접배부법	완전 무시함	간편함	원가계산 부정확함
단계배부법	일부만 고려	우선순위 정함, 직접배부법과 상호 절충	
상호배부법	완전 고려(연립방정식 이용)	원가계산 정확함	복잡함

02 ② 기계 : 사용시간, 건물 : 면적으로 감가상각비를 배부한다.

03 ④ [상호배부법] 보조부문 상호간의 용역수수 관계를 전부 고려하여 용역의 제공정도에 따라 보조부문비를 제조부문뿐만 아니라 보조부문에도 배부하는 방법 ⇨ 원가배부가 정확하며, 보조부문비의 배부가 배부순서에 의해 영향을 받지 않는다.

04 ① 임차료의 배부기준은 각 부문의 점유면적비율이 가장 적당하다.

05 ④ 단계배부법은 직접배부법과 상호배부법의 절충적인 방법이다.

06 ③ 수선부문비 : (18,000원 × 0.4) ÷ 0.8 = 9,000원

07 ③ 동력부문비 : (30,000원 × 600) ÷ 1,000 = 18,000원
수선부문비 : (14,000원 × 40) ÷ 100 = 5,600원
원가 : 18,000원 + 5,600원 = 23,600원이 된다.

6. 종합원가계산

◢ 01 종합원가계산 개관

농일한 종류의 제품을 계속적으로 대량 생산하는 연속생산형태의 기업에 적용된다. 둘 이상의 제조 공정을 통해 생산하므로 원가를 제조공정별로 구분하여 집계하면 정확한 제조원가를 구할 수 있다.

재공품(금액표시)			재공품(수량표시)	
기초재공품 ××	당기완성품제조원가 ××	기초수량 ××	완성품수량 ××	
당기총제조비용 ××	기말재공품 ××	착수수량 ××	기말수량 ××	
××	××	××	××	

※ 당기총제조비용 = 직접재료비 + 직접노무비 + 제조간접비
※ 당기완성품 단위당원가 = 당기완성품제조원가 ÷ 완성품수량

1) 개별원가계산과 종합원가계산의 비교

구분	개별원가계산	종합원가계산
계산방법	제품원가를 개별작업별로 구분하여 집계한 후 생산량으로 나누어 제품 단위당원가를 계산	제품원가를 제조공정별로 구분하여 계산한 후 그 공정의 생산량으로 나누어 제품 단위당원가를 계산
생산형태	고객의 주문에 따라 개별적으로 제품을 생산하는 주문생산 및 소량생산의 기업에 적용	동일한 종류의 제품을 계속적으로 연속적으로 대량생산형태의 기업에 적용
적용업종	조선업, 건설업, 기계제작업, 항공기산업	화학공업, 시멘트업, 제지업, 정유업, 제분업, 제당업 등
원가의 구분	직접비(직접재료비와 직접노무비로 구분)와 제조간접비 배부가 핵심	직접재료비와 가공비(직접노무비와 제조간접비 합산)의 구분이 중요
원가보고서	제조지시서와 작업원가표를 기초로 하여 원가계산	제조원가 보고서를 통해 원가계산

2) 개별원가계산과 종합원가계산의 장점과 단점

구분	개별원가계산	종합원가계산
장점	• 보다 정확한 원가계산이 가능 • 제품별로 손익분석 및 계산 가능 • 작업원가표에 의해 효율성 통제, 미래작업 평가	• 원가기록업무가 비교적 단순하여 경제적 • 전체적인 원가통제와 책임회계 적용이 용이 • 제품별 회계기록에 소용되는 비용이 비교적 적음
단점	• 상세한 기록이 필요하므로 시간과 비용 소요 • 작업원가의 기록이 복잡하므로 오류가 발생할 가능성이 있음	• 원가가 비교적 부정확함 • 제품별로 손익비교가 어려움 • 제품별로 제공하는 정보량이 적음

02 종합원가계산의 절차

1) [1단계] 물량의 흐름 파악
2) [2단계] 완성품환산량 계산(투입시점이 다른 원가요소별로 계산)
3) [3단계] 원가의 계산(평균법 : 총원가, 선입선출법 : 당기발생원가)
4) [4단계] 완성품환산량 단위당원가 계산(원가요소별로 계산)
5) [5단계] 완성품과 기말재공품의 원가계산

03 기말재공품 평가

1) 완성품환산량

모든 제품원가계산은 평균화의 과정이라는 개념 하에 재공품 수량은 완성품 수량과 구분하여 그 재공품의 진척도를 감안하여 계산하여야 한다.

① 재공품환산량 = 재공품 수량 × 진척도

② 재공품원가 = 총제조원가 × $\dfrac{\text{재공품의 완성품환산량}}{\text{총제조원가에 대한 완성품환산량}}$

③ 총제조원가 = 당기완성품 원가 + 기말재공품 원가
　　또는 평균법은 기초재공품 원가 + 당기총제조비용, 선입선출법은 당기총제조비용만을 말한다.

2) 평균법

당기에 완성된 제품은 그것이 기초재공품 완성분이든 당월착수 완성분이든 구분하지 않고, 모두 당월에 착수되어 완성한 것으로 가정하여 기말재공품 원가를 계산하는 방법이다.

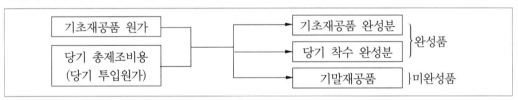

[평균법에 의한 완성품원가 및 기말재공품원가를 구하는 절차 및 등식]

① 완성품환산량 = 완성품수량 + 기말재공품환산량
② 완성품환산량 단위당원가 = (기초재공품 + 당기총제조비용) ÷ ①번 완성품환산량
③ 완성품제조원가 = 완성품환산량(기초재공품환산량 포함) × ②번 완성품환산량 단위당원가
④ 기말재공품평가액 = 기말재공품환산량 × ②번 완성품환산량 단위당원가

📖 **예제 3**

평균법 → 시험문제에서 재료비와 가공비가 제조진행 중에 균등하게 발생한다고 출제한 경우

- 기초재공품 : 200,000원
- 당기총제조비용 : 재료비 300,000원, 가공비 300,000원
- 당기완성품수량 : 1,500개
- 기말재공품수량 : 200개(50%)

[해설] --

기초재공품과 당기총제조비용을 합산하여 재료비와 가공비를 구분하지 않고 계산한다.

(1) 기말재공품의 완성품환산량 = 200개 × 0.5(50%) = 100개

(2) 기말재공품평가액 = $(200,000 + 600,000) \times \dfrac{100}{1,500 + 100}$ = 50,000원

📖 **예제 4**

평균법 → 재료비는 제조착수 시에 전부 투입, 가공비는 제조진행 중에 균등하게 발생한다고 출제된 경우

- 기초재공품 : 재료비 100,000원, 가공비 80,000원, 수량 200개(완성도 50%)
- 당기총제조비용 : 재료비 400,000원, 가공비 221,000원, 제조착수수량 800개
- 당기완성품수량 : 600개
- 기말재공품수량 : 200개(50%)

[해설] --

기초재공품과 당기총제조비용을 합산하되 재료비와 가공비를 구분하여 계산한다.

(1) 기말재공품재료비 = $(100,000 + 400,000) \times \dfrac{200}{600 + 200}$ = 125,000원

(2) 기말재공품가공비 = $(80,000 + 221,000) \times \dfrac{100}{600 + 100}$ = 43,000원

(3) 기말재공품평가액 = 125,000원 + 43,000원 = 168,000원

3) 선입선출법

먼저 제조에 착수된 것이 먼저 완성된다는 가정하에 기말재공품 원가를 계산하는 방법이다.

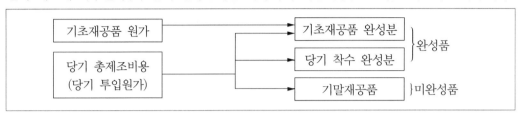

[선입선출법에 의한 완성품원가 및 월말재공품원가를 구하는 등식]

① 완성품환산량 = 완성품수량 - 기초재공품환산량 + 기말재공품환산량

② 완성품환산량 단위당원가 = 당기총제조비용 ÷ 완성품환산량

③ 완성품제조원가 = 완성품환산량(완성품수량 - 기초재공품환산량) × ②번 완성품환산량 단위당원가 + 기초재공품원가

④ 기말재공품원가 = 기말재공품환산량 × ②번 완성품환산량 단위당원가

📖 예제 5

선입선출법 → 시험문제에서 재료비와 가공비가 제조진행 중에 균등하게 발생한다고 출제된 경우

> • 기초재공품 : 100,000원, 수량 600개(완성도 50%)
> • 당기총제조비용 : 300,000원
> • 당기완성품수량 : 1,400개
> • 기말재공품수량 : 800개(50%)

[해설]

당기총제조비용만을 계산하되 재료비와 가공비를 합산하여 계산한다.

(1) 기말재공품평가액 $= 300,000원 \times \dfrac{400}{1,400 - 600 \times 0.5 + 800 \times 0.5} = 80,000원$

(2) 완성품원가 = 100,000원 + 300,000원 - 80,000원 = 320,000원

📖 **예제 6**

선입선출법 → 재료비는 제조착수 시에 전부 투입, 가공비는 제조진행 중에 균등하게 발생한다고 출제된 경우

- 기초재공품 : 재료비 100,000원, 가공비 80,000원, 수량 200개(완성도 50%)
- 당기총제조비용 : 재료비 421,600원, 가공비 220,000원, 제조착수수량 800개
- 당기완성품수량 : 600개
- 기말재공품수량 : 220개(50%)

[해설] --

당기총제조비용만을 계산하되 재료비와 가공비를 구분하여 계산한다.

(1) 기말재공품주요재료비 $= 421,600 \times \dfrac{220}{600 - 200 + 220} = 149,600$원

(2) 기말재공품가공비 $= 220,000 \times \dfrac{220 \times 0.5}{600 - 200 \times 0.5 + 220 \times 0.5} = 39,672$원

(3) 기말재공품평가액 $= 149,600 + 39,672 = 189,272$원

4) 평균법과 선입선출법의 장·단점

① 평균법은 기초재공품원가와 당기발생원가를 구분하지 않기 때문에 선입선출법보다 간편한 방법이다.

② 선입선출법은 기초재공품원가와 당기발생원가를 구분하여 작업하므로 계산과정이 복잡하다.

③ 기초재공품이 없으면 평균법과 선입선출법의 완성품환산량은 동일하다.

◢ **04** 정상공손과 비정상공손

공손이란 재료 불량, 작업기술 미숙, 기계 정비 불량 등으로 가공과정에 실패한 불합격품을 말한다.

1) 정상적 공손

시점 비교		기말재공품 포함 여부	정상공손 부담여부
정상적 공손 검사시점	기말재공품 완성도 이전인 경우 (기말재공품 검사시점 통과)	포함	완성품과 기말재공품에 안분 부담
	기말재공품 완성도 이후인 경우 (기말재공품 검사시점 미통과)	불포함	완성품에만 부담

2) 비정상적 공손

기간비용인 영업외비용으로 처리한다.

✅ 이론문제 | **종합원가계산**

01 특정 제품을 주문·생산하는 업종인 건설업, 조선업 등의 제품원가 계산방법으로 적절한 것은?

① 요소별 원가계산　　　　　　　　② 부문별 원가계산

③ 개별원가계산　　　　　　　　　④ 종합원가계산

02 다음 중 종합원가계산에서 나타나는 특징이 아닌 것은?

① 평균화과정에서 기초하여 제품원가가 계산된다.

② 원가요소의 분류가 재료비와 가공비로 단순화된다.

③ 각 완성제품별로 제조지시서와 원가계산표가 이용된다.

④ 기간개념이 중시된다.

03 다음 중 종합원가계산에 대한 설명으로 틀린 것은?

① 고객의 개별적인 주문생산에 적합하다.

② 정유업 등의 원가계산에 주로 적용된다

③ 재공품수량을 완성품환산량으로 집계한다.

④ 소품종 대량생산에 적합하다.

04 다음 중 개별원가계산에 대한 설명으로 옳지 않은 것은?

① 제품원가를 제조공정별로 집계한 다음, 이를 그 공정의 생산량으로 나누어서 단위당 원가를 계산한다.

② 고객의 주문에 따라 제품을 생산하는 주문생산형태에 적합한 원가계산방법이다.

③ 제조직접비와 제조간접비의 구분이 중요하다.

④ 작업원가표를 기초로 하여 원가계산이 이루어진다.

05 다음은 개별원가계산제도에 대한 설명이다. 틀린 것은?

① 제품을 비반복적으로 생산하는 업종에 적합한 원가계산제도이다.

② 조선업, 건설업 등 주문생산에 유리하다.

③ 공장 전체 제조간접비 배부율을 적용하는 것이 제조부문별 제조간접비 배부율을 적용하는 것보다 더 정확한 원가배부방법이다.

④ 제조간접비는 일정한 배부기준에 따라 배부하게 된다.

06 종합원가계산을 적용하며 기초재공품은 3,000개(가공비 완성도 30%), 당기 중 완성품 수량은 18,000개이고 기말재공품은 2,000개(가공비 완성도 70%)였다. 선입선출법과 평균법의 가공비에 대한 완성품 환산량의 차이는 얼마인가?

① 900개   ② 1,400개

③ 2,000개   ④ 4,000개

07 종합원가계산을 채택하며 재료비는 공정초기에 전량 투입되며, 가공비는 공정기간 동안 균등하게 투입이 될 경우에 평균법에 의하여 완성품환산량을 구하면 얼마인가?

구분	물량	완성도	구분	물량	완성도
기초재공품	300개	70%	완성품	1,300개	–
당기투입	1,500개	–	기말재공품	500개	40%
계	1,800개	–	계	1,800개	–

     재료비   가공비   재료비   가공비

① 1,800개   1,500개   ② 1,800개   1,800개

③ 1,500개   1,500개   ④ 1,500개   1,800개

08 다음 자료에 의하여 평균법에서의 완성품환산량을 계산하면 얼마인가?

- 기초재공품 10,000개(완성도 : 60%) ・ 착수량 90,000개
- 기말재공품 20,000개(완성도 : 50%) ・ 완성품수량 80,000개

※ 재료는 공정초기에 투입되며, 가공비는 공정에서 평균적으로 발생한다.

     재료비 완성품환산량   가공비 완성품환산량

①   100,000개   90,000개

②   100,000개   80,000개

③   90,000개   84,000개

④   100,000개   84,000개

09 월초 재공품(완성도 50%)은 400개이며, 월 중 3,000개를 새로이 생산 착수하였다. 완성품수량은 2,800개이며, 공손은 없다. 월말재공품의 완성도는 80%이다. 재공품평가방법으로 선입선출법을 이용하는 경우, 완성품환산량은 몇 개인가?

① 3,280개   ② 3,080개
③ 2,720개   ④ 2,520개

10 다음 자료에 의해 선입선출법에서의 완성품환산량을 계산하면 얼마인가?

> • 기초재공품 10,000단위(재료비 완성도 : 80%, 가공비 완성도 : 60%)
> • 기말재공품 20,000단위(재료비 완성도 : 80%, 가공비 완성도 : 50%)
> • 착수량 90,000단위
> • 완성품수량 80,000단위

① 재료비 완성품환산량 : 88,000   가공비 완성품환산량 : 84,000
② 재료비 완성품환산량 : 98,000   가공비 완성품환산량 : 96,000
③ 재료비 완성품환산량 : 80,000   가공비 완성품환산량 : 60,000
④ 재료비 완성품환산량 : 80,000   가공비 완성품환산량 : 86,000

11 다음 자료에 의하여 당기완성품의 단위당원가를 계산하면 얼마인가? (단, 재료는 제조착수와 동시에 소비되고, 월말재공품의 평가는 선입선출법에 의한다.)

> • 기초재공품수량   20개   • 당기제조착수량   150개
> • 당기제품제조원가   150,000원   • 기말재공품수량   50개

① 1,000원   ② 1,250원
③ 1,500원   ④ 1,750원

12 다음 종합원가계산에서 원가를 기말재공품과 완성품에 배부하기 위한 절차의 순서가 올바른 것은?

> ⓐ 완성품환산량 단위당원가의 계산   ⓑ 완성품과 기말재공품의 원가계산
> ⓒ 물량흐름의 파악   ⓓ 배부될 원가의 요약
> ⓔ 완성품환산량의 계산

① ⓔ — ⓐ — ⓒ — ⓓ — ⓑ   ② ⓒ — ⓔ — ⓓ — ⓐ — ⓑ
③ ⓓ — ⓔ — ⓐ — ⓒ — ⓑ   ④ ⓓ — ⓒ — ⓔ — ⓐ — ⓑ

이론문제 정답 및 해설

01 ③ 개별원가계산에 대한 설명이다.

02 ③ 각 완성제품별로 제조지시서와 원가계산표가 이용되는 것은 개별원가계산의 특징이다.

03 ① 고객의 개별적인 주문생산에 적합한 방법은 개별원가계산제도이다.

04 ① 제품원가를 제조공정별로 집계한 다음, 이를 그 공정의 생산량으로 나누어서 단위당 원가를 계산하는 것은 종합원가계산에 대한 설명이다.

05 ③ 부문별 제조간접비 배부율을 적용하는 것이 공장 전체 제조간접비 배부율을 적용하는 것보다 더 정확한 원가배부방법이다.

06 ① • 선입선출법의 완성품 환산량 18,500개 = 완성품수량 18,000개 - 기초재공품환산량(3,000개 × 30%) + 기말재공품환산량(2,000개 × 70%)
  • 평균법의 완성품 환산량 19,400개 = 완성품수량 18,000개 + 기말재공품환산량(2,000개 × 70%)
  따라서 선입선출법과 평균법의 가공비에 대한 완성품환산량의 차이는 900개이다.

07 ① 재료비 : 1,300개 + 500개 = 1,800개
  가공비 : 1,300개 + 500개 × 40% = 1,500개

08 ① 재료비 : 80,000개 + 20,000개 = 100,000개
  가공비 : 80,000개 + 20,000개 × 50% = 90,000개

09 ② 월말재공품수량 = 월초재공품수량 + 당월착수수량 - 완성품수량
  600개 = 400개 + 3,000개 - 2,800개
  선입선출법에 의한 완성품환산량 = 완성품수량 - 월초재공품환산량 + 월말재공품환산량이므로
  (3,080개) = 2,800 - (400개 × 50%) + (600개 × 80%)가 된다.

10 ① 재료비 완성품환산량 = 완성품수량 - 기초재공품환산량 + 기말재공품환산량
  88,000 = 80,000 - (10,000 × 80%) + (20,000단위 × 80%)
  가공비 완성품환산량 = 완성품수량 - 기초재공품환산량 + 기말재공품환산량
  84,000 = 80,000 - (10,000 × 60%) + (20,000단위 × 50%)

11 ② 완성품 수량 = 기초재공품수량 + 당기제조착수량 - 기말재공품수량
  120개 = 20개 + 150개 - 50개
  완성품 단위당원가 = 당기제품제조원가 ÷ 완성품수량
  @₩1,250 = 150,000원 ÷ 120개

12 ② ⓒ 물량흐름의 파악 → ⓔ 완성품환산량의 계산 → ⓓ 배부될 원가의 요약 → ⓐ 완성품환산량 단위당 원가의 계산 → ⓑ 완성품과 기말재공품의 원가계산

03 NCS를 적용한 부가가치세 이해

1. 부가가치세 총론

01 부가가치세 개관

1) 부가가치세의 정의

부가가치세(Value Added Tax)는 재화나 용역이 생산되거나 유통되는 모든 거래단계에서 발생한 부가가치에 대하여 부과되는 간접국세로 현행세율은 10%, 0%(영세율)이다.

2) 부가가치세의 특징

① **소비형 부가가치세** : 현행 부가가치세법에서는 소비지출에 해당하는 부가가치만을 과세대상으로 한다.

② **전단계세액공제법**

> • **이론상** : 납부세액(환급세액) = 매출세액 − 매입세액
> = (매출액 × 세율) − (매입액 × 세율)
> • **실제** : 납부세액(환급세액) = 매출세액 − 매입세액
> = (과세표준 × 세율) − (매입세금계산서상 매입세액)

③ **다단계거래세** : 재화나 용역이 최종소비자에게 도달할 때까지의 모든 거래 단계마다 부가가치세를 과세하는 것을 말한다.

④ **간접세** : 납세자와 담세자가 일치하지 않는 조세로 가장 대표적인 간접세이다.

⑤ **소비지국과세원칙** : 국가간 이동에 있어서 이중과세를 방지하기 위하여 재화의 소비국에서만 과세하는 것을 말한다.

⑥ **물세** : 인적사항은 고려하지 않고, 재화 또는 용역의 소비사실에 대하여만 과세한다.

3) 과세대상

과세대상(거래)	공급자 또는 수입자	징수방법
① 재화의 공급	사업자가 공급하는 경우	재화 또는 용역을 공급하는 사업자가 공급받는 자로부터 거래 징수
② 용역의 공급	사업자가 공급하는 경우	
③ 재화의 수입	수입자가 사업자인지 여부 불문	세관장이 수입자로부터 징수

4) 납세의무자

① 영리목적의 유무를 불문하고 사업상 독립적으로 재화 또는 용역을 공급하는 사업자와 재화를 수입하는 자를 말한다.

② 개인 · 법인(국가 · 지방자치단체와 지방자치단체조합을 포함한다)과 법인격이 없는 사단 · 재단 또는 그 밖의 단체를 포함한다.

③ 납세의무자의 구분

과세사업자		면세사업자
일반과세자	간이과세자	
간이과세자가 아닌 개인사업자, 법인사업자	직전 1년의 공급대가의 합계액이 1억 400만원에 미달하는 개인사업자	면세되는 재화와 용역을 공급하는 사업자로서 부가가치세가 면제되는 자
등록, 신고, 납부의무 있음	등록, 신고, 납부의무 있음	등록(소득세법 등 신고갈음), 신고(있음), 납부(없음)
세금계산서 발급의무 있음	세금계산서 발급의무 있음(단, 4,800만원 미달자는 영수증 발급의무 있음)	계산서 발급의무 있음
납부세액 : 매출세액 − 매입세액	납부세액 : 공급대가 × 업종별 부가가치율 × 10%	납부세액 없음
제반의무 있음	제반의무 있음	매입처별세금계산서합계표 제출의무 있음

◢ 02 과세기간

1) 일반과세자 중 계속사업자

구분	계속사업자	예정신고기간과 확정신고기간	납부기한
1기	1.1. ~ 6.30.	1.1. ~ 3.31.	4.25.
		4.1. ~ 6.30.	7.25.
2기	7.1. ~ 12.31.	7.1. ~ 9.30.	10.25.
		10.1. ~ 12.31.	익년 1.25.

2) 신규사업자의 최초 과세기간

구분	신규사업자
원칙	사업개시일 ~ 사업개시일이 속하는 과세기간 종료일
사업개시일 이전에 사업자등록을 신청한 경우	그 신청한 날 ~ 신청일이 속하는 과세기간 종료일

3) 폐업자의 과세기간

과세기간 개시일부터 폐업일까지이다.

4) 간이과세자

제1기와 제2기의 구분 없이 과세기간을 1.1.~12.31.로 한다.

03 납세지(= 사업장)

1) 원칙

상시 주재, 거래의 전부 또는 일부를 행하는 장소를 말하며 사업장별로 신고·납부하여야 한다 (사업장별 과세원칙).

업종		사업장
광업		광업사무소의 소재지
제조업		최종제품을 완성하는 장소(제품포장, 용기충전장소 제외)
건설, 운수, 부동산 매매	법인	법인의 등기부상 소재지(등기부상 지점소재지 포함)
	개인	그 업무를 총괄하는 장소
부동산임대업		그 부동산의 등기부상 소재지(다만, 부동산상의 권리만을 대여하는 경우 업무를 총괄하는 장소)
무인판매기를 통한 재화·용역 공급		그 사업에 관한 업무를 총괄하는 장소
비거주자, 외국법인		비거주자 또는 외국법인의 국내사업장

2) 사업장이 없는 사업자

사업자의 주소지, 거소지이며 만약 사업자가 법인인 경우에는 본점소재지가 되며, 개인인 경우에는 업무를 총괄하는 장소를 말한다.

3) 직매장 · 하치장 · 임시사업장

구분	사업장 여부	이유
직매장	O	별개의 사업장으로 봄, 사업자등록, 세금계산서 발급 [의무불이행 시] 미등록가산세, 매입세액불공제
하치장	X	재화의 보관 · 관리시설만을 갖춘 장소이고 판매행위가 이루어지지 않는 장소로서 사업장으로 보지 않음
임시사업장	X	단, 행사가 개최되는 장소에 개설한 임시사업장은 기존사업장에 포함

4) 주사업장 총괄납부와 사업자단위과세

구분	주사업장 총괄납부	사업자단위과세
의의	주사업장 총괄납부(환급)받는 제도 단, 신고는 각 사업장별로 행함	2 이상의 사업자(추가 사업장 포함)가 사업자단위 과세제도를 신청한 경우로 신고 · 납부 · 환급 제도
세금계산서 수수 등 각종 의무	각 사업장별로 행함	본점 또는 주사무소에서 행함
적용 요건	신청	사업자단위로 등록을 신청
사업장 적용	• 법인 : 본점(주사무소 포함) 또는 지점 (분사무소 포함) 중 선택 • 개인 : 주사무소	• 법인 : 본점(주사무소 포함) • 개인 : 주사무소
계속사업자의 신청기간	과세기간 개시 20일 전	과세기간 개시 20일 전
신규사업자의 신청기간	주된 사업자등록증을 받은 날로부터 20일 이내	사업개시일로부터 20일 이내
포기	과세기간 개시 20일 전에 주사업장 총괄납부포기신고서 제출	과세기간 개시 20일 전에 사업자단위 과세포기신고서 제출
공급의제 여부	직매장 반출 시에는 재화의 공급으로 보지 아니함. 단, 세금계산서를 발급 시에는 재화의 공급으로 봄	직매장 반출 시에는 공급의제 규정을 적용 안 함

04 사업자등록

1) 사업자등록 신청

사업개시일로부터 20일 이내에 사업장 관할세무서장에게 등록하여야 한다. 다만, 신규로 사업을 개시하고자 하는 자는 사업개시일 전이라도 등록할 수 있다.

2) 사업자등록증의 교부

사업장 관할세무서장은 신청일로부터 2일 이내(토요일, 공휴일, 근로자의 날 제외)에 교부하여야 한다(5일 연장 가능, 자료 제출 미비 시에 10일 이내 기간을 정하여 보정 요구 가능).

3) 직권등록 및 등록거부

사업장 관할세무서장은 직권등록 및 등록거부를 할 수 있다.

4) 등록정정

다음 사유가 발생한 경우에는 지체없이 등록정정신고를 하여야 한다.

사업자등록 정정 사유	재교부기한
① 상호를 변경하는 때 ② 통신판매업자가 사이버몰의 명칭 또는 인터넷 도메인 이름을 변경하는 때	신고일 당일
③ 면세사업자가 추가로 과세사업을 영위하고자 할 때 ④ 법인의 대표자를 변경하는 때 ⑤ 사업의 종류를 변경하거나 추가하는 때 ⑥ 상속으로 인하여 사업자의 명의가 변경되는 때(증여의 경우 정정사유 아닌 폐업 사유) ⑦ 공동사업자의 구성원 또는 출자지분의 변경이 있는 때	신고일로부터 2일 내

5) 미등록 시 불이익

① **등록 전 매입세액불공제** : 단, 등록신청일로부터 역산하여 20일 이내의 것은 공제가 가능하다.

② **미등록가산세 부과** : 공급가액의 1%(등록기한 경과 후 1개월 이내에 등록하는 경우 50% 감면)

③ 조세범처벌법에 의한 50만원 이하의 벌금 또는 과료의 처벌

④ 타인 명의 사업자등록 또는 타인 명의 사업자등록을 이용하여 사업을 하는 경우 직전일까지의 공급가액의 1% 가산세, 2년 이하 징역 또는 2천만원 벌금

☑️ 이론문제 | **부가가치세 총론**

01 다음 중 우리나라의 부가가치세의 특징으로 틀린 것은?

① 일반소비세
② 직접세
③ 전단계세액공제법
④ 소비지국과세원칙

02 다음 과세사업자에 대한 설명 중 바르지 않은 것은?

① 일반과세자는 공급가액의 10%가 매출세액이다.
② 간이과세자는 연간 매출액이 1억 400만원 미만의 개인사업자이다.
③ 일반과세자는 세금계산서를 발급하여야 한다.
④ 간이과세자는 세금계산서를 발급할 수 없다.

03 다음 부가가치세에 대한 설명 중 올바른 것은?

① 부가가치세는 생산자가 부담하고 소비자가 납부하는 직접세이다.
② 납세의무자의 부양가족수, 기초생계비 등 인적사항이 고려되는 인세에 해당된다.
③ 세금계산서의 수수로 인하여 근거과세제도를 확립할 수 있다.
④ 수출하는 재화에 대해서는 면세를 적용하므로 수출을 촉진한다.

04 개인사업자(일반과세자)가 20×1년 9월 1일 개업한 경우 첫 과세기간의 부가가치세 신고는 언제까지 하여야 하는가?

① 20×1년 9월 1일부터 20×1년 9월 30일까지를 과세기간으로 하여 20×1년 10월 25일까지 신고한다.
② 20×1년 9월 1일부터 20×1년 12월 31일까지를 과세기간으로 하여 20×1년 10월 31일까지 신고한다.
③ 20×1년 9월 1일부터 20×1년 12월 31일까지를 과세기간으로 하여 20×2년 1월 25일까지 신고한다.
④ 20×1년 9월 1일부터 20×1년 9월 30일까지를 과세기간으로 하여 20×2년 1월 31일까지 신고한다.

05 부가가치세법상 사업자등록에 관한 설명으로 옳은 것은?

① 사업개시일로부터 25일 이내에 사업자등록을 신청해야 한다.

② 사업자등록신청은 사업장마다 하는 것이 원칙이나, 사업자단위과세제도 적용 시 본점 또는 주사무소에서 일괄하여 신청할 수 있다.

③ 신규사업자는 사업개시일 전에 사업자등록을 신청할 수 없다.

④ 관할세무서장은 사업자등록에 관하여 항상 등록거부나 직권등록을 할 수 없다.

06 다음 중 부가가치세의 특징에 관한 설명으로 옳은 것은?

> (가) 영리목적의 유무에 불구하고 사업자인 경우에는 부가가치세 납세의무를 진다(단, 국가·지방자치단체·지방자치단체조합은 포함되지 않는다).
>
> (나) 부가가치세는 11%(영세율의 경우 0%)의 단일세율로 과세된다.
>
> (다) 부가가치세의 과세기간은 원칙적으로 3개월이다.
>
> (라) 부가가치제도는 국제적 이중과세를 해결하기 위하여 소비지국 과세원칙을 채택하고 있다.
>
> (마) 부가가치세는 소비가 될 때 과세가 이루어지므로 소비세에 해당한다.

① (가), (나)   ② (나), (다)

③ (다), (라)   ④ (라), (마)

07 다음 중 부가가치세법상 과세기간에 관한 설명으로 틀린 것은?

① 제1기는 1월 1일부터 6월 30일, 제2기는 7월 1일부터 12월 31일까지이다.

② 사업자는 각 과세기간의 과세표준과세액을 과세기간 종료일로부터 25일 이내에 신고납부하여야 한다.

③ 폐업자의 과세기간은 폐업일이 속하는 과세기간의 개시일로부터 과세기간 종료일까지로 한다.

④ 간이과세포기의 경우는 그 과세기간 개시일로부터 포기신고일이 속하는 달의 말일까지로 한다.

이론문제 정답 및 해설

01 ② 납세자와 담세자가 일치하지 않는 간접세이다.

02 ④ 간이과세자 중 공급대가가 4,800만원을 미달하는 간이과세자를 제외하고는 세금계산서를 발급할 수도 있다.

03 ③ 부가가치세는 소비자가 부담하고 생산자가 납부하는 간접세이며, 납세의무자의 부양가족수, 기초 생계비 등 인적사항이 고려되는 인세는 소득세법에서 적용한다. 또한, 수출하는 재화에 대해서는 영세율을 적용하므로 수출을 촉진한다.

04 ① 개인사업자는 일반과세자와 간이과세자로 구분할 수 있다. 이때 일반과세자는 20×1년 9월 1일부터 20×1년 9월 30일까지를 과세기간으로 하여 20×1년 10월 25일까지 신고한다.

05 ② 사업자단위과세제도 적용 시 사업자등록은 본점 또는 주사무소에서 모두 일괄하여 신청할 수 있다.

06 ④ (가) 영리목적의 유무에 불구하고 사업자인 경우에는 부가가치세 납세의무를 진다(단, 국가·지방자치단체·지방자치단체조합도 포함된다.).
(나) 부가가치세는 10%(영세율의 경우 0%)의 단일세율로 과세된다.
(다) 부가가치세의 과세기간은 원칙적으로 6개월이다.

07 ③ 폐업자의 과세기간은 폐업일이 속하는 과세기간의 개시일로부터 폐업일까지로 한다.

2. 과세거래

◢ 01 부가가치세 과세대상 거래

재화의 공급, 용역의 공급, 재화의 수입이 부가가치세의 과세대상이다.

구분	내용
재화의 공급	• 사업자가 재산적 가치가 있는 유체물과 무체물을 공급하는 것은 과세대상임* ① 유체물 : 상품, 제품, 원재료, 기계, 건물 등 ② 무체물 : 동력, 열, 특허권, 광업권, 지상권, 영업권 등 기타 권리 등 • 사업성이 있는 경우에만 과세됨. 비사업자는 과세 안 함
용역의 공급	• 사업자가 공급하는 용역은 과세대상임 • 비사업자는 과세 안 함
재화의 수입	• 용역의 수입은 과세대상이 아니므로 사업자 여부와 무관하게 과세함 • 소비지국 과세원칙 실현이 목적임
부수재화·용역의 공급	주된 재화와 용역에 따라 판단함

* 재산적 가치가 없는 것은 과세대상이 아니다. 토지는 재산적 가치가 있으나 토지의 공급은 부가가치세 면세대상이며 수표·어음·유가증권 등은 제외한다.

◢ 02 재화의 공급

1) 실질공급

계약상 또는 법률상 매매, 가공계약(자기가 주요 자재의 전부 또는 일부를 부담하는 가공계약 포함), 교환계약, 경매·수용, 사업자가 재화를 빌려주고 반환받는 소비대차거래 등(단, 국제징수법의 규정에 따른 공매와 민사집행법의 규정에 따른 강제경매는 제외)을 말한다.

2) 재화의 간주공급

사업자가 자기의 과세사업과 관련하여 생산하거나 취득한 재화를 면세사업 외에 부가가치세가 과세되지 아니하는 재화 또는 용역을 공급하는 사업을 위하여 직접 사용하거나 소비하는 것도 재화의 공급으로 본다.

구분	과세대상
자가공급	① 면세사업을 위하여 직접 사용·소비하는 것(면세 전용) ② 비영업용 소형승용차로 사용하거나 그 유지를 위하여 사용 또는 소비하는 경우 ③ 타인에게 직접 판매할 목적으로 자기의 다른 사업장(직매장 등)에 반출하는 경우
개인적 공급	사업과 직접 관계없이 개인적 목적 또는 기타의 목적으로 사업자가 사용하거나 그 사용인 또는 기타의 자가 사용·소비하는 것으로서 사업자가 그 대가를 받지 아니하거나 시가보다 낮은 대가를 받는 경우 ※ 실비변상적·복리후생적 목적으로 사용인에게 재화를 무상으로 공급하는 것은 제외

사업상 증여	자기의 고객이나 불특정 다수인에게 그 대가를 받지 않거나 현저히 낮은 대가를 받고 증여하는 경우. 이때 증여에 상당하는 재화의 대가는 주된 거래인 재화공급의 대가에 포함되지 아니하는 것으로 한다. ※ 대가를 받지 아니한 견본품 및 불특정다수인에게 광고선전물을 배포하는 것은 제외
폐업 시 잔존재화	사업을 폐지하는 때 잔존하는 재화에 대해서는 사업자가 자기에게 재화를 공급하는 것으로 본다.

▼ 타 사업장 반출

반출목적	사업자의 구분	자가공급 해당 여부	세금계산서 발급의무
비판매목적	모든 사업자	×	×
판매목적	총괄납부 승인 ×	○	○
	총괄납부 승인 ○	×	×

3) 재화의 공급으로 보지 아니하는 경우

담보제공, 조세의 물납, 사업의 포괄적 양도, 손해배상금, 지체상금, 위약금, 배당금, 광고선전용 견본품, 하치장 반출, 총괄납부사업자의 직매장 반출 등이 있다.

03 용역의 공급

계약상 또는 법률상의 모든 원인에 의하여 역무를 제공하거나 재화, 시설물, 권리를 사용하게 하는 것을 말한다. 용역공급 범위에는 숙박 및 음식점업, 운수업, 통신업, 금융·보험업, 부동산임대업 (전·답·과수원, 목장용지 등 제외) 등이 있다.

> ■ 용역의 공급으로 보지 않는 거래
> ① 대가를 받지 아니하고 타인에게 용역을 무상으로 공급
> → 재화의 무상공급(과세), 용역의 무상공급(과세대상 아님)
> ② 고용관계에 의해서 근로를 제공하는 경우

04 재화의 수입(수입자가 사업자인지와 무관)

수입은 외국으로부터 재화를 들여오는 경우, 수출신고를 마치고 선적이 완료된 물품을 국내로 다시 반입하는 경우 우리나라에 도착하였다고 수입이 되었다고 보는 것이 아니라, 일단 보세구역으로 들어온 후 보세구역에서 빠져나가는 시점(시기)을 수입의 시기로 본다.

05 주된 사업에 부수되는 일시적, 우발적 공급의 과세와 면세적용

주된 사업	부수 재화·용역	과세·면세
과세사업	과세	과세
	면세	과세
면세사업	과세	면세
	면세	면세

06 재화의 공급시기

재화와 용역의 공급시기는 재화와 용역의 공급을 어느 과세기간에 귀속시킬 것인가의 판단기준으로 공급시기가 속하는 과세기간이 종료하는 때에 납세의무가 성립되어 세금계산서를 발급하게 된다.

1) 일반적 재화의 공급시기

① 재화의 이동이 필요한 경우 : 재화가 인도되는 때
② 재화의 이동이 필요하지 않은 경우 : 재화가 이용가능하게 되는 때
③ 위 ①, ②를 적용할 수 없을 경우 : 재화의 공급이 확정되는 때

2) 거래형태별 재화의 공급시기

구분	재화의 공급시기
현금, 외상, 할부판매	재화가 인도되거나 또는 이용가능하게 되는 때
장기할부판매	대가의 각 부분을 받기로 한 때
반환조건부, 동의조건부, 기타 조건부 및 기한부 판매	조건이 성취되거나 기한이 경과되어 매매가 확정되는 때
완성도기준지급 또는 중간조건부로 재화를 공급하거나 전력 기타 공급단위를 구획할 수 없는 재화를 계속적으로 공급	대가의 각 부분을 받기로 한 때
재화의 공급으로 보는 가공	가공된 재화를 인도하는 때
재화의 공급의제	재화가 사용 또는 소비되는 때
무인판매기를 이용하여 재화를 공급	무인판매기에서 현금을 인취하는 때
수출재화 ① 원양어업 및 위탁판매수출의 경우 ② 위탁가공무역방식으로 수출하거나 외국인도 수출의 경우	수출선적일, 재화가 인도되는 때 ① 수출재화의 공급가액이 확정될 때 ② 외국에서 당해 재화가 인도될 때
사업자가 보세구역 내에서 재화를 공급하는 경우 당해 재화가 수입재화에 해당하는 때	수입신고수리일

07 용역의 공급시기

1) 용역의 공급시기에서 일반적인 기준은 역무가 제공되거나 재화, 시설물 또는 권리가 사용되는 때이다.

2) 개별적 공급시기

거래형태	공급시기
① 통상적 공급, 단기할부조건부 용역	역무의 제공이 완료되는 때
② 완성도기준지급·중간지급·장기할부 또는 기타조건부용역 : 공급단위를 구획할 수 없는 용역의 계속적 공급	대가의 각 부분을 받기로 한 때
③ ①과 ②에 해당하지 않는 경우	역무의 제공이 완료되고 그 공급가액이 확정되는 때
④ 간주임대료, 선세금, 2과세기간 이상에 걸쳐 부동산임대용역을 공급한 후 받는 안분계산된 임대료	예정신고기간 또는 과세기간의 종료일
⑤ 폐업 전에 공급한 용역의 공급시기가 폐업일 이후에 도래하는 경우	폐업일

08 재화의 수입시기

관세법에 따른 수입신고가 수리된 때로 본다.

☑️ 이론문제 | 과세거래

01 다음은 부가가치세법상의 과세대상에 대한 설명으로 옳지 않은 것은?

① 재화 또는 용역의 공급은 과세대상이다.
② 재화 또는 용역의 수입은 과세대상이다.
③ 재화라 함은 재산적 가치가 있는 모든 유체물과 무체물을 말한다.
④ 용역이라 함은 재화 이외의 재산적 가치가 있는 모든 역무 및 기타 행위를 말한다.

02 다음 중 부가가치세법상 과세거래에 해당하는 것은?

① 재화를 질권, 저당권 또는 양도담보의 목적으로 동산 등의 권리를 제공하는 경우
② 본점과 지점의 총괄납부승인을 얻은 사업자가 본사에서 지점으로 재화를 공급하고 세금계산서를 발급한 경우
③ 사업장별로 그 사업에 관한 모든 권리와 의무를 포괄적으로 승계시키는 것
④ 상속세 및 증여세법 또는 지방세법에 따라 조세를 물납하는 것

03 다음은 부가가치세의 과세거래에 해당하는 것은?

① 부동산임대업을 영위하는 사업자가 특수관계자에게 부동산을 시가보다 낮은 대가를 받고 임대하는 경우
② 사업자가 상속재산인 사업용 부동산으로 상속세를 물납하는 경우
③ 사업자가 사업을 위하여 대가를 받지 않고 다른 사업자에게 견본품을 인도하는 경우
④ 사업자의 사업용자산이 민사집행법상의 강제경매절차에 의하여 매각된 경우

04 다음 중 부가가치세법상 과세대상인 재화가 아닌 것은?

① 영업권   ② 상가건물
③ 상품권   ④ 특허권

05 다음 중 부가가치세법상 과세거래에 해당하는 것은?

① 상속세를 토지로 물납하는 경우
② 고용관계에 의하여 근로를 제공하는 경우
③ 재화를 담보목적으로 제공하는 경우
④ 재화의 대가를 받지 않고 무상으로 공급하는 경우

06 다음 중 부가가치세법상 재화의 공급으로 보는 것은?

① 증여세를 건물로 물납하는 경우   ② 사업의 포괄양수도

③ 차량을 담보목적으로 제공하는 경우   ④ 폐업 시 잔존재화

07 부가가치세법상 용역의 공급으로 과세하지 아니하는 것은?

① 고용관계에 의하여 근로를 제공하는 경우

② 사업자가 특수관계 있는 자에게 사업용 부동산의 임대용역을 무상 공급하는 경우

③ 상대방으로부터 인도받은 재화에 주요자재를 전혀 부담하지 아니하고 단순히 가공만 하는 경우

④ 건설업자가 건설자재의 전부 또는 일부를 부담하고 공급하는 용역의 경우

08 다음 재화의 공급 중 간주공급에 해당하지 않는 것은?

① 자가공급   ② 사업상증여

③ 폐업시재고재화   ④ 실질공급

09 부가가치세법상 재화공급시기가 잘못된 것은?

① 현금·외상·할부 판매의 경우 : 재화가 인도 또는 이용 가능하게 되는 때

② 완성도기준지급에 의한 경우 : 대가의 각 부분을 받기로 한 때

③ 보세구역 내에서 보세구역 외로 공급하는 경우 : 수입신고수리일

④ 재화의 공급의제의 경우 : 재화가 인도되거나 각 부분을 받기로 한 때

10 부가가치세법상의 재화 또는 용역의 공급시기로 옳지 않은 것은?

① 장기할부판매 : 재화가 인도되거나 이용가능하게 되는 때

② 현금판매, 외상판매, 할부판매 : 재화가 인도되거나 이용가능하게 되는 때

③ 부동산임대보증금에 대한 간주임대료의 경우 : 예정신고기간 종료일 또는 과세기간 종료일

④ 선불 또는 후불로 받는 총임대료를 월수에 따라 안분계산한 경우 : 예정신고기간 종료일 또는 과세기간 종료일

11 부가가치세법상 재화공급시기가 잘못된 것은?

① 반환조건부등 기타조건부판매의 경우 : 조건이 성취되는 때

② 완성도기준지급에 의한 경우 : 대가의 각 부분을 받기로 한 때

③ 보세구역 내에서 보세구역 외로 공급하는 경우 : 수입신고수리일

④ 위탁매매의 경우 : 위탁자가 수탁자에게 재화를 인도하는 때

12 다음 중 부가가치세법상 공급시기가 잘못된 것은?

① 외상판매의 경우 : 재화가 인도되거나 이용가능하게 되는 때

② 장기할부판매의 경우 : 대가의 각 부분을 받기로 한 때

③ 무인판매기로 재화를 공급하는 경우 : 무인판매기에서 현금을 인취하는 때

④ 폐업 시 잔존재화의 경우 : 재화가 사용 또는 소비되는 때

이론문제 정답 및 해설

01 ② 용역의 수입은 부가가치세의 과세대상이 아니다.

02 ② 총괄납부승인을 얻은 사업자가 세금계산서를 발급하여 신고한 경우에는 재화의 공급으로 본다.

03 ① 무상으로 임대하는 것은 과세거래가 아니지만 특수관계자에게 저가로 임대하는 것은 과세대상에 해당한다.

04 ③ 주화, 주식, 유가증권, 어음, 상품권 등은 재화가 아니다.

05 ④ 재화의 무상공급은 간주공급 중 사업상증여에 해당하며 과세대상이다.

06 ④ 사업자가 사업을 폐업하는 경우 남아 있는 재화(매입세액이 공제되지 아니한 재화는 제외한다)는 자기에게 공급하는 것으로 본다.

07 ① 고용관계에 의하여 근로를 제공하는 경우 부가가치세법상 용역의 공급으로 보지 않는다. 그리고 사업자가 특수관계에 있는 자에게 사업용 부동산의 임대용역을 무상 공급하는 경우 용역의 공급 으로 본다.

08 ④ 실질공급은 간주공급에 해당하지 않는다.

09 ④ 재화의 공급의제의 경우에는 재화가 사용 또는 소비되는 때를 공급시기로 본다.

10 ① 장기할부판매는 대가의 각 부분을 받기로 한 때를 공급시기로 본다.

11 ④ 위탁매매는 수탁자가 위탁품을 판매한 날을 공급시기로 본다.

12 ④ 폐업 시 잔존재화는 의제공급에 해당하는 것으로 공급시기는 폐업하는 때로 한다.

3. 영세율과 면세

◢ 01 영세율

매출과세표준(= 공급가액)에 적용하는 세율을 "0"으로 하는 것을 말한다.

▼ 영세율과 면세의 비교

구분	영세율	면세
기본취지	소비지국 과세원칙, 국제적 이중과세 방지	부가가치세의 역진성 완화
적용대상	수출하는 재화 등	기초생활필수품·면세용역
적용제도	완전면세제도	부분(불완전)면세제도
매출세액	0	없음
매입세액	전액환급(조기환급 가능)	없음
사업자 여부	부가가치세법상 과세사업자	부가가치세법상 사업자가 아님
과세표준 신고납부	있음	면세 수입금액 신고
매입세액 회계처리	부가세대급금으로 공제	매입원가 해당
의무	모든 제반사항, 세금계산서 발급과 제출 의무 있음	매입처별세금계산서합계표 제출의무와 대리납부의무는 있음, 계산서 발급의무 있음, 수취 세금계산서 제출의무 있음

1) 적용대상자

   거주자 또는 내국법인에 대해 적용되고(일반·간이과세사업자에게만 적용, 면세사업자는 적용 안 됨), 비거주자 또는 외국법인인 경우에는 상호면세주의에 의한다.

2) 영세율 대상

   ① 내국물품을 외국에 직수출한 경우(세금계산서 발급 안 함)
   ② 국내거래(L/C 또는 구매확인서)에 의해 수출한 경우에는 영세율세금계산서 발급함
   ③ 국외에서 제공하는 용역
   ④ 선박·항공기의 외국항행용역
   ⑤ 기타 외화획득 재화 또는 용역

02 면세의 의의

■ **면세제도의 개념 및 특징**

면세제도의 취지와 목적은 동일세율로 과세되는 부가가치세의 세부담 역진성을 완화시키고 국민의 서민생활 보호와 후생복지 등을 위하여 조세 정책적, 사회 정책적으로 최종소비자에게 부가가치세의 조세부담을 경감시켜주기 위한 것이며, 면세되는 재화·용역을 공급하는 면세사업자는 부가가치세법상의 사업자가 아니다.

1) 면세적용대상 재화 또는 용역

구분	내용
기초생활필수 재화·용역	① 미가공식료품[식용에 공하는 농·축·수·임산물과 소금(기계정제염 제외)포함. 단, 비식용 외국산만 과세] ② 국내생산 비식용의 농·축·수·임산물 ③ 수돗물(단, 생수는 과세) ④ 연탄·무연탄(단, 유연탄·갈탄·착화탄은 과세) ⑤ 여객운송용역[단, 항공기, 시외우등고속버스, 전세버스, 택시 특수자동차, 특종선박, 고속철도, 삭도(케이블카), 관광유람선, 관광버스, 관광궤도차량(모노레일 등), 관광사업 목적 바다열차 등의 여객운송은 과세] ⑥ 여성용 생리처리 위생용품(단, 유아용 위생용품은 과세) ⑦ 주택과 부수토지의 임대용역에 대한 면세(단, 사업용 건물과 이에 부수되는 토지 임대용역은 과세)
국민후생용역	① 의료보건용역 및 약사의 제조용역(단, 애완동물 진료용역은 과세, 의약품의 단순판매는 과세)과 혈액 ② 정부의 허가·인가 또는 승인을 얻거나 등록·신고한 교육용역(단, 무허가·무인가 교육용역, 자동차운전학원은 과세) ③ 반려동물 질병예방, 치료목적의 동물 진료비와 혈액
문화관련 재화·용역	① 도서(실내 도서열람 및 도서 대여용역 포함)·신문(인터넷신문 포함)·잡지·관보·뉴스통신·방송 등(단, 광고는 과세) ② 예술창작품(골동품 제외)·예술행사·문화행사·비직업운동경기 ③ 도서관·과학관·박물관·미술관·동물원·식물원에의 입장(단, 오락과 유흥시설이 함께 있는 동물원, 식물원, 해양수족관은 과세, 극장입장은 과세)
생산요소	① 금융·보험용역 ② 저술가, 작곡가 등 직업상 제공하는 인적용역(단, 공인회계사·세무사·변호사·관세사·변리사 등의 전문인력이 제공하는 용역은 과세) ③ 토지의 공급(단, 토지의 임대는 과세)
기타	① 우표(수집용 우표는 제외)·인지·증지·복권·공중전화 ② 국가·지방자치단체·지방자치단체조합 또는 공익단체에 무상으로 공급하는 재화·용역(단, 유상공급하면 과세함) ③ 종교·자선·학술·구호·기타 공익을 목적으로 하는 단체가 공급하는 재화·용역

2) 재화의 수입 시 면세대상 재화

① 식용 미가공식료품(단, 커피두와 코코아두의 수입은 과세), 도서·신문·잡지, 외국으로부터 국가 또는 지방자치단체에 기증하는 재화

② 거주자가 수취하는 소액물품으로서 관세가 면제되는 재화

3) 면세포기

① 정의 : 관할세무서장에게 면세사업 포기신고를 하게 되면 과세사업자로 전환되므로 지체 없이 사업자등록을 하여야 한다.

② 면세포기의 효과 : 면세대상 재화·용역이 과세대상 재화·용역으로 전환되므로 부가가치세 매입세액은 공제가능 매입세액으로 전환된다. 면세포기 신고 후 3년간 다시 면세를 적용받을 수 없다.

③ 면세포기가 가능한 재화·용역

㉠ 영세율이 적용되는 재화·용역

㉡ 학술연구단체·기술연구단체가 학술연구 또는 기술연구와 관련하여 설비 또는 무상으로 공급하는 재화·용역

☑️ 이론문제 | **영세율과 면세**

01 다음 중 면세대상에 해당하는 것은 모두 몇 개인가?

ⓐ 수돗물	ⓑ 도서, 신문	ⓒ 가공식료품
ⓓ 시내버스운송용역	ⓔ 토지의 공급	ⓕ 단순가공된 두부
ⓖ 신문사광고	ⓗ 연탄과 무연탄	ⓘ 의료보건용역
ⓙ 금융보험용역	ⓚ 교육용역(허가, 인가받은 경우에 한함)	

① 5개   ② 7개
③ 9개   ④ 11개

02 다음 중 부가가치세 면세대상에 해당하지 않는 것은?

① 시내버스, 고속버스 등의 여객운송용역
② 대통령령으로 정하고 있는 교육용역
③ 주택임대
④ 미가공 식료품

03 다음 중 부가가치세법상 영세율에 대한 설명으로 가장 거리가 먼 것은?

① 수출하는 재화뿐만 아니라 국외에서 제공하는 용역도 영세율이 적용된다.
② 영세율이 적용되는 모든 사업자는 세금계산서를 발급하지 않아도 된다.
③ 영세율이 적용되는 경우에는 조기환급을 받을 수 있다.
④ 영세율이 적용되는 사업자는 부가가치세법상 과세사업자이어야 한다.

04 부가가치세법상 면세에 대한 설명으로 잘못된 것은?

① 부가가치세법상 면세규정은 열거주의에 의하고 있다.
② 면세되는 재화나 용역을 공급하는 사업과 관련된 매입세액은 공제받지 못한다.
③ 면세제도는 불완전면세제도에 해당한다.
④ 사업자가 토지를 공급하는 때와 토지임대용역을 공급하는 때에는 면세에 해당한다.

05 영세율과 면세제도의 차이점에 대한 내용으로 틀린 것은?

		영세율	면세율
① 과세대상여부	–	과세대상	과세대상 아님
② 면세제도	–	완전면세	불완전 면세
③ 세금계산서	–	발행의무 있음	발행의무 있음
④ 의무이행여부	–	부가가치세법상 의무이행	협력의무가 있음

06 다음 중 부가가치세법상 면세에 해당되지 않는 것은?

① 문화관련 재화의 용역(학술, 자선, 종교 등 공급하는 재화 또는 용역)

② 의료보건용역(조산사가 제공하는 용역)

③ 기초생활필수품(미가공식료품)

④ 여객운송용역(항공기, 시내버스, 고속철도)

07 부가가치세 영세율에 대한 설명 중 틀린 것은?

① 영세율은 부가가치세 세율이 0%이다.

② 소비지국 과세원칙 실현 및 수출촉진 등이 영세율을 적용하는 이유이다.

③ 영세율 적용대상은 기초생필품, 부가가치구성요소 등이다.

④ 영세율 적용대상 사업자는 부가가치세법상의 납세의무를 모두 이행해야 한다.

08 다음 중 부가가치세법상 영세율에 대한 설명으로 옳은 것은?

① 면세사업자는 어떠한 경우에도 영세율을 적용받을 수 없다.

② 영세율적용사업자는 재화의 매입에 따른 매입세액을 공제받지 못한다.

③ 내국물품을 외국으로 반출하는 것은 영세율적용대상이다.

④ 영세율적용대상이 되는 재화를 공급하는 경우 세금계산서를 발행하여야 한다.

이론문제 정답 및 해설

01 ③ ⓒ 가공식료품, ⑧ 신문사광고는 과세대상에 해당한다.

02 ① 고속버스는 면세대상에서 제외된다.

03 ② 내국신용장 또는 구매확인서에 의하여 공급하는 재화 등은 세금계산서를 발급하여야 한다.

04 ④ 토지임대용역을 공급 시에는 임대료 수입분에 대하여 과세한다.

05 ③ 세금계산서 - 영세율 : 발행의무 있음, 면세율 : 발행의무 없음

06 ④ 여객운송용역은 면세대상에 해당한다. 다만, 항공기, 고속버스, 전세버스, 택시, 고속철도 등은 과세한다.

07 ③ 기초생필품, 부가가치구성요소 등은 면세대상에 해당한다.

08 ③ 면세사업자는 면세포기 후 영세율을 적용받을 수 있다. 영세율적용사업자는 매입세액공제를 받을 수 있다. 영세율적용대상 재화를 공급하는 경우 세금계산서의 발행여부는 각각 다르다.

4. 과세표준

01 과세표준의 의의

납세의무자가 납부해야할 세액산출의 기준이 되는 과세대상을 말한다. (= 공급가액)

신고내용						
구분				금액	세율	세액
과세표준 및 매출세액	과세	세금계산서 발급분	(1)		$\frac{10}{100}$	
		매입자발행 세금계산서	(2)		$\frac{10}{100}$	
		신용카드 · 현금영수증 발행분	(3)		$\frac{10}{100}$	
		기타(정규영수증 외 매출분)	(4)		$\frac{10}{100}$	
	영세율	세금계산서 발급분	(5)		$\frac{0}{100}$	
		기타	(6)		$\frac{0}{100}$	
	예정신고 누락분		(7)			
	대손세액 가감		(8)			
	합계		(9)		㉮	

02 재화 또는 용역의 공급에 대한 과세표준

구분	과세표준으로 산정할 금액
금전의 대가	• 대가(단, 금전 이외일 경우 : 자기가 공급한 재화·용역의 시가) • 특수관계자로부터 부당한 저가, 무상 수령 : 자기가 공급한 시가

▼ 과세표준 산정기준

포함하는 금액	포함하지 않는 금액	공제하지 않는 금액
• 금전의 대가 • 산재보험료 • 운송비 • 개별소비세 • 할부이자상당액 등	• 국고보조금(공공보조금) • 구분 기재된 봉사료 • 매출환입과 에누리, 매출할인 • 파손·멸실된 재화의 가액 • 할부 연체이자 제외	• 대손금 • 판매장려금 • 하자보증금

03 재화의 수입에 대한 과세표준

구분	과세표준으로 산정할 금액
수입재화의 과세표준	관세의 과세가격 + 관세 + 개별소비세 + 주세 + 교통세·에너지·환경세 + 교육세·농특세

04 일반적인 재화의 공급의제에 대한 과세표준계산의 특례

구분	과세표준으로 산정할 금액
폐업 등 간주공급	폐업 시 남아 있는 재화의 시가
직매장 반출	• 원칙 : 해당 재화의 취득가액 • 취득가액에 일정액을 가산하여 공급하는 경우 : 그 공급가액

✓ 이론문제 | **과세표준**

01 다음 중 과세표준에 포함하지 않는 항목으로 틀린 것은?

① 부가가치세
② 매출에누리, 매출환입 및 매출할인
③ 공급자가 부담하는 원자재 등의 가액
④ 공급받는 자에게 도달하기 전에 파손·훼손 또는 멸실된 재화의 가액

02 다음 자료에 의해 부가가치세 과세표준을 계산하면 얼마인가?

㉠ 총매출액	30,000,000원	㉡ 매출에누리액	5,000,000원
㉣ 매출할인	4,000,000원	㉤ 대손금	2,000,000원

* 총매출액에는 매출에누리액이 포함되어 있음

① 21,000,000원   ② 25,000,000원
③ 29,000,000원   ④ 30,000,000원

03 다음 중 부가가치세법상 과세표준의 산정방법이 옳지 않은 것은?

① 재화의 공급에 대하여 부당하게 낮은 대가를 받는 경우 : 자기가 공급한 재화의 시가
② 재화의 공급에 대하여 대가를 받지 아니하는 경우 : 자기가 공급한 재화의 시가
③ 특수관계인에게 용역을 공급하고 부당하게 낮은 대가를 받는 경우 : 자기가 공급한 용역의 시가
④ 특수관계 없는 타인에게 용역을 공급하고 대가를 받지 아니하는 경우 : 자기가 공급한 용역의 시가

04 다음 중 부가가치세법상 공급가액에 포함되는 것은?

① 환입된 재화의 가액
② 공급에 대한 대가를 약정기일 전에 받았다는 이유로 사업자가 당초의 공급가액에서 할인해 준 금액
③ 사업자가 재화 또는 용역을 공급받는 자에게 지급하는 장려금
④ 공급받는 자에게 도달하기 전에 파손되거나 훼손되거나 멸실한 재화의 가액

05 다음 중 부가가치세 과세표준에 해당되는 금액은 얼마인가?

> • 컴퓨터 판매가액 1,000,000원(시가 2,000,000원, 특수관계자와의 거래에 해당)
> • 컴퓨터 수선관련 용역을 무상으로 제공하였다(시가 500,000원).
> • 시가 300,000원에 해당하는 모니터를 공급하고 시가 500,000원에 상당하는 책상을 교환
>   받았다.

① 1,800,000원   ② 2,300,000원
③ 3,000,000원   ④ 2,500,000원

06 다음 자료에 의하여 일반과세자 김세무의 부가가치세 매출세액을 계산하면 얼마인가?

> • 납부세액은 100,000원이다.
> • 세금계산서를 받고 매입한 물품의 공급가액은 3,000,000원이고 이 중 사업과 관련이 없는
>   물품의 공급가액 200,000원이 포함되어 있다.
> • 매입에 대한 영세율세금계산서는 없다.

① 360,000원   ② 380,000원
③ 400,000원   ④ 420,000원

07 다음 자료에 의하여 부가가치세 과세표준을 계산하면 얼마인가?

> • 제품판매액(공급가액) : 50,000,000원
> • 대손금(공급가액) : 6,000,000원
> • 장려물품 제공액 : 원가 3,000,000원(시가 3,500,000원)
> • 판매할 제품 중 대표자 개인적 사용분 : 원가 3,000,000원(시가 5,000,000원)

① 56,000,000원   ② 57,000,000원
③ 58,500,000원   ④ 59,500,000원

이론문제 정답 및 해설

01 ③ 공급받는 자가 부담하는 원자재 등의 가액

02 ① 과세표준 = 총매출액 – 매출에누리액 – 매출할인
21,000,000 = 30,000,000 – 5,000,000 – 4,000,000
※ 대손금은 과세표준에서 공제하지 않는다.

03 ④ 대가를 받지 아니하고 타인에게 용역을 공급하는 경우 용역의 공급으로 보지 아니한다.

04 ③ 사업자가 재화 또는 용역을 공급받는 자에게 지급하는 장려금은 과세표준에서 공제하지 아니하는 것에 해당한다.

05 ② 2,000,000원 + 300,000원 = 2,300,000원
- 용역의 무상공급은 과세표준에 포함되지 않는다.
- 금전 이외의 대가를 받은 경우에는 자가가 공급한 재화의 시가를 과세표준으로 한다.

06 ② 납부세액 = 매출세액 – 매입세액 + 매입세액불공제액이다. 따라서, 매출세액 = 납부세액 + 매입세액 – 매입세액불공제액이므로 380,000원 = 100,000원 + 300,000원 – 20,000원으로 계산할 수 있다.

07 ③ 50,000,000원 + 3,500,000원 + 5,000,000원 = 58,500,000원
- 대손금, 판매장려금, 하자보증금은 과세표준에서 공제하지 않는다.
- 장려물품(현물)과 물품증정(개인적공급)은 시가로 과세표준에 산입한다.

5. 매입세액의 계산

◢ 01 매입세액의 계산구조

매입세액이란 자기의 과세사업을 위하여 사용되었거나 사용될 재화 또는 용역의 공급, 재화의 수입에 대한 세액공제이다. 매입세액 해당 항목은 다음 표와 같다.

매출세액	과세표준 × 세율 + 예정신고누락분 ± 대손세액
(−)매입세액	1) 매입처별 세금계산서합계표상의 매입세액 2) 그 밖의 공제매입세액(+) 　① 신용카드매출전표 수취명세서 제출분 　② 의제매입세액, 재활용폐자원 등 매입세액 　③ 재고매입세액 　④ 과세사업용 전환 시 매입세액 　⑤ 변제대손세액 3) 공제받지 못할 매입세액(−) 　① 공제받지 못할 매입세액 　② 공통매입세액 면세사업분 　③ 대손처분받은 세액(대손금액×10/110)
(=) 납부(환급)세액	
(−) 예정신고 미환급세액(또는 예정고지세액)	
(−) 신용카드 매출전표 매입세액	
(−) 기타 공제·경감세액	
(+) 가산세액	
(=) 차가감 납부(환급)세액	

◢ 02 세금계산서 등에 의한 매입세액

1) 세금계산서 및 수입세금계산서 수취분

자기의 사업을 위하여 세금계산서 또는 전자세금계산서 등을 이용하여 재화를 매입하거나 또는 수입한 것 중 공제받을 수 있는 매입세액을 말한다.

2) 매입자발행세금계산서에 의한 매입세액공제 특례

부가가치세법상 납세의무자로 등록한 사업자(세금계산서 발급의무가 있는 간이과세자 포함)가 재화 또는 용역을 공급하고 세금계산서를 발급하지 아니한 경우 그 재화 또는 용역을 공급받은 자는 관할세무서장의 확인을 받아 매입자발행세금계산서를 발행할 수 있다.

3) 신용카드매출전표 수취명세서

일반과세자가 신용카드 매출전표 등(직불카드영수증·기명식선불카드영수증·현금영수증 등 포함)에 공급받는 자와 부가가치세액을 별도로 기재한 매출전표를 발급받은 경우에는 세금계산서를 발급받은 것으로 보아 매입세액을 공제한다.

03 공제받을 수 없는 매입세액

1) 등록 전 매입세액

2) 기업업무추진비와 이와 유사한 비용의 지출에 대한 매입세액

3) 세금계산서 미수취와 불분명 매입세액(영수증수취 매입세액)

4) 세금계산서합계표 미제출 및 부실기재 매입세액

5) 비영업용 소형승용차의 구입과 유지에 관한 매입세액

6) 사업과 관련 없는 지출에 대한 매입세액

7) 면세사업과 관련한 매입세액

8) 토지의 자본적 지출 관련 매입세액

단, 다음의 경우에는 매입세액을 공제받을 수 있다.
• 필요적 기재사항이 일부착오기재, 기타의 기재사항으로 거래사실이 확인되는 경우
• 예정신고 시 누락된 것을 확정신고 때 신고하면 가능
• 국세기본법에 의해 과세표준신고서와 함께 제출하는 경우
• 국세기본법에 의해 경정청구서와 함께 제출해 확인하여 경정기관이 경정하는 경우

> ■ 소형승용차의 정의
> 소형승용차란 사람의 수송만을 목적으로 제작된 일반형 승용자동차로서 개별소비세 과세대상이 되는 차량을 말한다. 다만 화물차, 밴, 8인승 초과 승합차와 배기량 1,000cc 미만으로 길이 3.5m, 폭 1.5m 이하의 것은 개별소비세가 과세되지 않으므로 매입세액을 공제받을 수 있다.

☑️ 이론문제 | **매입세액의 계산**

01 20×1년 4월 15일에 사업을 개시하고, 4월 30일에 사업자등록신청을 하여, 5월 2일에 사업자등록증을 교부받았다. 제1기 부가가치세 확정신고 시 공제가능매입세액은 얼마인가? (단, 모두 세금계산서를 받은 것으로 가정한다.)

> • 3월 15일 : 상품구입액 300,000원(매입세액 30,000원) – 대표자 주민번호 기재분
> • 4월 15일 : 비품구입액 500,000원(매입세액 50,000원) – 대표자 주민번호 기재분
> • 5월 10일 : 기업업무추진비사용액 200,000원(매입세액 20,000원)
> • 6월 4일 : 상품구입액 1,000,000원(매입세액 100,000원)

① 100,000원   ② 120,000원
③ 150,000원   ④ 170,000원

02 사업자등록 전 매입세액이라도 매입세액공제가 허용되는 것은?

① 등록신청일로부터 역산하여 10일 이내의 매입세액
② 등록신청일로부터 역산하여 15일 이내의 매입세액
③ 등록신청일로부터 역산하여 20일 이내의 매입세액
④ 등록신청일로부터 역산하여 25일 이내의 매입세액

03 다음 중 매입세액 공제가 가능한 것은?

① 사업과 관련하여 발급받은 세금계산서상의 매입세액
② 면세사업관련 매입세액
③ 토지구입관련 매입세액
④ 사업과 관련하여 발급받은 일반영수증에 포함되어 있는 매입세액

04 다음 거래와 관련하여 발급받은 세금계산서상의 부가가치세를 공제받을 수 있는 매입세액은?

① 대표자 개인의 골프용품 구입
② 영업부서에서 사용할 승용차(5인승) 구입
③ 거래처 선물구입비
④ 사업자등록신청일 15일 전에 과세사업용 컴퓨터 구입(단, 주민등록번호 기재분이다.)

이론문제 정답 및 해설

01 ③ 4월 15일 비품구입액 + 6월 4일 상품구입액 = 150,000원
사업자등록신청일로부터 역산하여 20일 이내의 매입세액은 공제가 가능하다.

02 ③ 등록신청일로부터 역산하여 20일 이내의 매입세액은 공제가 된다.

03 ① 사업과 관련하여 발급받은 세금계산서상의 매입세액은 공제가 가능하다.

04 ④ 사업자등록신청일로부터 역산하여 20일 이내에 주민등록 기재분에 대한 매입세액은 공제 가능하다.
①은 사업과 관련 없는 지출, ② 비영업용 소형승용차관련, ③ 기업업무추진비 관련이므로 매입세액 불공제 대상이다.

6. 세금계산서

01 세금계산서 개관

구분	내용
의의	사업자가 재화·용역을 공급할 때 부가가치세를 거래징수한 사실을 증명하기 위하여 발급하는 계산서
기능	송장·청구서·대금영수증·증빙서류와 장부, 과세자료 기능
발급의무자	일반과세자 및 간이과세자로 사업자등록을 하고 재화 또는 용역을 공급하는 사업자
발급시기	1) 원칙 : 재화 또는 용역의 공급시기에 발급 2) 특례 　① 공급시기 도래 전 선발급 : 발급 인정, 7일 이내에 대가를 지급받는 경우 　② 공급시기 도래 후 후발급 : 월합계세금계산서 발급, 다음에 해당하는 경우에는 공급일이 속하는 달의 다음 달 10일까지 세금계산서 발급 가능 　　㉠ 거래처별로 1역월의 공급가액을 합계하여 당해 월의 말일자를 발행일자로 하여 세금계산서를 발급하는 경우 　　㉡ 거래처별로 1역월 이내에서 사업자가 임의로 정한 기간의 공급가액을 합계하여 그 기간의 종료일자를 발행일자로 하여 세금계산서를 발급하는 경우 　　㉢ 관계증빙서류 등에 의하여 실제거래사실이 확인되는 경우로서 당해 거래일자를 발행일자로 하여 세금계산서를 발급하는 경우
발급방법	재화·용역을 공급하는 사업자가 2매를 발행하여 1매는 공급자가 보관하고 1매는 공급받는 자에게 발급
필요적 기재사항	① 공급하는 사업자의 등록번호와 성명 또는 명칭 ② 공급받는 자의 등록번호 ③ 공급가액과 부가가치세액 ④ 작성연월일
임의적 기재사항	① 공급하는 자의 주소 ② 공급받는 자의 상호·성명·주소 ③ 공급하는 자와 공급받는 자의 업태와 종목 ④ 공급품목·단가와 수량·공급연월일·거래의 종류

▼ 세금계산서의 종류

구분		발급의무자
세금계산서	세금계산서	일반과세사업자 또는 4,800만원 초과 1억 400만원 이하 간이과세자가 발급
	전자세금계산서	
	수입세금계산서	세관장이 재화의 수입자에게 발급
	매입자발행세금계산서	매입자가 발급
계산서	계산서, 전자계산서	면세사업자
영수증	신용카드매출전표	간이과세자(공급대가 합계액이 4,800만원 이하) 또는 최종 소비자와 거래하는 사업자가 발급
	현금영수증	
	영수증	영세사업자, 면세사업자 등이 발급

02 전자세금계산서 발급

1) 발급의무자

법인사업자(영리법인, 국가·지방자치단체 등과 수익사업을 영위하는 비영리법인)와 직전 연도의 사업장별 재화 및 용역의 공급가액(면세공급가액 포함)의 합계액이 8,000만원 이상인 개인사업자만 발급한다.

2) 발급

원칙적으로는 공급일자에 발급하지만 세금계산서 발급특례가 적용된 경우에는 거래시기가 속하는 달의 다음 달 10일까지 발급한다.

3) 발급명세 전송

전자세금계산서의 발급의무자는 전자세금계산서를 발급하였을 때에 "발급일의 다음 날"까지 전자세금계산서 발급명세를 국세청장에게 전송하여야 한다.

4) 세금계산서 발급의무가 면제되는 경우

① 택시운송 사업자, 노점 또는 행상을 하는 자
② 소매업 또는 미용, 욕탕 및 유사서비스업을 영위하는 자가 공급하는 재화 또는 용역(다만, 소매업의 경우에는 공급받는 자가 세금계산서의 발급을 요구하지 아니하는 경우에 한함)
③ 무인자동판매기를 이용하여 재화 또는 용역을 공급하는 자
④ 전력 또는 도시가스를 실지로 소비하는 자(사업자가 아닌 자에 한한다)를 위하여 「전기사업법」에 의한 전기사업자 또는 「도시가스사업법」에 의한 도시가스사업자로부터 전력 또는 도시가스를 공급받는 명의자
⑤ 도로 및 관련시설 운영용역을 공급하는 자(다만, 공급받는 자로부터 세금계산서의 발급을 요구받은 경우는 제외)

⑥ 자가공급(판매목적 타사업장 반출 제외), 개인적공급, 사업상증여, 폐업 시 잔존재화로서 공급의제되는 재화

⑦ 영세율이 적용대상이 되는 재화·용역(단, 내국신용장, 구매확인서 등을 활용한 영세율세금계산서 발급 대상자는 제외)

⑧ 기타 국내사업장이 없는 비거주자 또는 외국법인에게 공급하는 재화·용역

⑨ 부동산임대용역 중 간주임대료

⑩ 전자서명인증사업자가 인증서를 발급하는 용역(다만, 공급받는 자가 사업자로서 세금계산서의 발급을 요구하는 경우는 제외)

03 영수증

1) 영수증발급의무자

간이과세자(직전연도 공급대가의 합계액이 4,800만원 미만인 자 또는 신규로 사업을 시작하는 개인사업자 중 간이과세자)와 일반과세자 중 소매업 등 주로 사업자가 아닌 자에게 재화·용역을 공급하는 일정한 사업을 영위하는 사업자이다.

2) 고객 요청 시 세금계산서 발급하여야 하는 사업

소매업, 음식점업(다과점업 포함), 숙박업, 간이과세자가 배제되는 전문자격사업 및 행정사업, 우정사업조직이 소포우편물을 방문접수하여 배달하는 용역을 공급하는 사업, 공인인증서를 발급하는 사업, 국내사업장이 없는 비거주자 또는 외국법인에 공급하는 재화 또는 용역 등이다.

3) 고객이 요청하더라도 세금계산서 발급할 수 없는 사업

이발·미용업, 목욕업, 극장업, 무도학원, 진료용역을 공급하는 사업, 전자적 용역 등이다.

4) 영수증 발급효과

부가가치세가 별도로 구분가능한 신용카드매출전표영수증 등 적격증빙을 받는 경우에는 매입세액공제를 받을 수 있다.

5) 간이과세자의 영수증 발급 적용기간

1역년의 공급대가의 합계액이 4,800만원에 미달하거나 그 이상이 되는 해의 다음 해의 7월 1일부터 6월 30일까지로 한다. 단, 신규사업자의 경우 사업개시일부터 사업을 시작한 해의 다음 해의 6월 30일까지로 한다.

✔️ 이론문제 | 세금계산서

01 다음 중 세금계산서의 필요적 기재사항이 아닌 것은?

① 작성연월일   ② 공급받는 자의 등록번호
③ 공급가액과 부가가치세액   ④ 공급연월일

02 부가가치세법상 세금계산서제도에 관한 다음 설명 중 옳은 것은?

① 모든 영세율 적용대상 거래는 세금계산서 발급의무가 면제된다.
② 세금계산서는 공급받는 자가 매입세액을 공제받기 위한 필수적인 자료이다.
③ 면세사업자도 공급받는 자가 요구하는 경우에는 세금계산서를 발급하여야 한다.
④ 세금계산서의 필요적 기재사항의 일부가 기재되지 않은 경우에도 그 효력이 인정된다.

03 부가가치세법상 세금계산서에 대한 설명 중 틀린 것은?

① 세금계산서의 작성연월일을 기재하지 않으면 세금계산서의 효력이 인정되지 않는다.
② 세금계산서를 공급받는 자의 성명을 기재하지 않아도 세금계산서의 효력이 인정된다.
③ 간주임대료에 대해서는 세금계산서를 발행해야 한다.
④ 휴대폰을 판매하는 소매업자는 세금계산서 대신 신용카드매출전표 등을 발급한 경우 세금
계산서를 발급할 수 없다.

04 다음 중 세금계산서 발급의무가 면제되는 재화와 용역을 공급하는 사업이 아닌 것은?

① 택시운송업   ② 소매업
③ 도매업   ④ 미용업

05 다음 중 세금계산서를 발급할 수 있는 경우는 어느 것인가?

① 영세율의 적용을 받는 재화의 공급
② 면세사업자가 공급하는 재화
③ 사업상 증여
④ 간주임대료에 해당하는 부동산 임대용역

이론문제 정답 및 해설

01 ④ 세금계산서의 필요적 기재사항에는 공급가액과 부가가치세액, 공급받는 자의 등록번호, 작성연월일, 공급하는 자의 등록번호와 성명 또는 명칭이 있다.

02 ② 세금계산서는 공급받는 자가 매입세액을 공제받기 위한 필수적인 자료이다.

03 ③ 간주임대료는 세금계산서를 임대인이나 임차인 어느 편이 부담하는지 불문하고 세금계산서를 발급하거나 발급받을 수 없다.

04 ③ 도매업은 일반과세자로 분류되어 세금계산서 발급의무가 있다.

05 ① 영세율 적용대상자는 과세사업자로서 세금계산서를 발급하여야 한다. 그러나 면세사업자가 공급하는 재화, 사업상증여(간주공급에 해당함), 간주임대료에 해당하는 부동산 임대용역에 대해서는 세금계산서를 발급하지 아니한다.

7. 신고와 납부세액

부가가치세법은 매출세액에서 매입세액을 공제하여 납부(환급)세액을 산출한다.

(−)	매출세액	과세표준 × 세율 + 예정신고누락분 ± 대손세액
	매입세액	= 세금계산서 등의 매입세액 + 기타공제 매입세액 − 공제받지 못할 매입세액
	납부세액	= 매출세액 − 매입세액
(−)	세액공제	• 신용카드매출전표 발급 등에 대한 세액공제 • 전자세금계산서 발급·전송에 대한 세액공제 • 전자신고에 대한 세액공제
(+)	가산세액	• 예정신고 미환급세액 및 예정고지세액
	차가감 납부세액	= 납부세액 ± 가산·공제세액

◢ 01 예정신고와 납부

1) 예정신고 · 납부의무자

영세법인을 제외한 법인사업자

2) 예정신고 · 납부를 할 수 있는 자

① 휴업 또는 사업부진 등으로 인하여 각 예정신고기간의 공급가액 또는 납부세액이 직전 과세기간의 공급가액 또는 납부세액의 1/3에 미달하는 자

② 각 예정신고기간분에 대하여 조기환급을 받고자 하는 자

3) 예정신고 · 납부기간과 기한

구분	예정신고 · 납부기간			예정신고 · 납부기한
	계속사업자	신규사업자	과세유형전환자	
1기 예정	1.1. ~ 3.31.	개업일 ~ 3.31.	① 1.1. ~ 유형전환 말일 ② 유형전환일 ~ 3.31.	4월 25일
2기 예정	7.1. ~ 9.30.	개업일 ~ 9.30.	① 7.1. ~ 유형전환 말일 ② 유형전환일 ~ 9.30.	10월 25일

① 과세유형전환자는 과세기간 개시일부터 유형전환 말일까지 분에 대해서 25일 이내에 확정신고 · 납부하여야 한다.

② 예정신고 · 납부기한은 예정신고 · 납부기간 종료 후 25일 이내이다.

4) 예정고지와 납부

소규모 영세사업자의 납세편의를 도모하고, 과세행정의 효율을 기하고자 관할세무서장이 직전기 납부세액의 50%를 고지하여 납부하도록 하는 것을 말한다.

① 예정고지 대상자 : 예정신고·납부를 하는 자를 제외한 개인사업자와 직전 과세기간 과세표준이 1.5억원 미만인 법인

② 예정고지·납부 제외 : 납부세액이 50만원 미만, 간이사업자에서 일반사업자로 변경된 경우이면 제외

③ 예정고지 기간 : 제1기(4.1. ~ 4.10.), 제2기(10.1. ~ 10.10.)

02 확정신고와 납부

사업자가 각 과세기간을 종료함으로써 과세표준과 납부세액 또는 환급세액을 정부에 신고하는 것을 말한다.

1) 확정신고·납부의무자

원칙은 과세사업자(영세율사업자, 면세포기사업자, 간이과세자 포함)이며 예외적으로 합병 시에는 합병 후 존속법인과 합병신설법인이 해당한다.

2) 확정신고·납부기간과 기한

구분	확정신고·납부기간			확정신고·납부기한
	계속사업자	신규사업자	과세유형전환자	
1기	1.1. ~ 6.30.	개업일 ~ 6.30.	1.1. ~ 폐업일(합병등기일)	7월 25일
2기	7.1 ~ 12.31.	개업일 ~ 12.31.	7.1. ~ 폐업일(합병등기일)	다음연도 1월 25일

3) 확정신고·납부 대상 및 제외 대상

예정신고 누락 과세표준과 세액, 가산세를 포함하고 예정신고 및 영세율 등 조기환급신고를 한 내용은 신고 대상에서 제외한다. 그 과세기간 종료 후 25일 내에 각 사업장 관할세무서장에게 신고·납부하여야 한다.

03 결정·경정 방법

1) 원칙

세금계산서, 장부, 기타 증빙을 근거로 하여 실지조사에 의하여 경정하여야 한다.

2) 예외(추계조사)

① 과세표준을 계산할 때 필요한 세금계산서, 수입세금계산서, 장부 또는 그 밖의 증명 자료가 없거나 그 중요한 부분이 갖추어지지 아니한 경우

② 세금계산서, 수입세금계산서, 장부 또는 그 밖의 증명 자료의 내용이 시설규모, 종업원 수와 원자재·상품·제품 또는 각종 요금의 시가에 비추어 거짓임이 명백한 경우

③ 세금계산서, 수입세금계산서, 장부 또는 그 밖의 증명 자료의 내용이 원자재 사용량, 동력(動力) 사용량이나 그 밖의 조업 상황에 비추어 거짓임이 명백한 경우

3) 추계조사 시 매입세액공제

① **원칙** : 추계조사에 따라 납부세액을 계산할 때 공제하는 매입세액은 발급받은 세금계산서를 관할세무서장에게 제출하고 그 기재내용이 분명한 부분으로 한정한다.

② **예외** : 재해 또는 그 밖의 불가항력으로 인하여 발급받은 세금계산서가 소멸되어 세금계산서를 제출하지 못하게 되었을 때에는 해당 사업자에게 공급한 거래상대방이 제출한 세금계산서에 의하여 확인되는 것을 납부세액에서 공제하는 매입세액으로 한다.

4) 결정 · 경정기관

① **일반적인 경우** : 각 사업장 관할세무서장이지만 국세청장이 중요하다고 할 경우에는 관할 지방국세청장 또는 국세청장이 된다.

② **총괄납부사업인 경우** : 각 사업장 관할세무서장이지만 국세청장이 중요하다고 할 경우에는 관할 지방국세청장 또는 국세청장이 된다.

◢ 04 일반환급

1) 과세기간별 일반환급

확정신고기한 경과 후 30일 내(조기환급은 15일 이내)에 환급되어야 한다.

2) 결정 · 경정에 의한 환급

지체없이 환급되어야 한다.

◢ 05 조기환급

1) 조기환급대상

① 영세율을 적용받는 경우

② 사업설비(감가상각자산)를 신설, 취득, 확장 또는 증축하는 경우

③ 조기환급기간, 예정신고기간 또는 과세기간의 종료일 현재 재무구조개선계획승인권자가 승인한 재무구조개선계획을 이행 중인 경우

2) 조기환급신고기한

예정신고기간 중 또는 과세기간 최종 3개월 중 매월 또는 매 2월에 조기환급기간이 끝난 날부터 25일 이내이다.

3) 조기환급기한

각 조기환급기간별로 해당 조기환급신고기한이 지난 후 15일 이내이다.

✅ 이론문제 | **신고와 납부세액**

01 다음은 20×1년도 제1기 부가가치세 확정신고기간의 영업실적 자료로 납부하여야 할 부가가치세액은 얼마인가?

구분	내용	공급가액
매출	현금판매	40,000,000원
	외상판매	20,000,000원
매입	상품	20,000,000원
	원재료	10,000,000원

① 2,000,000원   ② 3,000,000원

③ 4,000,000원   ④ 5,000,000원

02 다음 자료에 의해 부가가치세 납부세액을 계산하면 얼마인가? (단, 모든 거래금액은 부가가치세 별도임)

- 총매출액은 22,000,000원이다.
- 총매입액은 20,000,000원으로 기계장치구입액 5,000,000원과 거래처 선물구입비 3,000,000원이 포함되어 있다.

① 1,000,000원   ② 200,000원

③ 1,800,000원   ④ 500,000원

03 모니터를 제조·판매하는 기업에서 다음 자료에 의해 부담한 부가가치세의 납부세액은 얼마인가?

- 모니터 30,000,000원을 제조·판매하였다.
- 모니터 제조·판매를 위하여 원재료 20,000,000원에 구입하다.
- 위의 금액에는 부가가치세가 포함되어 있지 않다.

① 1,000,000원   ② 2,000,000원

③ 3,000,000원   ④ 0원

04 다음의 경우 제2기 확정신고 납부 시 납부세액은 얼마인가?

거래내역	거래금액
가. 국내외상판매액(세금계산서분)	50,000,000원(공급가액)
나. 상품매입액(세금계산서분)	40,000,000원(공급가액)
다. 사업과 관련 없는 매입 지출	3,300,000원(공급대가)

① 1,000,000원   ② 2,000,000원

③ 3,000,000원   ④ 4,000,000원

05 일반과세사업자의 다음 자료에 대한 부가가치세액은 얼마인가? (단, 거래금액에는 부가가치세가 포함되어 있지 않다.)

• 외상판매액	20,000,000원
• 사장 개인사유로 사용한 제품(원가 800,000원, 시가 1,200,000원)	800,000원
• 비영업용 소형승용차(2,000cc) 매각대금	1,000,000원
• 화재로 인하여 소실된 제품	2,000,000원
계	23,800,000원

① 2,080,000원   ② 2,120,000원

③ 2,220,000원   ④ 2,380,000원

06 다음 자료에 의하여 상품판매기업의 부가가치세 납부세액을 계산하면 얼마인가?

• 상품매출액은 52,415,000원으로 전액 현금매출분으로 부가가치세가 포함된 공급대가임
• 세금계산서를 받고 매입한 상품의 공급가액의 합계액은 28,960,000원이고, 이 중 거래처에 지급할 선물 구입비 1,500,000원(공급가액)이 포함되어 있음

① 1,719,000원   ② 2,019,000원

③ 2,345,500원   ④ 2,499,500원

이론문제 정답 및 해설

01 ② 매출세액(60,000,000 × 10%) − 매입세액(30,000,000 × 10%) = 납부세액 3,000,000원이 된다.

02 ④ 거래처 선물구입비는 매입세액불공제 대상이다. 따라서 납부세액은 22,000,000원 × 10% − (2,000,000
원 − 300,000원) = 500,000원이 된다.

03 ① 매출세액 : 30,000,000원 × 10% = 3,000,000원, 매입세액 : 20,000,000원× 10% = 2,000,000원,
납부세액 : 매출세액 − 매입세액 = 1,000,000원이 된다.

04 ① 국내외상판매액 50,000,000원 × 10% − 상품매입분 40,000,000원 × 10% = 1,000,000원이다. 단,
"다"의 사업과 관련 없는 매입세액 지출은 제외한다.

05 ③ 제품을 재해로 인하여 소실한 경우에는 재화의 공급으로 보지 아니하며, 의제공급에 해당하는
경우에는 시가를 기준으로 과세한다.
∴ 2,220,000원 = 2,000,000원(외상판매액) + 120,000원(개인적 공급) + 100,000원(비영업용승
용차매각대금)

06 ② 매출세액 = 52,415,000원 × 10 ÷ 110 = 4,765,000원
매입세액 = 28,960,000원 × 10% = 2,896,000원
공제받지 못할 매입세액 = 1,500,000원 × 10% = 150,000원
∴ 납부세액 = 4,765,000원 − (2,896,000원 − 150,000원) = 2,019,000원

전산회계 1급
실무

01 프로그램의 설치 및 기초정보관리

◢ 01 프로그램의 설치

1) 한국세무사회자격시험 홈페이지(https://license.kacpta.or.kr/)에서 교육용프로그램 케이렙 (수험용)을 다운로드한 후 설치를 하고 바탕화면에서  아이콘을 실행하면 아래의 화면을 확인할 수 있다.

2) 프로그램 실행 후 첫 화면에서 종목 선택 : 3.전산회계1급을 선택하고 로그인한다. 프로그램을 처음 실행한 경우 회사데이터가 없으므로 회사등록 아이콘을 눌러서 회사등록을 먼저 한다.

[등록 전 화면]

◢ 02 회사등록

실습하기

(주)박문한복의 사업자등록증상의 내용을 확인하여 등록한다.

회사코드	2000	구분	법인
회계연도	제9기 2025년 01월 01일 ~ 2025년 12월 31일	대표이사 주민등록번호	770911-2774913
법인구분	내국법인	사업장동코드	1135010300
주업종코드	181103	본점동코드	1135010300

사 업 자 등 록 증

(법인과세자)

등록번호 : 109-81-33490

상   호 : (주)박문한복
대   표   자 : 정나예
법 인 등 록 번 호 : 110111-1146045
개 업 년 월 일 : 2017년 1월 21일
사업장 소재지 : 서울 노원구 공릉로 97
본 점 소재지 : 서울 노원구 공릉로 97
사 업 의 종 류 : 업태 제조/도매   종목 한복
교 부 사 유 : 신규
공 동 사 업 자 :

사업자단위과세 적용사업자여부 : 여(   ) 부(✓)
전자세금계산서 전용 메일주소 : na@naver.com

2017년 1월 21일
노원세무서장   (인)

NTS ✿ **국세청**   전자문서(pdf파일)로 발급된 소득공제증명서류입니다. 전자문서는 출력용으로 사용할 수 없습니다. 전자문서 진본여부 확인은 홈페이지(yesone.go.kr) 자료실을 참고 바랍니다.

실습하기 작업순서

① 회사등록 기본사항 탭에서 사업자등록증상의 내용을 입력한다. 추가사항 탭에서는 신고담당자 메일 주소를 입력한다.

[등록 후 화면]

② 사업자등록증상의 내역을 등록한 이후 메뉴를 닫고 프로그램 첫 화면에서 회사코드 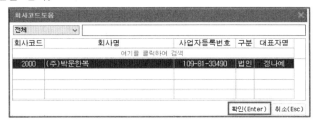 아이콘을 누르면 회사코드 2000, (주)박문한복을 확인할 수 있다. 해당 창에서 확인을 눌러 (주)박문한복으로 로그인을 한다.

[로그인 후 전체메뉴화면]

재무회계 ⇨ 기초정보관리 ⇨ 회사등록

[회사등록메뉴 설명]

1. **코드** : 0101~9999 사이의 코드 중에서 사용하고자 하는 코드를 4자리로 입력한다.
2. **회사명** : 사업자등록증상의 상호를 입력한다.
3. **구분** : 법인사업자 1번(자동으로 선택됨), 개인사업자 2번
4. **사용** : 사용 0번, 미사용 1번

[기본사항 탭]

1. **회계연도** : 등록하는 회사의 기수, 회계연도를 입력한다.
2. **사업자등록번호** : 등록증에 기재된 번호를 입력한다.

사업자등록번호 체계

사업자등록번호는 예를 들면 123-45-67890으로 표시한다.

▶ 앞의 3자리 : 사업장이 소재하고 있는 관할세무서 코드를 의미한다.

▶ 중간의 2자리				
개인사업자	01~79	과세사업자	89	법인이 아닌 종교단체
	80	아파트관리사무소 등	90~99	면세사업자
법인사업자	81,86,87	영리법인의 본점	82	비영리법인의 본/지점
	85	영리법인의 지점	84	외국법인의 본/지점

▶ 뒤의 5자리 : 4자리까지는 일련번호이며, 마지막 1자리는 검증번호를 의미한다.

3. 과세유형 : 일반과세자 1번, 간이과세자 2번, 면세사업자 3번

👉 **알아두기**

▶ **일반과세자** : 법인사업자도 해당하며 개인사업자 중에서도 직전연도 공급대가 합계액이 연 1억 400만원을 초과하는 사업자를 말한다.

▶ **간이과세자** : 법인사업자는 해당 없으며 개인사업자 중에서 직전연도 공급대가 합계액이 연 1억 400만원을 미달하는 사업자를 말한다.

▶ **면세사업자** : 법인세법 또는 소득세법상에 사업자등록을 하였으나 부가가치세법에서는 신고의무는 있으나 납부의무가 없는 사업자를 말한다.

4. **대표자명, 대표자거주구분** : 사업자등록증에 기재된 대표자 이름을 입력하며 대표자가 2인 이상일 때는 대표자 1인만을 입력하고 그 밖의 대표자는 "외몇명"으로 입력한다.

5. **대표자주민번호** : 사업자등록증에 기재된 주민등록번호를 입력한다. 대표자 외국인 여부는 내국인인 경우는 [1.여]로, 외국인인 경우는 [0.부]로 선택한다.

6. **사업장주소** : [F2 코드도움] 또는 💬 아이콘을 눌러서 도로명을 입력하여 검색을 한다.

7. **본점주소** : [F2 코드도움] 또는 💬 아이콘을 눌러서 도로명을 입력하여 검색을 한다.

8. ~ 10. **업태, 종목, 부가세 전자신고 시 적용될 주업종코드**를 입력한다. 업종이 여러 개일 경우 수입금액이 가장 큰 업종을 입력한다.

11. ~ 12. 사업장전화번호, 팩스번호를 입력한다.

13. **법인구분** : [1.내국법인, 2.외국법인, 3.외투법인] 중에서 선택한다.

14. **법인종류별구분** : [5.중소기업]을 선택한다.

15. **중소기업여부** : [여]를 선택한다.

16. ~ 18. 사업자등록증상의 설립연월일, 개업연월일을 입력한다. 폐업할 경우 폐업일자를 입력한다.

19. ~ 20. **사업장동코드, 본점동코드** : 각종 납부서에 반영될 사업장주소의 동코드와 본점주소의 동코드를 입력한다.

21. ~ 22. **사업장관할세무서, 본점관할세무서** : [F2 코드도움] 또는 💬 아이콘을 눌러서 사업장 주소지의 관할 세무서를 입력한다.

23. **지방소득세납세지** : 지방소득세납부서에 반영될 납세지명을 입력한다.

24. **지방세법인구분** : [F2 코드도움] 또는 아이콘을 눌러서 지방세법인구분을 입력한다.

PART
02

[추가사항 탭]

1. **부가세신고방법** : [1.사업장별, 2.총괄납부, 3.사업자단위] 중 하나를 선택하여 입력한다.
   ① 사업장별 : 사업장별로 부가가치세를 신고납부하고자 하는 경우 선택한다.
   ② 총괄납부 : 납부를 주사업장에서 하고자 하는 경우에 선택한다.
   ③ 사업자단위 : 납부뿐만이 아닌 신고, 세금계산서발행 등도 주사업장에서 할 경우 선택한다.
2. **반기별납부여부** : 원천 소득세 신고납부를 매월하지 않고 6개월분을 합하여 다음달 10일까지 신고할 경우 선택한다.
3. **신고담당자** : 각종 신고담당자를 입력한다.
4. **신고담당자전화번호** : 신고담당자의 전화번호를 입력한다.
5. **대표자핸드폰번호** : 대표자의 핸드폰번호를 입력한다.
6. **신고담당자이메일** : 신고담당자의 이메일주소를 입력한다.
7. **주류코드** : 주류 도,소매업을 영위하는 회사는 주류코드를 조회하여 입력한다.
8. **국세환급금계좌** : 국세환급받을 은행명은 [F2 코드도움] 또는 아이콘을 눌러서 조회하여 선택하고, 지점명은 직접 입력한다.
9. **국세환급금계좌번호** : 국세환급받을 계좌번호를 입력한다.
10. **사업자단위승인번호** : 사업자단위과세제도를 적용받는 사업자는 과세관청으로부터 부여받은 승인번호를 입력한다.
11. **종사업자번호** : 주사업장총괄납부 및 사업자단위과세제도를 적용할 경우 종사업자번호를 입력한다.
12. **영문회사명** : 영문회사명을 입력한다.
13. **영문주소** : 영문주소를 입력한다.
14. **영문대표자명** : 영문대표자명을 입력한다.
15. **비밀번호** : 다른 사용자의 접근 방지를 위해 설정한 비밀번호를 입력한다.
16. **본점여부** : 당 회사가 본점인 경우에는 [1.여]를 선택하며, 아닌 경우에는 [0.부]를 선택하여 입력한다. [0.부]를 선택한 지점회사의 경우는 본점회사코드를 입력한다.
17. **본점회사코드** : [16.본점여부]에서 [0.부]를 선택한 지점회사는 본점회사코드를 입력한다.
18. **본점전화번호** : 본점전화번호를 입력한다.
19. **수입부가가치세 납부유예** : 부가가치세 신고 시 수입세금계산서 부가가치세 납부유예를 신청한 경우 시작일과 종료일을 입력한다.

02 기초정보관리 및 전기분재무제표

◢ 01 환경등록

재무회계 ⇨ 기초정보관리 ⇨ 환경등록

환경등록 메뉴는 프로그램을 본격적으로 사용하기 이전에 시스템의 환경설정을 등록하는 메뉴로서 회사 설정에 맞는 환경을 등록하는 메뉴이다. 프로그램 전반에 걸쳐 영향을 미치기 때문에 초기 설정값을 신중하게 고려하여 등록하며 초기에 등록한 내역은 가급적 변경하지 않고 사용하는 것이 좋다.

회계	원천	법인					툴바 / 메인 / 검색 / 최근 / 업체 / 계산 / 정보

1 부가세 소수점 관리

	자 리 수	끝 전 처 리
수 량		
단 가	0	1.절사
금 액		2.올림

2 분개유형 설정

매 출	0401	상품매출
매 출 채 권	0108	외상매출금
매 입	0146	상품
매 입 채 무	0251	외상매입금
신용카드매출채권	0120	미수금
신용카드매입채무	0253	미지급금

3 추가계정 설정

구 분	유 형	계 정 과 목 추 가
매 출	매 출	
	매출채권	
매 입	매 입	
	매입채무	

4 부가세 포함 여부

카과, 현과의 공급가액에 부가세 포함	1.전체포함
건별 공급가액에 부가세 포함	1.포함
과세 공급가액에 부가세 포함	0.전체미포함

5 봉사료 사용 여부 — 0.사용안함

6 유형:불공(54)의 불공제 사유 — 2
유형:영세율매출(12.16) 구분 —

7 단가 표시 — 1.사용

8 표준(법인세)용 재무제표 — 1.일반법인

9 건물외 유형고정자산 상각방법 — 1.정률법

10 고정자산 간편자동등록 사용 — 1.사용

11 현장코드 엔터키 자동복사 — 0.사용안함

12 부서사원코드 엔터키 자동복사 — 0.사용안함

13 프로젝트코드 엔터키 자동복사 — 0.사용안함

14 세금계산서 인쇄시 복수거래 정렬 방법 — 1.입력순

15 의제류 자동 설정 — 0.없음
의제매입공제율 — 6 / 106
재활용매입공제율 — 6 / 106
구리 스크랩등 — 5 / 105

16 신용카드매입 입력창 사용여부(일반전표) — 0.사용안함

17 휴일 표시 사용여부 — 1.사용

[회계 탭 설명]

분개유형 설정

1. 매입, 매출

매입매출전표 입력 시 자동분개되는 매입, 매출 계정코드이며, 기본값이 "0146(상품)", "0401(상품매출)"로 설정되어 있으므로 자주 사용하는 계정과목이 제품매출, 원재료 매입이거나, 다른 매출 매입일 때 해당 계정과목으로 수정한다.

2. 매입채무, 매출채권

매입매출전표 입력 시 자동분개되는 매입채무, 매출채권 계정코드이며, 기본값이 "0251(외상매입금)", "0108(외상매출금)"으로 설정되어 있으므로 주 매입채무계정이 외상매입금, 주 매출채권계정이 외상매출금이 아닌 경우에는 사용자가 직접 해당 계정과목으로 수정한다.

3. 신용카드매출채권, 신용카드매입채무

매입매출전표 입력 시 자동분개되는 카드매입채무, 카드매출채권 계정코드이며, 기본값이 "0253(미지급금)", "0120(미수금)"으로 설정되어 있으며 수정 가능하다.

▌실습하기

(주)박문한복의 환경등록을 수행하시오.

[분개유형설정]
- 매출 : 0404.제품매출
- 매입 : 0153.원재료
- 신용카드매출채권 : 0108.외상매출금
- 고정자산 간편자동등록 : 0.사용안함

✎ 실습하기 작업순서

① 환경등록 메뉴 회계탭에서 2.분개유형 설정을 변경하여 등록하고 10.고정자산 간편자동등록 사용여부를 사용안함으로 등록한다.

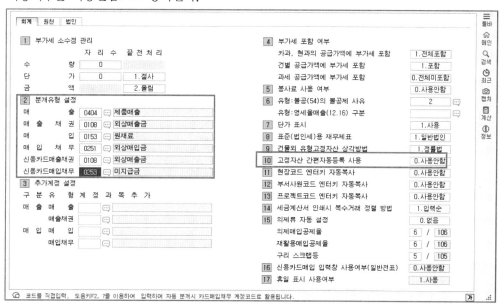

[환경등록 실습화면]

△02 거래처등록

재무회계 ⇨ 기초정보관리 ⇨ 거래처등록

회사의 거래처를 일반거래처, 금융기관, 신용카드로 구분하여 등록하는 메뉴이다. 일반거래처 탭에서는 매출거래처, 매입거래처, 매입과 매출이 같이 발생하는 거래처는 동시로 구분하여 등록한다. 사업자등록증이 없는 개인거래처는 주민등록번호를 주민기재분에 여로 등록하여 사용한다. 금융기관탭에서는 회사와 거래하는 금융기관의 정보를 입력하고 당좌예금이나 보통예금 등의 해당 금융기관을 등록한다. 신용카드 탭에서는 매출카드(가맹점정보), 매입카드의 관련 정보를 등록하여 사용한다.

[일반거래처등록메뉴 설명]
1. **코드** : 0101~97999 사이의 코드로 입력한다.
2. **거래처명** : 한글 30자, 영문 30자 이내로 입력한다. 거래처명은 등록 이후 변경이 가능하다.
3. **등록번호** : 사업자등록증상의 사업자등록번호를 입력한다. 화면 우측에서 사업자등록번호에 입력을 하면 반영된다. [사업자등록상태조회]를 클릭할 경우 국세청 홈페이지로 연결되어 등록하고자 하는 사업자등록번호를 조회하여 폐업자 또는 간이과세 등을 확인할 수 있다.
4. **유형** : 유형은 [1.매출, 2.매입, 3.동시]이며, 동시는 매출과 매입 동시에 해당될 때 선택한다. 선택 없이 엔터를 누를 경우 [3.동시]가 선택된다.
5. **주민등록번호** : 사업자등록증이 없는 개인과의 거래에서 주민등록번호로 세금계산서를 발행해야 하므로 주민등록번호를 기재하고 우측에서 주민기재분란에 [1:여]를 선택한다.
6. **대표자명** : 사업자등록증상의 대표자명을 입력한다.
7. **업종** : 사업자등록증상의 업태와 종목을 입력한다.
8. **주소** : 우편번호란에 커서를 두고 [F2 코드도움] 또는 💬 아이콘을 눌러서 거래처 사업장의 주소를 입력한다.
9. **업체담당자연락처** : 전자세금계산서를 수령할 거래처 담장자의 이메일, 전화번호, 메신저아이디 등을 입력한다. [사용]으로 체크된 사원에게 전자세금계산서가 발행된다.

[금융기관등록메뉴 설명]

1. **코드** : 98000~99599 사이의 코드를 입력한다.
   코드를 일련번호순으로 부여하고자 하는 경우에는 금융기관 코드에서 일련번호 숫자를 넣으면 자동으로 완성된다. 예를 들어, [98001]로 부여하고자 하면 [1]을 입력하면 [98001]로 완성된다.
2. **거래처명** : 보통예금, 당좌예금 등의 해당계좌 금융기관명을 입력한다.
3. **계좌번호** : 화면 우측에서 입력한 계좌번호가 자동반영된다.
4. **유형** : 예금의 종류이며 [1.보통예금, 2.당좌예금, 3.정기적금, 4.정기예금] 중 선택한다.
5. **계좌개설은행/지점** : 계좌개설은행 및 지점을 [F2 코드도움]으로 조회하여 선택한다.
6. **계좌개설일** : 계좌개설일을 입력한다.

[신용카드등록메뉴 설명]

1. **코드** : 99600~99999 사이의 코드를 입력한다.
2. **거래처명** : 신용카드사 상호명을 입력한다.
3. **가맹점(카드)번호** : 유형이 매출인 경우에는 가맹점번호를 입력하며 매입인 경우에는 카드번호를 입력한다.
4. **유형** : 매출인 경우에는 [1.매출], 매입인 경우에는 [2.매입]을 선택한다.
5. **사업자등록번호** : 신용카드 거래처의 사업자등록번호를 입력한다.
6. **가맹점 번호** : [매출]인 경우 가맹점번호를 입력한다.
7. **카드번호(매입)** : [매입]인 경우 카드번호를 입력한다.
8. **카드종류(매입)** : [매입]인 경우 카드종류를 선택한다.
   [1.일반카드, 2.복지카드, 3.사업용카드] 중 하나를 선택하며 이 구분입력은 신용카드매출전표등수령명세서에 반영된다.
   * 다른 항목은 문제에서 주어진 내용을 입력한다.

😋 **알아두기**

사업자등록번호 및 주민등록번호는 잘못 입력한 경우 붉은색으로 표기가 된다. 붉은색으로 표기가 되었다면 확인 후 재입력을 하도록 한다.

실습하기

(주)박문한복의 일반거래처, 금융기관, 신용카드 거래처를 등록하시오(단, 거래시작일은 실습의 편의를 위해서 2025년 1월 1일로 등록한다).

코드	거래처명	등록번호	유형	대표자 성명	업태	종목	주소
101	(주)우리한복	113-81-79632	매출	김가람	제조, 도매	한복	서울시 구로구 경인로 540 (구로동)
102	(주)목화주단	215-81-65190	매출	한겨례	제조, 도매	한복	경기도 하남시 서하남로 9 (감복동)
103	(주)한복담다	140-81-08202	매출	장노아	도매	한복	경기도 광명시 가학로 119 (가학동)
104	(주)가온정	215-81-73652	매출	정다온	도매	한복	서울 송파구 오금로 294 (가락동, 영성빌딩)
105	(주)명작	113-86-35930	매입	공마루	제조	한복	경기도 광명시 오리로 1000 (광명동)
106	(주)단한복	108-81-74182	매입	신보슬	제조	한복	서울시 영등포구 도신로 1 (대림동)
107	(주)화연	438-81-00086	매입	최소예	제조	한복	경기도 화성시 강여울길 10 (새솔동)
108	인천세관	601-83-00048	매입				
109	고래식당	106-56-12344	동시	김강민	음식	한식	서울 노원구 공릉로 101 (공릉동, 경동상가)
98001	국민은행	계좌번호 : 123456-12-1234 (유형 : 당좌예금, 계좌개설일 2017년 1월 28일)					
98002	신한은행	계좌번호 : 345-345-345 (유형 : 보통예금, 계좌개설일 2017년 1월 28일)					
99601	국민카드	카드번호 : 1111-2222-3333-4444 (구분 : 매입카드, 카드종류 : 3.사업용카드)					
99602	신한카드사	가맹점번호 : 12345678(구분 : 매출카드)					

실습하기 작업순서

① 일반거래처탭에서 거래처의 정보를 오타 없이 정확하게 입력한다.

② 금융기관 탭에서 금융기관 거래처의 정보를 입력한다.

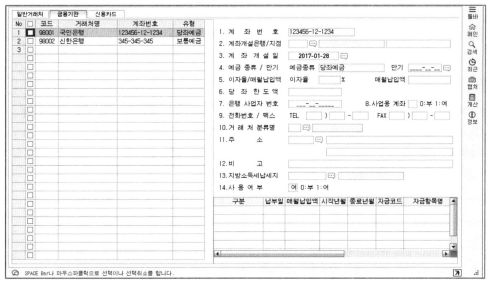

③ 신용카드 탭에서 신용카드 거래처의 정보를 입력한다.

알아두기

1. 거래처등록은 중요한 정보이므로 정확하게 입력하는 것이 좋다. 만약 코드를 잘못 입력하였다면 화면 상단에서 삭제아이콘을 사용해 삭제하고 다시 입력한다. 거래처명을 잘못 입력한 경우에도 재입력을 하면 된다. 하지만 코드를 잘못 입력한 후 추후 전표입력을 하였다면 삭제는 불가능하다.
2. 전산회계 1급 시험에서는 실무수험 수행 시 채권·채무와 관련된 거래처명은 반드시 기등록되어 있는 거래처코드를 선택해서 입력하여야 한다. 금융거래처가 제시되었다면 금융거래처도 입력을 하도록 한다.

▶ 실무시험 수행 시 거래처를 반드시 입력해야 하는 계정과목

채권	채무
외상매출금	외상매입금
받을어음	지급어음
미수금	미지급금
대여금(장기,단기)	차입금(장기,단기)
선급금	선수금
보통예금, 당좌예금 (은행명이 제시된 경우)	유동성장기부채
가지급금	가수금
임차보증금	임대보증금

◢ 03 계정과목 및 적요등록

재무회계 ⇨ 기초정보관리 ⇨ 계정과목 및 적요등록

계정과목은 일반기업회계기준에 따라 가장 일반적인 체계로 설정되어 있으며 필요에 따라 추가 등록하거나 기존에 사용하고 있는 계정과목을 수정하여 사용할 수 있으며, 계정과목에 필요한 적요사항(현금적요와 대체적요)도 기본적으로 등록된 것 이외에도 추가로 등록하여 사용할 수 있다.

[계정과목 및 적요등록 설명]

1. **계정체계** : 자산, 부채, 자본, 수익, 비용의 계정과목이 항목별로 계정코드의 범위가 설정되어 있다.

2. **코드/계정과목** : 일반적인 계정과목은 자동으로 설정되어 있으며 101~999까지의 코드로 구성되어 있다.

3. **성격** : 일반적인 항목은 초기값이 설정되어 있으며, 계정과목에 따라 성격이 다르므로 추가한 계정과목에 대해서는 사용자가 직접 선택한다.
   - ▶ 차감 : 재무제표 등에 차감하는 형식으로 표시 가능
   - ▶ 일반 : 일반적인 성질의 계정과목
   - ▶ 상각 : 감가상각이 필요한 자산

4. **관계** : 서로 관련이 있는 계정들을 연결하는 도구이다. 예를 들어 [451.상품매출원가] 계산 시 [146.상품]이 필요하듯이 서로 관계있는 계정을 연결하여 사용하게 된다.

5. **적요입력** : 각 과목별로 현금적요와 대체적요로 구분되어 있으며 전표입력 시 각 전표의 성격에 맞게 적요를 선택하기 위해 등록한다.
   - ▶ **현금적요** : 전표입력에서 입금전표와 출금전표와 같은 현금거래에서 해당 거래에 대한 사유를 입력하는 것으로 추가 또는 내용을 수정할 수 있다.
   - ▶ **대체적요** : 전표입력에서 대체전표의 거래에서 해당 거래에 대한 사유를 입력하는 것으로 추가 또는 내용을 수정할 수 있다.
   - ▶ **비용계정과목 입력 시 주의사항**

500번대	제조원가
600번대	도급원가, 분양원가
700번대	분양원가, 운송원가
800번대	판매비와관리비

전산회계 1급에서는 제조업 가정하에 시험이 진행되기 때문에 제조경비는 500번대, 판관비는 800번대로 회계처리한다.

🍲 알아두기

계정과목 추가 또는 수정방법

▸ **신규 계정과목 등록** : 계정과목 중 [사용자설정계정과목]은 신규계정과목을 등록할 수 있는 곳이므로 추가하고자 하는 계정과목을 입력하면 된다.

▸ **계정과목 수정** : 검정색 계정과목은 수정하고자 하는 계정과목을 직접입력하여 수정하고 붉은색 계정과목의 수정은 붉은색 계정과목을 클릭하고 [Ctrl + F2]를 동시에 누른 후 수정하고자 하는 계정과목을 입력한다.

▸ **자산의 차감적평가항목 대손충당금, 감가상각누계액을 입력할 경우** : 해당 계정과목 코드의 다음 코드로 등록한다.
  예를 들어 [108.외상매출금]의 대손충당금은 108번의 다음코드 [109.대손충당금]을 사용하며 [202.건물]의 감가상각누계액은 202번의 다음코드 [203.감가상각누계액]을 사용한다.

📋 실습하기

(주)박문한복의 계정과목및적요등록을 수행하시오(단, 붉은색 계정과목의 수정은 [Ctrl + F2]를 누른 후 수정한다).

① 판매관리비 복리후생비계정과목의 대체적요 3번 란에 "직원 명절선물대금"을 등록하시오.
② 판매관리비 코드 범위 내에서 829번에 "사무용품비"계정과목을 등록하시오(성격 : [3.경비]).
③ 138번 "전도금"을 "소액현금"으로 수정하여 등록하시오.
④ 영업외수익과 영업외비용의 아래 계정과목을 수정하시오.
  ㉠ 905.단기투자자산평가이익 → 단기매매증권평가이익
  ㉡ 906.단기투자자산처분이익 → 단기매매증권처분이익
  ㉢ 957.단기투자자산평가손실 → 단기매매증권평가손실
  ㉣ 958.단기투자자산처분손실 → 단기매매증권처분손실

✏️ 실습하기 작업순서

① 811번 복리후생비 계정과목을 클릭 ⇨ 대체적요 3번에 입력한다.

0811	복 리 후 생 비	3.경	비
0812	여 비 교 통 비	3.경	비
0813	기 업 업 무 추 진 비	3.경	비
0814	통 신 비	3.경	비
0815	수 도 광 열 비	3.경	비
0816	사 용 자 설 정 계 정 과 목		
0817	세 금 과 공 과	3.경	비
0818	감 가 상 각 비	3.경	비
0819	임 차 료	3.경	비
0820	수 선 비	3.경	비
0821	보 험 료	3.경	비
0822	차 량 유 지 비	3.경	비
0823	경 상 연 구 개 발 비	3.경	비
0824	운 반 비	3.경	비
0825	교 육 훈 련 비	3.경	비
0826	도 서 인 쇄 비	3.경	비
0827	회 의 비	3.경	비
0828	포 장 비	3.경	비
0829	사 용 자 설 정 계 정 과 목		
0830	소 모 품 비	3.경	비
0831	수 수 료 비 용	3.경	비
0832	보 관 료	3.경	비

계정수정구분 계정과목명, 성격 입력/수정 가능
표준재무제표 79 💬 4.복리후생비

적요NO	현금적요
1	일 숙직비 지급
2	직원식대및차대 지급
3	직원야유회비용 지급
4	직원식당운영비 지급
5	직원회식대 지급
6	회사부담 국민건강보험료 지급
7	임직원경조사비 지급
8	임직원피복비 지급

적요NO	대체적요
1	직원식당운영비 대체
2	직원회식대 미지급
3	직원 명절선물대금

② 판매관리비 계정체계에서 829번 사용자설정계정과목 칸에 직접 입력하여 등록한다.

	코드/계정과목	성격	관계
0829	사 무 용 품 비	3.경	비
0830	소 모 품 비	3.경	비
0831	수 수 료 비 용	3.경	비
0832	보 관 료	3.경	비
0833	광 고 선 전 비	3.경	비
0834	판 매 촉 진 비	3.경	비
0835	대 손 상 각 비	3.경	비
0836	기 밀 비	3.경	비
0837	건 물 관 리 비	3.경	비

계정코드(명) 0829 사무용품비
성격 3.경 비 외화 0.부
관계코드(명) 💬
영문명 User setup accounts
과목코드 0829 💬 사용자설정계정과목
계정사용여부 1 (1:여/2:부) 업무용차 여부 2
계정수정구분 계정과목명, 성격 입력/수정 가능
표준재무제표 124 💬 36.기타

③ 138번 "전도금" 클릭하고 [Ctrl + F2] 누른 후 ⇨ "소액현금"으로 수정 입력한다.

	코드/계정과목	성격	관계
0138	소 액 현 금	3.일	반
0139	선 급 공 사 비	3.일	반
0140	이 연 법 인 세 자 산	3.일	반
0141	현 금 과 부 족	3.일	반
0142	미 결 산	3.일	반
0143	본 지 점	3.일	반
0144	사 용 자 설 정 계 정 과 목		
0145	사 용 자 설 정 계 정 과 목		

계정코드(명) 0138 소액현금
성격 3.일 반 외화 0.부
관계코드(명) 💬
영문명 Advanced money
과목코드 0138 💬 전도금
계정사용여부 1 (1:여/2:부) 업무용차 여부 2
계정수정구분 모든 항목 입력/수정 불가
표준재무제표 39 💬 8.기타당좌자산

④-⑤ 905번 단기투자자산평가이익 계정과목 클릭 ⇨ 단기매매증권평가이익으로 수정

	코드/계정과목	성격	관계
0905	단기매매증권평가이익	2.일	반
0906	단기투자자산처분이익	2.일	반
0907	외 환 차 익	2.일	반
0908	대 손 충 당 금 환 입	2.일	반
0909	수 수 료 수 익	2.일	반
0910	외 화 환 산 이 익	2.일	반
0911	사 채 상 환 이 익	2.일	반
0912	전 기 오 류 수 정 이 익	2.일	반
0913	차 자 브스축다그하이	2.일	반

계정코드(명) 0905 단기매매증권평가이익
성격 2.일 반 외화 0.부
관계코드(명) 💬
영문명 Gains from valuation of short-term inv
과목코드 0905 💬 단기투자자산평가이익
계정사용여부 1 (1:여/2:부) 업무용차 여부 2
계정수정구분 계정과목명, 성격 입력/수정 가능
표준재무제표 139 💬 6.단기투자자산평가이익

④-ⓛ 906번 단기투자자산처분이익 계정과목 클릭 ⇨ 단기매매증권처분이익으로 수정

코드/계정과목	성격	관계
0905 단기매매증권평가이익	2.일	반
0906 단기매매증권처분이익	2.일	반
0007 외 한 차 익	2.일	빈
0908 대 손 충 당 금 환 입	2.일	반
0909 수 수 료 수 익	2.일	반
0910 외 화 환 산 이 익	2.일	반
0911 사 채 상 환 이 익	2.일	반
0912 전 기 오 류 수정이익	2.일	반
0913 하 자 보수충당금환입	2.일	반

계정코드(명)	0906 단기매매증권처분이익
성격	2.일 반 외화 0.부
관계코드(명)	
영문명	Gains on disposal of short-term invest
과목코드	0906 단기투자자산처분이익
계정사용여부	1 (1:여/2:부) 업무용차 여부 2
계정수정구분	계정과목명, 성격 입력/수정 가능
표준재무제표	135 가.단기매매증권처분이익

④-ⓒ 957번 단기투자자산평가손실 계정과목 클릭 ⇨ 단기매매증권평가손실로 수정

코드/계정과목	성격	관계
0957 단기매매증권평가손실	2.일	반
0958 단기투자자산처분손실	2.일	반
0959 재 고 자 산 감모손실	2.일	반
0960 재 고 자 산 평가손실	4.평 가 손 실	
0961 재 해 손 실	2.일	반
0962 전 기 오 류 수정손실	2.일	반
0963 투 자 증 권 손상차손	2.일	반
0964 지 분 법 손 실	2.일	반
0965 무 형 자 산 손상차손	2.일	반

계정코드(명)	0957 단기매매증권평가손실
성격	2.일 반 외화 0.부
관계코드(명)	
영문명	Loss from valuation of short-term inve
과목코드	0957 단기투자자산평가손실
계정사용여부	1 (1:여/2:부) 업무용차 여부 2
계정수정구분	계정과목명, 성격 입력/수정 가능
표준재무제표	187 5.단기투자자산평가손실

④-ⓒ 958번 단기투자자산처분손실 계정과목 클릭 ⇨ 단기매매증권처분손실로 수정

코드/계정과목	성격	관계
0957 단기매매증권평가손실	2.일	반
0958 단기매매증권처분손실	2.일	반
0959 재 고 자 산 감모손실	2.일	반
0960 재 고 자 산 평가손실	4.평 가 손 실	
0961 재 해 손 실	2.일	반
0962 전 기 오 류 수정손실	2.일	반
0963 투 자 증 권 손상차손	2.일	반
0964 지 분 법 손 실	2.일	반
0965 무 형 자 산 손상차손	2.일	반

계정코드(명)	0958 단기매매증권처분손실
성격	2.일 반 외화 0.부
관계코드(명)	
영문명	Loss on disposal of short-term investi
과목코드	0958 단기투자자산처분손실
계정사용여부	1 (1:여/2:부) 업무용차 여부 2
계정수정구분	계정과목명, 성격 입력/수정 가능
표준재무제표	183 가.단기매매증권처분손실

◢ 04 전기분재무상태표

재무회계 ⇨ 전기분재무제표 ⇨ 전기분재무상태표

계속기업이 전기에 결산을 하게 되면 재무제표 자료가 이월되어 당해 연도에 기초 재무제표 자료가 된다. 입력한 전기분재무상태표의 자료는 거래처별초기이월 메뉴에서 자동으로 반영된다.

[전기분재무상태표 설명]

1. 전기분재무상태표의 제품(상품)은 전기분손익계산서의 제품(상품)매출원가 계산 시 기말제품(상품)재고액으로 자동반영된다.

2. 왼쪽에는 자산항목별로 입력을 하고 오른쪽에서는 부채 및 자본을 항목별로 입력을 한다.

3. 입력하는 방법
  ▶ 계정과목을 입력하는 방법
  ① [F2 코드도움]을 누르고 계정코드도움창이 뜨면 계정과목을 2글자 입력하여 계정과목을 선택한다.
  ② 코드란에 찾고자 하는 계정과목을 2글자 입력한 후 엔터를 치면 계정과목코드도움창이 뜨고 계정과목을 선택한다.

  ▶ 금액을 입력하는 방법
  키보드 오른쪽에서 "+"를 누르면 "000"이 입력되어 큰 금액을 입력할 경우 유용하게 사용할 수 있다.
  예를 들어 2,000,000원을 입력할 경우 2++를 누르면 된다.

  ▶ 대손충당금과 감가상각누계액 입력하는 방법
  대손충당금과 감가상각누계액은 자산의 차감적 평가항목으로서 해당 자산 계정과목 코드의 다음 코드를 사용한다.
  예를 들어 108.외상매출금 → 109.대손충당금
  　　　　　 110.받을어음　 → 111.대손충당금
  　　　　　 202.건물　　　 → 203.감가상각누계액
  　　　　　 208.차량운반구 → 209.감가상각누계액
  　　　　　 212.비품　　　 → 213.감가상각누계액

4. 가지급금과 가수금은 직책별로 입력한다.

직책				
직책	성명	반제적요	지급적요	금액
대표이사	정나예	1	4	

5. 퇴직급여충당부채는 제조와 판관비를 구분하여 입력한다.

퇴직급여충당부채(295) :	제 조		도 급		보 관	
	분 양		운 송		판 관 비	
퇴직연금충당부채(329) :	제 조		도 급		보 관	
	분 양		운 송		판 관 비	

6. 미처분이익잉여금은 375.이월이익잉여금 코드로 입력해야 하며, 미처리결손금은 376.이월결손금 코드로 입력해야 한다. 당기순이익과 당기순손실은 입력하지 않는다.

7. 입력을 완료하고 반드시 대차차액이 없는 것을 확인해야 한다.

실습하기

(주)박문한복의 전기분재무상태표를 입력하시오.

재무상태표

제8기 2024년 12월 31일 현재

회사명 : (주)박문한복 (단위 : 원)

과목	금액		과목	금액
자　　　　　산			부　　　　　채	
Ⅰ. 유 동 자 산		383,260,000	Ⅰ. 유 동 부 채	209,520,000
(1) 당 좌 자 산		347,260,000	외 상 매 입 금	65,000,000
현　　　　　금		80,000,000	지 급 어 음	42,000,000
당 좌 예 금		67,300,000	미 지 급 금	50,000,000
보 통 예 금		98,000,000	예 수 금	1,200,000
정 기 예 금		30,000,000	선 수 금	9,500,000
단 기 매 매 증 권		10,000,000	단 기 차 입 금	40,000,000
외 상 매 출 금	41,000,000		선 수 수 익	1,820,000
대 손 충 당 금	150,000	40,850,000	Ⅱ. 비 유 동 부 채	62,000,000
받 을 어 음	21,000,000		장 기 차 입 금	50,000,000
대 손 충 당 금	890,000	20,110,000	퇴직급여충당부채	12,000,000
미 수 금		1,000,000	부 채 총 계	271,520,000
(2) 재 고 자 산		36,000,000	자　　　　　본	
제　　　　　품		25,000,000	Ⅰ. 자 본 금	200,000,000
원 재 료		8,000,000	Ⅱ. 자 본 잉 여 금	0
재 공 품		3,000,000	Ⅲ. 자 본 조 정	0
Ⅱ. 비 유 동 자 산		261,000,000	Ⅳ. 기타포괄손익누계액	0
(1) 투 자 자 산		20,000,000	Ⅴ. 이 익 잉 여 금	172,740,000
장 기 대 여 금		20,000,000	이 익 준 비 금	50,000,000
(2) 유 형 자 산		141,000,000	이월이익잉여금	122,740,000
건　　　　　물	130,000,000		(당기순이익 :	
감 가 상 각 누 계 액	20,000,000	110,000,000	85,660,000)	
차 량 운 반 구	49,000,000		자 본 총 계	372,740,000
감 가 상 각 누 계 액	18,000,000	31,000,000		
(3) 무 형 자 산		50,000,000		
특 허 권		50,000,000		
(4) 기 타 비 유 동 자 산		50,000,000		
임 차 보 증 금		50,000,000		
자 산 총 계		644,260,000	부 채 와 자 본 총 계	644,260,000

[퇴직급여충당부채 : 제조 7,000,000원, 판관비 5,000,000원]

 실습하기 작업순서

[전기분재무상태표 실습화면]

① 자산은 화면 좌측에서 입력하고 부채와 자본은 화면 오른쪽에서 입력한다.

② 정확하게 입력한 후 차변합계와 대변합계 금액이 일치하는지 확인하며 대차차액이 없는 것을 확인한다.

③ 대손충당금, 감가상각누계액은 해당 계정과목의 다음 코드를 선택하여 입력한다.

④ 전기분재무상태표의 제품금액은 전기의 기말제품재고액으로 전기분손익계산서의 제품매출원 가탭의 기말제품재고액 금액과 반드시 일치하여야 한다.

⑤ 퇴직급여충당부채는 화면 하단에서 제조와 판관비에 입력하면 반영된다.

⑥ 미처분이익잉여금은 375.이월이익잉여금으로 입력한다.

자산			부채 및 자본			계정별 합계	
코드	계정과목	금액	코드	계정과목	금액		
0101	현금	80,000,000	0251	외상매입금	65,000,000	1. 유동자산	383,260,000
0102	당좌예금	67,300,000	0252	지급어음	42,000,000	①당좌자산	347,260,000
0103	보통예금	98,000,000	0253	미지급금	50,000,000	②재고자산	36,000,000
0105	정기예금	30,000,000	0254	예수금	1,200,000	2. 비유동자산	261,000,000
0107	단기매매증권	10,000,000	0259	선수금	9,500,000	①투자자산	20,000,000
0108	외상매출금	41,000,000	0260	단기차입금	40,000,000	②유형자산	141,000,000
0109	대손충당금	150,000	0263	선수수익	1,820,000	③무형자산	50,000,000
0110	받을어음	21,000,000	0293	장기차입금	50,000,000	④기타비유동자산	50,000,000
0111	대손충당금	890,000	0295	퇴직급여충당부	12,000,000	자산총계(1+2)	644,260,000
0120	미수금	1,000,000	0331	자본금	200,000,000	3. 유동부채	209,520,000
0150	제품	25,000,000	0351	이익준비금	50,000,000	4. 비유동부채	62,000,000
0153	원재료	8,000,000	0375	이월이익잉여금	122,740,000	부채총계(3+4)	271,520,000
0169	재공품	3,000,000				5. 자본금	200,000,000
0179	장기대여금	20,000,000				6. 자본잉여금	
0202	건물	130,000,000				7. 자본조정	
0203	감가상각누계액	20,000,000				8. 기타포괄손익누계액	
0208	차량운반구	49,000,000				9. 이익잉여금	172,740,000
0209	감가상각누계액	18,000,000				자본총계(5+6+7+8+9)	372,740,000
0219	특허권	50,000,000				부채 및 자본 총계	644,260,000
0232	임차보증금	50,000,000					
차 변 합 계		644,260,000	대 변 합 계		644,260,000	대 차 차 액	

퇴직급여충당부채(295) :	제 조	7,000,000	도 급		보 관	
	분 양		운 송		판 관 비	5,000,000
퇴직연금충당부채(329) :	제 조		도 급		보 관	
	분 양		운 송		판 관 비	

☺ 코드을(를) 입력하세요.

알아두기

전산회계 1급 시험에서 전기분재무제표 문제풀 때 기억할 것!

1. 장부마감순서 : 전기분원가명세서 ⇨ 전기분손익계산서 ⇨ 전기분잉여금처분계산서 ⇨ 전기분재무상태표
2. 전기분재무상태표상의 기말재고가 자동반영되는 재무제표
   ① 상품 ⇨ 전기분손익계산서 ⇨ 상품매출원가탭 ⇨ 기말상품재고액
   ② 제품 ⇨ 전기분손익계산서 ⇨ 제품매출원가탭 ⇨ 기말제품재고액
   ③ 원재료 ⇨ 전기분원가명세서 ⇨ 원재료비탭 ⇨ 기말원재료재고액
   ④ 재공품 ⇨ 전기분원가명세서 ⇨ 기말재공품재고액
3. 전기분원가명세서의 당기제품제조원가는 전기분손익계산서의 제품매출원가탭에 당기제품제조원가와 일치하여야 한다.
4. 전기분손익계산서의 당기순이익은 전기분잉여금처분계산서의 당기순이익과 일치하여야 한다.
5. 전기분잉여금처분계산서의 미처분이익잉여금은 전기분재무상태표의 이월이익잉여금과 일치하여야 한다.
6. 반드시 전기분재무상태표의 대차차액이 없어야 한다.

05 전기분손익계산서

재무회계 ⇨ 전기분재무제표 ⇨ 전기분손익계산서

전년도 말의 손익계산서 자료를 입력하는 메뉴로서 비교식 손익계산서 작성자료로 제공된다. 계속사업자는 결산 시 [마감후이월]작업으로 자동반영된다.

[전기분손익계산서 설명]

1. 입력방식은 전기분재무상태표와 동일하다. 계정과목별로 금액을 정확하게 입력한 후 당기순이익을 확인한다.
2. 전기분재무상태표상의 기말제품재고액은 전기분손익계산서의 제품매출원가 계산 시 기말제품재고액으로 자동반영된다. 기말제품재고액을 수정하거나 금액이 반영되지 않았을 경우에는 전기분재무상태표에서 수정하거나 추가 등록을 해주어야 한다.
3. 입력하는 방법
   ▶ 계정과목을 입력하는 방법
   ① [F2 코드도움]을 누르고 계정코드도움창이 뜨면 계정과목을 2글자 입력하여 계정과목을 선택한다.
   ② 코드란에 찾고자 하는 계정과목을 2글자 입력한 후 엔터를 치면 계정과목코드도움창이 뜨고 계정과목을 선택한다.

> ▶ 금액을 입력하는 방법
> 키보드 오른쪽에서 "+"를 누르면 "000"이 입력되어 큰 금액을 입력할 경우 유용하게 사용할 수 있다.
> 예를 들어 2,000,000원을 입력할 경우 2++를 누르면 된다.

🍲 알아두기

전산회계 1급 시험에서 전기분손익계산서 문제풀 때 기억할 것!

1. 시험에서는 제시된 손익계산서를 보고 누락된 내용은 추가입력하거나 입력된 내용 중에서 수정해야 할 내용은 수정입력을 해서 당기순이익을 반드시 일치시켜야 한다.
2. 제품매출원가 탭에서 기말제품재고액은 전기분재무상태표에 입력된 내용이 자동반영되는 것이므로 시험에서 금액이 오류일 경우나 금액이 입력되어 있지 않았을 경우 전기분재무상태표에서 입력하여 반영시키도록 한다.

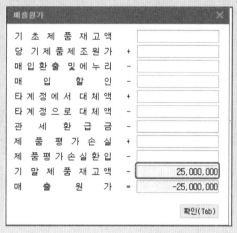

실습하기

(주)박문한복의 전기분손익계산서를 입력하시오.

손익계산서

제8기 2024년 1월 1일부터 2024년 12월 31일까지

회사명 : (주)박문한복 　　　　　　　　　　　　　　　　　　　　　　　　(단위 : 원)

과목	금액	
Ⅰ. 매　　　출　　　액		650,000,000
제　품　매　출	650,000,000	
Ⅱ. 제 품 매 출 원 가		245,000,000
기 초 제 품 재 고 액	80,000,000	
당 기 제 품 제 조 원 가	190,000,000	
기 말 제 품 재 고 액	25,000,000	
Ⅲ. 매　출　총　이　익		405,000,000
Ⅳ. 판 매 비 와 관 리 비		302,240,000
급　　　　　　여	120,000,000	
복　리　후　생　비	25,000,000	
여　비　교　통　비	4,600,00	
기 업 업 무 추 진 비	15,800,000	
통　　신　　비	1,800,000	
수　도　광　열　비	14,400,000	
세　금　과　공　과　금	1,700,000	
감　가　상　각　비	13,900,000	
임　　차　　료	48,000,000	
수　　선　　비	650,000	
보　　험　　료	4,500,000	
차　량　유　지　비	7,200,000	
운　　반　　비	950,000	
교　육　훈　련　비	9,000,000	
소　모　품　비	1,200,000	
수　수　료　비　용	410,000	
광　고　선　전　비	33,000,000	
잡　　　　비	130,000	
Ⅴ. 영　　업　　이　　익		102,760,000
Ⅵ. 영　업　외　수　익		0
Ⅶ. 영　업　외　비　용		16,100,000
이　자　비　용	6,100,000	
기　　부　　금	10,000,000	
Ⅷ. 법인세차감전순이익		86,660,000
Ⅸ. 법　　인　　세　　등		1,000,000
Ⅹ. 당　기　순　이　익		85,660,000

실습하기 작업순서

[전기분손익계산서 실습화면]

코드	계정과목	금액
0404	제품매출	650,000,000
0455	제품매출원가	245,000,000
0801	급여	120,000,000
0811	복리후생비	25,000,000
0812	여비교통비	4,600,000
0813	기업업무추진비	15,800,000
0814	통신비	1,800,000
0815	수도광열비	14,400,000
0817	세금과공과	1,700,000
0818	감가상각비	13,900,000
0819	임차료	48,000,000
0820	수선비	650,000
0821	보험료	4,500,000
0822	차량유지비	7,200,000
0824	운반비	950,000
0825	교육훈련비	9,000,000
0830	소모품비	1,200,000
0831	수수료비용	410,000
0833	광고선전비	33,000,000
0848	잡비	130,000
0951	이자비용	6,100,000
0953	기부금	10,000,000
0998	법인세비용	1,000,000

계정별합계

1.매출	650,000,000
2.매출원가	245,000,000
3.매출총이익(1-2)	405,000,000
4.판매비와관리비	302,240,000
5.영업이익(3-4)	102,760,000
6.영업외수익	
7.영업외비용	16,100,000
8.법인세비용차감전순이익(5+6-7)	86,660,000
9.법인세비용	1,000,000
10.당기순이익(8-9)	85,660,000
11.주당이익(10/주식수)	

🖳 코드를(를) 입력하세요.

[보충설명]

제품매출원가 입력 시 코드 455.제품매출원가를 입력하면 매출원가입력화면에서 기초제품재고액과 당기제품제조원가를 입력한다. 기말제품재고액은 전기분재무상태표에 입력된 금액이 자동반영된다.

매출원가

기 초 제 품 재 고 액		80,000,000
당 기 제 품 제 조 원 가	+	190,000,000
매 입 환 출 및 에 누 리	−	
매 입 할 인	−	
타 계 정 에 서 대 체 액	+	
타 계 정 으 로 대 체 액	−	
관 세 환 급 금	−	
제 품 평 가 손 실	+	
제 품 평 가 손 실 환 입	−	
기 말 제 품 재 고 액	−	25,000,000
매 출 원 가	=	245,000,000

확인(Tab)

06 전기분원가명세서

재무회계 ⇨ 전기분재무제표 ⇨ 전기분원가명세서

제조업에서 당기제품제조원가를 산출하기 위해 작성하는 명세서이다. 산출된 당기제품제조원가는 손익계산서작성 시 매출원가를 계산하는 데 반영된다. 전기분원가명세서의 기말원재료재고액과 기말재공품재고액은 전기분재무상태표의 원재료와 재공품의 금액과 일치해야 한다.

▌실습하기

(주)박문한복의 전기분원가명세서를 입력하시오.

제조원가명세서

제8기 2024년 12월 31일 현재

회사명 : (주)박문한복   (단위 : 원)

과목	금액	
Ⅰ. 원 재 료 비		67,000,000
기 초 원 재 료 재 고 액	25,000,000	
당 기 매 입 액	50,000,000	
기 말 원 재 료 재 고 액	8,000,000	
Ⅱ. 노 무 비		52,500,000
임 금	52,500,000	
Ⅲ. 경 비		73,500,000
복 리 후 생 비	14,000,000	
가 스 수 도 료	6,000,000	
전 력 비	7,000,000	
세 금 과 공 과	4,500,000	
감 가 상 각 비	9,000,000	
임 차 료	12,000,000	
수 선 비	6,000,000	
보 험 료	5,000,000	
차 량 유 지 비	10,000,000	
Ⅳ. 당기총제조비용		193,000,000
Ⅴ. 기초재공품재고액		
Ⅵ. 합 계		193,000,000
Ⅶ. 기말재공품재고액		3,000,000
Ⅷ. 타계정으로 대체액		
Ⅸ. 당기제품제조원가		190,000,000

실습하기 작업순서 ──

[전기분원가명세서 실습화면]

① 전기분원가명세서를 열면 매출원가 및 경비선택 화면에서 편집(tab)을 클릭한 후 제품매출원가의 사용여부를 "여"로 선택하고 하단에서 선택(tab)을 클릭한 다음 확인(Enter)을 클릭한다.

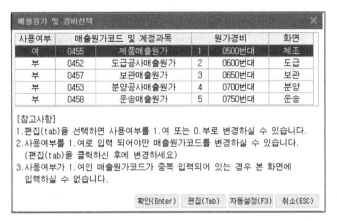

② 매출원가 및 경비를 선택하고 난 후 다음의 메시지가 표시되면 확인을 누른 후 입력을 한다.

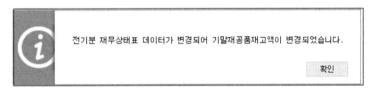

③ 원재료비의 보조화면에서 기초원재료재고액과 당기원재료매입액은 직접 입력하고 기말원재료재고액은 전기분재무상태표에 원재료금액이 자동반영된다.

코드	계정과목	금액
0501	원재료비	67,000,000
0504	임금	52,500,000
0511	복리후생비	14,000,000
0515	가스수도료	6,000,000
0516	전력비	7,000,000
0517	세금과공과	4,500,000
0518	감가상각비	9,000,000
0519	임차료	12,000,000
0520	수선비	6,000,000
0521	보험료	5,000,000
0522	차량유지비	10,000,000

계 정 별 합 계

1. 원재료비	67,000,000
2. 부재료비	
3. 노무비	52,500,000
4. 경비	73,500,000
5. 당기총제조비용	193,000,000
6. 기초재공품재고액	
7. 타계정에서대체액	
8. 합 계	193,000,000
9. 기말재공품재고액	3,000,000
10. 타계정으로대체액	
11. 당기제품제조원가	190,000,000

※ 기초재공품재고액과 타계정에서대체액, 타계정으로대체액이 있을 경우에는 직접 입력한다.

07 전기분잉여금처분계산서

재무회계 ➡ 전기분재무제표 ➡ 전기분잉여금처분계산서

[기초정보관리] 중 [전기분잉여금처분계산서]메뉴에 전기의 이익잉여금처분계산서 또는 결손금처리계산서의 처분내역을 입력하는 것으로서 계속기업의 경우 전년도의 마감 후 이월 메뉴에서 장부마감을 하면 다음 기수의 초기이월메뉴로 자동 반영된다. 계속기업이라도 처음 전산처리하는 경우에는 전기분 이익잉여금처분계산서 해당 코드번호와 금액을 입력하여야 한다.

또한 "미처분이익잉여금"은 전기분재무상태표에 [이월이익잉여금]으로 반영되어야 한다. 이때 차액은 이익잉여금처분의 내용으로 일반전표에서 처분확정일을 기준으로 대체분개하여 이월이익잉여금의 금액을 동일하게 해준다. 단, 유념할 것은 이월결손금은 음수(-)로 기재해야 한다.

차기이월이익잉여금을 계산하는 식은 다음과 같다.

차기이월이익잉여금 = 전기이월이익잉여금 + 당기순이익 - 이익잉여금처분액

실습하기

(주)박문한복의 전기분잉여금처분계산서를 입력하시오.

이익잉여금처분계산서

제8기 2024년 1월 1일부터 2024년 12월 31일까지

처분확정일 : 2025년 2월 27일

(주)박문한복   (단위: 원)

계정과목	금액	
Ⅰ. 미처분이익잉여금		122,740,000
1. 전기이월 미처분이익잉여금	37,080,000	
2. 당기순이익	85,660,000	
Ⅱ. 임의적립금 등의 이입액		
Ⅲ. 이익잉여금처분액		
1. 이익준비금	1,000,000	
2. 재무구조개선적립금		
3. 주식할인발행차금상각액		
4. 배당금		
가. 현금배당	10,000,000	
나. 주식배당		
5. 사업확장적립금		
6. 감채적립금		
7. 배당평균적립금		
Ⅳ. 차기이월 미처분이익잉여금		111,740,000

실습하기 작업순서

처분확정일자 2025 년 2 월 27 일

과목	계정과목명		제 8(전)기 2024년01월01일~2024년12월31일 금액	
	코드	계정과목	입력금액	합계
I.미처분이익잉여금				122,740,000
1.전기이월미처분이익잉여금			37,080,000	
2.회계변경의 누적효과	0369	회계변경의누적효과		
3.전기오류수정이익	0370	전기오류수정이익		
4.전기오류수정손실	0371	전기오류수정손실		
5.중간배당금	0372	중간배당금		
6.당기순이익			85,660,000	
II.임의적립금 등의 이입액				
1.				
2.				
합계(I + II)				122,740,000
III.이익잉여금처분액				11,000,000
1.이익준비금	0351	이익준비금	1,000,000	
2.재무구조개선적립금	0354	재무구조개선적립금		
3.주식할인발행차금상각액	0381	주식할인발행차금		
4.배당금			10,000,000	
가.현금배당	0265	미지급배당금	10,000,000	
주당배당금(률)		보통주(원/%)		
		우선주(원/%)		
나.주식배당	0387	미교부주식배당금		
주당배당금(률)		보통주(원/%)		
		우선주(원/%)		
5.사업확장적립금	0356	사업확장적립금		
6.감채적립금	0357	감채적립금		

◢08 거래처별초기이월

재무회계 ⇨ 전기분재무제표 ⇨ 거래처별초기이월

전기분재무상태표의 데이터가 자동반영되므로 반드시 전기분재무상태표를 먼저 입력해야 한다. 거래처별초기이월은 거래처별로 채권, 채무 등을 관리하기 위한 목적으로 입력하는 메뉴이며 입력후 거래처원장에 전기이월란에 표기된다.

거래처별초기이월 메뉴를 열어서 [F4 불러오기]를 클릭하면 전기분재무상태표 정보가 자동반영된다.

전기분재무상태표에서 데이터를 불러오시겠습니까?

예(Y)   아니오(N)

☕알아두기

전산회계 1급 시험에서 거래처별초기이월 문제풀 때 기억할 것!

1. 계정과목을 클릭하여 우측에서 거래처별로 금액을 입력한다.
2. 우측 하단에서 반드시 차액 "0"을 확인한다.

실습하기

(주)박문한복의 거래처별초기이월 사항을 등록 및 수정하시오.

계정과목	거래처명	금액
당좌예금	국민은행	67,300,000원
보통예금	신한은행	98,000,000원
외상매출금	(주)우리한복	20,000,000원
	(주)목화주단	21,000,000원
받을어음	(주)한복담다	10,000,000원
	(주)가온정	11,000,000원
외상매입금	(주)화연	30,000,000원
	(주)단한복	35,000,000원
지급어음	(주)명작	32,000,000원
	(주)단한복	10,000,000원

실습하기 작업순서

[거래처별초기이월 실습화면]

코드	계정과목	재무상태표금액		코드	거래처	금액
0102	당좌예금	67,300,000		98001	국민은행	67,300,000
0103	보통예금	98,000,000				
0105	정기예금	30,000,000				
0107	단기매매증권	10,000,000				
0108	외상매출금	41,000,000				
0109	대손충당금	150,000				
0110	받을어음	21,000,000				
0111	대손충당금	890,000				
0120	미수금	1,000,000				
0150	제품	25,000,000				
0153	원재료	8,000,000				
0169	재공품	3,000,000				
0179	장기대여금	20,000,000				
0202	건물	130,000,000				
0203	감가상각누계액	20,000,000		합　계		67,300,000
0208	차량운반구	49,000,000		차　액		0

[당좌예금 입력된 화면]

코드	계정과목	재무상태표금액		코드	거래처	금액
0103	보통예금	98,000,000	▲	98002	신한은행	98,000,000
0105	정기예금	30,000,000				
0107	단기매매증권	10,000,000				
0108	외상매출금	41,000,000				
0109	대손충당금	150,000				
0110	받을어음	21,000,000				
0111	대손충당금	890,000				
0120	미수금	1,000,000				
0150	제품	25,000,000				
0153	원재료	8,000,000				
0169	재공품	3,000,000				
0179	장기대여금	20,000,000				
0202	건물	130,000,000				
0203	감가상각누계액	20,000,000				
0208	차량운반구	49,000,000			합 계	98,000,000
0209	감가상각누계액	18,000,000	▼		차 액	0

[보통예금 입력된 화면]

코드	계정과목	재무상태표금액		코드	거래처	금액
0108	외상매출금	41,000,000	▲	00101	(주)우리한복	20,000,000
0109	대손충당금	150,000		00102	(주)목화주단	21,000,000
0110	받을어음	21,000,000		00103		
0111	대손충당금	890,000				
0120	미수금	1,000,000				
0150	제품	25,000,000				
0153	원재료	8,000,000				
0169	재공품	3,000,000				
0179	장기대여금	20,000,000				
0202	건물	130,000,000				
0203	감가상각누계액	20,000,000				
0208	차량운반구	49,000,000				
0209	감가상각누계액	18,000,000				
0219	특허권	50,000,000				
0232	임차보증금	50,000,000			합 계	41,000,000
0251	외상매입금	65,000,000	▼		차 액	0

[외상매출금 입력된 화면]

코드	계정과목	재무상태표금액		코드	거래처	금액
0110	받을어음	21,000,000	▲	00103	(주)한복담다	10,000,000
0111	대손충당금	890,000		00104	(주)가온정	11,000,000
0120	미수금	1,000,000				
0150	제품	25,000,000				
0153	원재료	8,000,000				
0169	재공품	3,000,000				
0179	장기대여금	20,000,000				
0202	건물	130,000,000				
0203	감가상각누계액	20,000,000				
0208	차량운반구	49,000,000				
0209	감가상각누계액	18,000,000				
0219	특허권	50,000,000				
0232	임차보증금	50,000,000				
0251	외상매입금	65,000,000				
0252	지급어음	42,000,000			합 계	21,000,000
0253	미지급금	50,000,000	▼		차 액	0

[받을어음 입력된 화면]

코드	계정과목	재무상태표금액		코드	거래처	금액
0209	감가상각누계액	18,000,000		00106	(주)단한복	35,000,000
0219	특허권	50,000,000		00107	(주)화연	30,000,000
0232	임차보증금	50,000,000				
0251	외상매입금	65,000,000				
0252	지급어음	42,000,000				
0253	미지급금	50,000,000				
0254	예수금	1,200,000				
0259	선수금	9,500,000				
0260	단기차입금	40,000,000				
0263	선수수익	1,820,000				
0293	장기차입금	50,000,000				
0295	퇴직급여충당부채	12,000,000				
0331	자본금	200,000,000				
0351	이익준비금	50,000,000		합 계		65,000,000
0375	이월이익잉여금	122,740,000		차 액		0

[외상매입금 입력된 화면]

코드	계정과목	재무상태표금액		코드	거래처	금액
0209	감가상각누계액	18,000,000		00105	(주)명작	32,000,000
0219	특허권	50,000,000		00106	(주)단한복	10,000,000
0232	임차보증금	50,000,000				
0251	외상매입금	65,000,000				
0252	지급어음	42,000,000				
0253	미지급금	50,000,000				
0254	예수금	1,200,000				
0259	선수금	9,500,000				
0260	단기차입금	40,000,000				
0263	선수수익	1,820,000				
0293	장기차입금	50,000,000				
0295	퇴직급여충당부채	12,000,000				
0331	자본금	200,000,000				
0351	이익준비금	50,000,000		합 계		42,000,000
0375	이월이익잉여금	122,740,000		차 액		0

[지급어음 입력된 화면]

03 일반전표입력

◢01 일반전표입력

기업은 경영활동상에서 회계상의 거래가 발생하였을 경우 거래의 8요소에 의해서 전표를 발행하게 된다. 전표는 부가가치세와 관련이 없는 일반전표와 부가가치세와 관련이 있는 매입매출전표로 나뉘게 되며 일반전표는 입금전표, 출금전표, 대체전표로 구분할 수 있다.

입금전표는 거래총액이 전액 현금으로 입금된 경우에 발행하며 출금전표는 거래총액이 전액 현금으로 지출된 경우에 발행한다. 대체전표는 거래총액 중 현금을 전혀 수반하지 않은 거래이거나 거래총액 중 일부가 현금의 수입과 지출이 있는 경우에 해당한다.

1) 입금전표, 출금전표, 대체전표 이해하기

구분	내용	분개			
입금전표	전액 현금으로 입금된 경우	(차) 현금	×××	(대) 상품매출	×××
출금전표	전액 현금으로 지출된 경우	(차) 이자비용	×××	(대) 현금	×××
대체전표	현금거래가 전혀 없는 경우	(차) 비품	×××	(대) 미지급금	×××
	거래금액 중 일부 현금의 수입과 지출이 있는 경우	(차) 현금 받을어음 ×××	×××	(대) 상품매출	×××

2) 일반전표메뉴 알아보기

재무회계 ⇨ 전표입력 ⇨ 일반전표입력

[일반전표입력 메뉴 설명]

1. **월** : 입력하고자 하는 전표의 해당월 2자리 숫자를 입력하거나 마우스를 클릭하여 1월~12월 중 해당 월을 선택한다.
2. **일** : 전표일자 입력방법에는 사용자 편의를 위하여 두 가지 방법으로 입력할 수 있다.
   ① 해당월만 입력 후 일자별 거래를 계속하여 입력
   ② 해당일자를 입력 후 해당일 거래를 입력
3. **번호** : 전표번호는 각 일자별로 1부터 자동 부여되며, 한번 부여 후 삭제된 번호는 다시 부여되지 않는다.
   대체분개 입력 시에는 차변과 대변 합계가 일치할 때까지 1개의 전표로 인식된다. 또한 동일한 번호가 부여되며, 차변과 대변의 합계가 일치된 다음 입력되는 전표는 새로운 전표로 보아 다음 번호로 부여된다.
   ▶ 전표번호를 수정하고자 하는 경우에는 상단에서 [SF2 번호수정]을 클릭한 후 수정하고자 하는 번호를 입력하여 수정한다.

4. **구분** : 전표의 유형을 입력하는 곳이다.

> ⓠ 구분을 입력하세요. 1.출금, 2.입금, 3.차변, 4.대변, 5.결산차변, 6.결산대변

현금전표 – 1 : 출금전표, 2 : 입금전표

대체전표 – 3 : 차변, 4 : 대변

결산전표 – 5 : 결차, 6 : 결대, 결차–결산차변, 결대–결산대변

5. **계정과목을 입력하는 방법**

　① [F2 코드도움]을 누르고 계정코드도움창이 뜨면 계정과목을 2글자 입력하여 계정과
　　목을 선택한다.

　② 코드란에 찾고자 하는 계정과목을 2글자 입력한 후 엔터를 치면 계정과목코드도움창
　　이 뜨고 계정과목을 선택한다.

　▶ **비용계정과목 입력 시 주의사항**

　　제조원가(생산부, 공장)은 500번대로, 판매비와관리비(영업부, 관리부, 본사)는 800번
　　대로 입력한다.

6. **거래처** : 전산회계 1급 시험에서는 채권, 채무에 관련한 계정과목은 반드시 거래처를 입
력해야 한다.

　▶ **실무시험 수행 시 거래처를 반드시 입력해야 하는 계정과목**

채권	외상매출금, 받을어음, 미수금, 대여금(장기, 단기), 선급금, 보통예금, 당좌예금(은행명이 제시된 경우), 가지급금, 임차보증금
채무	외상매입금, 지급어음, 미지급금, 차입금(장기, 단기), 선수금, 유동성장기부채, 가수금, 임대보증금

　▶ **거래처코드를 입력하는 방법**

　① [F2 코드도움]을 누르고 거래처도움창이 뜨면 거래처명 2글자를 입력하여 거래처명
　　을 선택한다.

　② 거래처코드란에서 입력하고자 하는 거래처명을 2글자 입력한 후 거래처도움창에서
　　거래처를 선택하고 확인을 누른다.

　③ 거래처코드를 알고 있는 경우에는 거래처코드란에 코드를 입력하면 자동으로 반영된다.

　▶ **신규거래처를 등록하는 경우**

　　커서가 거래처코드란에 있을 때 "+"를 누르면 "00000"이 자동으로 표기가 된다. 입력
　　하고자 하는 거래처명을 입력하고 엔터를 누르면 거래처등록창이 뜨게 된다. 등록하고
　　자 하는 거래처 코드를 입력하고 등록을 누르면 세부사항의 등록 없이도 거래처가 등록
　　된다. 거래처의 사업자등록증상의 상세정보를 등록하고자 할 경우에는 수정을 누르고
　　화면 하단에서 거래처등록박스에 상세정보를 등록하면 된다.

7. **적요** : [F2 코드도움]을 눌러서 적요도움 창에서 해당하는 적요를 선택하여 등록한다. 화면 하단에 나타나는 적요는 내장적요이며, 사업장에서 필요하다고 판단되는 적요를 등록하고자 하는 경우에는 [F8 적요수정]을 눌러서 내장적요를 수정할 수도 있고 추가로 등록하여 사용할 수도 있다.

→ 시험에서는 적요의 입력은 생략한다. 다만 타계정으로 대체인 경우는 반드시 입력하도록 한다.

8. **금액** : 금액을 입력할 경우에는 키보드 오른쪽에서 "+"를 누르면 "000"이 입력되어 큰 금액을 입력할 경우 유용하게 사용할 수 있다.

예를 들어 2,000,000원을 입력할 경우 2++를 누르면 된다.

3) 입금전표 입력하기

입금전표는 전액 현금으로 입금된 경우에 입력하는 전표이다. 시험에서는 대체전표로 입력하여도 무방하며 분개만 정확하게 입력하면 된다.

실습하기

01월 10일 거래처 (주)우리한복에 계약금 1,000,000원을 현금으로 받고 입금표를 발행해 주었다.

NO_____	입 금 표 (공급받는자용)		
	(주)우리한복		귀하
공급자	사업자등록번호	109-81-33490	
	상 호	(주)박문한복	성명	정나예
	사업장소재지	서울시 노원구 공릉로 97	
	업 태	제조	종목	한복
작성일	공급대가총액	비고
2025.1.10	1,000,000	
공 급 내 역			
월/일	품명	수량	단가	금액
1.10	계약금			1,000,000
합 계	1,000,000		
위 금액을 **영수**(청구)함			

PART
02

✏️ **실습하기 작업순서**

① 1월 10일을 입력하고 구분에서 2를 입력한다. 화면 하단 왼쪽 메시지박스에서 구분을 확인할 수 있다.

> 🔎 구분을 입력하세요. 1.출금, 2.입금, 3.차변, 4.대변, 5.결산차변, 6.결산대변

② 계정과목을 입력하는 방법
   ⊙ [F2 코드도움]을 누르고 계정코드도움창이 뜨면 계정과목을 2글자 입력하여 계정과목을 선택한다.
   ⓒ 코드란에 찾고자 하는 계정과목을 2글자 입력한 후 엔터를 치면 계정과목코드도움창이 뜨고 계정과목을 선택한다.

③ 거래처는 채권, 채무, 금융거래처(지문에서 제시한 경우)만 입력한다.
  ▶ **거래처코드를 입력하는 방법**
   ⊙ [F2 코드도움]을 누르고 거래처도움창이 뜨면 거래처명 2글자를 입력하여 거래처명을 선택한다.
   ⓒ 거래처코드란에서 입력하고자 하는 거래처명을 2글자 입력한 후 거래처도움창에서 거래처를 선택하고 확인을 누른다.
   ⓒ 거래처코드를 알고 있는 경우에는 거래처코드란에 코드를 입력하면 자동으로 반영된다.

④ 시험에서 적요의 입력은 생략한다. (단, 타계정으로 대체에 해당하는 경우에는 반드시 입력한다.)
   (차) 101. 현금　1,000,000 / (대) 259. 선수금　1,000,000
                      (00101.(주)우리한복)

☐	일	번호	구분	계 정 과 목	거 래 처	적 요	차 변	대 변
☐	10	00001	입금	0259 선수금	00101 (주)우리한복		(현금)	1,000,000
☐	10							
☐								
☐								
☐								
☐								
☐								
☐								
		합　　계					1,000,000	1,000,000

카드등사용여부 ☐ [　　　　　　　] ∨

◆	NO :	1	(입 금) 전 표		일 자 : 2025 년 1 월 10 일	
	계정과목		적요	차변(출금)	대변(입금)	
0259	선수금				1,000,000	전현재리인표쇄인
0101	현금			1,000,000		
						적택일활인쇄[F9]표
		합　　　계		1,000,000	1,000,000	

4) 출금전표 입력하기

출금전표는 전액 현금으로 지출된 경우에 입력하는 전표이다. 시험에서는 대체전표로 입력하여도 무방하며 분개만 정확하게 입력하면 된다.

실습하기

01월 11일 영업부에서 구독하는 신문대금 20,000원을 현금으로 지급하였다.

실습하기 작업순서

① 1월 11일을 입력하고 구분에서 1을 입력한다. 화면 하단 왼쪽 메시지박스에서 구분을 확인할 수 있다.

> 구분을 입력하세요. 1.출금, 2.입금, 3.차변, 4.대변, 5.결산차변, 6.결산대변

② 계정과목을 입력하는 방법
   ㉠ [F2 코드도움]을 누르고 계정코드도움창이 뜨면 계정과목을 2글자 입력하여 계정과목을 선택한다.
   ㉡ 코드란에 찾고자 하는 계정과목을 2글자 입력한 후 엔터를 치면 계정과목코드도움창이 뜨고 계정과목을 선택한다.

③ 거래처는 채권, 채무, 금융거래처(지문에서 제시한 경우)만 입력한다.

④ 시험에서 적요의 입력은 생략한다(단, 타계정으로 대체에 해당하는 경우에는 입력한다).
   (차) 826. 도서인쇄비　20,000 / (대) 101. 현금　20,000

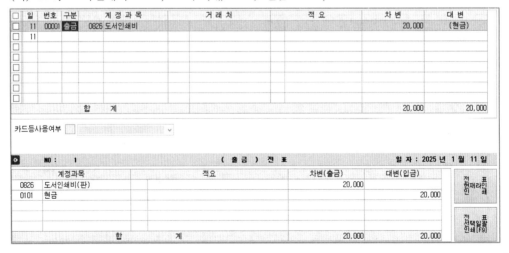

5) 대체전표 입력하기

대체전표는 거래총액 중 현금을 전혀 수반하지 않은 거래이거나 거래총액 중 일부가 현금의 수입과 지출이 있는 경우에 해당한다.

📗 실습하기

01월 13일 파손된 본사 영업팀 건물의 유리를 교체하고, 대금 2,000,000원을 당좌수표로 발행하여 지급하였다.

✏️ 실습하기 작업순서

① 01월 13일을 입력하고 구분에서 차변은 3, 대변은 4를 입력한다.

차변이나 대변 어느 쪽을 먼저 입력해도 상관없으나 반드시 입력 후에 차변과 대변의 금액은 일치하여야 한다.

> 🔎 구분을 입력하세요. 1.출금, 2.입금, 3.차변, 4.대변, 5.결산차변, 6.결산대변

② 계정과목을 입력하는 방법

ㄱ [F2 코드도움]을 누르고 계정코드도움창이 뜨면 계정과목을 2글자 입력하여 계정과목을 선택한다.

ㄴ 코드란에 찾고자 하는 계정과목을 2글자 입력한 후 엔터를 치면 계정과목코드도움창이 뜨고 계정과목을 선택한다.

③ 거래처는 채권, 채무, 금융거래처(지문에서 제시한 경우)만 입력한다.

④ 시험에서 적요의 입력은 생략한다(단, 타계정으로 대체에 해당하는 경우에는 반드시 입력한다).

(차) 820. 수선비   2,000,000 / (대) 102. 당좌예금   2,000,000

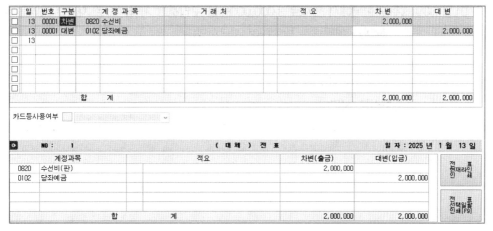

> [보충설명]
> - 비용계정과목의 분개를 할 경우 전산회계 1급 시험에서는 제조업 회계처리를 하기 때문에 제조경비는 500번대, 판매관리비는 800번대를 선택하여 분개를 한다. 경비구분을 잘못할 경우 점수를 받을 수 없기 때문에 정확하게 입력하도록 한다.
> - 600번대는 건설업의 도급경비코드이며 700번대는 건설업의 분양경비 코드이므로 시험에서는 사용하지 않음을 유의한다.
> - 참고로 영업외비용은 900번대 계정과목을 사용한다.

일반전표입력 연습하기

01 1월 전표입력

① 01월 15일 본사 영업부 직원의 퇴직금 지급을 위해 신한생명에 확정급여형(DB) 퇴직연금을 가입하고 10,000,000원을 보통예금계좌에서 이체하였다. 운용에 따른 수수료비용 200,000원이 포함되어 있다.

② 01월 20일 원재료를 (주)명작에서 매입하고 운반비 100,000원을 현금으로 지급하였다.

③ 01월 22일 (주)단한복에서 원재료 3,000,000원을 구입하기로 계약을 하고 계약금 300,000원을 보통예금계좌에서 이체하였다.

④ 01월 30일 (주)단한복에서 원재료 3,000,000원을 구입하고 계약금으로 지급한 금액을 차감하고 잔액을 어음으로 발행하여 지급하였다.

⑤ 01월 31일 (주)우리한복의 파산으로 외상매출금 잔액 1,500,000원이 회수불가능하게 되어 대손처리를 하였다.
　　　　　※ 합계잔액시산표에서 대손확정일 기준으로 대손충당금을 조회한 후 전표를 입력한다.

PART
02

[1월 전표입력 해설]

① 01월 15일 일반전표입력

(차) 퇴직연금운용자산	9,800,000원	(대) 보통예금	10,000,000원
수수료비용	200,000원		

② 01월 20일 일반전표입력

(차) 원재료	100,000원	(대) 현금	100,000원

③ 01월 22일 일반전표입력

(차) 선급금((주)단한복)	300,000원	(대) 보통예금	300,000원

④ 01월 30일 일반전표입력

(차) 원재료	3,000,000원	(대) 선급금((주)단한복)	300,000원
		지급어음((주)단한복)	2,700,000원

⑤ 01월 31일 일반전표입력

(차) 대손충당금(109)	150,000원	(대) 외상매출금((주)우리한복)	1,500,000원
대손상각비	1,350,000원		

[1월 전표입력 화면]

일	구분		계정과목	거래처		차변	대변
10	입금	0259	선수금	00101	(주)우리한복	(현금)	1,000,000
11	출금	0826	도서인쇄비			20,000	(현금)
13	차변	0820	수선비			2,000,000	
13	대변	0102	당좌예금				2,000,000
15	차변	0186	퇴직연금운용자산			9,800,000	
15	차변	0831	수수료비용			200,000	
15	대변	0103	보통예금				10,000,000
20	차변	0153	원재료			100,000	
20	대변	0101	현금				100,000
22	차변	0131	선급금	00106	(주)단한복	300,000	
22	대변	0103	보통예금				300,000
30	차변	0153	원재료			3,000,000	
30	대변	0131	선급금	00106	(주)단한복		300,000
30	대변	0252	지급어음	00106	(주)단한복		2,700,000
31	차변	0109	대손충당금			150,000	
31	차변	0835	대손상각비			1,350,000	
31	대변	0108	외상매출금	00101	(주)우리한복		1,500,000
			합계			17,920,000	17,920,000

02 2월 전표입력

① 02월 03일 제품 2개(원가 : 2,000,000원, 시가 : 2,300,000원)를 매출거래처에 견본품으로 무상으로 제공하였다(견본비 계정으로 처리할 것).

② 02월 05일 종업원의 1월분 급여를 공제한 후 차감지급액을 보통예금계좌에서 이체하였다.

<table>
<tr><td colspan="3" align="center">**1월 급여명세서**
지창욱(생산직)</td><td colspan="3" align="center">**1월 급여명세서**
송중기(영업직)</td></tr>
<tr><td rowspan="4">지
급
내
역</td><td>기본급</td><td>2,000,000</td><td rowspan="4">지
급
내
역</td><td>기본급</td><td>1,500,000</td></tr>
<tr><td>직무수당</td><td>100,000</td><td>직무수당</td><td>300,000</td></tr>
<tr><td>식대</td><td>100,000</td><td>식대</td><td>100,000</td></tr>
<tr><td>지급액</td><td>2,200,000</td><td>지급액</td><td>1,900,000</td></tr>
<tr><td rowspan="6">공
제
내
역</td><td>소득세</td><td>20,000</td><td rowspan="6">공
제
내
역</td><td>소득세</td><td>18,000</td></tr>
<tr><td>지방소득세</td><td>2,000</td><td>지방소득세</td><td>1,800</td></tr>
<tr><td>국민연금</td><td>90,000</td><td>국민연금</td><td>67,000</td></tr>
<tr><td>건강보험</td><td>64,000</td><td>건강보험</td><td>54,000</td></tr>
<tr><td>고용보험</td><td>13,000</td><td>고용보험</td><td>9,800</td></tr>
<tr><td>공제계</td><td>189,000</td><td>공제계</td><td>150,600</td></tr>
<tr><td colspan="2" align="center">지 급 총 액</td><td>2,011,000</td><td colspan="2" align="center">지 급 총 액</td><td>1,749,400</td></tr>
</table>

③ 02월 06일 제품매출처 (주)목화주단에 외상매출금 13,000,000원이 약정기일보다 빠르게 회수되어 2% 할인을 해주고 대금은 당좌예금계좌로 입금받았다.

④ 02월 10일 거래처 (주)우리한복에 대한 외상매출금 10,000,000원을 대여금(6개월 만기)으로 전환하기로 하였다.

⑤ 02월 11일 본사 건물에 대한 화재보험료에 가입하고 1년분 보험료 1,200,000원을 보통예금계좌에서 이체하였다(단, 비용으로 처리하시오).

⑥ 02월 13일 (주)단한복의 외상매입금 중 1,000,000원을 (주)단한복으로부터 면제받았다.

⑦ 02월 15일 (주)한복담다에 수출(선적일 : 2월 4일)하였던 제품에 대한 외상매출금($1,000)을 수령한 후 즉시 원화로 환전하여 보통예금에 입금하였다(단, 2월 4일 환율 : 1,100원/$, 2월 15일 환율 : 1,200원/$).

⑧ 02월 17일 단기 시세차익 목적으로 (주)고운의 주식 1,000주(1주당 액면가액 3,000원)를 5,000,000원에 취득하고 매입수수료 100,000원을 포함하여 현금으로 지급하였다.

⑨ 02월 19일 신한은행으로부터 3년 후 상환조건으로 100,000,000원을 차입하고 보통예금계좌로 입금받았다.

PART
02

⑩ 02월 20일 전기에 대손이 확정되어 대손처리하였던 영신기업의 외상매출금 중 일부 7,000,000원을 회수하여 보통예금계좌로 입금받았다.

⑪ 02월 25일 이자수익 1,000,000원에 대하여 원천징수세액을 제외한 나머지 금액이 보통예금으로 입금되었다(단, 원천징수세율은 15.4%이며 자산으로 처리한다).

⑫ 02월 26일 (주)화연의 외상매입금 4,000,000원을 결제하기 위하여 당사가 제품매출 대가로 받아 보유하고 있던 (주)가온정의 약속어음 4,000,000원을 배서하여 지급하였다.

⑬ 02월 27일 주주총회를 통해서 이익잉여금 처분내역에 대하여 전기분잉여금처분계산서를 참고하여 회계처리를 수행하시오.

III. 이익잉여금처분액				
1. 이익준비금	0351	이익준비금		1,000,000
2. 재무구조개선적립금	0354	재무구조개선적립금		
3. 주식할인발행차금상각액	0381	주식할인발행차금		
4. 배당금				10,000,000
가. 현금배당	0265	미지급배당금		10,000,000
주당배당금(률)		보통주(원/%)		

[2월 전표입력 해설]

① 02월 03일 일반전표입력

　　(차) 견본비　　　　　　　　2,000,000원　　(대) 제품(8.타계정으로 대체)　2,000,000원

② 02월 05일 일반전표입력

　　(차) 임금　　　　　　　　　2,200,000원　　(대) 예수금　　　　　　　　　339,600원

　　　　급여　　　　　　　　　1,900,000원　　　　보통예금　　　　　　　3,760,400원

③ 02월 06일 일반전표입력

　　(차) 당좌예금　　　　　　12,740,000원　　(대) 외상매출금((주)목화주단) 13,000,000원

　　　　매출할인(406)　　　　　260,000원

④ 02월 10일 일반전표입력

　　(차) 단기대여금((주)우리한복) 10,000,000원　　(대) 외상매출금((주)우리한복) 10,000,000원

⑤ 02월 11일 일반전표입력

　　(차) 보험료(821)　　　　　1,200,000원　　(대) 보통예금　　　　　　　1,200,000원

⑥ 02월 13일 일반전표입력

　　(차) 외상매입금((주)단한복)　1,000,000원　　(대) 채무면제이익　　　　　1,000,000원

⑦ 02월 15일 일반전표입력

　　(차) 보통예금　　　　　　1,200,000원　　(대) 외상매출금((주)한복담다) 1,100,000원

　　　　　　　　　　　　　　　　　　　　　　　　외환차익　　　　　　　　100,000원

⑧ 02월 17일 일반전표입력

　　(차) 단기매매증권　　　　5,000,000원　　(대) 현금　　　　　　　　　5,100,000원

　　　　수수료비용(984)　　　　100,000원

⑨ 02월 19일 일반전표입력

　　(차) 보통예금　　　　　100,000,000원　　(대) 장기차입금(신한은행)　100,000,000원

⑩ 02월 20일 일반전표입력

　　(차) 보통예금　　　　　　7,000,000원　　(대) 대손충당금(109)　　　　7,000,000원

⑪ 02월 25일 일반전표입력

　　(차) 선납세금　　　　　　　154,000원　　(대) 이자수익　　　　　　　1,000,000원

　　　　보통예금　　　　　　　846,000원

⑫ 02월 26일 일반전표입력

　　(차) 외상매입금((주)화연)　4,000,000원　　(대) 받을어음((주)가온정)　4,000,000원

⑬ 02월 27일 일반전표입력

   (차) 이월이익잉여금   11,000,000원   (대) 이익준비금   1,000,000원

                                                        미지급배당금   10,000,000원

[2월 전표입력 화면]

일	구분	계정과목		거래처 또는 적요		차변	대변
3	차변	0842	견본비			2,000,000	
3	대변	0150	제품	8	타계정으로 대체		2,000,000
5	차변	0504	임금			2,200,000	
5	차변	0801	급여			1,900,000	
5	대변	0254	예수금				339,600
5	대변	0103	보통예금				3,760,400
6	차변	0102	당좌예금			12,740,000	
6	차변	0406	매출할인			260,000	
6	대변	0108	외상매출금	00102	(주)목화주단		13,000,000
10	차변	0114	단기대여금	00101	(주)우리한복	10,000,000	
10	대변	0108	외상매출금	00101	(주)우리한복		10,000,000
11	차변	0821	보험료			1,200,000	
11	대변	0103	보통예금				1,200,000
13	차변	0251	외상매입금	00106	(주)단한복	1,000,000	
13	대변	0918	채무면제이익				1,000,000
15	차변	0103	보통예금			1,200,000	
15	대변	0108	외상매출금	00103	(주)한복담다		1,100,000
15	대변	0907	외환차익				100,000
17	차변	0107	단기매매증권			5,000,000	
17	차변	0984	수수료비용			100,000	
17	대변	0101	현금				5,100,000
19	차변	0103	보통예금			100,000,000	
19	대변	0293	장기차입금	98002	신한은행		100,000,000
20	차변	0103	보통예금			7,000,000	
20	대변	0109	대손충당금				7,000,000
25	차변	0136	선납세금			154,000	
25	차변	0103	보통예금			846,000	
25	대변	0901	이자수익				1,000,000
26	차변	0251	외상매입금	00107	(주)화연	4,000,000	
26	대변	0110	받을어음	00104	(주)가온정		4,000,000
27	차변	0375	이월이익잉여금			11,000,000	
27	대변	0351	이익준비금				1,000,000
27	대변	0265	미지급배당금				10,000,000
		합계				160,600,000	160,600,000

03 3월 전표입력

① 03월 02일 경리부 직원들에게 세무실무 교육을 실시하고 강사료 1,500,000원을 원천징수세
액 49,500원 제외하고 보통예금계좌에서 이체하였다.

② 03월 03일 JS컨설팅에 사무실을 임대하기로 하고 보증금 50,000,000원을 보통예금 통장으로
입금받았다(단, 거래처입력은 생략한다).

③ 03월 10일 2월분 건강보험료가 보통예금계좌에서 자동이체된 것을 확인하였다. 회사부담분 :
생산직직원 64,000원, 영업부직원 54,000원, 종업원부담분 : 118,000원(단, 2월
급여 시 차감하고 지급함)

④ 03월 12일 거래처 (주)한복담다로부터 받은 약속어음 3,000,000원을 국민은행에서 할인하고
할인료 100,000원을 제외한 금액을 당좌예금계좌로 입금받았다(단, 매각거래임).

⑤ 03월 13일 (주)가온정에서 받은 받을어음 13,000,000원이 만기가 되어 추심수수료 100,000
원을 차감하고 당좌예금계좌로 입금하였다.

⑥ 03월 14일 보유 중인 자기주식 장부가액 23,000,000원인 자기주식을 25,000,000원에 처분
하고 처분대금은 보통예금계좌로 입금되었다(단, 자기주식처분이익과 자기주식처
분손실계정의 잔액은 없는 것으로 가정한다).

⑦ 03월 15일 영업부 직원 송중기의 결혼식 축의금으로 300,000원을 현금으로 지급하였다.

⑧ 03월 18일 공장의 기계장치에 대하여 삼성화재보험사에 화재보험을 가입하고 2,400,000원을
현금으로 지급하였다(단, 자산으로 회계처리한다).

⑨ 03월 19일 경기도 양주에 공장을 신축하기 위하여 건물이 있는 토지를 구입하고 건물을 철거
하였다. 토지의 구입비 60,000,000원은 국민은행에서 대출(대출기간 4년)을 받아
서 지급하였고 건물 철거비용 1,000,000원과 토지정지비용 4,000,000원은 당좌수
표를 발행하여 지급하였다.

⑩ 03월 20일 단기보유목적으로 취득한 (주)고운의 주식 1,000주(장부금액 5,000,000원)를 7,000,000원에 처분하고 대금은 보통예금계좌로 입금받았다.

⑪ 03월 25일 현대자동차에서 업무용 승용차를 취득하면서 공채 구입대금 400,000원(액면금액)을 보통예금으로 이체하였다(단, 공채의 현재가치는 370,000원이며 회사는 이를 단기매매증권으로 처리하고 있다).

⑫ 03월 26일 다음과 같이 공장건물에 대한 지출이 발생하여 전액 당좌수표를 발행하여 지급하였다(단, 고정자산등록은 생략한다).

- 파손으로 인한 유리교체비용 : 2,800,000원
- 내용연수 증가를 위한 대수선비 : 12,000,000원
- 건물외벽의 도색비 : 3,000,000원

⑬ 03월 28일 재경부직원의 퇴직으로 퇴직금 25,000,000원 중 퇴직소득세 및 지방소득세로 1,650,000원을 원천징수한 후 차인지급액을 전액 보통예금계좌에서 이체하였다. 퇴직급여충당부채설정액 중 제조는 7,000,000원, 판관비는 5,000,000원이다.

⑭ 03월 30일 본사 창고 건물에서 화재가 발생하여 창고에 보관하고 있던 제품 20,000,000원(장부가액)이 소실되었다. 당사는 창고건물에 화재보험을 가입하지 않았다.

⑮ 03월 31일 복사기 임차에 따른 보증금 1,000,000원을 (주)하우리에 당좌예금계좌에서 이체하였다(단, 전표입력 시 신규거래처 등록할 것).

111.(주)하우리 113-82-03615, 대표자성명 : 배재호, 업태 : 도소매, 종목 : 전자제품외

[3월 전표입력 해설]

① 03월 02일 일반전표입력

(차) 교육훈련비(825)	1,500,000원	(대) 예수금	49,500원
		보통예금	1,450,500원

② 03월 03일 일반전표입력

(차) 보통예금	50,000,000원	(대) 임대보증금	50,000,000원

③ 03월 10일 일반전표입력

(차) 복리후생비(511)	64,000원	(대) 보통예금	236,000원
복리후생비(811)	54,000원		
예수금	118,000원		

④ 03월 12일 일반전표입력

(차) 당좌예금	2,900,000원	(대) 받을어음((주)한복담다)	3,000,000원
매출채권처분손실	100,000원		

⑤ 03월 13일 일반전표입력

(차) 당좌예금	12,900,000원	(대) 받을어음((주)가온정)	13,000,000원
수수료비용(831)	100,000원		

⑥ 03월 14일 일반전표입력

(차) 보통예금	25,000,000원	(대) 자기주식	23,000,000원
		자기주식처분이익	2,000,000원

⑦ 03월 15일 일반전표입력

(차) 복리후생비(811)	300,000원	(대) 현금	300,000원

⑧ 03월 18일 일반전표입력

(차) 선급비용	2,400,000원	(대) 현금	2,400,000원

⑨ 03월 19일 일반전표입력

(차) 토지	65,000,000원	(대) 장기차입금(국민은행)	60,000,000원
		당좌예금	5,000,000원

⑩ 03월 20일 일반전표입력

(차) 보통예금	7,000,000원	(대) 단기매매증권	5,000,000원
		단기매매증권처분이익	2,000,000원

⑪ 03월 25일 일반전표입력

(차) 단기매매증권	370,000원	(대) 보통예금	400,000원
차량운반구	30,000원		

⑫ 03월 26일 일반전표입력

    (차) 수선비(520)   5,800,000원   (대) 당좌예금   17,800,000원

        건물   12,000,000원

⑬ 03월 28일 일반전표입력

    (차) 퇴직급여충당부채   20,000,000원   (대) 예수금   1,650,000원

        퇴직급여(806)   5,000,000원   보통예금   23,350,000원

⑭ 03월 30일 일반전표입력

    (차) 재해손실   20,000,000원   (대) 제품(8.타계정으로 대체)   20,000,000원

⑮ 03월 31일 일반전표입력

    (차) 임차보증금((주)하우리)   1,000,000원   (대) 당좌예금   1,000,000원

[3월 전표입력 화면]

일	구분		계정과목	거래처 또는 적요		차변	대변
2	차변	0825	교육훈련비			1,500,000	
2	대변	0254	예수금				49,500
2	대변	0103	보통예금				1,450,500
3	차변	0103	보통예금			50,000,000	
3	대변	0294	임대보증금				50,000,000
10	차변	0511	복리후생비			64,000	
10	차변	0811	복리후생비			54,000	
10	차변	0254	예수금			118,000	
10	대변	0103	보통예금				236,000
12	차변	0102	당좌예금			2,900,000	
12	차변	0956	매출채권처분손실			100,000	
12	대변	0110	받을어음	00103	(주)한복담다		3,000,000
13	차변	0102	당좌예금			12,900,000	
13	차변	0831	수수료비용			100,000	
13	대변	0110	받을어음	00104	(주)가온정		13,000,000
14	차변	0103	보통예금			25,000,000	
14	대변	0383	자기주식				23,000,000
14	대변	0343	자기주식처분이익				2,000,000
15	차변	0811	복리후생비			300,000	
15	대변	0101	현금				300,000
18	차변	0133	선급비용			2,400,000	
18	대변	0101	현금				2,400,000
19	차변	0201	토지			65,000,000	
19	대변	0293	장기차입금	98001	국민은행		60,000,000
19	대변	0102	당좌예금				5,000,000

20	차변	0103	보통예금			7,000,000	
20	대변	0107	단기매매증권				5,000,000
20	대변	0906	단기매매증권처분이익				2,000,000
25	차변	0107	단기매매증권			370,000	
25	차변	0208	차량운반구			30,000	
25	대변	0103	보통예금				400,000
26	차변	0520	수선비			5,800,000	
26	차변	0202	건물			12,000,000	
26	대변	0102	당좌예금				17,800,000
28	차변	0295	퇴직급여충당부채			5,000,000	
28	차변	0806	퇴직급여			20,000,000	
28	대변	0254	예수금				1,650,000
28	대변	0103	보통예금				23,350,000
30	차변	0961	재해손실			20,000,000	
30	대변	0150	제품	8	타계정으로 대체		20,000,000
31	차변	0232	임차보증금	00111	(주)하우리	1,000,000	
31	대변	0102	당좌예금				1,000,000
			합계			231,636,000	231,636,000

04 4월 전표입력

① 04월 01일 인천세관으로부터 원재료를 수입하면서 통관수수료 300,000원을 보통예금으로 지급하였다.

② 04월 03일 공장 건물에 대한 재산세 1,500,000원과 영업부 본사 건물에 대한 재산세 2,300,000원을 보통예금에서 이체하였다.

③ 04월 04일 보유하고 있던 영업용 토지(장부금액 30,000,000원)를 35,000,000원에 처분하고 대금은 (주)화연이 발행한 약속어음으로 받았다.

④ 04월 05일 매출처 거래처 직원과 식사를 하고 식사비용 150,000원을 법인카드 국민카드로 결제하였다.

⑤ 04월 06일 (주)창우에서 발행한 채권은 시장성은 없으며 만기가 2026년 4월 6일이다. 해당 채권을 18,000,000원에 당좌수표를 발행하여 취득하고 취득 시 발생한 수수료 100,000원은 현금으로 지급하였다. 해당 채권은 만기까지 보유할 목적으로 취득하였다.

⑥ 04월 10일 전월에 지급한 직원 급여와 관련된 차감 징수액(국민연금, 근로소득세, 지방소득세)과 국민연금 회사 부담분을 합한 금액 620,000원을 다음과 같이 보통예금으로 납부하였다(단, 회사부담분 국민연금은 '세금과공과' 계정으로 계상한다).

• 국민연금 400,000원 : 회사부담분 200,000원과 근로자부담분 200,000원을 합한 금액이고, 회사부담분 중 영업부 직원 비율은 30%이며 제조부 직원 비율은 70%이다.
• 소득세등 220,000원 : 근로소득세 200,000원과 지방소득세 20,000원을 합한 금액이다.

⑦ 04월 11일 주주 김석우로부터 자기앞수표 100,000,000원을 무상으로 기증받았다.

⑧ 04월 13일 제품을 매출하고 거래처 (주)우리한복에서 받아 보관 중인 어음 3,000,000원이 부도처리되었다는 것을 통보받았다.

⑨ 04월 15일 생산부 직원에 대한 퇴직연금을 확정기여형(DC)으로 가입하고 8,000,000원을 보통예금계좌에서 이체하였다. 이체 금액에는 연금운용 수수료 300,000원이 포함되어 있다.

⑩ 04월 20일 개인 윤연희에게 차입한 자금에 대한 이자비용 2,000,000원이 발생하여 원천징수 세액 308,000원을 차감한 금액을 현금으로 지급하였다.

⑪ 04월 25일 장부상 현금 잔액은 150,000원이고 현금시재 실제금액은 135,000원이다. 불일치 금액은 원인을 찾고 있는 중이다.

[4월 전표입력 해설]

① 04월 01일 일반전표입력

(차) 원재료	300,000원	(대) 보통예금	300,000원

② 04월 03일 일반전표입력

(차) 세금과공과(517)	1,500,000원	(대) 보통예금	3,800,000원
세금과공과(817)	2,300,000원		

③ 04월 04일 일반전표입력

(차) 미수금((주)화연)	35,000,000원	(대) 토지	30,000,000원
		유형자산처분이익	5,000,000원

④ 04월 05일 일반전표입력

(차) 기업업무추진비(813)	150,000원	(대) 미지급금(국민카드)	150,000원

⑤ 04월 06일 일반전표입력

(차) 만기보유증권(181)	18,100,000원	(대) 당좌예금	18,000,000원
		현금	100,000원

⑥ 04월 10일 일반전표입력

(차) 예수금	420,000원	(대) 보통예금	620,000원
세금과공과(817)	60,000원		
세금과공과(517)	140,000원		

⑦ 04월 11일 일빈전표입력

(차) 현금	100,000,000원	(대) 자산수증이익	100,000,000원

⑧ 04월 13일 일반전표입력

(차) 부도어음과수표((주)우리한복)	3,000,000원	(대) 받을어음((주)우리한복)	3,000,000원

⑨ 04월 15일 일반전표입력

(차) 퇴직급여(508)	7,700,000원	(대) 보통예금	8,000,000원
수수료비용(531)	300,000원		

⑩ 04월 20일 일반전표입력

  (차) 이자비용　　　　　　　　2,000,000원　　(대) 예수금　　　　　　　　308,000원
　　　　　　　　　　　　　　　　　　　　　　　　　　　현금　　　　　　　　1,692,000원

⑪ 04월 25일 일반전표입력

  (차) 현금과부족　　　　　　　　15,000원　　(대) 현금　　　　　　　　15,000원

[4월 전표입력 화면]

일	구분		계정과목	거래처		차변	대변
1	차변	0153	원재료			300,000	
1	대변	0103	보통예금				300,000
3	차변	0517	세금과공과			1,500,000	
3	차변	0817	세금과공과			2,300,000	
3	대변	0103	보통예금				3,800,000
4	차변	0120	미수금	00107	(주)화연	35,000,000	
4	대변	0201	토지				30,000,000
4	대변	0914	유형자산처분이익				5,000,000
5	차변	0813	기업업무추진비			150,000	
5	대변	0253	미지급금	99601	국민카드		150,000
6	차변	0181	만기보유증권			18,100,000	
6	대변	0102	당좌예금				18,000,000
6	대변	0101	현금				100,000
10	차변	0254	예수금			420,000	
10	차변	0817	세금과공과			60,000	
10	차변	0517	세금과공과			140,000	
10	대변	0103	보통예금				620,000
11	차변	0101	현금			100,000,000	
11	대변	0917	자산수증이익				100,000,000
13	차변	0246	부도어음과수표	00101	(주)우리한복	3,000,000	
13	대변	0110	받을어음	00101	(주)우리한복		3,000,000
15	차변	0508	퇴직급여			7,700,000	
15	차변	0531	수수료비용			300,000	
15	대변	0103	보통예금				8,000,000
20	차변	0951	이자비용			2,000,000	
20	대변	0254	예수금				308,000
20	대변	0101	현금				1,692,000
25	차변	0141	현금과부족			15,000	
25	대변	0101	현금				15,000
			합계			170,985,000	170,985,000

05 5월 전표입력

① 05월 02일 본사 건물의 간주임대료의 부가가치세 366,274원을 건물주에게 보통예금계좌에서 이체하였다. 당사는 부동산임대차계약서 작성 시 간주임대료를 임차인부담으로 작성하였다.

② 05월 05일 수재로 소실된 제품에 대한 보험금 6,500,000원을 교보생명으로부터 보통예금계좌로 입금받았다.

③ 05월 10일 법인의 균등할 주민세 102,000원을 법인카드 국민카드로 결제하였다.

④ 05월 11일 액면가액 6,000,000원의 사채를 5,600,000원에 할인발행하고 사채발행비 130,000원을 제외한 금액을 보통예금계좌로 입금받았다.

⑤ 05월 12일 비영업용 건물을 40,000,000원에 취득하고 대금은 보통예금으로 계좌이체하였다. 건물 취득 시 취득세 1,000,000원은 보유하고 있던 일신산업 발행 당좌수표로 지급하였다.

⑥ 05월 15일 이사회의 결의로 신주 1,000주(액면가액 1,000원)의 주식을 1주당 1,200원에 발행하고 주식발행비 50,000원을 차감한 금액을 보통예금계좌로 입금받았다. 단, 주식발행초과금과 주식할인발행차금계정 잔액은 없는 것으로 가정한다.

⑦ 05월 17일 공장신축을 위해 은행에서 대출받은 차입금에 대한 이자 1,200,000원을 보통예금에서 이체하여 지급하였다(단, 차입금의 이자비용은 자본화대상이다).

⑧ 05월 20일 보유하고 있던 건물(취득원가 30,000,000원, 처분시점까지 감가상각누계액 18,000,000원)을 7,000,000원에 (주)명작에 매각하고 대금은 동점발행 전자어음으로 수취하였다.

⑨ 05월 22일 (주)단한복에서 원재료 4,000,000원을 매입하면서 대금은 보유하고 있던 (주)우리한복의 어음으로 결제하였다. 매입 시 원재료 운반비 200,000원은 현금으로 지급하였다.

⑩ 05월 27일 2월 27일에 열린 주주총회에서 결의했던 배당금 10,000,000원을 보통예금으로 지급하였다(단, 원천징수는 없는 것으로 가정한다).

[5월 전표입력 해설]

① 05월 02일 일반전표입력

| (차) 세금과공과(817) | 366,274원 | (대) 보통예금 | 366,274원 |

② 05월 05일 일반전표입력

| (차) 보통예금 | 6,500,000원 | (대) 보험금수익 | 6,500,000원 |

③ 05월 10일 일반전표입력

| (차) 세금과공과(817) | 102,000원 | (대) 미지급금(국민카드) | 102,000원 |

④ 05월 11일 일반전표입력

| (차) 보통예금 | 5,470,000원 | (대) 사채 | 6,000,000원 |
| 사채할인발행차금 | 530,000원 | | |

⑤ 05월 12일 일반전표입력

| (차) 투자부동산 | 41,000,000원 | (대) 보통예금 | 40,000,000원 |
| | | 현금 | 1,000,000원 |

⑥ 05월 15일 일반전표입력

| (차) 보통예금 | 1,150,000원 | (대) 자본금 | 1,000,000원 |
| | | 주식발행초과금 | 150,000원 |

⑦ 05월 17일 일반전표입력

| (차) 건설중인자산 | 1,200,000원 | (대) 보통예금 | 1,200,000원 |

⑧ 05월 20일 일반전표입력

(차) 감가상각누계액(203)	18,000,000원	(대) 건물	30,000,000원
미수금((주)명작)	7,000,000원		
유형자산처분손실	5,000,000원		

⑨ 05월 22일 일반전표입력

| (차) 원재료 | 4,200,000원 | (대) 받을어음((주)우리한복) | 4,000,000원 |
| | | 현금 | 200,000원 |

⑩ 05월 27일 일반전표입력

| (차) 미지급배당금 | 10,000,000원 | (대) 보통예금 | 10,000,000원 |

[5월 전표입력 화면]

일	구분		계정과목	거래처		차변	대변
2	차변	0817	세금과공과			366,274	
2	대변	0103	보통예금				366,274
5	차변	0103	보통예금			6,500,000	
5	대변	0919	보험금수익				6,500,000
10	차변	0817	세금과공과			102,000	
10	대변	0253	미지급금	99601	국민카드		102,000
11	차변	0103	보통예금			5,470,000	
11	차변	0292	사채할인발행차금			530,000	
11	대변	0291	사채				6,000,000
12	차변	0183	투자부동산			41,000,000	
12	대변	0103	보통예금				40,000,000
12	대변	0101	현금				1,000,000
15	차변	0103	보통예금			1,150,000	
15	대변	0331	자본금				1,000,000
15	대변	0341	주식발행초과금				150,000
17	차변	0214	건설중인자산			1,200,000	
17	대변	0103	보통예금				1,200,000
20	차변	0203	감가상각누계액			18,000,000	
20	차변	0120	미수금	00105	(주)명작	7,000,000	
20	차변	0970	유형자산처분손실			5,000,000	
20	대변	0202	건물				30,000,000
22	차변	0153	원재료			4,200,000	
22	대변	0110	받을어음	00101	(주)우리한복		4,000,000
22	대변	0101	현금				200,000
27	차변	0265	미지급배당금			10,000,000	
27	대변	0103	보통예금				10,000,000
			합계			100,518,274	100,518,274

04 매입매출전표입력 및 오류수정

◢ 01 매입매출전표입력

매입매출전표는 부가가치세와 관련된 거래를 입력하는 전표로서 부가가치세신고서, 매출처별 또는 매입처별세금계산서합계표, 매입매출장, 계산서합계표 등에 자동반영된다. 매입매출전표입력메뉴의 상단 부분은 부가가치세와 관련된 공급가액과 부가가치세를 입력하며, 하단부분은 분개를 입력하게 된다.

1) 매입매출전표 입력 메뉴 알아보기

재무회계 ⇨ 전표입력 ⇨ 매입매출전표입력

> [매입매출전표입력 메뉴 설명]
>
> 1. **월** : 입력하고자 하는 전표의 해당월 2자리 숫자를 입력하거나 마우스를 클릭하여 1월~12월 중 해당월을 선택한다.
> 2. **일** : 전표일자 입력방법에는 사용자 편의를 위하여 두 가지 방법으로 입력할 수 있다.
>   ① 해당월만 입력 후 일자별 거래를 계속하여 입력
>   ② 해당일자를 입력 후 해당일 거래를 입력

3. 유형 : 매입매출전표를 입력하기 위해서는 정확하게 입력해야 하는 중요한 부분이다. 유형은 "매출"과 "매입"으로 나뉘며, 유형 코드에 따라 부가가치세신고서의 각 해당 항목에 자동집계된다.

부 가 세 유 형

매출						매입					
11.과세	과세매출	16.수출	수출	21.전자	전자화폐	51.과세	과세매입	56.금전	금전등록	61.현과	현금과세
12.영세	영세율	17.카과	카드과세	22.현과	현금과세	52.영세	영세율	57.카과	카드과세	62.현면	현금면세
13.면세	계산서	18.카면	카드면세	23.현면	현금면세	53.면세	계산서	58.카면	카드면세		
14.건별	무증빙	19.카영	카드영세	24.현영	현금영세	54.불공	불공제	59.카영	카드영세		
15.간이	간이과세	20.면건	무증빙			55.수입	수입분	60.면건	무증빙		

[매출 유형]

코드	유형	입력내용	반영되는 서식
11	과세	매출세금계산서(부가가치세 10%)	매출처별세금계산서합계표, 매입매출장, 부가가치세신고서 등
12	영세	영세율세금계산서(LOCAL L/C 또는 구매확인서에 의한 수출, 부가가치세 0%)	매출처별세금계산서합계표, 매입매출장, 부가가치세신고서 등
13	면세	면세사업자가 발행하는 계산서(부가가치세 면제)	매출처별계산서합계표, 매입매출장, 부가세신고서의 과세표준명세
14	건별	세금계산서가 교부되지 않은 과세매출(소매매출, 부동산간주임대료, 간주공급분) 부가가치세법상 세금계산서 교부의무 면제(부가가치세 10%)	매입매출장, 부가세신고서 과세매출의 기타란, 부가세신고서의 과세표준명세
15	간이	간이과세자의 매출(공급가액과 부가세가 구분되지 않음)	부가세신고서 과세표준의 기타란
16	수출	직수출인 경우(영세율세금계산서 발급의무 면제, 부가가치세 0%)	매입매출장, 부가세신고서의 영세매출 기타란
17	카과	신용카드매출전표 발행분(과세) 단, 미수금 또는 외상매출금에 카드거래처를 반영한다(부가가치세 10%).	매입매출장, 신용카드매출전표발행집계표, 부가세신고서의 과세매출의 신용카드·현금영수증란
18	가면	면세대상거래의 신용카드매출전표 발행분(부가가치세 면제) 단, 미수금 또는 외상매출금에 카드거래처를 반영한다.	매입매출장, 신용카드매출전표발행집계표, 부가가치세신고서의 과세표준의 면세수입금액란
19	카영	영세율이 적용되는 재화를 공급하고 신용카드로 결제한 경우 선택한다(부가가치세 0%).	매입매출장, 신용카드매출전표발행집계표, 부가가치세신고서의 과세매출의 신용카드·현금영수증란
20	면건	계산서가 발행되지 않은 면세매출을 입력할 때 사용한다(부가가치세 면제).	매입매출장

21	전자	전자적 결제 수단으로 매출을 사용한다.	매입매출장
22	현과	현금영수증에 의한 과세 매출 시에 사용한다(부가가치세 10%).	매입매출장, 신용카드매출전표발행집계표, 부가가치세신고서의 과세매출의 신용카드·현금영수란
23	현면	현금영수증에 의한 면세 매출 시에 사용한다(부가가치세 면제).	매입매출장, 신용카드매출전표발행집계표
24	현영	현금영수증에 의한 영세 매출 시에 사용한다(부가가치세 0%).	매입매출장

[매입 유형]

코드	유형	입력자료	반영되는 서식
51	과세	매입세금계산서(부가가치세 10%)	매입매출장, 부가세 신고서의 일반매입란과 고정자산매입란, 매입처별세금계산합계표
52	영세	영세율세금계산서(LOCAL L/C 또는 구매확인서에 의한 매입, 부가가치세 0%)	매입매출장, 부가세신고서의 일반매입란, 매입처별세금계산서합계표
53	면세	면세사업자가 발행하는 계산서를 교부받은 경우(부가가치세 면제)	매입매출장, 매입처별계산서합계표
54	불공	세금계산서는 수취하였으나(수입세금계산서 포함) 매입세액을 공제받을 수 없는 경우(부가가치세 10%로 과세하여 매입하였으나 공제받을 수 없으므로 부가세는 공급가액과 합산하여 표시한다)	매입매출장, 매입처별세금계산서합계표, 부가세신고서 매입세액불공제 및 불공제 근거
55	수입	세관장이 발행한 수입세금계산서로서 공급가액은 부가세 과세표준이며, 하단 분개 시 부가가치세만 표시됨(부가가치세 10%)	매입매출장, 부가세 신고서의 일반매입란과 고정자산매입란, 매입처별세금계산합계표

56	금전	매입세액공제가 가능한 금전등록기 이면 확인 받은 영수증(1998년까지만 사용)	
57	카과	매입세액공제가 가능한 신용카드매출전표를 수취한 경우(부가가치세 10%)	매입매출장, 신용카드매출전표 등 수령 금액 합계표(갑), 부가가치세신고서의 기타공제매입세액란
58	카면	면세대상거래의 신용카드매출전표를 수취한 경우(부가가치세 면제)	매입매출장
59	카영	영세율이 적용되는 재화 등을 매입하고, 신용카드로 결제한 경우 선택한다(부가가치세 0%).	매입매출장, 신용카드매출전표 등 수령 금액 합계표(갑), 부가가치세신고서의 기타공제매입세액란
60	면건	증빙이 발행되지 않은 면세매입을 입력할 때 사용된다(부가가치세 면제).	매입매출장, 부가가치세신고서 하단의 계산서수취금액란
61	현과	현금영수증에 의한 과세 매입 시에 사용한다(부가가치세 10%).	매입매출장, 신용카드매출전표 등 수령 금액 합계표(갑), 부가가치세신고서의 기타경감・매입세액란
62	현면	현금영수증에 의한 면세 매입 시에 사용한다(부가가치세 면제).	매입매출장, 신용카드매출전표 등 수령 금액 합계표(갑)

4. **품명** : 해당 품명을 입력한다. 단, 품명이 2개 이상일 경우에는 화면 상단에 있는 [F7 복수거래] 버튼을 클릭하여 입력해야 한다.

	품목	규격	수량	단가	공급가액	부가세	합계	비고
1								
					합 계			

복 수 거 래 내 용 (F 7)　　(입력가능갯수 : 100개)

5. **수량** : 수량을 입력한다. 문제에서 제시하지 않으면 입력하지 않고 넘어간다. 반품일 경우 수량에 음수(−)로 표기한다.

6. **단가** : 단가를 입력한다. 문제에서 제시하지 않으면 입력하지 않고 넘어간다.

7. **공급가액** : 위 수량과 단가를 입력하면 공급가액과 부가가치세가 자동으로 반영되며 수량 단가 없이 직접입력 가능하다.

8. **부가가치세** : 수량과 단가를 입력하면 자동으로 반영되며, 공급가액을 직접입력할 경우에도 자동반영된다. 단, 영세, 면세, 수출 등을 입력하면 부가가치세는 공란으로 반영된다.

9. **코드, 공급처명, 사업/주민번호**
   ① **거래처코드 입력하는 방법**
      ㉠ [F2 코드도움]을 누르고 거래처도움창이 뜨면 거래처명 2글자를 입력하여 거래처명을 선택한다.

    ⓒ 거래처코드란에서 입력하고자 하는 거래처명을 2글자 입력한 후 거래처도움창에서 거래처를 선택하고 확인을 누른다.

    ⓒ 거래처코드를 알고 있는 경우에는 거래처코드란에 코드를 입력하면 자동으로 반영된다.

  ② **신규거래처를 등록하는 경우**

    커서가 거래처코드란에 있을 때 "+"를 누르면 "00000"이 자동으로 표기가 된다. 입력하고자 하는 거래처명을 입력하고 엔터를 누르면 거래처등록 창이 뜨게 된다. 등록하고자 하는 거래처코드를 입력하고 등록을 누르면 세부사항 등록 없이 거래처가 등록이 된다. 거래처의 사업자등록증상의 상세 정보를 등록하고자 할 경우에는 수정을 누르고 화면하단에서 거래처등록박스에 상세 정보를 등록하면 된다.

10. **전자** : 전자세금계산서 여부를 등록한다. 전자일 경우는 "여"를 선택한다.

11. **분개** : 해당 거래에 대한 분개유형을 선택한다.

구분	내용
분개없음(0번)	분개를 입력하지 않을 경우에 선택한다.
현금(1번)	전액 현금거래일 경우에 선택한다.
외상(2번)	전액 외상거래일 경우 선택한다. 외상거래일 경우에도 미수금이나 미지급금을 사용하는 경우에는 혼합을 선택한다.
혼합(3번)	전액현금과 전액외상 이외의 거래를 분개하는 경우 선택한다.
카드(4번)	신용카드로 매출이나 매입을 할 경우에 선택하며 신용카드사를 입력한다.
추가(5번)	환경등록 메뉴에서 추가계정설정에 입력하는 계정과목으로 회계처리하는 경우 선택한다.

12. **적요** : [F2 코드도움]을 눌러서 적요도움 창에서 해당하는 적요를 선택하여 등록한다. 화면에 표시되는 적요는 내장적요이다.

  → 시험에서는 적요의 입력은 생략한다. 다만 타계정으로 대체인 경우는 반드시 입력하도록 한다.

13. **삭제** : 전표를 삭제하고자 하는 경우 상단의 [F5]삭제를 눌러 삭제한다.

■ 과세기간 종료일의 부가가치세 납부(환급)세액 분개

매출거래 시 부가가치세는 납부세액으로 대변에 부가세예수금(부채)으로 분개가 되고 매입거래 시 부가가치세는 공제세액으로 차변에 부가세내급금(사산)으로 분개가 된다.

과세기간 종료일에(3월 31일, 6월 30일, 9월 30일, 12월 31일) 납부 또는 환급세액에 대한 정리 분개를 하게 되는데 부가세예수금(부채)는 차변으로 부가세대급금(자산)은 대변으로 분개하고 납부세액일 경우 미지금세금으로 환급세액일 경우 미수금으로 회계처리한다.

부가가치세 납부(환급) 회계처리 시 일단위절사액은 잡이익, 전자신고세액공제는 잡이익, 가산세는 세금과공과로 회계처리를 한다.

① 납부세액 발생 시 정리분개

    [과세기간 종료일 분개]

    (차) 부가세예수금 10,000　　　　(대) 부가세대급금　6,000

    　　　　　　　　　　　　　　　　　　　미지급세금　　4,000

    [부가가치세 납부일 분개]

    (차) 미지급세금　　4,000　　　　(대) 보통예금　　　4,000

② 환급세액 발생 시 정리분개

    [과세기간 종료일 분개]

    (차) 부가세예수금 10,000　　　　(대) 부가세대급금　13,000

    　　　미수금　　　　3,000

    [부가가치세 납부일 분개]

    (차) 보통예금　　　3,000　　　　(대) 미수금　　　　3,000

매입매출전표입력 연습하기 - 부가세유형 : 매출

01 11. 과세(과세매출)

※ 증빙 : 세금계산서, 부가가치세 10%

① 01월 15일 (주)우리한복에 제품(공급가액 10,000,000원, 부가가치세 별도)을 판매하고 전자세금계산서를 발급하였다. 판매대금은 1월 10일 수령한 계약금 1,000,000원을 제외한 잔액을 (주)우리한복 발행 어음으로 받았다.

해설

	일	번호	유형	품목	수량	단가	공급가액	부가세	코드	공급처명	사업/주민번호	전자	분개
☑	15	50001	과세	제품			10,000,000	1,000,000	00101	(주)우리한복	113-81-79632	여	혼합
☐	15												
☐													
☐													
☐													
		공급처별 매출(입)전체 [1]건					10,000,000	1,000,000					

신용카드사 　　　　　　　봉사료

	NO : 50001		(대 체) 전 표		일 자 : 2025 년 1 월 15 일	
구분	계정과목	적요	거래처	차변(출금)	대변(입금)	
대변	0255 부가세예수금	제품	00101 (주)우리한복		1,000,000	(세금)계산서 현재라인인쇄
대변	0404 제품매출	제품	00101 (주)우리한복		10,000,000	거래명세서 현재라인인쇄
차변	0259 선수금	제품	00101 (주)우리한복	1,000,000		
차변	0110 받을어음	제품	00101 (주)우리한복	10,000,000		
			합 계	11,000,000	11,000,000	전 표 현재라인인쇄

② 01월 17일 영업부에서 사용 중이던 승용차를 (주)화연에 15,000,000원(부가가치세 별도)에 매각하고 전자세금계산서를 발급하였다. 대금 중 5,000,000원은 자기앞수표로 받고 잔액은 익월에 받기로 하였으며, 차량운반구의 취득원가는 30,000,000원, 감가상각누계액은 18,000,000원이다.

해설

	일	번호	유형	품목	수량	단가	공급가액	부가세	코드	공급처명	사업/주민번호	전자	분개
☑	17	50001	과세	승용차매각			15,000,000	1,500,000	00107	(주)화연	438-81-00086	여	혼합
☐	17												
☐													
☐													
☐													
☐													
		공급처별 매출(입)전체 [1]건					15,000,000	1,500,000					

신용카드사 　　　　　　　봉사료

	NO : 50001		(대 체) 전 표		일 자 : 2025 년 1 월 17 일	
구분	계정과목	적요	거래처	차변(출금)	대변(입금)	
대변	0255 부가세예수금	승용차매각	00107 (주)화연		1,500,000	(세금)계산서 현재라인인쇄
대변	0208 차량운반구	승용차매각	00107 (주)화연		30,000,000	거래명세서 현재라인인쇄
차변	0209 감가상각누계액	승용차매각	00107 (주)화연	18,000,000		
차변	0101 현금	승용차매각	00107 (주)화연	5,000,000		
차변	0120 미수금	승용차매각	00107 (주)화연	11,500,000		
대변	0914 유형자산처분이익	승용차매각	00107 (주)화연		3,000,000	전 표 현재라인인쇄
			합 계	34,500,000	34,500,000	

③ 01월 20일 (주)목화주단에 판매하였던 제품 중 일부 500,000원(부가가치세 별도)이 반품되어
   수정전자세금계산서를 발행하였으며 전액 외상대금과 상계처리하기로 하였다.

▌해설

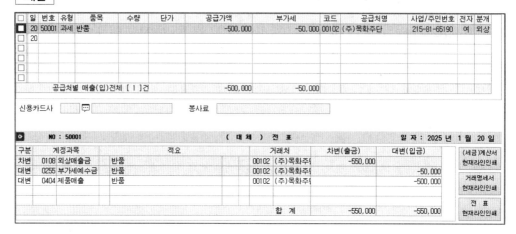

	일	번호	유형	품목	수량	단가	공급가액	부가세	코드	공급처명	사업/주민번호	전자	분개
	20	50001	과세	반품			-500,000	-50,000	00102	(주)목화주단	215-81-65190	여	외상
	20												

공급처별 매출(입)전체 [1]건 : 공급가액 -500,000 / 부가세 -50,000

신용카드사 [   ]   봉사료

| NO : 50001 | (대 체) 전 표 | 일 자 : 2025 년 1 월 20 일 |

구분	계정과목	적요	거래처	차변(출금)	대변(입금)
차변	0108 외상매출금	반품	00102 (주)목화주{	-550,000	
대변	0255 부가세예수금	반품	00102 (주)목화주{		-50,000
대변	0404 제품매출	반품	00102 (주)목화주{		-500,000
			합 계	-550,000	-550,000

(세금)계산서 현재라인인쇄 / 거래명세서 현재라인인쇄 / 전 표 현재라인인쇄

[부가가치세신고서 반영 화면]

부가가치 ⇨ 부가가치세 ⇨ 부가가치세신고서

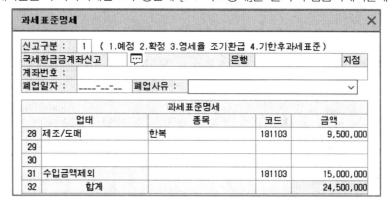

일반과세 / 간이과세

조회기간 2025 년 1 월 1 일 ~ 2025 년 3 월 31 일 신고구분 1.정기신고

		구분		정기신고금액		
				금액	세율	세액
과세표준및매출세액	과세	세금계산서발급분	1	24,500,000	10/100	2,450,000
		매입자발행세금계산서	2		10/100	
		신용카드·현금영수증발행분	3		10/100	
		기타(정규영수증외매출분)	4			
	영세	세금계산서발급분	5		0/100	
		기타	6		0/100	
	예정신고누락분		7			
	대손세액가감		8			
	합계		9	24,500,000	㉘	2,450,000

고정자산매각분은 부가가치세신고서 상단에 [F4 과표명세]를 눌러 수입금액제외란에서 확인한다.

과세표준명세 ✕

신고구분 : 1 (1.예정 2.확정 3.영세율 조기환급 4.기한후과세표준)
국세환급금계좌신고 [   ]   은행   지점
계좌번호 :
폐업일자 : ----.--.--   폐업사유 :   ⌄

과세표준명세

	업태	종목	코드	금액
28	제조/도매	한복	181103	9,500,000
29				
30				
31	수입금액제외		181103	15,000,000
32	합계			24,500,000

[세금계산서합계표 반영 화면]

부가가치 ⇨ 부가가치세 ⇨ 세금계산서합계표

조회기간 2025 년 01 ∨ 월 ~ 2025 년 03 ∨ 월 1기 예정 1. 정기신고 ∨

매 출 매 입   ※ [확인]전송일자가 없는 거래는 전자세금계산서 발급분으로 반영 되므로 국세청 홈택스 전송 세금계산서와 반드시 확인 합니다

2. 매출세금계산서 총합계

구 분		매출처수	매 수	공급가액	세 액
합 계		3	3	24,500,000	2,450,000
과세기간 종료일 다음달 11일까지전송된 전자세금계산서 발급분	사업자 번호 발급분	3	3	24,500,000	2,450,000
	주민등록번호발급분				
	소 계	3	3	24,500,000	2,450,000
위 전자세금계산서 외의 발급분(종이발급분+과세기간 종료일다음달 12일 이후분)	사업자 번호 발급분				
	주민등록번호발급분				
	소 계				

과세기간 종료일 다음달 11일까지 (전자분) | 과세기간 종료일 다음달 12일이후 (전자분), 그외 | 전체데이터

참고사항 : 2012년 7월 이후 변경사

No	사업자등록번호	코드	거래처명	매수	공급가액	세 액	대표자성명	업 태	종 목	주류코드
1	113-81-79632	00101	(주)우리한복	1	10,000,000	1,000,000	김가람	제조,도매	한복	
2	215-81-65190	00102	(주)목화주단	1	-500,000	-50,000	한계례	제조,도매	한복	
3	438-81-00086	00107	(주)화연	1	15,000,000	1,500,000	최소예	제조	한복	
			합 계	3	24,500,000	2,450,000				
			마 감 합 계							

02 12. 영세(영세매출)

※ 증빙 : 영세율세금계산서, 부가가치세 0%

내국신용장(Local L/C) 또는 구매확인서에 의한 수출

① 01월 21일 (주)가온정에 내국신용장(Local L/C)에 의하여 제품 30,000,000원을 공급하고 영세율전자세금계산서를 발행하였다. 대금은 내국신용장 개설은행에 청구할 예정이다.

해설

영세율구분칸에서 F2 또는 🔍를 누른 후 3. 내국신용장·구매확인서에 의하여 공급하는 재화를 선택한다.

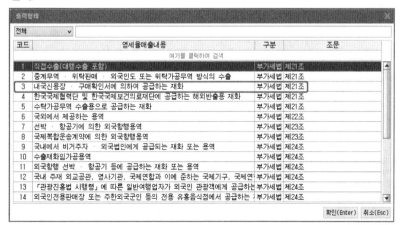

	일	번호	유형	품목	수량	단가	공급가액	부가세	코드	공급처명	사업/주민번호	전자	분개
■	21	50001	영세	제품			30,000,000		00104	(주)가온정	215-81-73652	여	외상
□	21												
□													
□													
□													
□													
		공급처별 매출(입)전체 [1]건					30,000,000						

영세율구분 3 ⋯ 내국신용장 · 구매확인서   서류번호 [   ]

◉		NO : 50001		（ 대 체 ） 전 표			일 자 : 2025 년 1 월 21 일		
구분	**계정과목**	**적요**		**거래처**	**차변(출금)**	**대변(입금)**			
차변	0108 외상매출금	제품		00104 (주)가온정	30,000,000		(세금)계산서 현재라인인쇄		
대변	0404 제품매출	제품		00104 (주)가온정		30,000,000	거래명세서 현재라인인쇄		
							전 표 현재라인인쇄		
				합 계	30,000,000	30,000,000			

[부가가치세신고서 반영 화면]

부가가치 ⇨ 부가가치세 ⇨ 부가가치세신고서

일반과세 간이과세

조회기간 **2025** 년 **1** 월 **1** 일 ~ **2025** 년 **3** 월 **31** 일   신고구분 1.정기신고

		구분		금액	세율	세액
과세표준및매출세액	과세	세금계산서발급분	1	24,500,000	10/100	2,450,000
		매입자발행세금계산서	2		10/100	
		신용카드 · 현금영수증발행분	3		10/100	
		기타(정규영수증외매출분)	4			
	영세	세금계산서발급분	5	30,000,000	0/100	
		기타	6		0/100	
	예정신고누락분		7			
	대손세액가감		8			
	합계		9	54,500,000	㉙	2,450,000

[세금계산서합계표 반영 화면]

부가가치 ⇨ 부가가치세 ⇨ 세금계산서합계표

조회기간 **2025** 년 01 ∨ 월 ~ **2025** 년 03 ∨ 월 1기 예정 1. 정기신고 ∨

매 출 매 입   ※ [확인]전송일자가 없는 거래는 전자세금계산서 발급분으로 반영 되므로 국세청 홈택스 전송 세금계산서와 반드시 확인 합니

◉	2. 매출세금계산서 총합계							
	구 분		매출처수	매 수	공급가액		세 액	
	합 계		4	4	54,500,000		2,450,000	
과세기간 종료일 다음달 11일까지전송된 전자세금계산서 발급분	사업자 번호 발급분		4	4	54,500,000		2,450,000	
	주민등록번호발급분							
	소 계		4	4	54,500,000		2,450,000	
위 전자세금계산서 외의 발급분(종이발급분+과세기간 종료일다음달 12일 이후분)	사업자 번호 발급분							
	주민등록번호발급분							
	소 계							

과세기간 종료일 다음달 11일까지 (전자분)   과세기간 종료일 다음달 12일이후 (전자분), 그외 전체데이터   참고사항 : 2012년 7월 이후 변경사

No	사업자등록번호	코드	거래처명	매수	공급가액	세 액	대표자성명	업 태	종 목	주류코드
1	113-81-79632	00101	(주)우리한복	1	10,000,000	1,000,000	김가람	제조,도매	한복	
2	215-81-65190	00102	(주)목화주단	1	-500,000	-50,000	한계레	제조,도매	한복	
3	215-81-73652	00104	(주)가온정	1	30,000,000		정다온	도매	한복	
4	438-81-00086	00107	(주)화연	1	15,000,000	1,500,000	최소예	제조	한복	
			합 계	4	54,500,000	2,450,000				
			마 감 합 계							

PART
02

03 13. 면세(면세매출)

※ 증빙 : 계산서, 부가가치세 면제

① 02월 12일 면세가 적용되는 제품 700,000원을 (주)한복담다에 공급하고 대금은 전액 외상으로 하였다.

	전자계산서(공급자 보관용)				승인번호		1234567890123456789	
공급자	사업자 등록번호	109-81-33490	종사업장 번호		공급받는자	사업자 등록번호	140-81-08202	종사업장 번호	
	상호 (법인명)	(주)박문한복	성 명 (대표자)	정나예		상호 (법인명)	(주)한복담다	성 명 (대표자)	장노아
	사업장 주소	서울시 노원구 공릉로 97				사업장 주소	경기도 광명시 가학로 119		
	업 태	제조	종 목	한복		업 태	도매	종 목	한복
	이메일	na@naver.com				이메일	han@daum.net		

작성일자	공급가액	수정사유
2025.02.12.	700,000	
비고		

월	일	품 목	규 격	수 량	단 가	공 급 가 액	비 고
2	12	제품				700,000	

합 계 금 액	현 금	수 표	어 음	외상미수금	이 금액을	영수 청구	함
700,000				700,000			

해설

□	일	번호	유형	품목	수량	단가	공급가액	부가세	코드	공급처명	사업/주민번호	전자	분개
■	12	50001	면세	제품			700,000		00103	(주)한복담다	140-81-08202	여	외상
□	12												
□													
□													
□													
□													
			공급처별 매출(입)전체 [1]건				700,000						

신용카드사 [ ][💬][   ]   봉사료 [   ]

●	NO : 50001		(대 체) 전 표			일 자 : 2025 년 2 월 12 일	
구분	계정과목	적요		거래처	차변(출금)	대변(입금)	
차변	0108 외상매출금	제품		00103 (주)한복담[	700,000		(세금)계산서 현재라인인쇄
대변	0404 제품매출	제품		00103 (주)한복담[		700,000	거래명세서 현재라인인쇄
							전 표 현재라인인쇄
				합 계	700,000	700,000	

② 02월 13일 (주)하우리에 아래와 같이 면세대상 제품 도서를 판매하고 전자계산서를 발급하였다. 대금 중 1,000,000원은 신한은행 보통예금으로 입금받았고 잔액은 동점발행 당좌수표로 입금받았다.

품목	수량	단가	공급가액	부가세	합계
경영관리	30	30,000	900,000		900,000
인사관리	20	35,000	700,000		700,000

해설

날짜와 유형을 선택한 후 상단에서 [F7 복수거래] 아이콘을 눌러서 하단에서 품목별로 수량과 단가를 입력한다. [TAB], [ESC]로 상단으로 이동한 후 입력한다.

[부가가치세신고서 반영 화면]

부가가치 ➪ 부가가치세 ➪ 부가가치세신고서

부가가치세신고서 상단 [F4 과표명세]를 클릭하면 면세사업수입금액과 85.계산서발급금액에 자동으로 반영된다.

과세표준명세

신고구분 : 1 (1.예정 2.확정 3.영세율 조기환급 4.기한후과세표준)

국세환급금계좌신고 [💬] 은행 지점

계좌번호 :

폐업일자 : ----.--.-- 폐업사유 : ⌄

과세표준명세

	업태	종목	코드	금액
28	제조	한복	181103	39,500,000
29				
30				
31	수입금액제외	한복	181103	15,000,000
32	합계			54,500,000

면세사업수입금액

	업태	종목	코드	금액
81	제조업	한복	181103	2,300,000
82				
83	수입금액제외			
84	합계			2,300,000

계산서발급 및 수취명세	85.계산서발급금액	2,300,000
	86.계산서수취금액	

세무대리인정보

성명		사업자번호	---.--.----	전화번호	
신고년월일	2025-04-25	핸드폰		생년월일	----.--.--
e-Mail					

회사정보 불러오기   확인[Tab]

04 14. 건별(세금계산서가 교부되지 않은 과세매출)

※ 증빙 : 증빙없음, 부가가치세 10%

① 02월 14일 개인 김규연에게 제품 300,000원(부가가치세 별도)을 판매하고 대금은 전액 현금으로 입금받았다(신규거래처등록 200.김규연 690315-2714111).

해설

– 건별유형일 경우 공급가액 칸에 공급대가를 입력하면 프로그램에서 자동으로 공급가액과 부가가치세를 나누어 입력해 준다. 즉 공급가액 칸에 공급대가 330,000원을 입력하면 공급가액 300,000원과 부가가치세 30,000원으로 자동입력된다. 편의기능이므로 직접입력해도 무방하다.

– 코드 200번으로 김규연을 등록한다. 주민등록기재분에 '1.여'로 등록한다.

공급처등록정보

공급처코드: 00200	사업자등록번호: ___-__-_____	사업자등록상태조회
공급처명: 김규연	주민등록번호: 690315-2714111	주민등록기재분: 1 0:부 1:여
	대표자명:	업태: 종목:
	우편번호,주소: [...]	
전화번호: ( ) -	업체담당자:	등록

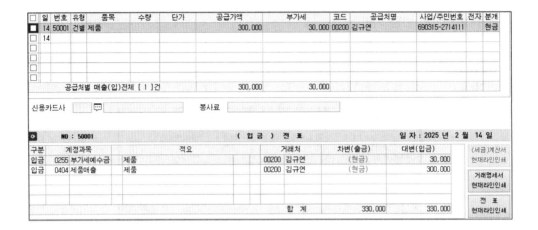

[부가가치세신고서 반영 화면]

부가가치 ⇨ 부가가치세 ⇨ 부가가치세신고서

		구분		금액	세율	세액
과세표준및매출세액	과세	세금계산서발급분	1	24,500,000	10/100	2,450,000
		매입자발행세금계산서	2		10/100	
		신용카드·현금영수증발행분	3		10/100	
		기타(정규영수증외매출분)	4	300,000		30,000
	영세	세금계산서발급분	5	30,000,000	0/100	
		기타	6		0/100	
	예정신고누락분		7			
	대손세액가감		8			
	합계		9	54,800,000	㉮	2,480,000

조회기간 2025 년 1 월 1 일 ~ 2025 년 3 월 31 일 신고구분 1.정기신고

05 16. 수출(수출)

※ 증빙 : 수출실적명세서, 직수출, 부가가치세 0%

세금계산서 발급의무 면제

① 02월 15일 미국의 우드사에 제품 $20,000를 직수출하고 선적을 완료하였다. 선적일의 환율은
1$당 1,000원이다. 대금은 선적일에 $10,000 원화로 환전되어 당사 보통예금계좌로
입금되었으며 잔액은 차후 약정일에 입금받기로 하였다(신규거래처등록 201.우드사).

해설

신규거래처를 먼저 등록한다.

영세율구분칸에서 F2 또는 💬를 누른 후 '1. 직접수출(대행수출 포함)'을 선택한다.

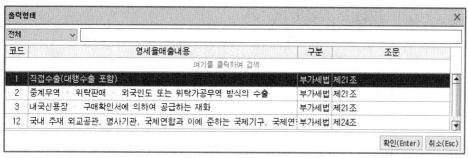

코드	영세율매출내용	구분	조문
	여기를 클릭하여 검색		
1	직접수출(대행수출 포함)	부가세법	제21조
2	중계무역 · 위탁판매 · 외국인도 또는 위탁가공무역 방식의 수출	부가세법	제21조
3	내국신용장 · 구매확인서에 의하여 공급하는 재화	부가세법	제21조
12	국내 주재 외교공관, 영사기관, 국제연합과 이에 준하는 국제기구, 국제연	부가세법	제24조

확인(Enter) 취소(Esc)

□	일	번호	유형	품목	수량	단가	공급가액	부가세	코드	공급처명	사업/주민번호	전자	분개
■	15	50001	수출	제품			20,000,000		00201	우드사			혼합
□	15												

공급처별 매출(입)전체 [1]건   20,000,000

영세율구분 | 1 | 💬 | 직접수출(대행수출 포함) 수출신고번호

◈	NO : 50001		(대 체) 전 표		일 자 : 2025 년 2 월 15 일	
구분	계정과목	적요	거래처	차변(출금)	대변(입금)	
대변	0404 제품매출	제품	00201 우드사		20,000,000	(세금)계산서 현재라인인쇄
차변	0103 보통예금	제품	00201 우드사	10,000,000		거래명세서 현재라인인쇄
차변	0108 외상매출금	제품	00201 우드사	10,000,000		전 표 현재라인인쇄
			합 계	20,000,000	20,000,000	

[부가가치세신고서 반영 화면]

부가가치 ⇨ 부가가치세 ⇨ 부가가치세신고서

일반과세	간이과세					

조회기간 2025 년 1 월 1 일 ~ 2025 년 3 월 31 일 신고구분 1.정기신고

		구분		정기신고금액		
				금액	세율	세액
과세표준및매출세액	과세	세금계산서발급분	1	24,500,000	10/100	2,450,000
		매입자발행세금계산서	2		10/100	
		신용카드 · 현금영수증발행분	3		10/100	
		기타(정규영수증외매출분)	4	300,000		30,000
	영세	세금계산서발급분	5	30,000,000	0/100	
		기타	6	20,000,000	0/100	
	예정신고누락분		7			
	대손세액가감		8			
	합계		9	74,800,000	㉙	2,480,000

PART 02

06 17. 카과(카드과세)

※ 증빙 : 신용카드매출전표, 부가가치세 10%

① 03월 17일 (주)우리한복에 제품을 판매하고 신용카드매출전표를 발행하였다.

카드종류		거래종류	결제방법
신한카드		신용구매	일시불
회원번호(Card No)		취소 시 원거래일자	
6250-0304-4156-5955			
유효기간		거래일시	품명
/		2025.3.17. 15:33	
전표제출		금 액	3,000,000
		부 가 세	300,000
전표매입사	신한카드	봉 사 료	
		합 계	**3,300,000**
거래번호		승인번호/(Approval No.)	
		30017218	
가맹점	(주)박문한복		
대표자	정나예	TEL	02-416-1426
가맹점번호	12345678	사업자번호	109-81-33490
주소	서울특별시 노원구 공릉로 97		
		서명(Signature) (주)우리한복	

해설

- 카드과세 유형일 경우 공급가액칸에 공급대가를 입력하면 프로그램에서 자동으로 공급가액과 부가
  가치세를 나누어 입력해 준다. 편의기능이므로 직접입력해도 무방하다.
- 신용카드사 구분칸에서 F2 또는 💬를 누른 후 '99602. 신한카드사'를 선택한다.

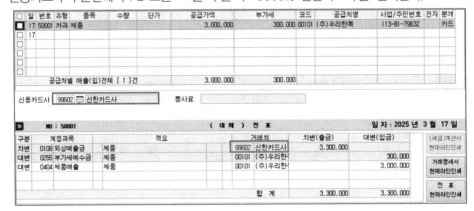

[부가가치세신고서 반영 화면]

부가가치 ⇨ 부가가치세 ⇨ 부가가치세신고서

일반과세	간이과세						

조회기간 **2025** 년 **1** 월 **1** 일 ~ **2025** 년 **3** 월 **31** 일 신고구분 **1.정기신고**

		구분		금액	세율	세액
과세표준및매출세액	과세	세금계산서발급분	1	24,500,000	10/100	2,450,000
		매입자발행세금계산서	2		10/100	
		신용카드·현금영수증발행분	3	3,000,000	10/100	300,000
		기타(정규영수증외매출분)	4	300,000		30,000
	영세	세금계산서발급분	5	30,000,000	0/100	
		기타	6	20,000,000	0/100	
	예정신고누락분		7			
	대손세액가감		8			
	합계		9	77,800,000	㉑	2,780,000

07 22. 현과(현금과세)

※ 증빙 : 현금영수증, 부가가치세 10%

① 03월 18일 개인 김규연에게 제품 300,000원(부가세 별도)을 판매하고 현금영수증을 발급하였다.

해설

현금과세 유형일 경우 공급가액칸에 공급대가를 입력하면 프로그램에서 자동으로 공급가액과 부가가치세를 나누어 입력해 준다. 편의기능이므로 직접입력해도 무방하다.

	일	번호	유형	품목	수량	단가	공급가액	부가세	코드	공급처명	사업/주민번호	전자	분개
☐	18	50001	현과	제품			300,000	30,000	00200	김규연	690315-2714111		현금
☐	18												
☐													
			공급처별 매출(입)전체 [1]건				300,000	30,000					

신용카드사 [ ] 봉사료 [ ]

NO : 50001			(입 금) 전 표			일 자 : 2025 년 3 월 18 일	

구분	계정과목	적요	거래처	차변(출금)	대변(입금)	
입금	0255 부가세예수금	제품	00200 김규연	(현금)	30,000	(세금)계산서 현재라인인쇄
입금	0404 제품매출	제품	00200 김규연	(현금)	300,000	거래명세서 현재라인인쇄
			합 계	330,000	330,000	전 표 현재라인인쇄

일반과세	간이과세						

조회기간 **2025** 년 **1** 월 **1** 일 ~ **2025** 년 **3** 월 **31** 일 신고구분 **1.정기신고**

		구분		금액	세율	세액
과세표준및매출세액	과세	세금계산서발급분	1	24,500,000	10/100	2,450,000
		매입자발행세금계산서	2		10/100	
		신용카드·현금영수증발행분	3	3,300,000	10/100	330,000
		기타(정규영수증외매출분)	4	300,000		30,000
	영세	세금계산서발급분	5	30,000,000	0/100	
		기타	6	20,000,000	0/100	
	예정신고누락분		7			
	대손세액가감		8			
	합계		9	78,100,000	㉑	2,810,000

매입매출전표입력 연습하기 - 부가세유형 : 매입

01 51. 과세(과세매입)

※ 증빙 : 세금계산서, 부가가지세 10%

① 01월 05일 다음 전자세금계산서를 참고하여 매입매출전표에 입력하시오.

전자세금계산서								승인번호		242428782128	
공급자	사업자 등록번호	113-86-35930		종사업장 번호		공급받는자	사업자 등록번호	109-81-33490		종사업장 번호	
	상호(법인명)	(주)명작		성명	공마루		상호(법인명)	(주)박문한복		성명	정나예
	사업장 주소	경기도 광명시 오리로 1000					사업장 주소	서울시 노원구 공릉로 97			
	업태	제조	종목		한복		업태	제조	종목		한복
	이메일	mj@naver.com					이메일	na@naver.com			
작성일자		공급가액		세액							
2025.01.05.		3,000,000		300,000							
비고											

월	일	품 목	규 격	수 량	단 가	공 급 가 액	세 액	비 고
1	5	공장임대료				3,000,000	300,000	

합계금액	현 금	수 표	어 음	외상미수금	이 금액을 영수 함 청구
3,300,000	300,000			3,000,000	

해설

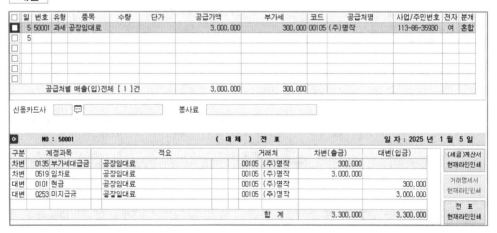

② 01월 06일 (주)단한복과의 임가공계약에 의하여 제작 의뢰한 제품을 납품받았다. 임가공비(공급가액 6,000,000원, 부가가치세 600,000원)에 대해서 전자세금계산서를 발급받았고 대금은 다음달에 지급하기로 하였다.

해설

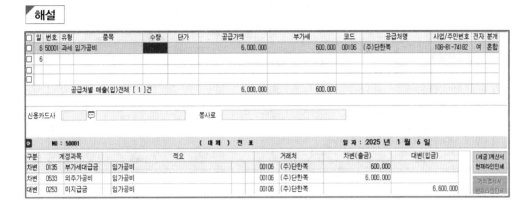

□	일	번호	유형	품목	수량	단가	공급가액	부가세	코드	공급처명	사업/주민번호	전자	분개
□	6	50001	과세	임가공비			6,000,000	600,000	00106	(주)단한복	108-81-74182	여	혼합
□	6												

공급처별 매출(입)전체 [1]건 ... 6,000,000 / 600,000

신용카드사 봉사료

NO : 50001 (대체) 전표 일자 : 2025 년 1 월 6 일

구분	계정과목		적요	거래처		차변(출금)	대변(입금)
차변	0135	부가세대급금	임가공비	00106	(주)단한복	600,000	
차변	0533	외주가공비	임가공비	00106	(주)단한복	6,000,000	
대변	0253	미지급금	임가공비	00106	(주)단한복		6,600,000

③ 01월 07일 제조공정에 사용할 원재료를 (주)화연으로부터 다음과 같이 구입하고, 전자세금계산서를 발급받았다.

품목	수량	단가	공급가액	부가가치세	결제방법
TA	300개	15,000원	4,500,000원	450,000원	90일 만기 어음지급

해설

□	일	번호	유형	품목	수량	단가	공급가액	부가세	코드	공급처명	사업/주민번호	전자	분개
■	7	50001	과세	TA	300	15,000	4,500,000	450,000	00107	(주)화연	438-81-00086	여	혼합
□	7												

공급처별 매출(입)전체 [1]건 ... 4,500,000 / 450,000

신용카드사 봉사료

NO : 50001 (대체) 전표 일자 : 2025 년 1 월 7 일

구분	계정과목		적요	거래처		차변(출금)	대변(입금)
차변	0135	부가세대급금	TA 300X15000	00107	(주)화연	450,000	
차변	0153	원재료	TA 300X15000	00107	(주)화연	4,500,000	
대변	0252	지급어음	TA 300X15000	00107	(주)화연		4,950,000
				합 계		4,950,000	4,950,000

[부가가치세신고서 반영 화면]

부가가치 ⇨ 부가가치세 ⇨ 부가가치세신고서

| 일반과세 | 간이과세 |

조회기간 2025 년 1 월 1 일 ~ 2025 년 3 월 31 일 신고구분 1.정기신고

	구분			금액	세율	세액
매입세액	세금계산서 수취분	일반매입	10	13,500,000		1,350,000
		수출기업수입분납부유예	10-1			
		고정자산매입	11			
	예정신고누락분		12			
	매입자발행세금계산서		13			
	그 밖의 공제매입세액		14			
	합계(10)-(10-1)+(11)+(12)+(13)+(14)		15	13,500,000		1,350,000
	공제받지못할매입세액		16			
	차감계 (15-16)		17	13,500,000	⑭	1,350,000

조회기간 2025 년 01 월 ~ 2025 년 03 월 1기 예정 1. 정기신고

매출 매입 ※ [확인]전송일자가 없는 거래는 전자세금계산서 발급분으로 반영 되므로 국세청 홈택스 전송 세금계산서와 반드시 확인 합니다

2. 매입세금계산서 총합계

구 분		매입처수	매 수	공급가액	세 액
합 계		3	3	13,500,000	1,350,000
과세기간 종료일 다음달 11일까지 전송된 전자세금계산서 발급받은분	사업자 번호 발급받은분	3	3	13,500,000	1,350,000
	주민등록번호발급받은분				
	소 계	3	3	13,500,000	1,350,000
위 전자세금계산서 외의 발급 받은분(종이발급분+과세기간 종료일다음달 12일 이후분)	사업자 번호 발급받은분				
	주민등록번호발급받은분				
	소 계				

과세기간 종료일 다음달 11일까지 (전자분) 과세기간 종료일 다음달 12일이후 (전자분), 그외 전체데이터 참고사항 : 2012년 7월 이후 변경사

No	사업자등록번호	코드	거래처명	매수	공급가액	세 액	대표자성명	업 태	종 목	주류코드
1	108-81-74182	00106	(주)단한복	1	6,000,000	600,000	신보슬	제조	한복	
2	113-86-35930	00105	(주)명작	1	3,000,000	300,000	공마루	제조	한복	
3	438-81-00086	00107	(주)화연	1	4,500,000	450,000	최소예	제조	한복	
			합 계	3	13,500,000	1,350,000				
			마 감 합 계							

PART
02

02 52. 영세(영세매입)

※ 증빙 : 영세율세금계산서, 부가가치세 0%

내국신용장(Local L/C) 또는 구매확인서에 의한 매입

① 01월 08일 (주)명작으로부터 내국신용장(Local L/C)에 의하여 원재료 2,000,000원을 공급받고 영세율 전자세금계산서를 발급받았으며, 대금 중 50%는 어음으로 지급하고 나머지 금액은 신한은행 보통예금에서 이체하였다.

해설

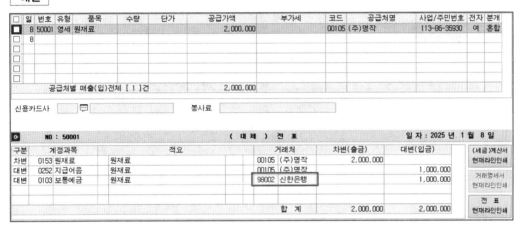

② 01월 09일 수출용 제품에 대한 원재료 3,000,000원(공급가액)을 (주)단한복으로부터 매입하고, 영세율전자세금계산서를 발급받았다. 구입대금 중 2,000,000원은 (주)우리한복으로부터 받은 어음을 배서해주고, 나머지는 외상으로 하였다.

해설

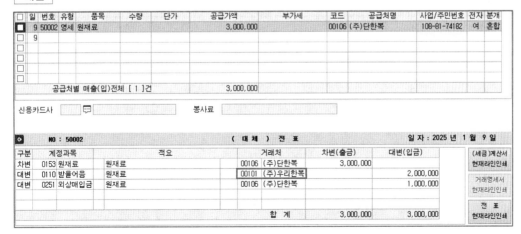

[부가가치세신고서 반영 화면]

부가가치 ⇨ 부가가치세 ⇨ 부가가치세신고서

	일반과세	간이과세				

조회기간 [2025]년 [1]월 [1]일 ~ [2025]년 [3]월 [31]일 신고구분 [1.정기신고]

	구분			정기신고금액		
				금액	세율	세액
매입세액	세금계산서 수취분	일반매입	10	18,500,000		1,350,000
		수출기업수입분납부유예	10-1			
		고정자산매입	11			
	예정신고누락분		12			
	매입자발행세금계산서		13			
	그 밖의 공제매입세액		14			
	합계(10)-(10-1)+(11)+(12)+(13)+(14)		15	18,500,000		1,350,000
	공제받지못할매입세액		16			
	차감계 (15-16)		17	18,500,000	⑭	1,350,000

조회기간 [2025]년 [01]월 ~ [2025]년 [03]월 1기 예정 [1. 정기신고]

매출 **매입**

※ [확인]전송일자가 없는 거래는 전자세금계산서 발급분으로 반영 되므로 국세청 홈택스 전송 세금계산서와 반드시 확인 합니다

2. 매입세금계산서 총합계

구 분		매입처수	매 수	공급가액	세 액
합 계		3	5	18,500,000	1,350,000
과세기간 종료일 다음달 11일까지 전송된 전자세금계산서 발급받은분	사업자 번호 발급받은분	3	5	18,500,000	1,350,000
	주민등록번호발급받은분				
	소 계	3	5	18,500,000	1,350,000
위 전자세금계산서 외의 발급 받은분(종이발급분+과세기간 종료일다음달 12일 이후분)	사업자 번호 발급받은분				
	주민등록번호발급받은분				
	소 계				

과세기간 종료일 다음달 11일까지 (전자분) | 과세기간 종료일 다음달 12일이후 (전자분), 그외 | 전체데이터   참고사항 : 2012년 7월 이후 변경사

No	사업자등록번호	코드	거래처명	매수	공급가액	세 액	대표자성명	업 태	종 목	주류코드
1	108-81-74182	00106	(주)단한복	2	9,000,000	600,000	신보슬	제조	한복	
2	113-86-35930	00105	(주)명작	2	5,000,000	300,000	공마루	제조	한복	
3	438-81-00086	00107	(주)화연	1	4,500,000	450,000	최소예	제조	한복	
			합 계	5	18,500,000	1,350,000				
			마 감 합 계							

03 53. 면세(면세매입)

※ 증빙 : 계산서, 부가가치세 면제

① 02월 10일 원재료 매입처에 쌀 20포대(1포대당 30,000원)를 선물하고 대박정미소로부터 전자계산서를 수취하고 대금은 신한은행 보통예금계좌에서 이체하였다(신규거래처등록 202. 대박정미소 110-81-45128).

해설

202.대박정미소 신규거래처등록을 한다.

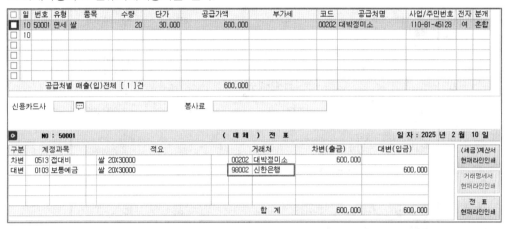

	일	번호	유형	품목	수량	단가	공급가액	부가세	코드	공급처명	사업/주민번호	전자	분개
■	10	50001	면세	쌀	20	30,000	600,000		00202	대박정미소	110-81-45128	여	혼합
□	10												

공급처별 매출(입)전체 [1]건 : 600,000

신용카드사 [ ] 봉사료 [ ]

	NO : 50001		(대 체) 전 표			일 자 : 2025 년 2 월 10 일
구분	계정과목	적요	거래처	차변(출금)	대변(입금)	
차변	0513 접대비	쌀 20X30000	00202 대박정미소	600,000		(세금)계산서 현재라인인쇄
대변	0103 보통예금	쌀 20X30000	98002 신한은행		600,000	거래명세서 현재라인인쇄
			합 계	600,000	600,000	전 표 현재라인인쇄

② 02월 11일 생산직 공장장 김종현의 결혼식에 보낼 화환을 400,000원에 (주)하우리에서 구입하고 전자계산서를 발급받았다. 대금은 전액 현금으로 지급하였다.

해설

	일	번호	유형	품목	수량	단가	공급가액	부가세	코드	공급처명	사업/주민번호	전자	분개
■	11	50001	면세	화환			400,000		00111	(주)하우리	113-82-03615	여	혼합
□	11												

공급처별 매출(입)전체 [1]건 : 400,000

신용카드사 [ ] 봉사료 [ ]

	NO : 50001		(대 체) 전 표			일 자 : 2025 년 2 월 11 일
구분	계정과목	적요	거래처	차변(출금)	대변(입금)	
차변	0511 복리후생비	화환	00111 (주)하우리	400,000		(세금)계산서 현재라인인쇄
대변	0101 현금	화환	00111 (주)하우리		400,000	거래명세서 현재라인인쇄
			합 계	400,000	400,000	전 표 현재라인인쇄

[부가가치세신고서 반영 화면]

부가가치 ⇨ 부가가치세 ⇨ 부가가치세신고서

부가가치세신고서 상단 [F4 과표명세]를 클릭하면 86.계산서수취금액에 자동으로 반영된다.

과세표준명세				✕

신고구분 : 1 (1.예정 2.확정 3.영세율 조기환급 4.기한후과세표준)

국세환급금계좌신고	💬			은행		지점

계좌번호 :

폐업일자 : ----.--.-- 폐업사유 : ⌄

과세표준명세

	업태	종목	코드	금액
28	제조/도매	한복	181103	63,100,000
29				
30				
31	수입금액제외		181103	15,000,000
32	합계			78,100,000

면세사업수입금액

	업태	종목	코드	금액
81	제조/도매	한복	181103	2,300,000
82				
83	수입금액제외			
84	합계			2,300,000
계산서발급 및 수취명세	85.계산서발급금액			2,300,000
	86.계산서수취금액			1,000,000

세무대리인정보

성명		사업자번호	---.--.-----	전화번호	
신고년월일	2025-04-25	핸드폰		생년월일	----.--.--
e-Mail	na@naver.com				

회사정보 불러오기	확인[Tab]

04 54. 불공(매입세액이 공제되지 않는 사유에 해당하는 경우)

※ 증빙 : 세금계산서, 부가가치세 10%

세금계산서는 수취하였으나 부가가치세법상 불공제사유에 해당하는 경우 매입세액은 공제받지 못한다. 유형을 불공으로 선택한 후 불공제사유를 선택하여 등록한다.

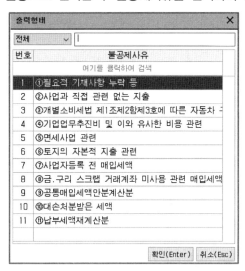

① 03월 12일 대표이사의 자택에서 사용할 목적으로 (주)하우리에서 TV를 7,000,000원(부가가치세 별도)에 구입하고 회사 명의로 전자세금계산서를 발급받았다. 대금은 신한은행 보통예금계좌에서 이체하였다(거래처등록 메뉴에서 신규거래처등록 203. 정나예 770911-2774913).

해설

불공제사유칸에서 F2 또는 🖃를 누른 후 2. 사업과 직접 관련 없는 지출을 선택한다.

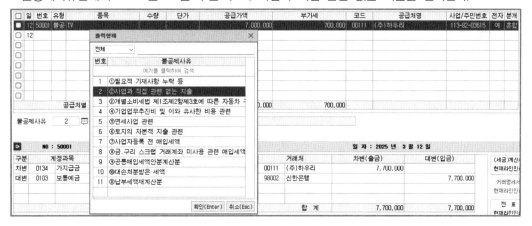

② 03월 13일 (주)하우리에서 영업용 승용차(1,998cc)를 30,000,000원(부가가치세 별도)에 구입하고 전자세금계산서를 수취하였으며 10,000,000원은 법인 국민카드로 결제하고 잔액은 12개월 할부로 결제하였다(단, 고정자산등록은 생략한다).

해설

불공제사유칸에서 F2 또는 🖳를 누른 후 3. 개별소비세법 제1조 제2항 제3호에 따른 자동차 구입·유지 및 임차를 선택한다.

③ 03월 14일 매출거래처에 선물하기 위해서 (주)하우리에서 선물세트 2,000,000원(부가가치세 별도)에 구입하고 전자세금계산서를 교부받았다. 대금은 전액 당좌수표를 발행하여 지급하였다.

해설

불공제사유칸에서 F2 또는 🖳를 누른 후 4. 기업업무추진비 및 이와 유사한 비용 관련을 선택한다.

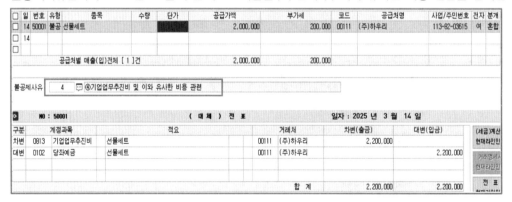

[부가가치세신고서 반영 화면]

부가가치 ⇨ 부가가치세 ⇨ 부가가치세신고서

일반과세	간이과세				

조회기간 2025 년 1 월 1 일 ~ 2025 년 3 월 31 일 신고구분 1.정기신고

구분			정기신고금액		
			금액	세율	세액
매입세액	세금계산서수취분	일반매입	10	27,500,000		2,250,000
		수출기업수입분납부유예	10-1			
		고정자산매입	11	30,000,000		3,000,000
	예정신고누락분		12			
	매입자발행세금계산서		13			
	그 밖의 공제매입세액		14			
	합계(10)-(10-1)+(11)+(12)+(13)+(14)		15	57,500,000		5,250,000
	공제받지못할매입세액		16	39,000,000		3,900,000
	차감계 (15-16)		17	18,500,000	④	1,350,000

과세유형 불공은 세금계산서수취분 일반매입 또는 고정자산매입에 반영이 된 후 공제받지못할매입세액에 반영이 되어 공제매입세액에서 차감된다.

[세금계산서합계표 반영 화면]

부가가치 ⇨ 부가가치세 ⇨ 세금계산서합계표

조회기간 2025 년 01 월 ~ 2025 년 03 월 1기 예정 1. 정기신고

매 출 매 입   ※ [확인]전송일자가 없는 거래는 전자세금계산서 발급분으로 반영 되므로 국세청 홈택스 전송 세금계산서와 반드시 확인 합니다

2. 매입세금계산서 총합계

구 분		매입처수	매 수	공급가액	세 액
합 계		4	8	57,500,000	5,250,000
과세기간 종료일 다음달 11일까지 전송된 전자세금계산서 발급받은분	사업자 번호 발급받은분	4	8	57,500,000	5,250,000
	주민등록번호발급받은분				
	소 계	4	8	57,500,000	5,250,000
위 전자세금계산서 외의 발급 받은분(종이발급분+과세기간 종료일다음달 12일 이후분)	사업자 번호 발급받은분				
	주민등록번호발급받은분				
	소 계				

| 과세기간 종료일 다음달 11일까지 (전자분) | 과세기간 종료일 다음달 12일이후 (전자분), 그외 | 전체데이터 | | | | | | | 참고사항 : 2012년 7월 이후 변경사 |

No	사업자등록번호	코드	거래처명	매수	공급가액	세 액	대표자성명	업 태	종 목	주류코드
1	109-81-74182	00106	(주)단한복	2	9,000,000	600,000	신보솔	제조	한복	
2	113-82-03615	00111	(주)하우리	3	39,000,000	3,900,000	배재호	도소매	전자제품외	
3	113-86-35930	00105	(주)명작	2	5,000,000	300,000	공마루	제조	한복	
4	438-81-00086	00107	(주)화연	1	4,500,000	450,000	최소예	제조	한복	
			합 계	8	57,500,000	5,250,000				
			마 감 합 계							

05 55. 수입(수입)

※ 증빙 : 수입세금계산서, 부가가치세 10%

세관장이 발급한 수입세금계산서를 수취하는 경우에 해당되며 과세표준은 부가가치세를 징수하기 위한 과세표준이기 때문에 하단에서 분개는 부가가치세만 표기된다.

① 03월 15일 해외 거래처로부터 수입한 원재료와 관련하여 인천세관에 부가가치세 2,500,000원(공급가액 25,000,000원)을 현금으로 납부하고 전자수입세금계산서를 교부받았다.

해설

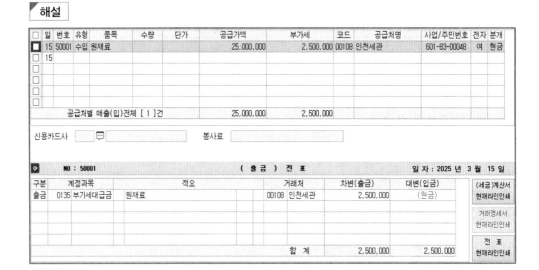

□	일	번호	유형	품목	수량	단가	공급가액	부가세	코드	공급처명	사업/주민번호	전자	분개
■	15	50001	수입	원재료			25,000,000	2,500,000	00108	인천세관	601-83-00048	여	현금
□	15												

공급처별 매출(입)전체 [1]건 : 공급가액 25,000,000 부가세 2,500,000

신용카드사 [ ] 봉사료 [ ]

	NO : 50001	(출금) 전표			일 자 : 2025 년 3 월 15 일

구분	계정과목	적요	거래처	차변(출금)	대변(입금)	
출금	0135 부가세대급금	원재료	00108 인천세관	2,500,000	(현금)	(세금)계산서 현재라인인쇄
						거래명세서 현재라인인쇄
			합 계	2,500,000	2,500,000	전 표 현재라인인쇄

[부가가치세신고서 반영 화면]

부가가치 ⇨ 부가가치세 ⇨ 부가가치세신고서

일반과세	간이과세

조회기간 2025 년 1 월 1 일 ~ 2025 년 3 월 31 일 신고구분 1.정기신고

구분			정기신고금액		
			금액	세율	세액
매 입 세 액	세금계산서 수취분	일반매입	10	52,500,000		4,750,000
		수출기업수입분납부유예	10-1			
		고정자산매입	11	30,000,000		3,000,000
	예정신고누락분		12			
	매입자발행세금계산서		13			
	그 밖의 공제매입세액		14			
	합계(10)-(10-1)+(11)+(12)+(13)+(14)		15	82,500,000		7,750,000
	공제받지못할매입세액		16	39,000,000		3,900,000
	차감계 (15-16)		17	43,500,000	㉯	3,850,000

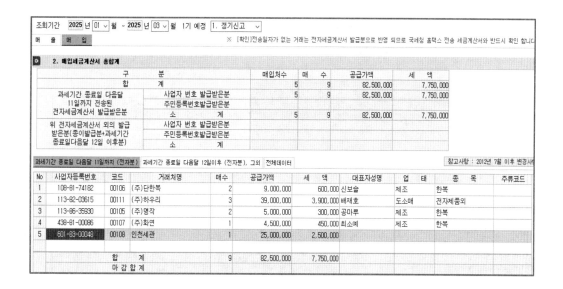

06 57. 카과(카드과세)

※ 증빙 : 신용카드매출전표 수령, 부가가치세 10%

부가가치세법상 매입세액공제요건을 충족한 경우 매입세액 공제가 가능하다.

① 03월 16일 (주)하우리에서 사무실에서 사용할 복사기를 500,000원(부가가치세 별도)에 구입하고 대금은 법인 국민카드로 결제하였다(단, 고정자산등록은 생략한다).

해설

카과유형일 경우 공급가액칸에 공급대가를 입력하면 프로그램에서 자동으로 공급가액과 부가가치세를 나누어 입력해 준다. 편의기능이므로 직접입력해도 무방하다.

일	번호	유형	품목	수량	단가	공급가액	부가세	코드	공급처명	사업/주민번호	전자	분개
16	50001	카과	복사기			500,000	50,000	00111	(주)하우리	113-82-03615		카드
16												

공급처별 매출(입)전체 [1]건 | 500,000 | 50,000

신용카드사 99601 국민카드   봉사료

NO : 50001 (대체)전표 일자 : 2025년 3월 16일

구분	계정과목	적요	거래처	차변(출금)	대변(입금)
대변	0253 미지급금	복사기	99601 국민카드		550,000
차변	0135 부가세대급금	복사기	00111 (주)하우리	50,000	
차변	0212 비품	복사기	00111 (주)하우리	500,000	
			합계	550,000	550,000

② 03월 19일 고래식당에서 본사 재경부 직원들이 회식을 하고 회식대금 330,000(부가가치세 포함) 법인 국민카드로 결제하였다.

해설

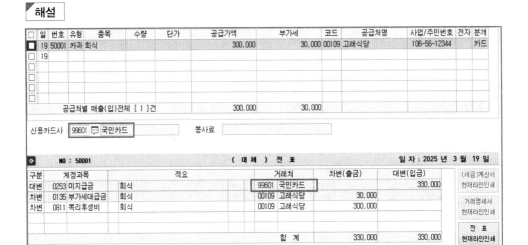

[부가가치세신고서 반영 화면]

부가가치 ⇨ 부가가치세 ⇨ 부가가치세신고서

일반과세	간이과세										

조회기간 2025 년 1 월 1 일 - 2025 년 3 월 31 일 신고구분 1.정기신고 ∨ 신고차수 부가율 32.39 예정

		구분		정기신고금액 금액	세율	세액		구분		금액	세율	세액
과세표준및매출세액	과세	세금계산서발급분	1	24,500,000	10/100	2,450,000	7.매출(예정신고누락분)					
		매입자발행세금계산서	2				예정누락분	과세	세금계산서	33		10/100	
		신용카드·현금영수증발행분	3	3,300,000	10/100	330,000			기타	34		10/100	
		기타(정규영수증외매출분)	4	300,000		30,000		영세	세금계산서	35		0/100	
	영세	세금계산서발급분	5	30,000,000	0/100				기타	36		0/100	
		기타	6	20,000,000	0/100				합계	37			
	예정신고누락분		7				12.매입(예정신고누락분)						
	대손세액가감		8				예정누락분		세금계산서	38			
	합계		9	78,100,000	⑨	2,810,000			그 밖의 공제매입세액	39			
매입세액	세금계산서수취분	일반매입	10	52,500,000		4,750,000			합계	40			
		수출기업수입분납부유예	10-1						신용카드매출 일반매입				
		고정자산매입	11	30,000,000		3,000,000			수령금액합계 고정매입				
	예정신고누락분		12						의제매입세액				
	매입자발행세금계산서		13						재활용폐자원등매입세액				
	그 밖의 공제매입세액		14	800,000		80,000			과세사업전환매입세액				
	합계(10)-(10-1)+(11)+(12)+(13)+(14)		15	83,300,000		7,830,000			재고매입세액				
	공제받지못할매입세액		16	39,000,000		3,900,000			변제대손세액				
	차감계 (15-16)		17	44,300,000	⑰	3,930,000			외국인관광객에대한환급세액				
납부(환급)세액(매출세액⑨-매입세액⑰)					⑱	-1,120,000			합계				
경감공제세액	그 밖의 경감·공제세액		18				14.그 밖의 공제매입세액						
	신용카드매출전표등 발행공제등		19	3,630,000					신용카드매출 일반매입	41	300,000		30,000
세액 합계			20		⑳				수령금액합계표 고정매입	42	500,000		50,000
소규모 개인사업자 부가가치세 감면세액			20-1		⑳				의제매입세액	43		뒤쪽	
예정신고미환급세액			21		㉑				재활용폐자원등매입세액	44		뒤쪽	
예정고지세액			22		㉒				과세사업전환매입세액	45			
사업양수자의 대리납부 기납부세액			23		㉓				재고매입세액	46			
매입자 납부특례 기납부세액			24		㉔				변제대손세액	47			
신용카드업자의 대리납부 기납부세액			25		㉕				외국인관광객에대한환급세액	48			
가산세액계			26		㉖				합계	49	800,000		80,000
차가감하여 납부할세액(환급받을세액)⑱-⑳-㉑-㉒-㉓-㉔-㉕-㉖+㉗			27			-1,120,000							
총괄납부사업자가 납부할 세액(환급받을 세액)												

PART
02

07 61. 현과(현금과세)

※ 증빙 : 현금영수증 수령, 부가가치세 10%

① 03월 28일 본사 경리부에서 사용할 복사용지 120,000원(부가가치세 별도)을 (주)하우리에서
현금으로 구입하고 현금영수증을 수취하였다(단, 사무용품비로 처리할 것).

해설

현과유형일 경우 공급가액칸에 공급대가를 입력하면 프로그램에서 자동으로 공급가액과 부가가치세
를 나누어 입력해 준다. 편의기능이므로 직접입력해도 무방하다.

	일	번호	유형	품목	수량	단가	공급가액	부가세	코드	공급처명	사업/주민번호	전자	분개
☑	28	50001	현과	복사용지			120,000	12,000	00111	(주)하우리	113-82-03615		현금
☐	28												
☐													
☐													
☐													
☐													
			공급처별 매출(입)전체 [1]건				120,000	12,000					

신용카드사 [　　] 봉사료 [　　　　　　　　　　　]

NO : 50001			(출금) 전 표			일 자 : 2025 년 3 월 28 일	
구분	계정과목		적요	거래처	차변(출금)	대변(입금)	
출금	0135 부가세대급금	복사용지		00111 (주)하우리	12,000	(현금)	(세금)계산서 현재라인인쇄
출금	0829 사무용품비	복사용지		00111 (주)하우리	120,000	(현금)	거래명세서 현재라인인쇄
				합 계	132,000	132,000	전 표 현재라인인쇄

[부가가치세신고서 반영 화면]

부가가치 ⇨ 부가가치세 ⇨ 부가가치세신고서

[일반과세] [간이과세]

조회기간 2025 년 1 월 1 일 ~ 2025 년 3 월 31 일 신고구분 1.정기신고 신고차수 부가율 32.24 예정

		구분		금액	세율	세액			구분		금액	세율	세액
과세표준및매출세액	과세	세금계산서발급분	1	24,500,000	10/100	2,450,000	7.매출(예정신고누락분)						
		매입자발행세금계산서	2		10/100		예정누락분	과	세금계산서	33		10/100	
		신용카드·현금영수증발행분	3	3,300,000	10/100	330,000		세	기타	34		10/100	
		기타(정규영수증외매출분)	4	300,000		30,000		영	세금계산서	35		0/100	
	영세	세금계산서발급분	5	30,000,000	0/100			세	기타	36		0/100	
		기타	6	20,000,000	0/100				합계	37			
	예정신고누락분		7				12.매입(예정신고누락분)						
	대손세액가감		8						세금계산서	38			
	합계		9	78,100,000	㉮	2,810,000	예정누락분		그 밖의 공제매입세액	39			
매입세액	세금계산서수취분	일반매입	10	52,500,000		4,750,000			합계	40			
		수출기업수입분납부유예	10-1						신용카드매출 일반매입				
		고정자산매입	11	30,000,000		3,000,000			수령금액합계 고정매입				
	예정신고누락분		12						의제매입세액				
	매입자발행세금계산서		13						재활용폐자원등매입세액				
	그 밖의 공제매입세액		14	920,000		92,000			과세사업전환매입세액				
	합계(10)-(10-1)+(11)+(12)+(13)+(14)		15	83,420,000		7,842,000			재고매입세액				
	공제받지못할매입세액		16	39,000,000		3,900,000			변제대손세액				
	차감계 (15-16)		17	44,420,000	㉯	3,942,000			외국인관광객에대한환급세액				
납부(환급)세액(매출세액㉮-매입세액㉯)					㉰	-1,132,000			합계				
경감	그 밖의 경감·공제세액		18				14.그 밖의 공제매입세액						
공제	신용카드매출전표등 발행공제등		19	3,630,000					신용카드매출 일반매입	41	420,000		42,000
세액	합계		20		㉱				수령금액합계표 고정매입	42	500,000		50,000
소규모 개인사업자 부가가치세 감면세액			20-1		㉲				의제매입세액	43		뒤쪽	
예정신고미환급세액			21		㉳				재활용폐자원등매입세액	44		뒤쪽	
예정고지세액			22		㉴				과세사업전환매입세액	45			
사업양수자의 대리납부 기납부세액			23		㉵				재고매입세액	46			
매입자 납부특례 기납부세액			24		㉶				변제대손세액	47			
신용카드업자의 대리납부 기납부세액			25		㉷				외국인관광객에대한환급세액	48			
가산세액계			26		㉸				합계	49	920,000		92,000
차가감하여 납부할세액(환급받을세액)㉰-㉱-㉲-㉳-㉴-㉵-㉶-㉷+㉸			27	-1,132,000									
총괄납부사업자가 납부할 세액(환급받을 세액)													

⚡02 전표오류정정

일반전표와 매입매출전표의 입력된 내용 중에서 오류를 발견한 경우 수정을 하게 된다. 금액의 오류, 계정과목의 오류, 거래처 기입의 오류 등이 있을 수 있고 분개자체를 누락한 경우는 추가로 입력을 하고 이중분개를 한 경우에는 하나의 전표는 삭제하여 오류를 바로 잡는다.

전표오류정정 연습하기

일반전표입력 메뉴 또는 매입매출전표입력 메뉴에서 오류를 확인하여 정정하시오.

1. 01월 21일   (주)가온정에 내국신용장(Local L/C)에 의하여 제품 30,000,000원을 공급하고 영세율전자세금계산서를 발행한 건은 (주)우리한복에 제품 90,000,000원을 매출하고 영세율전자세금계산서를 발행한 것으로 확인되었다. 대금 중 70,500,000원은 당좌예금 계좌로 입금받았으며 잔액은 외상으로 하였다.

> **해설**

(주)가온정을 (주)우리한복으로 수정하고 금액도 30,000,000원을 90,000,000원으로 수정한다. 외상매출금 19,500,000원, 당좌예금 70,500,000원을 입력한다.

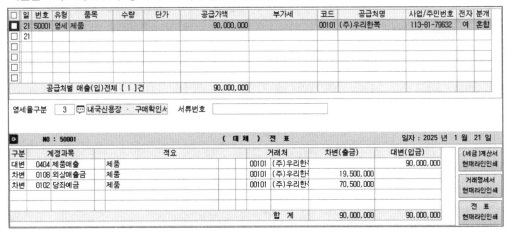

2. 02월 11일 지급한 보험료 1,200,000원 중에서 일부 600,000원은 공장 건물에 대한 화재보험료로 확인되었다.

해설

판매비와관리비 보험료 1,200,000원을 보험료(판) 600,000원, 보험료(제) 600,000원으로 수정한다.

□	일	번호	구분	계정과목	거래처	적요	차변	대변
■	11	00001	차변	0821 보험료			600,000	
□	11	00001	대변	0103 보통예금				1,200,000
□	11	00001	차변	0521 보험료			600,000	
□	11							
□								
□								
□								
□								
			합	계			1,200,000	1,200,000

카드등사용여부 [   ] [▾]

◈	NO : 1	(대 체) 전 표		일자 : 2025 년 2 월 11 일
	계정과목	적요	차변(출금)	대변(입금)
0821	보험료(판)		600,000	
0103	보통예금			1,200,000
0521	보험료(제)		600,000	
	합 계		1,200,000	1,200,000

전표 현재라인인쇄

전표 선택일괄인쇄[F9]

3. 02월 20일 보통예금으로 회수한 대손금의 금액은 350,000원으로 확인되었다.

해설

금액을 7,000,000원에서 350,000원으로 수정한다.

□	일	번호	구분	계정과목	거래처	적요	차변	대변
■	20	00001	차변	0103 보통예금			350,000	
□	20	00001	대변	0109 대손충당금				350,000
□	20							
□								
□								
□								
□								
□								
			합	계			350,000	350,000

카드등사용여부 [   ] [▾]

◈	NO : 1	(대 체) 전 표		일자 : 2025 년 2 월 20 일
	계정과목	적요	차변(출금)	대변(입금)
0103	보통예금		350,000	
0109	대손충당금			350,000
	합 계		350,000	350,000

전표 현재라인인쇄

전표 선택일괄인쇄[F9]

4. 02월 28일   경리 담당자의 실수로 자기주식 40,000,000원을 취득하고 신한은행 보통예금계좌로 지급한 건을 누락한 것을 확인하였다.

해설

2월 28일에 전표를 입력한다.

5. 03월 14일   (주)하우리에서 선물세트 2,000,000원(부가가치세 별도)을 구입하고 전자세금계산서를 교부받은 건은 당사 영업부 직원들의 사기진작을 위해 선물세트를 구입하고 종이세금계산서를 수취 후 당좌수표를 발행한 것으로 확인되었다.

해설

유형을 불공에서 과세로 변경하고 기업업무추진비를 복리후생비로 수정, 전자란은 공란으로 수정한다.

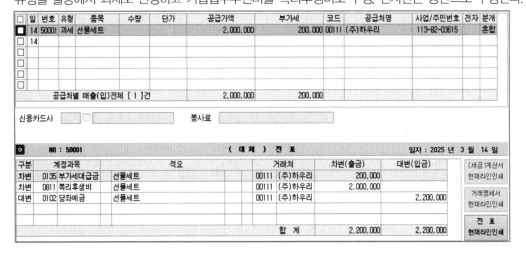

6. 03월 28일   복사용지 120,000원(부가세 별도)을 구입하고 사무용품비로 회계처리한 건은 제조공
장에서 사용할 목적으로 구입한 소모품 1,200,000원(부가세 별도)으로 확인되었다
(단, 비용계정과목으로 회계처리하시오).

해설

공급가액 1,200,000원, 부가세 120,000원으로 수정하고 사무용품비를 소모품비(제)로 수정한다.

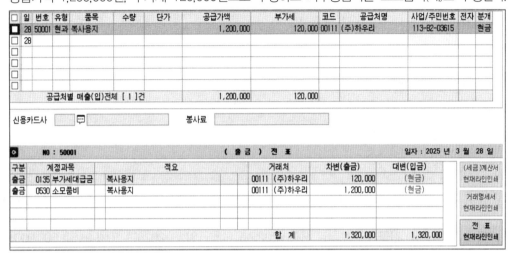

7. 04월 03일   영업부 본사 건물에 대한 재산세 2,300,000원은 영업부 본사 건물에 대한 취득세인
것으로 확인되었다.

해설

세금과공과(판)을 건물로 수정한다.

□	일	번호	구분	계 정 과 목	거 래 처	적 요	차 변	대 변
■	3	00001	차변	0517 세금과공과			1,500,000	
□	3	00001	차변	0202 건물			2,300,000	
□	3	00001	대변	0103 보통예금				3,800,000
□	3							
□								
				합 계			3,800,000	3,800,000

카드등사용여부 [ ] [▼]

◎	NO : 1		(대 체) 전 표		일자 : 2025 년 4 월 3 일	
	계정과목	적요	차변(출금)	대변(입금)		
0517	세금과공과(제)		1,500,000			전 표 현재라인 인 쇄
0202	건물		2,300,000			
0103	보통예금			3,800,000		전 표 전택일괄 인쇄[F9]
	합 계		3,800,000	3,800,000		

8. 04월 05일 매출처 거래처 직원과 고래식당에서 식사를 하고 식사비용 150,000원(부가가치세 포함)을 법인카드 국민카드로 결제하고 일반전표에 입력한 것은 생산직 종업원들의 회식대금으로 부가가치세법상 매입세액공제요건을 충족한 것으로 확인되었다.

해설

일반전표입력메뉴에서 4월 5일자 전표를 삭제하고 매입매출전표입력 메뉴에서 입력한다.

9. 11월 01일 본사 건물 화재보험료 1년분(2025년 11월 1일 ～ 2026년 10월 31일) 600,000원을 현금으로 납부하고 회계처리는 누락하였다(단 보험료는 비용으로 처리할 것).

해설

일반전표입력메뉴에서 11월 1일자 전표를 입력한다.

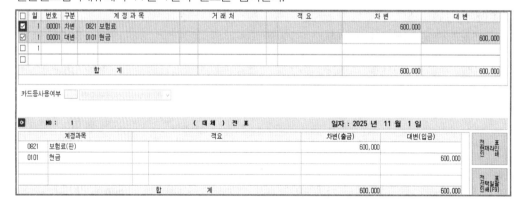

CHAPTER

05 고정자산등록 및 결산

01 고정자산등록

고정자산은 유형자산과 무형자산을 의미하며 감가상각대상 자산을 등록하여 감가상각비를 산정하는 메뉴가 고정자산등록 메뉴이다.

감가상각은 해당 유형자산과 무형자산의 취득원가에서 잔존가치를 차감한 감가상각 대상금액을 기간별로 체계적이고 합리적으로 배분하여 비용화시키는 과정을 말한다. 토지, 건설중인자산, 투자부동산은 감가상각제외대상 자산이다.

1) 고정자산등록메뉴 알아보기

재무회계 ⇨ 고정자산및감가상각 ⇨ 고정자산등록

[고정자산등록 메뉴 입력 시 유의사항]

1. **자산계정과목** : 등록하고자 하는 자산의 계정과목을 입력한다. F2 또는 💬 버튼을 누르고 계정과목을 찾아서 등록한다.
2. **자산코드/명** : 등록하고자 하는 자산의 코드와 자산명을 입력한다.
3. **취득년월일** : 등록하고자 하는 자산의 취득한 연월일을 입력한다.
4. **상각방법** : 무형자산과 건물, 구축물은 정액법 그 외의 감가상각대상 자산은 정률법으로 자동표기되지만 수정 가능하다.

5. **기초가액** : 등록하고자 하는 자산의 취득원가를 입력한다(무형자산의 경우에는 전기말 장부금액을 입력한다).
6. **전기말상긱누계액** : 전기말까지 감가상각누계액을 입력한다.
7. **전기말장부가액** : 기초가액에서 전기말상각누계액을 차감한 금액이다.
8. **당기중 취득 및 당기증가** : 당기에 신규취득한 자산의 경우 해당 칸에 입력하고 자본적지출이 발생한 경우에 입력한다.
9. **내용연수** : 등록하고자 하는 자산의 내용연수를 입력한다.
10. **회사계상액** : 감가상각비가 자동산출되어 반영된다.
11. **경비구분** : 500번대는 제조경비를 선택하고 800번대는 판매비와관리비를 선택한다. 경비구분을 정확하게 입력해야 하며, 500번대 제조경비는 당기제품제조원가를 구성하고 800번대경비는 판매비와 관리비에 반영된다.

실습하기

고정자산을 등록한 후 결산자료입력 메뉴에 반영하시오.

계정과목	자산코드/명	취득년월일	상각방법	취득원가	전기말 상각누계액	내용연수	경비구분
건물	100/본사건물	2021.03.01.	정액법	150,000,000	30,000,000	20	800번대
	200/공장건물	2018.07.05.	정액법	100,000,000	21,000,000	20	500번대
차량운반구	300/화물차	2020.10.01.	정률법	15,000,000	1,250,000	5	500번대
	400/경차	2025.01.03.	정률법	18,000,000		5	800번대
비품	500/에어컨	2020.01.01.	정률법	2,500,000	1,000,000	5	800번대
	600/컴퓨터	2025.01.05.	정률법	7,000,000		5	800번대

실습하기 작업순서

[건물/본사건물]

자산계정과목	0202 건물		조정구분 0.전체	경비구분 0.전체

		자산코드/명	취득년월일	상각방법
	000100	본사건물	2021-03-01	정액법

기본등록사항 | 추가등록사항

1.기초가액	150,000,000
2.전기말상각누계액(-)	30,000,000
3.전기말장부가액	120,000,000
4.당기중 취득 및 당기증가(+)	
5.당기감소(일부양도·매각·폐기)(-)	
전기말상각누계액(당기감소분)(+)	
6.전기말자본적지출액누계(+)(정액법만)	
7.당기자본적지출액(즉시상각분)(+)	
8.전기말부인누계액(+)(정률만 상각대상에 가산)	
9.전기말의제상각누계액(-)	
10.상각대상금액	150,000,000
11.내용연수/상각률(월수)	20 0.05 (12) 연수별상각율
12.상각범위액(한도액)(10X상각율)	7,500,000
13.회사계상액(12)-(7)	7,500,000 사용자수정
14.경비구분	6.800번대/판관비
15.당기말감가상각누계액	37,500,000
16.당기말장부가액	112,500,000
17.당기의제상각비	
18.전체양도일자	-----------
19.전체폐기일자	-----------
20.업종	

[건물/공장]

자산계정과목	0202 건물		조정구분 0.전체	경비구분 0.전체

		자산코드/명	취득년월일	상각방법
	000100	본사건물	2021-03-01	정액법
	000200	공장건물	2018-07-05	정액법

기본등록사항 | 추가등록사항

1.기초가액	100,000,000
2.전기말상각누계액(-)	21,000,000
3.전기말장부가액	79,000,000
4.당기중 취득 및 당기증가(+)	
5.당기감소(일부양도·매각·폐기)(-)	
전기말상각누계액(당기감소분)(+)	
6.전기말자본적지출액누계(+)(정액법만)	
7.당기자본적지출액(즉시상각분)(+)	
8.전기말부인누계액(+)(정률만 상각대상에 가산)	
9.전기말의제상각누계액(-)	
10.상각대상금액	100,000,000
11.내용연수/상각률(월수)	20 0.05 (12) 연수별상각율
12.상각범위액(한도액)(10X상각율)	5,000,000
13.회사계상액(12)-(7)	5,000,000 사용자수정
14.경비구분	1.500번대/제조
15.당기말감가상각누계액	26,000,000
16.당기말장부가액	74,000,000
17.당기의제상각비	
18.전체양도일자	-----------
19.전체폐기일자	-----------
20.업종	

[차량운반구/화물차]

자산계정과목	0208 차량운반구		조정구분	0.전체	경비구분	0.전체

	자산코드/명	취득년월일	상각방법
000300	화물차	2020-10-01	정률법

기본등록사항 · 추가등록사항

1.기초가액	15,000,000
2.전기말상각누계액(-)	1,250,000
3.전기말장부가액	13,750,000
4.당기중 취득 및 당기증가(+)	
5.당기감소(일부양도·매각·폐기)(-)	
전기말상각누계액(당기감소분)(+)	
6.전기말자본적지출액누계(+)(정액법만)	
7.당기자본적지출액(즉시상각분)(+)	
8.전기말부인누계액(+)(정률만 상각대상에 가산)	
9.전기말의제상각누계액(-)	
10.상각대상금액	13,750,000
11.내용연수/상각률(월수)	5 0.451 (12) 연수별상각율
12.상각범위액(한도액)(10X상각율)	6,201,250
13.회사계상액(12)-(7)	6,201,250 사용자수정
14.경비구분	1.500번대/제조
15.당기말감가상각누계액	7,451,250
16.당기말장부가액	7,548,750
17.당기의제상각비	
18.전체양도일자	----_-_--
19.전체폐기일자	----_-_--
20.업종	

[차량운반구/경차]

자산계정과목	0208 차량운반구		조정구분	0.전체	경비구분	0.전체

	자산코드/명	취득년월일	상각방법
000300	화물차	2020-10-01	정률법
000400	경차	2025-01-03	정률법

기본등록사항 · 추가등록사항

1.기초가액	
2.전기말상각누계액(-)	
3.전기말장부가액	
4.당기중 취득 및 당기증가(+)	18,000,000
5.당기감소(일부양도·매각·폐기)(-)	
전기말상각누계액(당기감소분)(+)	
6.전기말자본적지출액누계(+)(정액법만)	
7.당기자본적지출액(즉시상각분)(+)	
8.전기말부인누계액(+)(정률만 상각대상에 가산)	
9.전기말의제상각누계액(-)	
10.상각대상금액	18,000,000
11.내용연수/상각률(월수)	5 0.451 (12) 연수별상각율
12.상각범위액(한도액)(10X상각율)	8,118,000
13.회사계상액(12)-(7)	8,118,000 사용자수정
14.경비구분	6.800번대/판관비
15.당기말감가상각누계액	8,118,000
16.당기말장부가액	9,882,000
17.당기의제상각비	
18.전체양도일자	----_-_--
19.전체폐기일자	----_-_--
20.업종	

[비품/에어컨]

| 자산계정과목 | 0212 🖭 비품 | | 조정구분 | 0.전체 ▾ | 경비구분 | 0.전체 ▾ |

☐	자산코드/명		취득년월일	상각방법
☐	000500	에어컨	2020-01-01	정률법

기본등록사항 | 추가등록사항

- 1.기초가액 — 2,500,000
- 2.전기말상각누계액(-) — 1,000,000
- 3.전기말장부가액 — 1,500,000
- 4.당기중 취득 및 당기증가(+)
- 5.당기감소(일부양도·매각·폐기)(-)
- 전기말상각누계액(당기감소분)(+)
- 6.전기말자본적지출액누계(+)(정액법만)
- 7.당기자본적지출액(즉시상각분)(+)
- 8.전기말부인누계액(+)(정률만 상각대상에 가산)
- 9.전기말의제상각누계액(-)
- 10.상각대상금액 — 1,500,000
- 11.내용연수/상각률(월수) — 5 🖭 0.451 (12) 연수별상각율
- 12.상각범위액(한도액)(10X상각율) — 676,500
- 13.회사계상액(12)-(7) — 676,500 사용자수정
- 14.경비구분 — 6.800번대/판관비
- 15.당기말감가상각누계액 — 1,676,500
- 16.당기말장부가액 — 823,500
- 17.당기의제상각비
- 18.전체양도일자 — ____-__-__
- 19.전체폐기일자 — ____-__-__
- 20.업종 🖭

[비품/컴퓨터]

| 자산계정과목 | 0212 🖭 비품 | | 조정구분 | 0.전체 ▾ | 경비구분 | 0.전체 ▾ |

☐	자산코드/명		취득년월일	상각방법
☐	000500	에어컨	2020-10-01	정률법
☐	000600	컴퓨터	2025-01-05	정률법

기본등록사항 | 추가등록사항

- 1.기초가액
- 2.전기말상각누계액(-)
- 3.전기말장부가액
- 4.당기중 취득 및 당기증가(+) — 7,000,000
- 5.당기감소(일부양도·매각·폐기)(-)
- 전기말상각누계액(당기감소분)(+)
- 6.전기말자본적지출액누계(+)(정액법만)
- 7.당기자본적지출액(즉시상각분)(+)
- 8.전기말부인누계액(+)(정률만 상각대상에 가산)
- 9.전기말의제상각누계액(-)
- 10.상각대상금액 — 7,000,000
- 11.내용연수/상각률(월수) — 5 🖭 0.451 (12) 연수별상각율
- 12.상각범위액(한도액)(10X상각율) — 3,157,000
- 13.회사계상액(12)-(7) — 3,157,000 사용자수정
- 14.경비구분 — 6.800번대/판관비
- 15.당기말감가상각누계액 — 3,157,000
- 16.당기말장부가액 — 3,843,000
- 17.당기의제상각비
- 18.전체양도일자 — ____-__-__
- 19.전체폐기일자 — ____-__-__
- 20.업종 🖭

2) 미상각분감가상각비

재무회계 ⇨ 고정자산및감가상각 ⇨ 미상각분감가상각비

고정자산등록 내역 중에서 미상각분감가상각비를 조회하는 메뉴이다.

3 1.유형자산 2.무형자산 3.전 체	계정과목 0202 ⁝ 건물			~ 0212 ⁝ 비품						
계정과목	자산명	경비구분(14)	감가상각비(13)	기초가액(1)	당기증감(4-5)	기말잔액(1+4-5)	전기말상각누계액(2)	상각대상금액(10)	당기말상각누계액(15)	미상각잔액(장부가액)
0202 건물	공장건물	500번대	5,000,000	100,000,000		100,000,000	21,000,000	100,000,000	26,000,000	74,000,000
0208 차량운반구	<500번대소계>		5,000,000	100,000,000		100,000,000	21,000,000	100,000,000	26,000,000	74,000,000
0212 비품	본사건물	800번대	7,500,000	150,000,000		150,000,000	30,000,000	150,000,000	37,500,000	112,500,000
	<800번대소계>		7,500,000	150,000,000		150,000,000	30,000,000	150,000,000	37,500,000	112,500,000
	[자산합계]		12,500,000	250,000,000		250,000,000	51,000,000	250,000,000	63,500,000	186,500,000

3) 양도자산감가상각비

재무회계 ⇨ 고정자산및감가상각 ⇨ 양도자산감가상각비

고정자산등록에 등록한 자산중에서 양도한 자산의 감가상각비를 조회할 수 있다.

4) 고정자산관리대장

재무회계 ⇨ 고정자산및감가상각 ⇨ 고정자산관리대장

고정자산등록 메뉴에 등록된 자산의 상세내역을 조회할 수 있는 메뉴이다.

3 1.유형자산 2.무형자산 3.전 체	자산구분 1.전 체 ∨	계정과목 0202 ⁝ 건물			~ 0212 ⁝ 비품				귀속구분 1.전 체 ∨	
계정과목	자산명	경비구분(14)	감가상각비(13)	기초가액(1)	당기증감(4-5)	기말잔액(1+4-5)	전기말상각누계액(2)	상각대상금액(10)	당기말상각누계액(15)	미상각잔액(장부가액)
20200 건물	공장건물	500번대	5,000,000	100,000,000		100,000,000	21,000,000	100,000,000	26,000,000	74,000,000
20800 차량운반구	<500번대소계>		5,000,000	100,000,000		100,000,000	21,000,000	100,000,000	26,000,000	74,000,000
21200 비품	본사건물	800번대	7,500,000	150,000,000		150,000,000	30,000,000	150,000,000	37,500,000	112,500,000
	<800번대소계>		7,500,000	150,000,000		150,000,000	30,000,000	150,000,000	37,500,000	112,500,000
	[자산합계]		12,500,000	250,000,000		250,000,000	51,000,000	250,000,000	63,500,000	186,500,000

◢ 02 결산 및 재무제표

1) 결산의 절차

결산이란 일 년 동안 기업의 경영활동에서 발생한 거래를 마감하고 외부정보이용자에게 정보전달을 하기 위한 수단인 재무제표를 작성하는 과정을 말한다.
① 수동결산 → 일반전표입력 메뉴에서 12월 31일자로 입력한다.
② 자동결산 → 결산자료입력 메뉴에서 결산정리 항목에 대한 금액을 결산반영금액란에 입력하고 F3전표추가를 누르면 자동으로 대체분개되어 결산이 완료된다. 고정자산등록메뉴에서 등록하였던 고정자산의 감가상각비를 반영할 수 있다.

③ 제조원가명세서 → 제조원가명세서를 12월로 열어서 당기제품제조원가 금액을 확인한다.

④ 손익계산서 → 손익계산서를 12월로 열어서 당기순이익을 확인한다.

⑤ 이익잉여금처분계산서 → 이익잉여금처분계산서를 열어서 처분확정일자 및 이익처분내역을 입력하고 [F6 전표추가]를 한다.

⑥ 재무상태표 → 재무상태표를 12월로 열어서 오류 메세지가 없는지 확인한다.

🍜 알아두기

> 전산회계 1급은 제조업 법인사업자를 가정하여 시험을 응시하기 때문에 재무제표 마감은 아래의 순서로 한다.
>
> 제조원가명세서 → 손익계산서 → 이익잉여금처분계산서 → 재무상태표

2) 수동결산 항목

결산정리사항에 대해서 일반전표입력메뉴 12월 31일자로 입력한다.

- 재고자산감모손실과 재고자산평가손실
- 소모품과 소모품비 정리
- 비유동부채 유동성 대체
- 가지급금과 가수금 정리
- 손익의 이연과 예상
- 단기매매증권의 평가
- 현금과부족의 정리
- 외화자산, 외화부채의 평가

① **재고자산감모손실과 재고자산평가손실**

㉠ **재고자산감모손실** : 장부상 재고수량과 실제 재고수량의 차이가 발생하였을 경우 회계처리한다.

구분	회계처리
정상적감모 (= 원가성이 있다.)	회계처리하지 않는다.
비정상적감모 [수동결산] (= 원가성이 없다.)	(차) 재고자산감모손실 ××× 　　　(영업외비용) (대) 상품 ×××(적요 8번: 타계정으로의 대체액)

㉡ **재고자산평가손실** : 장부상 금액과 순실현가능액의 차이가 발생하였을 경우 회계처리한다.

> [수동결산] (차) 재고자산평가손실 ×××　　　(대) 상품평가충당금 ×××
> 　　　(매출원가에 가산)

② 소모품 미사용액과 소모품 사용액 처리
  ㉠ 자산처리법 : 구입할 때 "소모품"으로 처리하고 기말에 당기 사용액을 "소모품비"로 대체한다.

> [수동결산]　(차) 소모품비　　　×××　　(대) 소모품　　　×××

  ㉡ 비용처리법 : 구입할 때 "소모품비"로 처리하고 기말에 미사용액을 "소모품"으로 대체한다.

> [수동결산]　(차) 소모품　　　×××　　(대) 소모품비　　　×××

③ 단기매매증권의 평가

기말 결산시점에서 장부가액(=취득가액)과 공정가액을 비교하여 "공정가액"으로 평가해야 한다.

  ㉠ 장부가액 < 공정가액 : 단기매매증권평가이익

> [수동결산]　(차) 단기매매증권　×××　　　(대) 단기매매증권평가이익　×××

  ㉡ 장부가액 > 공정가액 : 단기매매증권평가손실

> [수동결산]　(차) 단기매매증권평가손실 ×××　(대) 단기매매증권　　　×××

④ 가지급금 및 가수금정리

자금이 지출 또는 입금되었으나 계정과목을 확정할 수 없을 경우 가지급금 또는 가수금으로 기중에 회계처리를 하고 결산 시 정리분개를 하여야 한다.

> [수동결산]　(차) 현금　　　×××　　(대) 가지급금　　　×××
> 　　　　　　(차) 가수금　　×××　　(대) 외상매출금　　×××

⑤ 손익의 예상과 이연
  ㉠ 손익의 이연
    • 수익의 이연 : 선수수익(부채)은 당기에 입금된 수익 중에서 차기에 해당하는 수익을 결산일에 부채로 계상하고 회계처리한다.
    • 비용의 이연 : 선급비용(자산)은 당기에 지급된 비용 중에서 차기에 해당하는 비용을 결산일에 자산으로 계상하고 회계처리한다.
  ㉡ 손익의 예상
    • 수익의 예상 : 미수수익(자산)은 당기에 속하는 수익을 결산일까지 입금받지 못한 것으로 결산일에 자산으로 계상하고 회계처리한다.
    • 비용의 예상 : 미지급비용(부채)는 당기에 속하는 비용을 결산일까지 지급하지 못한 것으로 결산일에 부채로 계상하고 회계처리한다.

구분	결산내용	결산분개
미수수익	결산시점까지 이자(수익)에 대한 미수액이 있다면 결산분개한다.	[수동결산] (차) 미수수익 ××× (대) 이자수익 ×××
미지급비용	결산시점까지 급여(비용)에 대한 미지급액이 있다면 결산분개한다.	[수동결산] (차) 급여 ××× (대) 미지급비용 ×××
선수수익	결산시점에서 차기(다음 연도)분의 임대료(수익)를 먼저 받은 것이 있다면 결산분개한다.	[수동결산] (차) 임대료 ××× (대) 선수수익 ×××
선급비용	결산시점에서 보험료(비용) 미경과(= 선급)분을 먼저 지급한 것이 있다면 결산분개한다.	[수동결산] (차) 선급비용 ××× (대) 보험료 ×××

👅 알아두기

지급 시에 선급비용(자산)으로 처리한 경우

지급 시 : (차) 선급비용   10,000원 / (대) 현금   10,000원
이 회계처리 방법은 자산처리법을 이용한 경우로서, 예를 들어 경과액 6,000원과 미경과액 4,000원이라면 경과액 6,000원을 당기비용으로 인식한다.
[수동결산] 결산분개 : (차) 보험료   6,000원 / (대) 선급비용   6,000원

⑥ 현금과부족의 정리

   ㉠ 장부상 현금잔액 < 실제 현금잔액

[수동결산]	(차) 현금과부족	×××	(대) 잡이익	×××

   ㉡ 장부상 현금잔액 > 실제 현금잔액

[수동결산]	(차) 잡손실	×××	(대) 현금과부족	×××

   ㉢ 결산일에 현금이 불일치하면 "잡손실" 또는 "잡이익"으로 처리하며, 현금과부족 계정과목은 절대 사용하지 않는다.

⑦ 유동성대체

차입 당시의 비유동부채(1년을 초과하는)에 해당하는 장기차입금이 있는 경우로서 현재 결산시점에서 미래에 상환기간이 1년 이내로 도래한 경우에는 유동부채로 볼 수 있다. 이것을 결산시점에 회계처리를 하면 재무상태표 대변에 유동부채항목으로 표시가 되며 유동성장기부채라고 한다. 반드시 차변과 대변에 거래처를 등록해주는 것을 잊지 말자.

[수동결산]	(차) 장기차입금	×××	(대) 유동성장기부채	×××

⑧ 외화자산과 외화부채의 평가

외화자산 및 외화부채를 보유하고 있는 경우 결산시점의 환율로 평가하고 환율차이에 의한 차액을 외화환산손익(영업외손익)으로 회계처리한다.

      ㉠ 외화자산의 환율이 상승하였을 경우

[수동결산]	(차) 외화자산	×××	(대) 외화환산이익	×××

      ㉡ 외화자산의 환율이 하락하였을 경우

[수동결산]	(차) 외화환산손실	×××	(대) 외화자산	×××

      ㉢ 외화부채의 환율이 상승하였을 경우

[수동결산]	(차) 외화환산손실	×××	(대) 외화부채	×××

      ㉣ 외화부채의 환율이 하락하였을 경우

[수동결산]	(차) 외화부채	×××	(대) 외화환산이익	×××

3) 자동결산 항목

결산정리사항에 대해서 결산자료입력 메뉴에서 결산반영금액란에 금액을 입력하고 [F3전표추가]를 한다. 자동결산 항목을 수동결산을 해도 된다.

- 채권의 대손충당금 설정
- 재고자산의 매출원가 계상
- 법인세비용 계상
- 유형자산, 무형자산의 감가상각비 설정
- 퇴직급여충당부채 설정

① 매출채권의 대손충당금 설정

      ㉠ 합계잔액시산표상에서 매출채권(외상매출금, 받을어음)과 대손충당금의 기말잔액을 파악한다.

      ㉡ 대손추산액이 대손충당금보다 크면 "대손상각비"로 부족분을 설정하고, 대손추산액이 대손충당금보다 작으면 "대손충당금환입"으로 초과분을 차감한다.

※ (매출채권기말잔액 × 설정률) − 결산전대손충당금잔액 = 대손상각비 또는 대손충당금환입
         Ⓐ   Ⓑ

[수동결산] 일반전표입력메뉴 12월 31일자로 직접 입력한다.
Ⓐ > Ⓑ : (차) 대손상각비 ×××   (대) 대손충당금   ×××
Ⓐ < Ⓑ : (차) 대손충당금 ×××   (대) 대손충당금환입 ×××
                                      (판매비와관리비의 부(−)의계정)

[또는 자동결산]
결산자료입력 메뉴에서 [F8대손상각]을 클릭한다.
대손률을 확인하고 입력한다.
결산반영을 누르면 결산반영금액란에 자동으로 반영되고 전표추가를 누른다.

② 감가상각비 계상

토지, 건설중인자산, 투자부동산을 제외한 건물, 기계장치, 차량운반구, 비품 등을 사용하거나 시간의 경과 또는 기술적 진보에 따라 물리적·경제적으로 그 가치가 점차 감소되어 가는데 이러한 가치감소분을 재무상태와 경영성과에 반영시키는 절차를 감가상각이라고 한다.

> [수동결산] 일반전표입력메뉴 12월 31일자로 직접입력한다.
> (차) 감가상각비 ×××   (대) 감가상각누계액 ×××
> [또는 자동결산]
> [F7감가상각]을 누르면 고정자산등록에 등록되어 있는 감가상각대상 자산의 당기 감가상각비가 반영되며 결산반영을 누르면 결산반영금액란에 자동으로 반영되고 전표추가를 누른다. 또는 결산반영금액란에 직접입력하고 전표추가를 누른다.

③ 재고자산(재품매출원가)의 계상

결산자료입력 메뉴에서 기말상품재고액을 결산반영금액란에 입력한 후 전표추가를 클릭하면 제품매출원가의 분개가 자동으로 일반전표입력메뉴 12월 31일자로 자동반영된다.

④ 퇴직급여충당부채

결산자료입력 메뉴에서 퇴직급여충당부채 설정액을 퇴직급여(전입액)란에 직접입력하고 전표추가를 하거나 상단에 퇴직충당 아이콘을 눌러서 금액을 확인하고 결산반영을 한 후 전표추가를 한다.

[결산자료입력 메뉴 설명]

1. F3전표추가 : 결산반영금액란에 금액을 입력하고 전표추가를 누르면 일반전표입력 메뉴에 결산분개가 자동으로 반영된다.

2. F4원가설정 : 매출원가 계정코드와 관련된 원가경비를 설정한다.

사용여부	매출원가코드 및 계정과목		원가경비		화면
부	0455	제품매출원가	1	0500번대	제조
부	0452	도급공사매출원가	2	0600번대	도급
부	0457	보관매출원가	3	0650번대	보관
부	0453	분양공사매출원가	4	0700번대	분양
부	0458	운송매출원가	5	0750번대	운송

[참고사항]
1. 편집(tab)을 선택하면 사용여부를 1.여 또는 0.부로 변경하실 수 있습니다.
2. 사용여부를 1.여로 입력 되어야만 매출원가코드를 변경하실 수 있습니다. (편집(tab)을 클릭하신 후에 변경하세요)
3. 사용여부가 1.여인 매출원가코드가 중복 입력되어 있는 경우 본 화면에 입력하실 수 없습니다.

확인(Enter) 편집(Tab) 자동설정(F3) 취소(Esc)

3. CF5결산분개삭제 : 일반전표입력 메뉴에 반영된 자동분개한 결산분개를 삭제하는 기능이다.

4. **F7감가상각** : 고정자산등록 메뉴에 입력된 유형자산 및 무형자산의 당기 감가상각비를 결산에 반영한다. F7감가상각을 사용할 수도 있고 결산반영금액란에 직접 금액을 입력하고 전표추가를 해도 되며 일반전표입력메뉴에서 12월 31일자로 감가상가비의 분개를 직접입력할 수도 있다.

5. **F8대손상각** : 채권에 대한 대손충당금 설정액을 결산에 반영한다.
   - 대손율 : 대손율은 시험에서 제시된 대손율을 직접입력해서 반영할 수 있다.
   - 추가설정액 : 추가설정액은 직접입력하여 수정 및 삭제할 수 있다.
   - 채권의 금액과 설정 전 충당금잔액은 합계잔액시산표상의 금액이 자동반영된다.

   대손충당금 설정액 역시 F8대손상각을 활용할 수 있고 결산반영금액란에 직접 금액을 입력하고 전표추가를 해도 되며 일반전표입력메뉴에서 12월 31일자로 대손충당금설정 분개를 직접입력할 수도 있다.

6. **CF8퇴직충당** : 퇴직급여충당부채 추가 설정액을 결산에 반영한다.
   - 퇴직급여추계액 : 결산일 현재 전 종업원에게 지급하여야 할 퇴직금을 산정하여 입력한다.
   - 당기감소 : 퇴직급여를 지급할 경우 분개 시 차변에 퇴직급여충당부채로 회계처리를 하게 되는데 적요를 선택하게 되면 자동반영된다.
   - 설정전잔액에서 잔액은 퇴직급여충당부채 기초금액 + 당기증가 + 당기감소액으로서 결산시점 퇴직급여충당부채의 잔액을 의미한다.
   - 추가설정액(결산반영)은 퇴직급여추계액에서 설정전잔액금액을 차감한 것으로서 당기의 퇴직급여충당부채 추가설정액을 의미한다.
   - 퇴직급여충당부채 설정액 = 퇴직급여추계액 - 퇴직급여충당부채 잔액
   - CF8퇴직충당을 활용하여 결산에 반영할 수 있고 퇴직급여(전입액) 결산반영금액란에 입력한 후 전표추가를 할 수도 있으며 일반전표입력메뉴에서 12월 31일자로 퇴직급여충당부채 추가 설정 분개를 직접입력할 수도 있다.

PART
02

실습하기

결산작업을 수행하고 재무제표를 마감하시오. 감가상각비는 고정자산등록에 등록한 내역을 결산자료입력 메뉴에서 반영하시오(단, 제시된 자료만 참고해서 수행하시오).

1. 결산일 현재 현금과부족의 원인을 알 수가 없다. 현금과부족계정을 확인하여 회계처리하시오.

2. 단기매매증권의 기말 현재 평가액은 다음과 같다.

> • 장부가액 : 10,370,000원　　　　　　　　• 공정가액 : 15,000,000원

3. 기말현재 공장에서 조사된 소모품 미사용액은 400,000원이다(단, 구입 시 전액 비용으로 처리하였다).

4. 가지급금 계정 잔액 금액은 (주)단한복의 외상매입금을 지급한 것으로 확인되었다(단, 가지급금의 거래처 입력은 생략할 것).

5. 기말현재 만기가 1년 이내로 도래하는 국민은행에서 차입한 장기차입금의 금액은 10,000,000원이다.

6. 본사 건물 화재보험료 1년분(2025년 11월 1일 ~ 2026년 10월 31일) 600,000원을 현금으로 납부하고 보험료로 회계처리하였다(단, 보험료는 월할계산할 것).

7. 기말현재 외상매출금 중에는 우드사의 외화외상매출금 21,000,000원($15,000)이 포함되어 있다(단, 결산일 현재 환율은 1$당 1,500원이다).

8. 기말에 재고자산 실사를 통한 재고자산 내역이다.

계정과목	금액
원재료	1,000,000
재공품	2,000,000
제품	5,000,000

9. 외상매출금에 대해서 1%의 보충법으로 대손충당금을 설정하시오.

10. 퇴직급여충당부채 추가 설정액을 결산에 반영하시오(단, 퇴직급여충당부채 기초금액을 확인하여 반영하시오).

> 퇴직급여추계액 : 제조 → 15,000,000원
>
> 판관 → 20,000,000원

11. 감가상각비는 고정자산등록 메뉴에 등록한 내역을 반영하시오.

12. 법인세등으로 계상할 금액은 11,000,000원이다(단, 선납세금 금액을 확인하여 반영할 것).

 **실습하기 작업순서**

[수동결산 항목을 일반전표입력 메뉴에 12월 31일자로 입력한다.]

1. 합계잔액시산표 12월 31일을 열어 현금과부족의 잔액을 확인한 후 입력한다.
   합계잔액시산표에서 현금과부족을 더블클릭하면 상세분개를 확인할 수 있다.
   결산일까지 현금부족액의 원인을 찾지 못했다면 잡손실로 분개한다.
   (차) 잡손실   15,000원   (대) 현금과부족   15,000원

2. 결산일 현재 공정가액이 장부가액보다 더 크므로 단기매매증권평가이익으로 분개한다.
   (차) 단기매매증권   4,630,000원   (대) 단기매매증권평가이익   4,630,000원

3. 소모품 구입 시 전액 비용으로 처리하였다면 결산 시 미사용액은 자산으로 처리하여야 한다.
   (차) 소모품   400,000원   (대) 소모품비(제)   400,000원

4. 합계잔액시산표 12월 31일을 열어 가지급금의 잔액을 확인한 후 입력한다.
   (차) 외상매입금((주)단한복) 7,700,000원   (대) 가지급금   7,700,000원

5. (차) 장기차입금(국민은행)   10,000,000원   (대) 유동성장기부채(국민은행) 10,000,000원

6. 보험료 기간 미경과분은 차기에 속하는 비용으로 당기의 비용에서 차감하여야 한다.
   *선급비용 = 600,000원 × 10/12 = 500,000원
   (차) 선급비용   500,000원   (대) 보험료(판)   500,000원

7. 외화자산을 보유하고 있는 경우 결산일 현재 환율에 의한 평가를 하여야 한다.

외화자산을 보유하고 있을 때 결산일 환율이 올랐다면 외화환산이익이 발생한다.

외화환산이익 = $15,000 × 100원 = 1,500,000원

(차) 외상매출금(우드사)   1,500,000원   (대) 외화환산이익   1,500,000원

[자동결산 항목은 결산자료입력 메뉴 1월 ~ 12월을 입력한 후 수행한다.]

8. [기말원재료입력]

	1)원재료비		25,100,000	
0501	원재료비		25,100,000	
0153	① 기초 원재료 재고액		8,000,000	
0153	② 당기 원재료 매입액		17,100,000	
0153	⑩ 기말 원재료 재고액			1,000,000

[기말재공품입력]

0169	① 기초 재공품 재고액		3,000,000	
0169	⑩ 기말 재공품 재고액			2,000,000

[기말제품입력]

0150	9)당기완성품제조원가		57,340,364	
0150	① 기초 제품 재고액		25,000,000	
0150	⑧ 타계정으로 대체액		22,000,000	
0150	⑩ 기말 제품 재고액			5,000,000

9. 상단에서 [F8대손상각]을 클릭하여 대손율을 확인하고 하단에서 결산반영을 눌러준다. 대손율은 변경이 가능하다. 대손충당금 설정 대상 채권이 아닌 경우에는 해당 금액을 삭제를 하고 결산반영을 눌러준다.

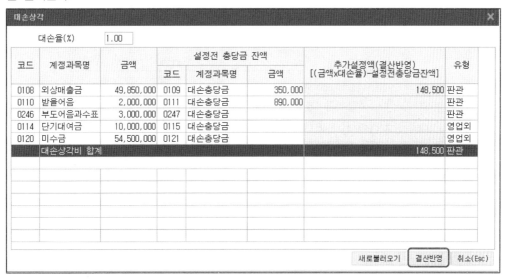

10. 상단에서 [F8퇴직충당]을 누른 후 퇴직급여추계액을 입력한 후 결산반영을 누른다.

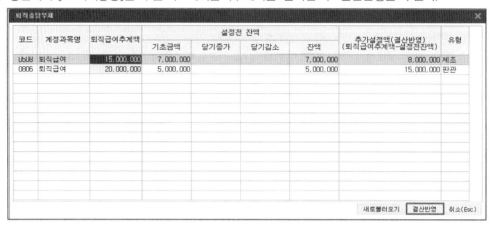

11. 상단에서 [F7감가상각]을 눌러서 감가상각비를 결산에 반영한다.

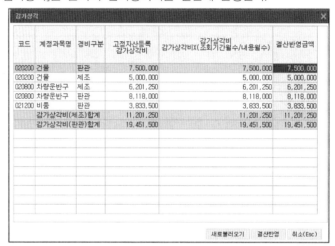

12. 결산반영금액란에 선납세금 154,000원을 입력하고 법인세등 계상액 11,000,000원에서 선납세금 154,000원을 차감한 10,846,000원을 추가계상액에 입력한다.

0998	9. 법인세등				11,000,000
0136	1). 선납세금			154,000	154,000
0998	2). 추가계상액				10,846,000

자동결산을 마무리한 후 반드시 상단에서 [F3전표추가]를 눌러주어야 결산분개가 일반전표에 자동으로 반영된다.

4) 재무제표 마감

재무제표 마감 순서는 제조원가명세서 ➡ 손익계산서 ➡ 이익잉여금처분계산서 ➡ 재무상태표
순으로 마감을 하게 된다.

PART
02

- 제조원가명세서의 당기제품제조원가 ➡ 손익계산서 제품매출원가 탭 당기제품제조원가로 자동
  반영
- 손익계산서의 당기순이익 ➡ 이익잉여금처분계산서 당기순이익으로 자동반영
- 이익잉여금처분계산서의 미처분이익잉여금 ➡ 재무상태의 이월이익잉여금으로 자동반영

① 제조원가명세서

제품의 재료비, 노무비, 경비를 더한 당기제품제조원가를 산출해 주는 명세서이다.
산출된 당기제품제조원가는 손익계산서로 자동반영된다.

재무회계 ➡ 결산/재무제표 ➡ 제조원가명세서

② 손익계산서

기업의 경영성과 당기순이익(당기순손실)을 보고해 주는 재무제표이다. 당기순이익은 이익
잉여금처분계산서에 자동반영된다.

재무회계 ➡ 결산/재무제표 ➡ 손익계산서

③ 이익잉여금처분계산서

주주총회를 열어 이익잉여금 처분내역을 입력하는 메뉴이다. 처분예정일을 입력하고 [F6전
표추가]를 눌러주어야 손익대체 분개가 일반전표입력에 반영이 되고 미처분이익잉여금 금
액을 재무상태표에 이월이익잉여금으로 대체하게 된다.

재무회계 ➡ 결산/재무제표 ➡ 이익잉여금처분계산서

실습하기

다음 자료에 의하여 당기의 이익잉여금처분계산서를 작성하시오.

- 당기처분예정일 : 2026년 2월 27일
- 처분내역 : 이익준비금 500,000원
  현금배당 5,000,000원
  주식배당 1,000,000원
- 전기처분확정일 : 2025년 2월 27일

실습하기 정답

당기처분예정일 2026 년 2 월 27 일 전기처분확정일 2025 년 2 월 27 일   < F4 삽입, F5 삭제 가능 >

과목		계정과목명	제 9(당)기 2025년1월1일 ~ 2025년12월31일 제 9기(당기) 금액	제 8(당)기 2024년1월1일 ~ 2024년12월31일 제 8기(전기) 금액
Ⅰ.미처분이익잉여금			184,301,112	122,740,000
1.전기이월미처분이익잉여금			111,740,000	37,080,000
2.회계변경의 누적효과	0369	회계변경의누적효과		
3.전기오류수정이익	0370	전기오류수정이익		
4.전기오류수정손실	0371	전기오류수정손실		
5.중간배당금	0372	중간배당금		
6.당기순이익			72,561,112	85,660,000
Ⅱ.임의적립금 등의 이입액				
1.				
2.				
합계			184,301,112	122,740,000
Ⅲ.이익잉여금처분액			6,500,000	11,000,000
1.이익준비금	0351	이익준비금	500,000	1,000,000
2.재무구조개선적립금	0354	재무구조개선적립금		
3.주식할인발행차금상각액	0381	주식할인발행차금		
4.배당금			6,000,000	10,000,000
가.현금배당	0265	미지급배당금	5,000,000	10,000,000
주당배당금(률)		보통주		
		우선주		
나.주식배당	0387	미교부주식배당금	1,000,000	
주당배당금(률)		보통주		
		우선주		
5.사업확장적립금	0356	사업확장적립금		
6.감채적립금	0357	감채적립금		
7.배당평균적립금	0358	배당평균적립금		
Ⅳ.차기이월미처분이익잉여금			177,801,112	111,740,000

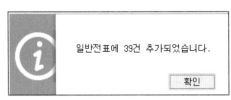

일반전표에 39건 추가되었습니다.

확인

④ 재무상태표

기업의 일정시점의 재무상태를 나타내는 보고서이다. 이익잉여금처분계산서의 미처분이익
잉여금 금액이 이월이익잉여금 금액으로 반영된다.

재무회계 ⇨ 결산/재무제표 ⇨ 재무상태표

과 목	제 9(당)기 2025년1월1일 ~ 2025년12월31일 금액		제 8(당)기 2024년1월1일 ~ 2024년12월31일 금액	
자산				
Ⅰ.유동자산		619,310,962		383,260,000
① 당좌자산		610,910,962		347,260,000
현금		171,213,000		80,000,000
당좌예금		120,340,000		67,300,000
보통예금		152,232,826		98,000,000
정기예금		30,000,000		30,000,000
단기매매증권		15,000,000		10,000,000
외상매출금	49,850,000		41,000,000	
대손충당금	498,500	49,351,500	150,000	40,850,000
받을어음	2,000,000		21,000,000	
대손충당금	890,000	1,110,000	890,000	20,110,000
단기대여금		10,000,000		
미수금		54,500,000		1,000,000
선급비용		2,900,000		
부가세대급금		4,263,636		
② 재고자산		8,400,000		36,000,000
제품		5,000,000		25,000,000
원재료		1,000,000		8,000,000
재공품		2,000,000		3,000,000
소모품		400,000		
Ⅱ.비유동자산		363,277,250		261,000,000
① 투자자산		88,900,000		20,000,000
장기대여금		20,000,000		20,000,000
만기보유증권		18,100,000		
투자부동산		41,000,000		
퇴직연금운용자산		9,800,000		
② 유형자산		170,377,250		141,000,000
토지		35,000,000		
건물	114,300,000		130,000,000	
감가상각누계액	14,500,000	99,800,000	20,000,000	110,000,000
차량운반구	52,030,000		49,000,000	
감가상각누계액	14,319,250	37,710,750	18,000,000	31,000,000
비품	500,000			
감가상각누계액	3,833,500	-3,333,500		
건설중인자산		1,200,000		
③ 무형자산		50,000,000		50,000,000
특허권		50,000,000		50,000,000
④ 기타비유동자산		54,000,000		50,000,000
임차보증금		51,000,000		50,000,000
부도어음과수표		3,000,000		
자산총계		982,588,212		644,260,000

부채				
Ⅰ.유동부채		275,667,100		209,520,000
외상매입금		53,300,000		65,000,000
지급어음		50,650,000		42,000,000
미지급금		93,732,000		50,000,000
예수금		3,009,100		1,200,000
부가세예수금		2,810,000		
선수금		9,500,000		9,500,000
단기차입금		40,000,000		40,000,000
미지급세금		10,846,000		
선수수익		1,820,000		1,820,000
유동성장기부채		10,000,000		
Ⅱ.비유동부채		285,470,000		62,000,000
사채	6,000,000			
사채할인발행차금	530,000	5,470,000		
장기차입금		200,000,000		50,000,000
임대보증금		50,000,000		
퇴직급여충당부채		30,000,000		12,000,000
부채총계		561,137,100		271,520,000
자본				
Ⅰ.자본금		201,000,000		200,000,000
자본금		201,000,000		200,000,000
Ⅱ.자본잉여금		2,150,000		
주식발행초과금		150,000		
자기주식처분이익		2,000,000		
Ⅲ.자본조정		△17,000,000		
자기주식		△17,000,000		
Ⅳ.기타포괄손익누계액				
Ⅴ.이익잉여금		235,301,112		172,740,000
이익준비금		51,000,000		50,000,000
미처분이익잉여금		184,301,112		122,740,000
(당기순이익)				
당기: 72,561,112				
전기: 85,660,000				
자본총계		421,451,112		372,740,000
부채와자본총계		982,588,212		644,260,000

CHAPTER

06 제장부조회

기업의 경영활동기간 안에 발생하는 거래를 입력하게 되면 각종 제장부에 자동으로 반영되고 경영 정보를 조회하는 데 유용하게 사용할 수 있다.

◁ 01 거래처원장

재무회계 ⇨ 장부관리 ⇨ 거래처원장

거래처원장은 계정과목별로 거래처별 잔액이나 내용을 조회하는 메뉴이다.

□ 코드	거 래 처	등록번호	대표자명	전기이월	차 변	대 변	잔 액	담당)코 (담당)
□ 00101	(주)우리한복	113-81-79632	김가람	20,000,000	19,500,000	11,500,000	28,000,000	
합 계				20,000,000	19,500,000	11,500,000	28,000,000	

기간 2025년 1월 1일 ~ 2025년 12월 31일 계정과목 0108 외상매출금 | 잔액 0 포함 미등록 포함
거래처분류 ~ 거 래 처 00101 (주)우리한복 ~ 00101 (주)우리한복

[2000] (주)박문한복 109-81-33490 법인 97| 2025-01-01~2025-12-31 부가세 2025

02 거래처별계정과목별원장

거래처별계정과목별원장은 조회하는 모든 거래처와 관련한 계정과목별 전기이월, 차변, 대변, 잔액을 보여주는 메뉴이다.

재무회계 ⇨ 장부관리 ⇨ 거래처별계정과목별원장

03 계정별원장

계정별원장은 현금계정을 제외한 모든 계정의 거래내역을 조회하며 계정별, 부서별, 사원별, 현장별로 구분하여 조회도 가능하다. 해당 메뉴에서는 월계와 누계를 구분하여 볼 수 있다.

재무회계 ⇨ 장부관리 ⇨ 계정별원장

04 현금출납장

현금출납장은 현금의 수입과 지출 거래내역을 조회할 수 있는 메뉴이다.

재무회계 ⇨ 장부관리 ⇨ 현금출납장

현금출납장

종료 코드 인쇄 조회 [2000] (주)박문한복 109-81-33490 법인 9기 2025-01-01~2025-12-31 부가세 2025

F3 전표조회/수정 F6 합계옵션 F11 선택조회

전체 | 부서별 | 사원별 | 현장별 | 프로젝트별

기 간 2025 년 1 월 1 일 ~ 2025 년 12 월 31 일

일자	코드	적요	코드	거래처	입금	출금	잔액
01-01		[전 기 이 월]			80,000,000		80,000,000
01-05		공장임대료	00105	(주)명작		300,000	79,700,000
01-10			00102	(주)목화주단	1,000,000		80,700,000
01-11						20,000	80,680,000
01-17		승용차매각	00107	(주)화연	5,000,000		85,680,000
01-20						100,000	85,580,000
		[월　　계]			6,000,000	420,000	
		[누　　계]			86,000,000	420,000	
02-11		회환	00111	(주)하우리		400,000	85,180,000
02-13		경영관리외	00111	(주)하우리	600,000		85,780,000
02-14		제품	00200	김규연	30,000		
02-14		제품	00200	김규연	300,000		86,110,000
02-17						5,100,000	81,010,000
		[월　　계]			930,000	5,500,000	
		[누　　계]			86,930,000	5,920,000	
03-15						300,000	
03-15		원재료	00108	인천세관		2,500,000	78,210,000
03-18		제품	00200	김규연	30,000		
03-18		제품	00200	김규연	300,000		
03-18						2,400,000	76,140,000

05 일계표(월계표)

일계표(월계표)는 매일 또는 매월의 거래내역을 계정과목별로 집계한 메뉴이다. 매일의 거래를 집계한 것은 일계표이며, 월별로 집계한 것을 월계표라고 한다. 현금 입금이나 지출이 발생하는 거래와 대체거래로 구분하여 조회가 가능하다.

재무회계 ⇨ 장부관리 ⇨ 일계표/월계표

일계표(월계표)

종료 코드 삭제 인쇄 조회 [2000] (주)박문한복 109-81-33490 법인 9기 2025-01-01~2025-12-31 부가세 2025

F3 계정코드 F4 임대 F6 원장조회

일계표 | 월계표

조회기간 : 2025 년 3 월 01 일 ~ 2025 년 3 월 31 일

차　변			계정과목	대　변		
계	대체	현금		현금	대체	계
114,470,000	109,450,000	5,020,000	1.유 동 자 산		100,136,500	100,136,500
114,470,000	109,450,000	5,020,000	<당 좌 자 산>		80,136,500	80,136,500
15,800,000	15,800,000		당 좌 예 금		26,000,000	26,000,000
82,000,000	82,000,000		보 통 예 금		33,136,500	33,136,500
370,000	370,000		단 기 매 매 증 권		5,000,000	5,000,000
3,300,000	3,300,000		외 상 매 출 금			
			받 을 어 음		16,000,000	16,000,000
2,400,000		2,400,000	선 급 비 용			
7,700,000	7,700,000		가 지 급 금			
2,900,000	280,000	2,620,000	부 가 세 대 급 금			
			<재 고 자 산>		20,000,000	20,000,000
			제 품		20,000,000	20,000,000
111,530,000	111,530,000		2.비 유 동 자 산			
110,530,000	110,530,000		<유 형 자 산>			
65,000,000	65,000,000		토 지			
282,536,000	276,016,000	6,520,000	금일소계	330,000	276,016,000	276,346,000
74,820,000		74,820,000	금일잔고/전일잔고	81,010,000		81,010,000
357,356,000	276,016,000	81,340,000	합계	81,340,000	276,016,000	357,356,000

◢ 06 분개장

분개장은 입력한 전표의 내역을 발생순서대로 조회할 수 있는 메뉴이다. 총계정원장과 더불어 주요부에 해당하는 장부이다.

재무회계 ➡ 장부관리 ➡ 분개장

◢ 07 총계정원장

총계정원장은 분개장과 주요부에 해당하는 장부이며 계정과목별로 차변과 대변 월별 합계금액을 확인할 수 있으며 월별 잔액도 확인이 가능하다.

재무회계 ➡ 장부관리 ➡ 총계정원장

08 매입매출장

매입매출장은 매입매출전표입력에서 입력한 전표를 과세유형별로 조회가 가능한 메뉴이다.

재무회계 ⇨ 장부관리 ⇨ 매입매출장

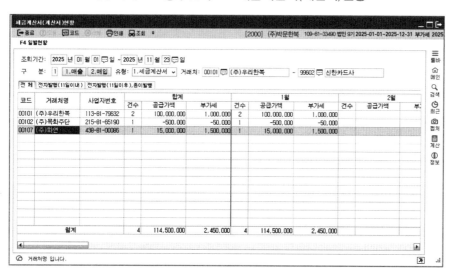

09 세금계산서(계산서)현황

매입매출전표입력 메뉴에서 매출과 매입 유형으로 입력된 세금계산서와 계산서를 조회하는 메뉴이다.

재무회계 ⇨ 장부관리 ⇨ 세금계산서(계산서)현황

◢ 10 전표출력

전표출력 메뉴는 입력된 자료를 출금, 입금, 대체전표 유형별로 조회할 수 있는 메뉴이다.

재무회계 ⇨ 장부관리 ⇨ 전표출력

실습하기

다음 사항을 조회하시오.

1. 6월 30일 현재 외상매출금 횟수가 많은 달은 몇 월인가?

2. 2월 28일 현재 현금잔액은 얼마인가?

3. 9월 30일 현재 현금 및 현금성자산의 합계액은 얼마인가?

4. 6월 30일 현재 (주)우리한복의 외상매출금 잔액은 얼마인가?

5. 3월 한 달간 매입과세유형 '54.불공' 유형의 공급가액 합은 얼마인가?

6. 12월 31일 현재 당기제품제조원가의 금액은 얼마인가?

7. 기말현재 당기순이익은 얼마인가?

8. 1기예정신고기간의 공제받지 못할 매입세액의 금액은 얼마인가?

9. 1기예정신고기간의 세금계산서수취분 고정자산매입의 세액은 얼마인가?

10. 3월 한 달 동안 복리후생비(판) 현금 지출액은 얼마인가?

실습하기 정답

1. 정답 : 2월
   총계정원장에서 기간을 입력하고 계정과목을 외상매출금으로 입력하여 조회한다.
   외상매출금의 횟수는 대변 금액을 확인하면 된다.

2. 정답 : 81,010,000원
   현금출납장에서 기간을 입력하고 잔액을 조회한다.

3. 정답 : 444,385,826원
   재무상태표에서 기간을 입력하고 제출용 탭에서 조회한다.

4. 정답 : 28,000,000원
   거래처원장에서 기간을 입력하고 계정과목은 외상매출금을 선택한 후 거래처를 (주)우리한복으로
   등록하여 조회한다.

5. 정답 : 37,000,000원
   매입매출장에서 조회기간을 입력하고 구분은 '3.매입', 유형은 '54.불공'으로 입력한 후 조회를 한다.

6. 정답 : 73,541,614원
   제조원가명세서에서 12월로 입력하여 조회한다.

7. 정답 : 88,161,112원
   손익계산서 12월로 입력하여 조회한다.

8. 정답 : 3,700,000원
   부가가치세신고서를 1월 1일 ~ 3월 31일로 입력하여 공제받지 못할 매입세액을 확인한다.

9. 정답 : 3,000,000원
   부가가치세신고서를 1월 1일 ~ 3월 31일로 입력하여 세금계산서수취분 고정자산매입의 세액을
   확인한다.

10. 정답 : 300,000원
    일계표(월계표) 3월을 조회기간으로 하여 복리후생비(판) 현금 지출액을 확인한다.

전산회계 1급
기출문제(이론 + 실무)

104회 전산회계 1급 기출문제(이론 + 실무)

✛ 이론시험 ✛

※ 다음 문제를 보고 알맞은 것을 골라 답안수록메뉴의 해당 번호에 입력하시오.
(객관식 문항당 2점)

─〈 기본전제 〉─

문제에서 한국채택국제회계기준을 적용하도록 하는 전제조건이 없는 경우, 일반기업회계기준을 적용한다.

01 다음 중 기말재고자산 단가 결정 방법이 아닌 것은?

① 선입선출법 ② 총평균법
③ 연수합계법 ④ 이동평균법

02 다음 자료를 참고로 현금및현금성자산의 금액을 계산하면 얼마인가?

• 현금	1,000,000원	• 정기예금	3,000,000원
• 우편환증서	50,000원	• 당좌예금	400,000원
• 보통예금	500,000원	• 단기매매증권	1,000,000원

① 900,000원 ② 1,950,000원
③ 2,900,000원 ④ 4,950,000원

03 다음 중 유형자산 취득 후의 지출과 관련하여 성격이 다른 것은?

① 건물의 엘리베이터 설치
② 건물의 외벽 도색작업
③ 파손된 타일의 원상회복을 위한 수선
④ 보일러 부속품의 교체

04 다음 중 무형자산과 관련된 설명으로 잘못된 것은?

① 내부 창출된 무형자산이 인식기준에 부합하는지 평가하기 위해 연구단계와 개발단계로 구분한다.

② 산업재산권, 저작권, 개발비 등이 대표적이며 사업결합에서 발생한 영업권은 포함하지 않는다.

③ 물리적 형체는 없지만 식별가능하고, 기업이 통제하고 있으며, 미래경제적 효익이 있는 비화폐성 자산이다.

④ 내부 프로젝트를 연구단계와 개발단계로 구분할 수 없는 경우 모두 연구단계에서 발생한 것으로 본다.

05 다음 중 유가증권의 취득원가 및 평가에 대한 설명으로 옳지 않은 것은?

① 단기매매증권은 공정가치로 평가하며 평가손익을 당기손익으로 인식한다.

② 매도가능증권은 시장성이 있는 경우 공정가치로 평가하며 평가손익을 당기손익으로 인식한다.

③ 단기매매증권의 취득부대비용은 발생 즉시 비용으로 처리한다.

④ 만기보유증권의 취득부대비용은 취득원가에 가산한다.

06 다음 중 자기주식거래와 관련하여 자본항목의 성격이 올바르게 짝지어진 것은?

① 자기주식처분이익 : 자본조정   ② 자기주식처분손실 : 기타포괄손익누계액

③ 감자차익 : 자본조정   ④ 감자차손 : 자본조정

07 다음 자료는 12월 31일 결산자료이다. 상품 매출원가를 계산하고 이에 대한 회계처리로 옳은 것은?

• 기초상품재고액	10,000,000원	• 당기상품매입액	5,000,000원
• 기말상품재고액	4,000,000원	• 매입에누리 및 매입환출	700,000원

① (차) 상품   11,000,000원   (대) 상품매출원가   11,000,000원

② (차) 상품매출원가   10,300,000원   (대) 상품   10,300,000원

③ (차) 상품   11,300,000원   (대) 상품매출원가   11,300,000원

④ (차) 상품매출원가   10,000,000원   (대) 상품   10,000,000원

08 다음 중 거래의 8요소와 그 예시로 가장 적절하지 않은 것은?

① (차) 비용발생　　　　　　　　　　(대) 자산감소
　　: 신용카드 연회비 1만원이 신용카드로 결제되다.

② (차) 자산증가　　　　　　　　　　(대) 수익발생
　　: 보통예금의 결산이자 100만원이 입금되다.

③ (차) 자산증가　　　　　　　　　　(대) 부채증가
　　: 원재료 2,000만원을 외상으로 구입하다.

④ (차) 부채감소　　　　　　　　　　(대) 부채증가
　　: 외상매입금 1,000만원을 신용카드로 결제하다.

09 다음 중 제조원가명세서에서 확인할 수 없는 것은?

① 기말원재료재고액　　　　　　　② 기초재공품재고액
③ 당기제품제조원가　　　　　　　④ 기말제품재고액

10 다음 중 원가의 분류 방법과 종류가 잘못 짝지어진 것은?

① 원가의 행태에 따른 분류 : 변동원가와 고정원가
② 통제가능성에 따른 분류 : 역사적원가와 예정원가
③ 추적가능성에 따른 분류 : 직접원가와 간접원가
④ 의사결정과의 관련성에 따른 분류 : 관련원가와 매몰원가

11 다음의 자료를 이용하여 기초원가와 가공원가를 계산한 것으로 옳은 것은?

구분	직접비	간접비
재료비	100,000원	50,000원
노무비	200,000원	100,000원
제조경비	0원	50,000원

	기초원가	가공원가
①	300,000원	200,000원
②	200,000원	250,000원
③	300,000원	400,000원
④	450,000원	50,000원

12 제조간접비 예정배부율은 기계작업시간당 80원이고, 실제기계작업시간이 50,000시간일 때 제조간접비 배부차이가 130,000원 과대배부인 경우 제조간접비 실제 발생액은 얼마인가?

① 2,500,000원　　　　　　　　　② 3,870,000원

③ 4,000,000원　　　　　　　　　④ 4,130,000원

13 다음 중 부가가치세법상 재화의 공급에 해당하는 것은?

① 부동산의 담보제공

② 사업장별로 사업에 관한 모든 권리와 의무 중 일부를 승계하는 사업양도

③ 사업용 자산을 지방세법에 따라 물납하는 것

④ 도시 및 주거환경정비법에 따른 수용 및 국세징수법에 따른 공매

14 다음 중 부가가치세법상 과세표준에 포함하는 것은?

① 공급에 대한 대가의 지급이 지체되었음을 이유로 받는 연체이자

② 매출에누리, 매출환입 및 매출할인

③ 수입하는 재화에 대한 관세의 과세가격과 관세 및 개별소비세

④ 공급받는 자에게 도달하기 전에 파손·훼손 또는 멸실된 재화의 가액

15 부가가치세법상 부동산임대용역을 공급하는 경우, 전세금 또는 임대보증금에 대한 간주임대료의 공급시기로 옳은 것은?

① 대가의 각 부분을 받기로 한 때

② 용역의 공급이 완료된 때

③ 대가를 받은 때

④ 예정신고기간 또는 과세기간 종료일

✛ 실무시험 ✛

※ ㈜광주기계(회사코드:1043)는 기계부품을 제조하여 판매하는 중소기업으로 당기(제11기)의 회계기간은 2025.1.1.~2025.12.31.이다. 전산세무회계 수험용 프로그램을 이용하여 다음 물음에 답하시오.

――――――⟨ 기본전제 ⟩――――――

- 문제에서 한국채택국제회계기준을 적용하도록 하는 전제조건이 없는 경우, 일반기업회계기준을 적용하여 회계처리한다.
- 문제의 풀이와 답안작성은 제시된 문제의 순서대로 진행한다.

01 다음은 [기초정보관리] 및 [전기분재무제표]에 대한 자료이다. 각각의 요구사항에 대하여 답하시오. 10점

[1] 다음의 신규거래처를 [거래처등록] 메뉴를 이용하여 추가로 등록하시오. 3점

- 거래처코드 : 1001
- 종목 : 금속가공
- 대표자 : 송달인
- 업태 : 제조
- 사업자등록번호 : 108-81-13579
- 거래처명 : ㈜보석상사
- 유형 : 동시
- 사업장주소 : 경기도 여주시 세종로 14(홍문동)

※ 주소입력 시 우편번호 입력은 생략해도 무방함

[2] [계정과목및적요등록] 메뉴에서 복리후생비(판매비및일반관리비) 계정의 대체적요 3번에 "임직원피복비 미지급"을 등록하시오. 3점

[3] 전기분 재무제표를 검토한 결과 다음과 같은 오류를 확인하였다. 이와 관련된 전기분 재무제표를 적절히 수정하시오. 4점

> 외주가공비(제조원가에 속함) 5,500,000원이 누락된 것으로 확인된다.

02 다음의 거래 자료를 [일반전표입력] 메뉴를 이용하여 입력하시오(일반전표입력의 모든 거래는 부가가치세를 고려하지 말 것). 18점

─────〈 입력 시 유의사항 〉─────
- 일반적인 적요의 입력은 생략하지만, 타계정 대체거래는 적요번호를 선택하여 입력한다.
- 채권·채무와 관련된 거래는 별도의 요구가 없는 한 반드시 기등록되어 있는 거래처코드를 선택하는 방법으로 거래처명을 입력한다.
- 제조경비는 500번대 계정코드를, 판매비와 관리비는 800번대 계정코드를 사용한다.
- 회계처리 시 계정과목은 별도제시가 없는 한 등록되어 있는 계정과목 중 가장 적절한 과목으로 한다.

[1] 07월 10일 ㈜서창상사의 외상매출금 10,000,000원을 ㈜서창상사가 보유하고 있던 약속어음(㈜신흥기전 발행) 10,000,000원으로 배서양도받다. 3점

[2] 08월 08일 지난달 근로소득 지급액에 대한 원천징수세액인 예수금 220,000원 중 200,000원은 보통예금으로 납부하고, 나머지는 현금으로 납부하다(단, 하나의 전표로 처리하되, 거래처명은 기재하지 말 것). 3점

[3] 09월 30일 창고에 보관 중인 제품 7,200,000원이 화재로 인하여 소실되다. 당사는 화재보험에 가입되어 있지 않다. 3점

[4] 10월 20일 ㈜상록에 판매한 제품을 화물차로 발송하면서 운임비 250,000원을 현금으로 지급하고 운송장을 발급받다. 3점

[5] 11월 08일 보유하고 있던 자기주식 중 300주(주당 액면가액 1,000원, 주당 취득가액 1,500원)를 주당 1,300원에 처분하고, 처분대금은 모두 현금으로 수취하다(처분 전 자기주식처분이익 계정 잔액은 없는 것으로 하며, 하나의 전표로 처리할 것). 3점

[6] 12월 26일 연말 불우이웃돕기 성금으로 현금 3,000,000원을 지급하다. 3점

03 다음의 거래 자료를 [매입매출전표입력] 메뉴를 이용하여 입력하시오. 18점

─────〈 입력 시 유의사항 〉─────

• 일반적인 적요의 입력은 생략하지만, 타계정 대체거래는 적요번호를 선택하여 입력한다.
• 별도의 요구가 없는 한 반드시 기등록되어 있는 거래처코드를 선택하는 방법으로 거래처명을 입력한다.
• 제조경비는 500번대 계정코드를, 판매비와 관리비는 800번대 계정코드를 사용한다.
• 회계처리 시 계정과목은 별도제시가 없는 한 등록되어 있는 계정과목 중 가장 적절한 과목으로 한다.
• 입력화면 하단의 분개까지 처리하고, 전자세금계산서 및 전자계산서는 전자입력으로 반영한다.

[1] 08월 25일 영업부의 거래처인 맘모스 물산의 사업장 확장 이전을 축하하기 위하여 축하
화환을 현금으로 구입하고 아래의 전자계산서를 발급받다. 3점

전자계산서						승인번호		20250825-15454645-58811886		
공급자	사업자등록번호	105-92-25728	종사업장번호			공급받는자	사업자등록번호	211-87-10230	종사업장번호	
	상호(법인명)	남동꽃도매시장	성명(대표자)	한다발			상호(법인명)	㈜광주기계	성명	안효섭
	사업장주소	인천광역시 남동구 인하로 501					사업장주소	서울시 송파구 도곡로 434		
	업태	도소매	종목	화훼류			업태	제조	종목	기계부품
	이메일						이메일			
작성일자		공급가액		수정사유		비고				
2025-08-25		200,000원		해당 없음						
월	일	품목		규격	수량	단가	단가		비 고	
08	25	화환			1		200,000원			
합 계 금 액		현 금		수 표		어 음		외 상 미 수 금	이 금액을 (영수)함	
200,000원		200,000원								

[2] 09월 05일 공장부지로 사용할 토지의 취득으로 발생한 중개수수료 5,500,000원(부가가치
세 포함)을 ㈜한화공인중개법인에 보통예금으로 지급하고 전자세금계산서를
발급받다. 3점

[3] 11월 15일 최종소비자인 이영수 씨에게 제품을 현금으로 판매하고 다음과 같은 현금영수증을 발급하다(단, 거래처를 입력할 것). **3점**

㈜광주기계		
사업자번호 211-87-10230		안효섭
서울시 송파구 도곡로 434		TEL : 02-520-1234

현금영수증(소득공제용)

구매 2025/11/15/10:46 　　　　　　　　　　거래번호 : 0026-0107

상품명	수량	금액
2043655000009	1	968,000원
202509200105	과 세 물 품 가 액	880,000원
	부 가 가 치 세 액	88,000원
	합　　　　　계	968,000원
	받 은 금 액	968,000원

[4] 11월 19일 ㈜연기실업에 당사가 사용하던 차량운반구(취득원가 50,000,000원, 처분일 현재 감가상각누계액 35,000,000원)를 12,500,000원(부가가치세 별도)에 처분하다. 대금은 보통예금 계좌로 입금되었으며, 전자세금계산서를 발급하다. **3점**

[5] 12월 06일 임대인 하우스랜드로부터 생산부의 11월분 임차료 2,500,000원(부가가치세 별도)에 대한 전자세금계산서를 발급받다. **3점**

전자세금계산서						승인번호		20251206-242428782128		
공급자	사업자등록번호	130-41-27190	종사업장번호		공급받는자	사업자등록번호	211-87-10230	종사업장번호		
	상호(법인명)	하우스랜드	성명(대표자)	김하우		상호(법인명)	㈜광주기계	성명	안효섭	
	사업장주소	경기도 부천시 오정구 오정동 129				사업장주소	서울시 송파구 도곡로 434			
	업 태	부동산	종목	임대		업 태	제조	종목	기계부품	
	이메일					이메일				
작성일자		공급가액		세액		수정사유		비고		
2025.12.6.		2,500,000원		250,000원		해당 없음				

월	일	품　　목	규격	수량	단가	공 급 가 액	세 액	비 고
12	06	11월 임대료				2,500,000원	250,000원	

합 계 금 액	현 　 금	수 　 표	어 　 음	외 상 미 수 금	이 금액을 (청구)함
2,750,000원				2,750,000원	

[6] 12월 11일 구매확인서에 의해 ㈜아카디상사에 제품 11,000,000원을 납품하고 영세율전자세금계산서를 발급하다. 대금 중 7,000,000원은 외상으로 하고, 나머지는 약속어음으로 수령하였다(단, 서류번호 입력은 무시한다). **3점**

04 [일반전표입력] 및 [매입매출전표입력] 메뉴에 입력된 내용 중 다음과 같은 오류가 발견되었다. 입력된 내용을 확인하여 수정 또는 삭제, 추가 입력하여 오류를 정정하시오. 6점

[1] 08월 31일 ㈜현대전자로부터 차입한 운영지금에 대한 이자비용 500,000원 중 원천징수세액 137,500원을 제외하고 보통예금 계좌에서 이체한 금액인 362,500원에 대해서만 회계처리하였음이 확인되었다. 올바른 회계처리를 하시오(원천징수세액은 부채로 처리하고, 하나의 전표로 입력할 것). 3점

[2] 10월 02일 영국의 TOMS사에 직수출하고 제품매출액 $3,000를 $1당 1,200원으로 환산하여 계상하였으나, 검토 결과 선적일 당시 기준환율은 $1당 1,250원으로 확인되었다. 3점

05 결산정리사항은 다음과 같다. 해당 메뉴에 입력하시오. 9점

[1] 영업부의 소모품 구입 시 전액 소모품으로 자산화하고, 결산 시 사용분을 비용으로 계상해 오고 있다. 결산 시 영업부로부터 미사용분인 소모품은 1,000,000원으로 통보받았다(단, 전산을 조회하여 처리하고, 금액은 음수로 입력하지 말 것). 3점

[2] 12월 11일 실제 현금보유액이 장부상 현금보다 570,000원이 많아서 현금과부족으로 처리하였던바, 결산일에 340,000원은 선수금(㈜건영상사)으로 밝혀졌으나, 230,000원은 그 원인을 알 수 없다. 3점

[3] 기업회계기준에 의하여 퇴직급여충당부채(퇴직급여추계액의 100%)를 설정하고 있다. 퇴직급여충당부채와 관련한 자료는 다음과 같다(단, 퇴직금 지급 시 퇴직급여충당부채와 상계하기로 한다). 3점

구분	기초금액	당기설정액	기중 사용금액 (퇴직금 지급액)	퇴직급여추계액
판매관리부	25,000,000원	13,000,000원	8,000,000원	30,000,000원
제조생산부	30,000,000원	15,000,000원	10,000,000원	35,000,000원

06 다음 사항을 조회하여 답안을 │이론문제 답안작성│ 메뉴에 입력하시오. 9점

[1] 4월의 롯데카드 사용금액은 얼마인가? (단, 미지급금으로 계상하였으며, 카드대금 결제일은 다음 달 10일이다.) 3점

[2] 5월 한 달 동안 판매비와관리비 총 지출금액은 얼마인가? 3점

[3] 제1기 부가가치세 확정신고기간(4월~6월)의 전자세금계산서 발급분 중 주민등록번호발급분의 공급가액은 얼마인가? 3점

105회 전산회계 1급 기출문제(이론 + 실무)

이론시험

※ 다음 문제를 보고 알맞은 것을 골라 이론문제 답안작성 메뉴의 해당번호에 입력하시오.
(객관식 문항당 2점)

───〈 기본전제 〉───
문제에서 한국채택국제회계기준을 적용하도록 하는 전제조건이 없는 경우, 일반기업회계기준을 적용한다.

01 다음 중 회계상 거래가 아닌 것은?

① 사업을 위하여 10,000,000원을 추가로 출자하다.
② 지급기일이 도래한 약속어음 10,000,000원을 보통예금에서 이체하여 변제하다.
③ 성수기 재고 확보를 위하여 상품 30,000,000원을 추가 주문하기로 하다.
④ 화재가 발생하여 창고에 있던 재고자산 20,000,000원이 멸실되다.

02 다음은 무엇에 대한 설명인가?

기업은 그 목적과 의무를 이행하기에 충분할 정도로 장기간 존속한다고 가정하는 것을 말한다. 즉, 기업은 경영활동을 청산하거나 중대하게 축소시킬 의도가 없을 뿐 아니라 청산이 요구되는 상황도 없다고 가정된다.

① 계속기업의 가정
② 기업실체의 가정
③ 기간별보고의 가정
④ 회계정보의 질적특성

03 다음 중 일반기업회계기준에 따른 재고자산으로 분류되는 항목은?

① 회계법인의 업무용으로 구입한 컴퓨터
② 임대업을 운영하는 기업의 임대용으로 보유 중인 주택
③ 경영컨설팅을 전문으로 하는 회사에서 시세차익을 목적으로 보유하는 유가증권
④ 조선업을 운영하는 기업의 판매용으로 제조 중인 선박

04 다음 중 유형자산의 취득원가에 관한 설명으로 가장 잘못된 것은?

① 유형자산은 최초에는 취득원가로 측정한다.
② 유형자산의 취득에 관한 운송비와 설치비용은 취득원가에 가산한다.
③ 사용 중인 건물을 새로운 건물로 신축하기 위하여 철거하는 경우에 기존건물의 장부가액은 새로운 건물의 취득원가에 가산한다.
④ 국・공채를 불가피하게 매입하는 경우에는 동 국・공채의 매입가액과 현재가치와의 차액을 유형자산의 취득원가에 가산한다.

05 다음 중 무형자산의 상각에 대한 설명으로 바르지 않은 것은?

① 자산이 사용 가능한 때부터 상각을 시작한다.
② 일반적으로 상각기간은 최대 40년까지 가능하다.
③ 합리적인 상각방법을 정할 수 없을 때에는 정액법으로 상각한다.
④ 재무상태표상 표시 방법으로 취득원가에서 무형자산상각누계액을 직접 차감하여 표시하는 직접법과 취득원가에서 무형자산상각누계액을 차감하는 형식으로 표시하는 간접법 모두 허용된다.

06 다음 중 주요장부로 구분할 수 있는 것은?

① 현금출납장
② 분개장
③ 정산표
④ 합계잔액시산표

07 다음의 자본항목 중 기타포괄손익누계액에 해당하는 것은?

① 매도가능증권평가손익
② 감자차손
③ 자기주식
④ 주식할인발행차금

08 다음 자료를 이용하여 매출총이익을 계산하면 얼마인가?

• 순매출액 475,000원	• 매입할인 5,000원
• 매입환출 5,000원	• 기초상품재고액 100,000원
• 총매입액 200,000원	• 기말상품재고액 110,000원

① 300,000원
② 295,000원
③ 290,000원
④ 280,000원

09 다음 자료를 참고로 가공원가를 계산하면 얼마인가?

- 직접재료원가 1,000,000원
- 직접노무원가 1,600,000원
- 변동제조간접원가 600,000원(변동제조간접원가는 총제조간접원가의 30%이다.)

① 1,600,000원　　　　　　② 2,600,000원
③ 3,600,000원　　　　　　④ 4,300,000원

10 다음 그래프의 원가행태에 해당하는 원가는 무엇인가?

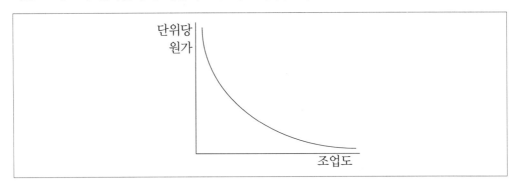

① 직접재료비　　　　　　② 공장 사무실의 전화요금
③ 기계장치 가동에 필요한 연료비　　④ 공장건물의 임차료

11 다음 자료를 이용하여 평균법에 의한 가공원가 완성품 환산량을 계산하면 얼마인가? (단, 재료비는 공정 초기에 전량 투입되며, 가공비는 공정 전반에 걸쳐 균등하게 발생한다.)

- 기초재공품 수량 : 1,000개(완성도 20%)　　• 당기 착수량 : 10,000개
- 당기 완성품 수량 : 8,000개　　　　　　• 기말 재공품 수량 : 3,000개(완성도 60%)

① 8,000개　　　　　　② 9,000개
③ 9,800개　　　　　　④ 10,000개

12 다음 중 개별원가계산과 종합원가계산에 대한 설명으로 잘못된 것은?

① 종합원가계산은 동일 규격의 제품이 반복하여 생산되는 경우 사용된다.

② 종합원가계산은 각 작업별로 원가보고서를 작성한다.

③ 개별원가계산은 주문에 의해 각 제품을 별도로 제작, 판매하는 제조업에 사용된다.

④ 개별원가계산은 주문받은 개별 제품별로 작성된 작업원가표에 집계하여 원가를 계산한다.

13 다음 중 부가가치세법상 납세의무자에 대한 설명으로 옳지 않은 것은?

① 영리목적을 추구하는 사업자만이 납세의무를 진다.

② 사업설비를 갖추고 계속·반복적으로 재화나 용역을 공급하는 자가 해당한다.

③ 인적·물적 독립성을 지닌 사업자가 해당한다.

④ 면세대상이 아닌 과세대상 재화·용역을 공급하는 자가 해당한다.

14 다음 중 부가가치세법상 면세제도와 관련한 내용으로 옳은 것은?

① 건물이 없는 토지의 임대, 약사가 공급하는 일반의약품은 면세에 해당한다.

② 면세제도는 사업자의 세부담을 완화하기 위한 완전면세제도이다.

③ 면세를 포기하고자 하는 경우 포기일부터 1개월 이내에 사업자등록을 정정하여야 한다.

④ 면세포기를 신고한 사업자는 신고한 날부터 3년간은 면세를 적용받지 못한다.

15 다음은 부가가치세법상 무엇에 대한 설명인가?

> 둘 이상의 사업장이 있는 사업자는 부가가치세를 주된 사업장에서 총괄하여 납부할 수 있다. 이는 사업자의 납세편의를 도모하고 사업장별로 납부세액과 환급세액이 발생하는 경우 자금부담을 완화시켜주기 위한 제도이다.

① 납세지   ② 사업자단위과세제도

③ 전단계세액공제법   ④ 주사업장총괄납부

✛ 실무시험 ✛

※ ㈜친안테크(회사코드 : 1053)는 자동차부품을 제조하여 판매하는 중소기업이며, 당기(제10기)의 회계기간은 2025.1.1.~2025.12.31.이다. 전산세무회계 수험용 프로그램을 이용하여 다음 물음에 답하시오.

─────────────〈 기본전제 〉─────────────

• 문제에서 한국채택국제회계기준을 적용하도록 하는 전제조건이 없는 경우, 일반기업회계기준을 적용하여 회계처리한다.
• 문제의 풀이와 답안작성은 제시된 문제의 순서대로 진행한다.

01 다음은 [기초정보관리] 및 [전기분재무제표]에 대한 자료이다. 각각의 요구사항에 대하여 답하시오. 10점

[1] 전기분 재무상태표에서 토지의 가액이 11,000,000원 과소입력되어 있으며 건물의 가액은 11,000,000원 과대입력되어 있음을 확인하였다. 전기분 재무상태표를 수정하시오. 3점

[2] 다음 자료를 이용하여 [계정과목및적요등록] 메뉴에서 계정과목을 등록하시오. 3점

• 코드 : 824
• 계정과목 : 운반비
• 현금적요 : 4. 택배운송비 지급

[3] 거래처별 초기이월 채권과 채무잔액은 다음과 같다. 자료에 맞게 추가입력이나 정정 및 삭제하시오. 4점

계정과목	거래처	금액	재무상태표 금액
외상매출금	㈜보령전자	10,200,000원	59,000,000원
	대전전자㈜	12,000,000원	
	평택전자㈜	36,800,000원	
지급어음	대덕전자부품㈜	10,000,000원	37,000,000원
	명성전자㈜	27,000,000원	

02 다음의 거래 자료를 [일반전표입력] 메뉴를 이용하여 입력하시오(일반전표입력의 모든 거래는 부가가치세를 고려하지 말 것). 18점

─────〈 입력 시 유의사항 〉─────

• 일반적인 적요의 입력은 생략하지만, 타계정 대체거래는 적요번호를 선택하여 입력한다.
• 채권·채무와 관련된 거래는 별도의 요구가 없는 한 반드시 기등록된 거래처코드를 선택하는 방법으로 거래처명을 입력한다.
• 제조경비는 500번대 계정코드를, 판매비와관리비는 800번대 계정코드를 사용한다.
• 회계처리 시 계정과목은 별도의 제시가 없는 한 등록된 계정과목 중 가장 적절한 과목으로 한다.

[1] 08월 16일 영업부 사무실의 파손된 유리창을 교체하고, 대금 2,800,000원은 당좌수표를 발행하여 지급하다(수익적 지출로 처리하시오). 3점

[2] 09월 30일 ㈜창창기계산업에 9월 20일 제품을 판매하고 발생한 외상매출금 10,000,000원을 약정기일보다 10일 빠르게 회수하여 외상매출금의 3%를 할인해 주었다. 대금은 보통예금 계좌에 입금되었다. 3점

[3] 10월 27일 주당 액면가액이 10,000원인 보통주 2,000주를 주당 13,000원에 발행하고, 신주납입대금은 신주 발행에 소요된 비용 400,000원을 차감한 잔액이 보통예금 계좌에 입금되었다(단, 하나의 전표로 처리하며 신주 발행 전 주식할인발행차금 잔액은 없는 것으로 한다). 3점

[4] 10월 28일 수입한 원재료에 부과되는 관세 1,500,000원과 통관수수료 500,000원을 보통예금 계좌에서 이체하였다. 3점

[5] 10월 29일 영업부에서 제품홍보물 제작비용 510,000원을 탱탱광고사에 국민카드(법인)로 결제하였다. 3점

[6] 11월 30일 ㈜동행기업의 파산으로 인해 단기대여금 3,000,000원이 회수불능되어 대손처리를 하였다(단, 단기대여금에 대한 대손충당금 현재 잔액은 660,000원이다). 3점

03 다음의 거래 자료를 [매입매출전표입력] 메뉴를 이용하여 입력하시오. 18점

─〈 입력 시 유의사항 〉─

- 일반적인 적요의 입력은 생략하지만, 타계정 대체거래는 적요 번호를 선택하여 입력한다.
- 채권·채무 관련 거래는 별도의 요구가 없는 한 반드시 기등록된 거래처코드를 선택하는 방법으로 거래처명을 입력한다.
- 제조경비는 500번대 계정코드를, 판매비와관리비는 800번대 계정코드를 사용한다.
- 회계처리 시 계정과목은 등록된 계정과목 중 가장 적절한 과목으로 한다.
- 입력화면 하단의 분개까지 처리하고, 세금계산서 및 계산서는 전자 여부를 입력하여 반영한다.

[1] 07월 20일 원재료를 구입하면서 발생한 운반비 33,000원(부가가치세 포함)을 일반과세자인 상록택배에 보통예금 계좌에서 지급하고, 지출증빙용 현금영수증을 수취하였다. 3점

[2] 09월 30일 ㈜청주자동차에 제품을 판매하고 다음의 전자세금계산서를 발급하였다. 3점

전자세금계산서						승인번호		20250930-15454645-58811886	
공급자	사업자 등록번호	307-81-12347	종사업장 번호		공급받는자	사업자 등록번호	126-87-10121	종사업장 번호	
	상호(법인명)	㈜천안테크	성명(대표자)	김도담		상호(법인명)	㈜청주자동차	성명	하민우
	사업장주소	충청남도 천안시 동남구 가마골1길 5				사업장주소	충청북도 청주시 충대로1번길 21-26		
	업 태	제조도매	종목	자동차부품		업태	제조	종목	자동차
	이메일					이메일			
작성일자		공급가액		세액		수정사유		비고	
2025-09-30		25,000,000원		2,500,000원		해당 없음			
월	일	품 목	규격	수량	단 가	공 급 가 액		세 액	비 고
09	30	자동차부품		10	2,500,000원	25,000,000원		2,500,000원	
합 계 금 액		현 금		수 표		어 음	외 상 미 수 금	위 금액을 (청구) 함	
27,500,000원						25,000,000	2,500,000원		

[3] 11월 07일 싱가포르에 소재한 글로벌인더스트리와 $42,000에 직수출하기로 계약한 제품의 선적을 완료하였다. 수출대금은 5개월 후에 받기로 하였으며, 선적일의 기준환율은 1,200원/$이다(단, 수출신고번호 입력은 생략한다). 3점

[4] 12월 07일 제품 110,000원(부가가치세 포함)을 비사업자인 강태오에게 판매하고 현금을 수취하였으나 현금영수증을 발급하지 않았다. 3점

[5] 12월 20일 생산부 직원들에게 간식으로 제공하기 위한 샌드위치를 커피프린스(일반과세
자)에서 신용카드로 구매하였다. **3점**

단말기번호	14359661 08750002 040017		전표번호
카드종류	신한카드		008202
회원번호	9435-2802-7580-0500		
유효기간	**거 래 일 시**		취소시당초거래일
2026/09	2025/12/20 14:32		
거래유형	신용승인	**품명**	샌드위치
결제방법	일시불	금 액 AMOUNT	600 000
매장명		부가세 VAT	60 000
판매자		봉사료 S/C	
은행확인	신한카드		
대표자		합 계 TOTAL	660 000
알림/NOTICE	제출	승인번호	00360380
가맹점주소	서울 용산구 부흥로2가 15-2		
가맹점번호	104108086		
사업자등록번호	106-62-61190		
가맹점명	커피프린스		
문의전화 / HELP TEL. TEL : 1544-4700 (회원용)		서명/SIGNATURE	

[6] 12월 30일 영업부는 거래처의 20주년 창립기념일을 맞아 축하선물로 보내기 위한 집기비
품을 두리상사로부터 2,200,000원(부가가치세 포함)에 구입하고 전자세금계산
서를 발급받았으며, 대금은 보통예금 계좌에서 이체하여 지급하였다. **3점**

04 [일반전표입력] 및 [매입매출전표입력] 메뉴에 입력된 내용 중 다음과 같은 오류가 발견되
었다. 입력된 내용을 확인하여 수정 또는 삭제, 추가 입력하여 오류를 정정하시오. **6점**

[1] 12월 01일 임시 물류창고로 사용하기 위해 임대업자 나자비씨와 물류창고 임대차계약서
를 작성하고 보증금 20,000,000원 전액을 보통예금 계좌에서 이체하였다. 이
에 대해 임대보증금으로 회계처리하였다. **3점**

[2] 12월 09일 전의카센터에 생산부의 운반용 트럭의 수리비용 990,000원(부가가치세 포함)
을 보통예금 계좌에서 지급하고 전자세금계산서를 발급받았으나, 일반전표로
회계처리하였다. **3점**

05 결산정리사항은 다음과 같다. 해당 메뉴에 입력하시오. 9점

[1] 부가가치세 제2기 확정신고기간에 대한 부가세예수금은 62,346,500원, 부가세대급금이 52,749,000원일 때 부가가치세를 정리하는 회계처리를 하시오. 단, 납부세액(또는 환급세액)은 미지급세금(또는 미수금)으로 회계처리하고, 불러온 자료는 무시한다. 3점

[2] 단기차입금에는 거래처 아메리칸테크㈜에 대한 외화차입금 30,000,000원(미화 $30,000)이 계상되어 있다(회계기간 종료일 현재 기준환율 : 미화 1$당 1,100원). 3점

[3] 당사가 단기시세차익을 목적으로 취득한 ㈜삼호산업 주식의 취득가액 및 기말 현재 공정가액은 다음과 같으며, 공정가액으로 평가하기로 한다. 3점

주식명	2025.04.25. 취득가액	2025.12.31. 공정가액
㈜삼호산업	64,000,000원	49,000,000원

06 다음 사항을 조회하여 답안을 이론문제 답안작성 메뉴에 입력하시오. 9점

[1] 부가가치세 제1기 확정신고기간(4월~6월) 중 매입한 사업용 고정자산의 매입세액은 얼마인가? 3점

[2] 2분기(4월~6월) 중 발생한 수수료비용(판매비및관리비)은 얼마인가? 3점

[3] 6월 30일 현재 외상매출금 잔액이 가장 많은 거래처명과 금액은 얼마인가? 3점

106회 전산회계 1급 기출문제(이론 + 실무)

÷ 이론시험 ÷

※ 다음 문제를 보고 알맞은 것을 골라 이론문제 답안작성 메뉴의 해당번호에 입력하시오.
(객관식 문항당 2점)

〈 기본전제 〉

문제에서 한국채택국제회계기준을 적용하도록 하는 전제조건이 없는 경우, 일반기업회계기준을 적용한다.

01 다음 중 회계정보의 질적특성과 관련된 설명으로 잘못된 것은?

① 유형자산을 역사적 원가로 평가하면 측정의 신뢰성은 저하되나 목적적합성은 제고된다.
② 회계정보는 기간별 비교가 가능해야 하고, 기업실체간 비교가능성도 있어야 한다.
③ 회계정보의 질적특성은 회계정보의 유용성을 판단하는 기준이 된다.
④ 회계정보가 갖추어야 할 가장 중요한 질적특성은 목적적합성과 신뢰성이다.

02 다음 중 재무상태표가 제공할 수 있는 재무정보로 올바르지 않은 것은?

① 타인자본에 대한 정보   ② 자기자본에 대한 정보
③ 자산총액에 대한 정보   ④ 경영성과에 관한 정보

03 다음 중 유형자산의 취득원가에 포함하지 않는 것은?

① 토지의 취득세
② 새로운 상품과 서비스를 소개하는 데 소요되는 원가
③ 유형자산의 취득과 관련하여 불가피하게 매입한 국공채의 매입금액과 현재가치와의 차액
④ 설계와 관련하여 전문가에게 지급하는 수수료

04 다음 중 유가증권과 관련한 내용으로 가장 옳은 것은?

① 만기보유증권은 유가증권 형태상 주식 및 채권에 적용된다.
② 매도가능증권은 만기가 1년 이상인 경우에 투자자산으로 분류하며 주식 형태만 가능하다.
③ 단기매매증권은 주식 및 채권에 적용되며 당좌자산으로 분류한다.
④ 만기보유증권은 주식에만 적용되며 투자자산으로 분류한다.

05 다음 중 자본조정항목으로 분류할 수 없는 계정과목은?

① 감자차익   ② 주식할인발행차금

③ 자기주식   ④ 자기주식처분손실

06 다음 중 수익의 측정에 대한 설명으로 옳지 않은 것은?

① 로열티수익은 관련된 계약의 경제적 실질을 반영하여 발생기준에 따라 인식한다.

② 이자수익은 원칙적으로 유효이자율을 적용하여 발생기준에 따라 인식한다.

③ 배당금수익은 배당금을 받을 권리와 금액이 확정되는 시점에 인식한다.

④ 수익은 권리의무확정주의에 따라 합리적으로 인식한다.

07 다음 자료에 의할 때 당기의 매출원가는 얼마인가?

• 기초상품재고액 500,000원	• 기말상품재고액 1,500,000원
• 매입에누리금액 750,000원	• 총매입액 8,000,000원
• 타계정대체금액 300,000원	• 판매대행수수료 1,100,000원

① 7,050,000원   ② 6,950,000원

③ 6,250,000원   ④ 5,950,000원

08 ㈜연무는 2025년 12월 26일 거래처에 상품을 인도하였으나 상품 판매대금 전액이 2026년 1월 5일에 입금되어 동일자에 전액 수익으로 인식하였다. 위 회계처리가 2025년도의 재무제표에 미치는 영향으로 올바른 것은? (단, 매출원가에 대해서는 고려하지 않는다.)

① 자산의 과소계상   ② 비용의 과대계상

③ 부채의 과소계상   ④ 수익의 과대계상

09 아래의 자료에서 설명하는 원가행태에 해당하는 것은?

> 조업도의 변동과 관계없이 총원가가 일정한 고정원가와 조업도의 변동에 비례하여 총원가가 변동하는 변동원가가 혼합된 원가

① 전화요금   ② 직접재료원가

③ 감가상각비   ④ 화재보험료

10 다음 중 개별원가계산에 대한 설명으로 옳지 않은 것은?

① 단일 종류의 제품을 연속생산, 대량생산하는 업종에 적합한 원가계산 방법이다.
② 조선업, 건설업이 개별원가계산에 적합한 업종에 해당한다.
③ 직접원가와 제조간접원가의 구분이 중요하며, 제조간접원가의 배부가 핵심과제이다.
④ 각 제조지시서별로 원가계산을 해야 하므로 많은 시간과 비용이 발생한다.

11 다음의 자료를 보고 영업외비용으로 처리해야 할 공손의 수량을 구하시오.

• 기초재공품 400개	• 기말재공품 200개
• 당기착수량 1,000개	• 공손수량 200개
• 정상공손은 완성품 수량의 5%로 한다.	

① 50개
③ 150개
② 100개
④ 200개

12 다음 자료를 이용하여 당기 총제조원가를 구하면 얼마인가?

• 기초 재공품 원가	100,000원	• 기말 재공품 원가	80,000원
• 공장 전력비	180,000원	• 직접재료원가	180,000원
• 직접재료원가	320,000원	• 공장 임차료	200,000원

① 500,000원
③ 730,000원
② 600,000원
④ 750,000원

13 다음 중 부가가치세법상 과세 대상으로 볼 수 없는 것은?

① 재화의 공급
③ 재화의 수입
② 용역의 공급
④ 용역의 수입

14 다음 중 부가가치세법상 사업자등록에 관한 설명으로 잘못된 것은?

① 사업자는 사업장마다 사업개시일부터 20일 이내에 사업자등록을 신청해야 한다.
② 사업자는 사업자등록의 신청을 사업장 관할 세무서장에게만 할 수 있다.
③ 신규로 사업을 시작하려는 자는 사업개시일 이전이라도 사업자등록을 신청할 수 있다.
④ 사업자는 등록사항이 변경되면 지체 없이 사업장 관할 세무서장에게 신고하여야 한다.

15 다음 중 부가가치세법상 간이과세에 대한 설명으로 가장 옳지 않은 것은?

① 직전 1역년의 재화·용역의 공급대가의 합계액이 1억 400만원 미만인 개인사업자가 간이과세자에 해당한다.

② 해당 과세기간의 공급대가의 합계액이 4천800만원 미만인 경우에는 납부세액의 납부의무가 면제된다.

③ 직전연도의 공급대가의 합계액이 4천800만원 미만인 간이과세자는 세금계산서를 발급할 수 없다.

④ 매출세액보다 매입세액이 클 경우 환급을 받을 수 있다.

✛ 실무시험 ✛

※ 남다른패션㈜(회사코드:1063)은 스포츠의류 등의 제조업 및 도소매업을 영위하는 중소기업으로 당기(제10기) 회계기간은 2025.1.1.~2025.12.31.이다. 전산세무회계 수험용 프로그램을 이용하여 다음 물음에 답하시오.

01 다음은 [기초정보관리] 및 [전기분재무제표]에 대한 자료이다. 각각의 요구사항에 대하여 답하시오. 10점

[1] 아래의 자료를 바탕으로 다음 계정과목에 대한 적요를 추가 등록하시오. 3점

- 코드 : 0511
- 현금적요 : NO 9. 생산직원 독감 예방접종비 지급
- 계정과목 : 복리후생비
- 대체적요 : NO 3. 직원 휴가비 보통예금 인출

[2] 다음 자료를 보고 [거래처등록] 메뉴에서 신규 거래처를 등록하시오. 3점

- 거래처구분 : 일반거래처   • 유형 : 동시
- 거래처코드 : 00450   • 거래처명 : ㈜대박
- 대표자명 : 박대박   • 사업자등록번호 : 403-81-51065
- 업태 : 제조   • 종목 : 원단
- 사업장 주소 : 경상북도 칠곡군 지천면 달서원길 16
  (※ 주소 입력 시 우편번호 입력은 생략해도 무방함.)

[3] 전기분 손익계산서를 검토한 결과 다음과 같은 오류가 발견되었다. 전기분 손익계산서, 전기분 잉여금처분계산서, 전기분 재무상태표 중 관련된 부분을 수정하시오. 4점

계정과목	틀린 금액	올바른 금액
광고선전비	3,800,000원	5,300,000원

02 다음의 거래 자료를 [일반전표입력] 메뉴를 이용하여 입력하시오(일반전표입력의 모든 거래는 부가가치세를 고려하지 말 것). 18점

─────〈 입력 시 유의사항 〉─────

- 일반적인 적요의 입력은 생략하지만, 타계정 대체거래는 적요번호를 선택하여 입력한다.
- 채권·채무와 관련된 거래는 별도의 요구가 없는 한 반드시 기등록된 거래처코드를 선택하는 방법으로 거래처명을 입력한다.
- 제조경비는 500번대 계정코드를, 판매비와관리비는 800번대 계정코드를 사용한다.
- 회계처리 시 계정과목은 별도의 제시가 없는 한 등록된 계정과목 중 가장 적절한 과목으로 한다.

[1] 07월 18일 ㈜괴안공구에 지급할 외상매입금 33,000,000원 중 일부는 아래의 전자어음을 발행하고 나머지는 보통예금 계좌에서 지급하였다. 3점

전 자 어 음

(주)괴안공구 귀하   00512151020123456789
                                              23,000,000원

금 이천삼백만원정

위의 금액을 귀하 또는 귀하의 지시인에게 지급하겠습니다.

지급기일 2025년 8월 30일   **발행일** 2025년 7월 18일
지 급 지 하나은행   **발행지**
지급장소 신중동역지점   **주 소** 세종특별자치시 가름로 232
                                    발행인 남다른패션(주)

[2] 07월 30일 매출거래처인 ㈜지수포장의 파산으로 인해 외상매출금 1,800,000원이 회수 불가능할 것으로 판단하여 대손 처리하였다. 대손 발생일 직전 외상매출금에 대한 대손충당금 잔액은 320,000원이다. 3점

[3] 08월 30일 사무실 이전을 위하여 형제상사와 체결한 건물 임대차계약의 잔금 지급일이 도래하여 임차보증금 5,000,000원 중 계약금 1,500,000원을 제외한 금액을 보통예금 계좌에서 지급하였다. 3점

[4] 10월 18일 대표이사로부터 차입한 잔액 19,500,000원에 대하여 채무를 면제받았다(해당 차입금은 단기차입금으로 계상되어 있다). 3점

[5] 10월 25일 시장조사를 위해 호주로 출장을 다녀온 영업부 사원 누리호에게 10월 4일에 지급하였던 출장비 3,000,000원(가지급금으로 처리함) 중 실제 여비교통비로 지출한 2,850,000원에 대한 영수증과 잔액 150,000원을 현금으로 수령하였다 (단, 거래처를 입력할 것). 3점

[6] 11월 04일 확정기여형(DC형) 퇴직연금 불입액 5,000,000원(영업부 2,000,000원, 생산부 3,000,000원)이 보통예금 계좌에서 이체되었다. 3점

03 다음 거래 자료를 [매입매출전표입력] 메뉴에 입력하시오. 18점

─〈 입력 시 유의사항 〉─
• 일반적인 적요의 입력은 생략하지만, 타계정 대체거래는 적요번호를 선택하여 입력한다.
• 채권·채무와 관련된 거래는 별도의 요구가 없는 한 반드시 기등록된 거래처코드를 선택하는 방법으로 거래처명을 입력한다.
• 제조경비는 500번대 계정코드를, 판매비와관리비는 800번대 계정코드를 사용한다.
• 회계처리 시 계정과목은 별도의 제시가 없는 한 등록된 계정과목 중 가장 적절한 과목으로 한다.

[1] 07월 14일 미국에 소재한 HK사에 제품(공급가액 50,000,000원)을 직수출하고, 6월 30일에 수령한 계약금 10,000,000원을 제외한 대금은 외상으로 하였다. 3점

[2] 08월 05일 ㈜동도유통에 제품을 판매하고 다음과 같이 전자세금계산서를 발급하였다. 대금 중 10,000,000원은 ㈜서도상사가 발행한 어음을 배서양도 받고, 나머지는 다음 달에 받기로 하였다. 3점

전자세금계산서					승인번호		20250805-15454645-58811886	
공급자	사업자등록번호	320-87-12226	종사업장번호		공급받는자	사업자등록번호	115-81-19867	종사업장번호
	상호(법인명)	남다른패션㈜	성명(대표자)	고길동		상호(법인명)	㈜동도유통	성명 남길도
	사업장주소	세종특별자치시 가름로 232				사업장주소	서울시 서초구 강남대로 291	
	업태	제조, 도소매, 무역	종목	스포츠의류 외		업태	도소매	종목 의류
	이메일					이메일		

작성일자	공급가액	세액	수정사유	비고	
2025-08-05	10,000,000원	1,000,000원	해당 없음		

월	일	품목	규격	수량	단가	공급가액	세액	비고
08	05	의류				10,000,000원	1,000,000원	

합계금액	현금	수표	어음	외상미수금	위 금액을 (청구) 함
11,000,000원			10,000,000원	1,000,000원	

[3] 08월 20일 일반과세자인 함안전자로부터 영업부 직원들에게 지급할 업무용 휴대전화(유형자산) 3대를 4,840,000원(부가가치세 포함)에 구입하고, 법인 명의의 국민카드로 결제하였다. 3점

[4] 11월 11일 ㈜더람에 의뢰한 마케팅전략특강 교육을 본사 영업부 직원(10명)들을 대상으로 실시하고, 교육훈련비 5,000,000원에 대한 전자계산서를 발급받았다. 교육훈련비는 11월 1일 지급한 계약금을 제외한 나머지를 보통예금 계좌에서 지급하였다(단, 관련 계정을 조회하여 전표 입력할 것). 3점

[5] 11월 26일 ㈜미래상사로부터 기술연구소의 연구개발에 사용하기 위한 연구용 재료를 10,000,000원(부가가치세 별도)에 구입하면서 전자세금계산서를 발급받고, 대금은 보통예금 계좌에서 지급하였다(단, 연구용 재료와 관련하여 직접 지출한 금액은 무형자산으로 처리할 것). 3점

[6] 12월 04일 생산부가 사용하는 업무용승용차(2,000cc)의 엔진오일과 타이어를 차차카센터에서 교환하고 전자세금계산서를 발급받았다. 교환비용 825,000원(부가가치세 포함)은 전액 보통예금 계좌에서 이체하였다(단, 교환비용은 차량유지비(제조원가)로 처리할 것). 3점

04 [일반전표입력] 및 [매입매출전표입력] 메뉴에 입력된 내용 중 다음과 같은 오류가 발견되었다. 입력된 내용을 확인하여 정정하시오. 6점

[1] 08월 02일 보통예금 계좌에서 지급한 800,000원은 외상으로 매입하여 영업부에서 업무용으로 사용 중인 컴퓨터(거래처 : 온누리)에 대한 대금 지급액으로 확인되었다. 잘못된 항목을 올바르게 수정하시오. 3점

[2] 11월 19일 차차운송에 현금으로 지급한 운송비 330,000원(부가가치세 포함)은 원재료를 매입하면서 지급한 것으로 회계팀 신입사원의 실수로 일반전표에 입력하였다. 운송 관련하여 별도의 전자세금계산서를 발급받았다. 3점

05 결산정리사항은 다음과 같다. 해당 메뉴에 입력하시오. 9점

[1] 결산일 현재 재고자산을 실사하던 중 도난, 파손의 사유로 수량 부족이 발생한 제품의 원가는 2,000,000원으로 확인되었다(단, 수량 부족의 원인은 비정상적으로 발생한 것이다). 3점

[2] 홍보용 계산기를 구매하고 전액 광고선전비(판매비와관리비)로 비용처리하였다. 결산 시 미사용한 2,500,000원에 대해 올바른 회계처리를 하시오(단, 소모품 계정을 사용하며 음수로 입력하지 말 것). 3점

[3] 당기의 법인세등으로 계상할 금액은 10,750,000원이다(법인세 중간예납세액은 선납세금으로 계상되어 있으며, 이를 조회하여 회계처리할 것). 3점

06 다음 사항을 조회하여 답안을 이론문제 답안작성 메뉴에 입력하시오. 9점

[1] 6월 말 현재 외상매입금 잔액이 가장 큰 거래처명과 그 금액은 얼마인가? 3점

[2] 부가가치세 제1기 확정신고 기간(4월~6월)의 차가감하여 납부할 부가가치세액은 얼마인가? 3점

[3] 2분기(4월~6월) 중 판매비와관리비 항목의 광고선전비 지출액이 가장 많이 발생한 월과 그 금액은 얼마인가? 3점

107회 전산회계 1급 기출문제(이론 + 실무)

이론시험

※ 다음 문제를 보고 알맞은 것을 골라 │이론문제 답안작성│ 메뉴의 해당번호에 입력하시오.
(객관식 문항당 2점)

───〈 기본전제 〉───

문제에서 한국채택국제회계기준을 적용하도록 하는 전제조건이 없는 경우, 일반기업회계기준을 적용한다.

01 다음 중 재무제표에 대한 설명으로 가장 올바른 것은?

① 자산은 현재 사건의 결과로 기업이 통제하고 있고 미래경제적효익이 기업에 유입될 것으로 기대되는 자원이다.

② 부채는 과거 사건에 의하여 발생하였으며, 경제적효익이 기업으로부터 유출됨으로써 이행될 것으로 기대되는 미래의무이다.

③ 수익은 자산의 유입 또는 부채의 감소에 따라 자본의 증가를 초래하는 특정 회계기간 동안에 발생한 경제적효익의 증가로서 지분참여자에 대한 출연과 관련된 것은 제외한다.

④ 비용은 자산의 유출 또는 부채의 증가에 따라 자본의 감소를 초래하는 특정 회계기간 동안에 발생한 경제적효익의 감소로서 지분참여자에 대한 분배를 제외하며, 정상영업활동의 일환이나 그 이외의 활동에서 발생할 수 있는 차손은 포함하지 않는다.

02 다음 중 기말재고자산의 수량 결정 방법으로 옳은 것을 모두 고른 것은?

가. 총평균법	나. 계속기록법
다. 선입선출법	라. 후입선출법
마. 실지재고조사법	

① 가, 다
② 나, 마
③ 가, 나, 다
④ 다, 라, 마

03 기업이 보유하고 있는 수표 중 현금및현금성자산으로 분류되지 아니하는 것은?

① 선일자수표　　　　　　　　　　② 당좌수표
③ 타인발행수표　　　　　　　　　④ 자기앞수표

04 다음 중 유형자산에 대한 설명으로 옳은 것은?

① 기업이 보유하고 있는 토지는 기업의 보유목적에 상관없이 모두 유형자산으로 분류된다.
② 유형자산의 취득 시 발생한 부대비용은 취득원가로 처리한다.
③ 유형자산을 취득한 후에 발생하는 모든 지출은 발생 시 당기 비용으로 처리한다.
④ 모든 유형자산은 감가상각을 한다.

05 다음은 ㈜한국의 단기매매증권 관련 자료이다. ㈜한국의 당기 손익계산서에 반영되는 영업외손익의 금액은 얼마인가?

- A사 주식의 취득원가는 500,000원이고, 기말공정가액은 700,000원이다.
- B사 주식의 취득원가는 300,000원이고, 기말공정가액은 200,000원이다.
- 당기 중 A사로부터 현금배당금 50,000원을 받았다.
- 당기 초 250,000원에 취득한 C사 주식을 당기 중 300,000원에 처분하였다.

① 200,000원　　　　　　　　　　② 250,000원
③ 300,000원　　　　　　　　　　④ 400,000원

06 다음 중 사채의 발행과 관련한 내용으로 옳은 것은?

① 사채를 할인발행한 경우 매년 액면이자는 동일하다.
② 사채를 할증발행한 경우 매년 유효이자(시장이자)는 증가한다.
③ 사채발행 시 발행가액에서 사채발행비를 차감하지 않고 사채의 차감계정으로 처리한다.
④ 사채의 할인발행 또는 할증발행 시 발행차금의 상각액 또는 환입액은 매년 감소한다.

07 다음 중 계정과목과 자본 항목의 분류가 올바르게 연결된 것은?

① 주식발행초과금 : 이익잉여금　　　② 자기주식처분손실 : 자본조정
③ 자기주식 : 자본잉여금　　　　　　④ 매도가능증권평가손익 : 자본조정

08 유형자산의 자본적지출을 수익적지출로 잘못 처리했을 경우, 당기의 당기순이익과 차기의 당기순이익에 미치는 영향으로 올바른 것은?

	당기 당기순이익	차기 당기순이익
①	과대	과소
②	과소	과소
③	과소	과대
④	과대	과대

09 다음 중 매몰원가에 해당하지 않는 것은?

① 전기승용차 구입 결정을 함에 있어 사용하던 승용차 처분 시 기존 승용차의 취득원가
② 과거 의사결정으로 발생한 원가로 향후 의사결정을 통해 회수할 수 없는 취득원가
③ 사용하고 있던 기계장치의 폐기 여부를 결정할 때, 해당 기계장치의 취득원가
④ 공장의 원재료 운반용 화물차를 판매 제품의 배송용으로 전환하여 사용할 지 여부를 결정할 때, 새로운 화물차의 취득가능금액

10 다음 중 제조원가에 관한 설명으로 옳지 않은 것은?

① 간접원가는 제조과정에서 발생하는 원가이지만 특정 제품 또는 특정 부문에 직접 추적할 수 없는 원가를 의미한다.
② 조업도의 증감에 따라 총원가가 증감하는 원가를 변동원가라 하며, 직접재료원가와 직접노무원가가 여기에 속한다.
③ 고정원가는 관련범위 내에서 조업도가 증가할수록 단위당 고정원가가 감소한다.
④ 변동원가는 관련범위 내에서 조업도가 증가할수록 단위당 변동원가가 증가한다.

11 ㈜대한은 평균법에 의한 종합원가계산을 채택하고 있다. 재료원가는 공정 초기에 모두 투입되며, 가공원가는 공정 전반에 걸쳐 고르게 투입되는 경우 완성품환산량으로 맞는 것은?

• 기초재공품 : 100개(완성도 50%)	• 당기착수수량 : 2,000개
• 당기완성수량 : 1,800개	• 기말재공품 : 300개(완성도 70%)

	재료원가 완성품환산량	가공원가 완성품환산량
①	2,100개	2,010개
②	2,100개	2,100개
③	2,100개	1,960개
④	2,100개	1,950개

12 다음은 제조기업의 원가 관련 자료이다. 매출원가 금액으로 옳은 것은?

• 당기총제조원가	1,500,000원	• 기초재공품재고액	500,000원
• 기초제품재고액	800,000원	• 기말재공품재고액	1,300,000원
• 기말제품재고액	300,000원	• 직접재료원가	700,000원

① 700,000원   ② 800,000원

③ 1,200,000원   ④ 2,000,000원

13 다음 중 부가가치세법상 면세에 해당하지 않는 것은?

① 도서대여 용역

② 여성용 생리 처리 위생용품

③ 주무관청에 신고된 학원의 교육 용역

④ 개인택시운송사업의 여객운송 용역

14 다음 중 부가가치세 신고와 납부에 대한 설명으로 옳지 않은 것은?

① 간이과세를 포기하는 경우 포기신고일이 속하는 달의 마지막 날로부터 25일 이내에 신고, 납부하여야 한다.

② 확정신고를 하는 경우 예정신고 시 신고한 과세표준은 제외하고 신고하여야 한다.

③ 신규로 사업을 시작하는 경우 사업개시일이 속하는 과세기간의 종료일로부터 25일 이내에 신고, 납부하여야 한다.

④ 폐업하는 경우 폐업일로부터 25일 이내에 신고, 납부하여야 한다.

15 다음 중 부가가치세법상 법인사업자의 사업자등록 정정 사유가 아닌 것은?

① 사업의 종류에 변경이 있는 때   ② 상호를 변경하는 때

③ 주주가 변동되었을 때   ④ 사업장을 이전할 때

÷ 실무시험 ÷

※ 세무사랑㈜(회사코드:1073)은 부동산임대업 및 전자제품의 제조·도소매업을 영위하는 중소기업으로 당기(제11기) 회계기간은 2025.1.1.~2025.12.31.이다. 전산세무회계 수험용 프로그램을 이용하여 다음 물음에 답하시오.

─〈 기본전제 〉─

• 문제에서 한국채택국제회계기준을 적용하도록 하는 전제조건이 없는 경우, 일반기업회계기준을 적용하여 회계처리한다.
• 문제의 풀이와 답안작성은 제시된 문제의 순서대로 진행한다.

01 다음은 [기초정보관리] 및 [전기분재무제표]에 대한 자료이다. 각각의 요구사항에 대하여 답하시오. 10점

[1] 다음 자료를 이용하여 [계정과목 및 적요등록] 메뉴에서 견본비(판매비및일반관리비) 계정과목의 현금적요를 추가로 등록하시오. 3점

• 코드 : 842　　　　　　　　• 계정과목 : 견본비
• 현금적요 : NO.2 전자제품 샘플 제작비 지급

[2] 세무사랑㈜의 기초 채권 및 채무의 올바른 잔액은 다음과 같다. 주어진 자료를 검토하여 잘못된 부분은 오류를 정정하고, 누락된 부분은 추가하여 입력하시오. 3점

계정과목	거래처	금액
외상매출금	㈜홍금전기	30,000,000원
	㈜금강기업	10,000,000원
외상매입금	삼신산업	30,000,000원
	하나무역	26,000,000원
받을어음	㈜대호전자	25,000,000원

[3] 전기분 재무제표 중 아래의 계정과목에서 다음과 같은 오류를 발견하였다. 관련 재무제표를 적절하게 수정하시오. 4점

계정과목	관련 부서	수정 전 잔액	수정 후 잔액
전력비	생산부	2,000,000원	4,200,000원
수도광열비	영업부	3,000,000원	1,100,000원

02 다음의 거래 자료를 [일반전표입력] 메뉴를 이용하여 입력하시오(일반전표입력의 모든 거래는 부가가치세를 고려하지 말 것). 18점

─────────〈 입력 시 유의사항 〉─────────

- 일반적인 적요의 입력은 생략하지만, 타계정 대체거래는 적요번호를 선택하여 입력한다.
- 채권·채무와 관련된 거래는 별도의 요구가 없는 한 반드시 기등록된 거래처코드를 선택하는 방법으로 거래처명을 입력한다.
- 제조경비는 500번대 계정코드를, 판매비와관리비는 800번대 계정코드를 사용한다.
- 회계처리 시 계정과목은 별도의 제시가 없는 한 등록된 계정과목 중 가장 적절한 과목으로 한다.

[1] 07월 03일 영업부 사무실로 사용하기 위하여 세무빌딩과 사무실 임대차계약을 체결하고, 보증금 6,000,000원 중 계약금 600,000원을 보통예금(우리은행) 계좌에서 이체하여 지급하였다. 잔금은 다음 달에 지급하기로 하였다. 3점

[2] 08월 01일 하나카드의 7월분 매출대금 3,500,000원에서 가맹점수수료 2%를 차감한 금액이 당사의 보통예금 계좌로 입금되었다(단, 신용카드 매출대금은 외상매출금으로 처리하고 있다). 3점

[3] 08월 16일 영업부 직원의 퇴직으로 인해 발생한 퇴직금은 8,800,000원이다. 당사는 모든 직원에 대해 전액 확정급여형(DB형) 퇴직연금에 가입하고 있으며, 현재 퇴직연금운용자산의 잔액은 52,000,000원이다. 단, 퇴직급여충당부채와 퇴직연금충당부채는 설정하지 않았다. 3점

[4] 08월 23일 나라은행으로부터 차입한 대출금 20,000,000원(대출기간 : 2023.01.01.~2026.12.31.)을 조기 상환하기로 하고, 이자 200,000원과 함께 보통예금 계좌에서 이체하여 지급하다. 3점

[5] 11월 05일 ㈜다원의 제품매출 외상대금 4,000,000원 중 3,000,000원은 동점 발행 약속어음으로 받고, 1,000,000원은 금전소비대차계약(1년 대여)으로 전환하였다. 3점

[6] 11월 20일 사업용 중고트럭 취득과 관련된 취득세 400,000원을 현금으로 납부하였다. 3점

03 다음 거래 자료를 [매입매출전표입력] 메뉴에 입력하시오. 18점

┌─〈 입력 시 유의사항 〉─────────────────────────┐

- 일반적인 적요의 입력은 생략하지만, 타계정 대체거래는 적요번호를 선택하여 입력한다.
- 채권·채무와 관련된 거래는 별도의 요구가 없는 한 반드시 기등록된 거래처코드를 선택하는 방법으로 거래처명을 입력한다.
- 제조경비는 500번대 계정코드를, 판매비와관리비는 800번대 계정코드를 사용한다.
- 회계처리 시 계정과목은 별도의 제시가 없는 한 등록된 계정과목 중 가장 적절한 과목으로 한다.
- 입력화면 하단의 분개까지 처리하고, 전자세금계산서 및 전자계산서는 전자입력으로 반영한다.
└───────────────────────────────────────┘

[1] 08월 17일 구매확인서에 의해 수출용 제품의 원재료를 ㈜직지상사로부터 매입하고 영세율전자세금계산서를 발급받았다. 매입대금 중 10,000,000원은 외상으로 하고, 나머지 금액은 당사가 발행한 3개월 만기 약속어음으로 지급하였다. 3점

영세율전자세금계산서					승인번호		20250817-15454645-58811886		
공급자	등록번호	136-81-29187	종사업장번호		공급받는자	등록번호	123-81-95681	종사업장번호	
	상호(법인명)	㈜직지상사	성명	나인세		상호(법인명)	세무사랑㈜	성명	이진우
	사업장주소	서울특별시 동작구 여의대방로 35				사업장주소	울산광역시 중구 종가로 405-3		
	업태	도소매	종목	전자제품		업태	제조 외	종목	전자제품 외
	이메일					이메일			
작성일자		공급가액		세액		수정사유		비고	
2025-08-17		15,000,000원		0원		해당 없음			
월	일	품목	규격	수량	단가	공급가액		세액	비고
08	17	원재료			15,000,000원	15,000,000원			
합계금액		현금		수표		어음	외상미수금		위 금액을 (청구) 함
15,000,000원						5,000,000원	10,000,000원		

[2] 08월 28일 제조부 직원들에게 지급할 작업복을 이진컴퍼니로부터 공급가액 1,000,000원(부가가치세 별도)에 외상으로 구입하고 종이세금계산서를 발급받았다. 3점

[3] 09월 15일 우리카센타에서 공장용 화물트럭을 수리하고 수리대금 242,000원(부가가치세 포함)은 현금으로 결제하면서 지출증빙용 현금영수증을 받았다(단, 수리대금은 차량유지비로 처리할 것). 3점

[4] 09월 27일 인사부가 사용할 직무역량 강화용 책을 ㈜대한도서에서 구입하면서 전자계산서를 수취하고 대금은 외상으로 하다. 3점

전자계산서					승인번호		20250927-15454645-58811886		
공급자	등록번호	120-81-32052	종사업장번호		공급받는자	등록번호	123-81-95681	종사업장번호	
	상호(법인명)	㈜대한도서	성명(대표자)	박대한		상호(법인명)	세무사랑㈜	성명	이진우
	사업장주소	인천시 남동구 서해2길				사업장주소	울산광역시 중구 종가로 405-3		
	업태	도소매	종목	도서		업태	제조	종목	전자제품
	이메일					이메일			
작성일자		공급가액		수정사유		비고			
2025-09-27		200,000원		해당 없음					

월	일	품목	규격	수량	단가	공급가액	비고
09	27	도서(직장생활 노하우 외)			200,000원	200,000원	

합계금액	현금	수표	어음	외상미수금	위 금액을 (청구) 함
200,000원				200,000원	

[5] 09월 30일 ㈜세무렌트로부터 영업부에서 거래처 방문용으로 사용하는 승용차(배기량 2,000cc, 5인승)의 당월분 임차료에 대한 전자세금계산서를 수취하였다. 당월분 임차료는 다음 달에 결제될 예정이다. 3점

전자세금계산서					승인번호		20250930-15454645-58811886		
공급자	사업자등록번호	105-81-23608	종사업장번호		공급받는자	사업자등록번호	123-81-95681	종사업장번호	
	상호(법인명)	㈜세무렌트	성명(대표자)	왕임차		상호(법인명)	세무사랑㈜	성명	이진우
	사업장주소	서울시 강남구 강남대로 8				사업장주소	울산광역시 중구 종가로 405-3		
	업태	서비스	종목	임대		업태	제조	종목	전자제품
	이메일					이메일			
작성일자		공급가액		세액		수정사유		비고	
2025-09-30		700,000원		70,000원		해당 없음			

월	일	품목	규격	수량	단가	공급가액	세액	비고
09	30	차량렌트대금(5인승)	2,000cc	1	700,000원	700,000원	70,000원	

합계금액	현금	수표	어음	외상미수금	위 금액을 (청구) 함
770,000원				770,000원	

[6] 10월 15일 우리자동차㈜에 공급한 제품 중 일부가 불량으로 판정되어 반품 처리되었으며, 수정전자세금계산서를 발행하였다. 대금은 해당 매출 관련 외상매출금과 상계하여 처리하기로 하였다(단, 음수(-)로 회계처리할 것). 3점

전자세금계산서					승인번호			20251015-58754645-58811367	
공급자	사업자등록번호	123-81-95681	종사업장번호		공급받는자	사업자등록번호	130-86-55834	종사업장번호	
	상호(법인명)	세무사랑㈜	성명(대표자)	이진우		상호(법인명)	우리자동차㈜	성명	신방자
	사업장주소	울산광역시 중구 종가로 405-3				사업장주소	서울특별시 강남구 논현로 340		
	업태	제조	종목	전자제품		업태	제조	종목	자동차(완성차)
	이메일					이메일			
작성일자		공급가액		세액		수정사유		비고	
2025-10-15		-10,000,000원		-1,000,000원		일부 반품		품질 불량으로 인한 반품	
월	일	품목	규격	수량	단가		공급가액	세액	비고
10	15	제품					-10,000,000원	-1,000,000원	
합계금액		현금		수표		어음		외상미수금	위 금액을 (청구) 함
-11,000,000원								-11,000,000원	

04 [일반전표입력] 및 [매입매출전표입력] 메뉴에 입력된 내용 중 다음과 같은 오류가 발견되었다. 입력된 내용을 확인하여 정정하시오. 6점

[1] 07월 06일 ㈜상문의 외상매입금 3,000,000원을 보통예금 계좌에서 이체한 것이 아니라 제품을 판매하고 받은 상명상사 발행 약속어음 3,000,000원을 배서하여 지급한 것으로 밝혀졌다. 3점

[2] 12월 13일 영업부 사무실의 전기요금 121,000원(공급대가)을 현금 지급한 것으로 일반전표에 회계처리하였으나, 이는 제조공장에서 발생한 전기요금으로 한국전력공사로부터 전자세금계산서를 수취한 것으로 확인되었다. 3점

05 결산정리사항은 다음과 같다. 해당 메뉴에 입력하시오. 9점

[1] 결산일을 기준으로 대한은행의 장기차입금 50,000,000원에 대한 상환기일이 1년 이내에 도래할 것으로 확인되었다. 3점

[2] 무형자산인 특허권(내용연수 5년, 정액법)의 전기 말 상각후잔액은 24,000,000원이다. 특허권은 2023년 1월 10일에 취득하였으며, 매년 법정 상각범위액까지 무형자산상각비로 인식하고 있다. 특허권에 대한 당기분 무형자산상각비(판)를 계상하시오. 3점

[3] 당기 법인세비용은 13,500,000원으로 산출되었다(단, 법인세 중간예납세액은 선납세금을 조회하여 처리할 것). 3점

06 다음 사항을 조회하여 답안을 이론문제 답안작성 메뉴에 입력하시오. 9점

[1] 6월 30일 현재 현금및현금성자산의 전기말 현금및현금성자산 대비 증감액은 얼마인가? 단, 감소한 경우에도 음의 부호(−)를 제외하고 양수로만 입력하시오. 3점

[2] 2025년 제1기 부가가치세 확정신고기간(2025.04.01.~2025.06.30.)의 매출액 중 세금계산서발급분 공급가액의 합계액은 얼마인가? 3점

[3] 6월(6월 1일~6월 30일) 중 지예상사에 대한 외상매입금 결제액은 얼마인가? 3점

108회 전산회계 1급 기출문제(이론 + 실무)

✧ 이론시험 ✧

※ 다음 문제를 보고 알맞은 것을 골라 이론문제 답안작성 메뉴의 해당번호에 입력하시오.
(객관식 문항당 2점)

〈 기본전제 〉

문제에서 한국채택국제회계기준을 적용하도록 하는 전제조건이 없는 경우, 일반기업회계기준을 적용한다.

01 자기주식을 취득가액보다 낮은 금액으로 처분한 경우, 다음 중 재무제표상 자기주식의 취득가액과 처분가액의 차액이 표기되는 항목으로 옳은 것은?

① 영업외비용
② 자본잉여금
③ 기타포괄손익누계액
④ 자본조정

02 ㈜전주는 ㈜천안에 제품을 판매하기로 약정하고, 계약금으로 제3자인 ㈜철원이 발행한 당좌수표 100,000원을 받았다. 다음 중 회계처리로 옳은 것은?

①	(차) 현금	100,000원	(대) 선수금	100,000원
②	(차) 당좌예금	100,000원	(대) 선수금	100,000원
③	(차) 현금	100,000원	(대) 제품매출	100,000원
④	(차) 당좌예금	100,000원	(대) 제품매출	100,000원

03 다음 중 기말재고자산을 실제보다 과대계상한 경우 재무제표에 미치는 영향으로 잘못된 것은?

① 자산이 실제보다 과대계상된다.
② 자본총계가 실제보다 과소계상된다.
③ 매출총이익이 실제보다 과대계상된다.
④ 매출원가가 실제보다 과소계상된다.

04 다음 중 일반기업회계기준상 무형자산의 상각에 관한 내용으로 옳지 않은 것은?

① 무형자산의 상각방법은 정액법, 체감잔액법 등 합리적인 방법을 적용할 수 있으며, 합리적인 방법을 정할 수 없는 경우에는 정액법을 적용한다.

② 내부적으로 창출한 영업권은 원가의 신뢰성 문제로 인하여 자산으로 인정되지 않는다.

③ 무형자산의 상각기간은 독점적·배타적인 권리를 부여하고 있는 관계 법령이나 계약에 정해진 경우에도 20년을 초과할 수 없다.

④ 무형자산의 잔존가치는 없는 것을 원칙으로 하나, 예외도 존재한다.

PART 03

05 다음 자료를 이용하여 단기투자자산의 합계액을 계산한 것으로 옳은 것은?

- 현금 5,000,000원
- 당좌예금 3,000,000원
- 1년 만기 정기예금 3,000,000원
- 우편환증서 50,000원
- 단기매매증권 4,000,000원
- 외상매출금 7,000,000원

① 7,000,000원
② 8,000,000원
③ 10,000,000원
④ 11,050,000원

06 다음 중 비유동부채에 해당하는 것은 모두 몇 개인가?

가. 사채	나. 퇴직급여충당부채
다. 유동성장기부채	라. 선수금

① 1개
② 2개
③ 3개
④ 4개

07 일반기업회계기준에 근거하여 다음의 재고자산을 평가하는 경우 재고자산평가손익은 얼마인가?

상품명	기말재고수량	취득원가	추정판매가격(순실현가능가치)
비누	100개	75,000원	65,000원
세제	200개	50,000원	70,000원

① 재고자산평가이익 3,000,000원
② 재고자산평가이익 4,000,000원
③ 재고자산평가손실 3,000,000원
④ 재고자산평가손실 1,000,000원

08 다음 중 수익의 인식에 대한 설명으로 가장 옳은 것은?

① 시용판매의 경우 수익의 인식은 구매자의 구매의사 표시일이다.
② 예약판매계약의 경우 수익의 인식은 자산의 건설이 완료되어 소비자에게 인도한 시점이다.
③ 할부판매의 경우 수익의 인식은 항상 소비자로부터 대금을 회수하는 시점이다.
④ 위탁판매의 경우 수익의 인식은 위탁자가 수탁자에게 제품을 인도한 시점이다.

09 당기의 원재료 매입액은 20억원이고, 기말 원재료 재고액이 기초 원재료 재고액보다 3억원이 감소한 경우, 당기의 원재료원가는 얼마인가?

① 17억원　　　　　　　　　　② 20억원
③ 23억원　　　　　　　　　　④ 25억원

10 다음 중 제조원가명세서의 구성요소로 옳은 것을 모두 고른 것은?

가. 기초재공품재고액　　　　　　나. 기말원재료재고액 다. 기말제품재고액　　　　　　　라. 당기제품제조원가 마. 당기총제조비용

① 가, 나　　　　　　　　　　② 가, 나, 라
③ 가, 나, 다, 라　　　　　　　④ 가, 나, 라, 마

11 당사는 직접노무시간을 기준으로 제조간접원가를 배부하고 있다. 당기의 제조간접원가 실제 발생액은 500,000원이고, 예정배부율은 200원/직접노무시간이다. 당기의 실제 직접노무시간이 3,000시간일 경우, 다음 중 제조간접원가 배부차이로 옳은 것은?

① 100,000원 과대배부　　　　② 100,000원 과소배부
③ 200,000원 과대배부　　　　④ 200,000원 과소배부

12 다음 중 종합원가계산에 대한 설명으로 옳지 않은 것은?

① 각 공정별로 원가가 집계되므로 원가에 대한 책임소재가 명확하다.
② 일반적으로 원가를 재료원가와 가공원가로 구분하여 원가계산을 한다.
③ 기말재공품이 존재하지 않는 경우 평균법과 선입선출법의 당기완성품원가는 일치한다.
④ 모든 제품 단위가 완성되는 시점을 별도로 파악하기가 어려우므로 인위적인 기간을 정하여 원가를 산정한다.

13 다음 중 세금계산서 발급 의무가 면제되는 경우로 틀린 것은?

① 간주임대료
② 사업상 증여
③ 구매확인서에 의하여 공급하는 재화
④ 폐업시 잔존 재화

14 다음 중 부가가치세법상 업종별 사업장의 범위로 맞지 않는 것은?

① 제조업은 최종제품을 완성하는 장소
② 사업장을 설치하지 않은 경우 사업자의 주소 또는 거소
③ 운수업은 개인인 경우 사업에 관한 업무를 총괄하는 장소
④ 부동산매매업은 법인의 경우 부동산의 등기부상 소재지

15 다음 중 부가가치세에 대한 설명으로 옳지 않은 것은?

① 법률상 면세 대상으로 열거된 것을 제외한 모든 재화나 용역의 소비행위에 대하여 과세한다.
② 납세의무자는 개인사업자나 영리법인으로 한정되어 있다.
③ 매출세액에서 매입세액을 차감하여 납부(환급)세액을 계산한다.
④ 납세의무자는 재화 또는 용역을 공급하는 사업자이지만, 담세자는 최종소비자가 된다.

✤ 실무시험 ✤

※ 고성상사㈜(회사코드:1083)는 가방 등의 제조 · 도소매업 및 부동산임대업을 영위하는 중소기업으로 당기(제10기) 회계기간은 2025.1.1.~2025.12.31.이다. 전산세무회계 수험용 프로그램을 이용하여 다음 물음에 답하시오.

─────〈 기본전제 〉─────

- 문제에서 한국채택국제회계기준을 적용하도록 하는 전제조건이 없는 경우, 일반기업회계기준을 적용하여 회계처리한다.
- 문제의 풀이와 답안작성은 제시된 문제의 순서대로 진행한다.

01 다음은 [기초정보관리] 및 [전기분재무제표]에 대한 자료이다. 각각의 요구사항에 대하여 답하시오. 10점

[1] [거래처등록] 메뉴를 이용하여 다음의 신규 거래처를 추가로 등록하시오. 3점

- 거래처코드 : 3000
- 거래처명 : ㈜나우전자
- 대표자 : 김나우
- 사업자등록번호 : 108-81-13579
- 업태 : 제조
- 종목 : 전자제품
- 유형 : 동시
- 사업장주소 : 서울특별시 서초구 명달로 104(서초동)
※ 주소 입력 시 우편번호 입력은 생략해도 무방함.

[2] 다음 자료를 이용하여 [계정과목및적요등록]을 하시오. 3점

- 계정과목 : 퇴직연금운용자산
- 대체적요 1. 제조 관련 임직원 확정급여형 퇴직연금부담금 납입

[3] 전기분 재무상태표 작성 시 기업은행의 단기차입금 20,000,000원을 신한은행의 장기차입금으로 잘못 분류하였다. [전기분재무상태표] 및 [거래처별초기이월]을 수정, 삭제 또는 추가입력하시오. 4점

02 [일반전표입력] 메뉴를 이용하여 다음의 거래 자료를 입력하시오(일반전표입력의 모든 거래는 부가가치세를 고려하지 말 것). 18점

PART
03

┌─────────────〈 입력 시 유의사항 〉─────────────┐

• 일반적인 적요의 입력은 생략하지만, 타계정 대체거래는 적요번호를 선택하여 입력한다.
• 채권·채무와 관련된 거래는 별도의 요구가 없는 한 반드시 기등록된 거래처코드를 선택하는 방법으로 거래처명을 입력한다.
• 제조경비는 500번대 계정코드를, 판매비와관리비는 800번대 계정코드를 사용한다.
• 회계처리 시 계정과목은 별도의 제시가 없는 한 등록된 계정과목 중 가장 적절한 과목으로 한다.

[1] 08월 01일 미국은행으로부터 2024년 10월 31일에 차입한 외화장기차입금 중 \$30,000를 상환하기 위하여 보통예금 계좌에서 39,000,000원을 이체하여 지급하였다. 일자별 적용환율은 아래와 같다. 3점

2024.10.31. (차입일)	2024.12.31. (직전연도 종료일)	2025.08.01. (상환일)
1,210/\$	1,250/\$	1,300/\$

[2] 08월 12일 금융기관으로부터 매출거래처인 ㈜모모가방이 발행한 어음 50,000,000원이 부도처리되었다는 통보를 받았다. 3점

[3] 08월 23일 임시주주총회에서 6월 29일 결의하고 미지급한 중간배당금 10,000,000원에 대하여 원천징수세액 1,540,000원을 제외한 금액을 보통예금 계좌에서 지급하였다. 3점

[4] 08월 31일 제품의 제조공장에서 사용할 기계장치(공정가치 5,500,000원)를 대주주로부터 무상으로 받았다. 3점

[5] 09월 11일 단기매매차익을 목적으로 주권상장법인인 ㈜대호전자의 주식 2,000주를 1주당 2,000원(1주당 액면금액 1,000원)에 취득하고, 증권거래수수료 10,000원을 포함한 대금을 모두 보통예금 계좌에서 지급하였다. 3점

[6] 09월 13일 ㈜다원의 외상매출금 4,000,000원 중 1,000,000원은 현금으로 받고, 나머지 잔액은 ㈜다원이 발행한 약속어음으로 받았다. 3점

03 다음 거래 자료를 [매입매출전표입력] 메뉴에 입력하시오. 18점

─────────〈 입력 시 유의사항 〉─────────

• 일반적인 적요의 입력은 생략하지만, 타계정 대체거래는 적요번호를 선택하여 입력한다.
• 채권·채무와 관련된 거래는 별도의 요구가 없는 한 반드시 기등록된 거래처코드를 선택하는 방법으로 거래처명을 입력한다.
• 제조경비는 500번대 계정코드를, 판매비와관리비는 800번대 계정코드를 사용한다.
• 회계처리 시 계정과목은 별도의 제시가 없는 한 등록된 계정과목 중 가장 적절한 과목으로 한다.
• 입력화면 하단의 분개까지 처리하고, 전자세금계산서 및 전자계산서는 전자입력으로 반영한다.

[1] 07월 13일 ㈜남양가방에 제품을 판매하고, 대금은 신용카드(비씨카드)로 결제받았다(단, 신용카드 판매액은 매출채권으로 처리할 것). 3점

신용카드 매출전표

결제정보

카드종류	비씨카드	카드번호	1234-5050-4646-8525
거래종류	신용구매	거래일시	2025-07-13
할부개월	0	승인번호	98465213

구매정보

주문번호	511-B	과세금액	5,000,000원
구매자명	㈜남양가방	비과세금액	0원
상품명	크로스백	부가세	500,000원
		합계금액	5,500,000원

이용상점정보

판매자상호	㈜남양가방
판매자 사업자등록번호	105-81-23608
판매자 주소	서울특별시 동작구 여의대방로 28

[2] 09월 05일 특별주문제작하여 매입한 기계장치가 완성되어 특수운송전문업체인 쾌속운송을 통해 기계장치를 인도받았다. 운송비 550,000원(부가가치세 포함)을 보통예금 계좌에서 이체하여 지급하고 쾌속운송으로부터 전자세금계산서를 수취하였다. 3점

[3] 09월 06일 정도정밀로부터 제품임가공계약에 따른 제품을 납품받고 전자세금계산서를 수취하였다. 제품임가공비용은 10,000,000원(부가가치세 별도)이며, 전액 보통예금 계좌에서 이체하여 지급하였다(단, 제품임가공비용은 외주가공비 계정으로 처리할 것). 3점

[4] 09월 25일 제조공장 인근 육군부대에 3D프린터기를 외상으로 구입하여 기증하였고, 아래와 같은 전자세금계산서를 발급받았다. **3점**

전자세금계산서					승인번호		20250925-15454645-58811889	
공급자	사업자 등록번호	220-81-55976	종사업장 번호		**공급받는자**	사업자 등록번호	128-81-32658	종사업장 번호	
	상호(법인명)	㈜목포전자	성명(대표자)	정찬호		상호(법인명)	고성상사㈜	성명	현정민
	사업장주소	서울특별시 서초구 명달로 101				사업장주소	서울시 중구 창경궁로5다길 13-4		
	업태	도소매	종목	전자제품		업태	제조, 도소매	종목	가방 등
	이메일					이메일			

작성일자	공급가액	세액	수정사유	비고
2025-09-25	3,500,000원	350,000원	해당 없음	

월	일	품목	규격	수량	단가	공급가액	세액	비고
09	25	3D 프린터		1	3,500,000원	3,500,000원	350,000원	

합계금액	현금	수표	어음	외상미수금	위 금액을 (청구) 함
3,850,000원				3,850,000원	

[5] 10월 06일 본사 영업부에서 사용할 복합기를 구입하고, 대금은 하나카드로 결제하였다. **3점**

매출전표

단말기번호	A-1000	전표번호	56421454

회원번호(CARD NO)			
3152-3155-****-****			
카드종류	**유효기간**		**거래일자**
하나카드	12/25		2025.10.06.
거래유형			**취소시 원 거래일자**
신용구매			
결제방법	판 매 금 액		1,500,000원
일시불	부 가 가 치 세		150,000원
매입처	봉 사 료		
매입사제출	합계(TOTAL)		1,650,000원
전표매입사	**승인번호(APPROVAL NO)**		
하나카드	35745842		
가맹점명	**가맹점번호**		
㈜ok사무	5864112		
대표자명	**사업자번호**		
김사무	204-81-76697		
주소			
경기도 화성시 동탄대로 537, 101호			
	서명(SIGNATURE)		
	고성상사(주)		

[6] 12월 01일 ㈜국민가죽으로부터 고급핸드백 가방 제품의 원재료인 양가죽을 매입하고, 아래의 전자세금계산서를 수취하였다. 부가가치세는 현금으로 지급하였으며, 나머지는 외상거래이다. **3점**

	전자세금계산서					승인번호		20251201-15454645-58811886		
공급자	사업자 등록번호	204-81-35774	종사업장 번호		공급받는자	사업자 등록번호	128-81-32658	종사업장 번호		
	상호(법인명)	㈜국민가죽	성명(대표자)	김국민		상호(법인명)	고성상사㈜	성명	현정민	
	사업장주소	경기도 안산시 단원구 석수로 555				사업장주소	서울시 중구 창경궁로5다길 13-4			
	업태	도소매	종목	가죽		업태	제조, 도소매	종목	가방 등	
	이메일					이메일				
	작성일자	공급가액		세액		수정사유		비고		
	2025-12-01	2,500,000원		250,000원		해당 없음				
월	일	품목	규격	수량	단가		공급가액		세액	비고
12	01	양가죽			2,500,000원		2,500,000원		250,000원	
	합계금액	현금		수표		어음		외상미수금		위 금액을 (청구) 함
	2,750,000원	250,000원						2,500,000원		

04 [일반전표입력] 및 [매입매출전표입력] 메뉴에 입력된 내용 중 다음과 같은 오류가 발견되었다. 입력된 내용을 확인하여 정정하시오. **6점**

[1] 07월 22일 제일자동차로부터 영업부의 업무용승용차(공급가액 15,000,000원, 부가가치세 별도)를 구입하여 대금은 전액 보통예금 계좌에서 지급하고 전자세금계산서를 받았다. 해당 업무용승용차의 배기량은 1,990cc이나 회계담당자는 990cc로 판단하여 부가가치세를 공제받는 것으로 회계처리하였다. **3점**

[2] 09월 15일 매출거래처 ㈜댕댕오디오의 파산선고로 인하여 외상매출금 3,000,000원을 회수불능으로 판단하고 전액 대손상각비로 대손처리하였으나, 9월 15일 파산선고 당시 외상매출금에 관한 대손충당금 잔액 1,500,000원이 남아있던 것으로 확인되었다. **3점**

05 결산정리사항은 다음과 같다. 관련 메뉴를 이용하여 결산을 완료하시오. **9점**

[1] 2025년 9월 16일에 지급된 2,550,000원은 그 원인을 알 수 없어 가지급금으로 처리하였던바, 결산일인 12월 31일에 2,500,000원은 하나무역의 외상매입금을 상환한 것으로 확인되었으며 나머지 금액은 그 원인을 알 수 없어 당기 비용(영업외비용)으로 처리하기로 하였다. **3점**

[2] 결산일 현재 필립전자에 대한 외화 단기대여금($ 30,000)의 잔액은 60,000,000원이다. 결산일 현재 기준환율은 $1당 2,200원이다(단, 외화 단기대여금도 단기대여금 계정과목을 사용할 것). **3점**

[3] 대손충당금은 결산일 현재 미수금(기타 채권은 제외)에 대하여만 1%를 설정한다. 보충법에 의하여 대손충당금 설정 회계처리를 하시오(단, 대손충당금 설정에 필요한 정보는 관련 데이터를 조회하여 사용할 것). **3점**

06 다음 사항을 조회하여 답안을 이론문제 답안작성 메뉴에 입력하시오. **9점**

[1] 당해연도 제1기 부가가치세 예정신고기간(1월~3월) 중 카드과세매출의 공급대가 합계액은 얼마인가? **3점**

[2] 2025년 6월의 영업외비용 총지출액은 얼마인가? **3점**

[3] 2025년 제1기 부가가치세 확정신고기간의 공제받지못할매입세액은 얼마인가? **3점**

109회 전산회계 1급 기출문제(이론 + 실무)

⊹ 이론시험 ⊹

※ 다음 문제를 보고 알맞은 것을 골라 이론문제 답안작성 메뉴의 해당번호에 입력하시오.
(객관식 문항당 2점)

─〈 기본전제 〉─
문제에서 한국채택국제회계기준을 적용하도록 하는 전제조건이 없는 경우, 일반기업회계기준을 적용한다.

01 회계분야 중 재무회계에 대한 설명으로 적절한 것은?

① 관리자에게 경영활동에 필요한 재무정보를 제공한다.
② 국세청 등의 과세관청을 대상으로 회계정보를 작성한다.
③ 법인세, 소득세, 부가가치세 등의 세무 보고서 작성을 목적으로 한다.
④ 일반적으로 인정된 회계원칙에 따라 작성하며 주주, 투자자 등이 주된 정보이용자이다.

02 유가증권 중 단기매매증권에 대한 설명으로 옳지 않은 것은?

① 시장성이 있어야 하고, 단기시세차익을 목적으로 하여야 한다.
② 단기매매증권은 당좌자산으로 분류된다.
③ 기말평가방법은 공정가액법이다.
④ 단기매매증권은 투자자산으로 분류된다.

03 다음 중 재고자산의 평가에 대한 설명으로 옳지 않은 것은?

① 성격이 상이한 재고자산을 일괄 구입하는 경우에는 공정가치 비율에 따라 안분하여 취득원가를 결정한다.
② 재고자산의 취득원가에는 취득과정에서 발생한 할인, 에누리는 반영하지 않는다.
③ 저가법을 적용할 경우 시가가 취득원가보다 낮아지면 시가를 장부금액으로 한다.
④ 저가법을 적용할 경우 발생한 차액은 전부 매출원가로 회계처리한다.

04 다음 중 유형자산의 자본적지출을 수익적지출로 잘못 처리했을 경우 당기의 자산과 자본에 미치는 영향으로 올바른 것은?

	자산	자본			자산	자본
①	과대	과소		②	과소	과소
③	과소	과대		④	과대	과대

05 ㈜재무는 자기주식 200주(1주당 액면가액 5,000원)를 1주당 7,000원에 매입하여 소각하였다. 소각일 현재 자본잉여금에 감차차익 200,000원을 계상하고 있는 경우 주식소각 후 재무상태표상에 계상되는 감자차손익은 얼마인가?

① 감자차손 200,000원
② 감자차손 400,000원
③ 감자차익 200,000원
④ 감자차익 400,000원

06 다음 중 손익계산서에 대한 설명으로 옳지 않은 것은?

① 매출원가는 제품, 상품 등의 매출액에 대응되는 원가로서 판매된 제품이나 상품 등에 대한 제조원가 또는 매입원가이다.
② 영업외비용은 기업의 주된 영업활동이 아닌 활동으로부터 발생한 비용과 차손으로서 기부금, 잡손실 등이 이에 해당한다.
③ 손익계산서는 일정 기간의 기업의 경영성과에 대한 유용한 정보를 제공한다.
④ 수익과 비용은 각각 순액으로 보고하는 것을 원칙으로 한다.

07 ㈜서울은 ㈜제주와 제품 판매계약을 맺고 ㈜제주가 발행한 당좌수표 500,000원을 계약금으로 받아 아래와 같이 회계처리하였다. 다음 중 ㈜서울의 재무제표에 나타난 영향으로 옳은 것은?

(차) 당좌예금	500,000원	(대) 제품매출	500,000원

① 당좌자산 과소계상
② 당좌자산 과대계상
③ 유동부채 과소계상
④ 당기순이익 과소계상

08 ㈜한국상사의 2025년 1월 1일 자본금은 50,000,000원(발행주식 수 10,000주, 1주당 액면금액 5,000원)이다. 2025년 10월 1일 1주당 6,000원에 2,000주를 유상증자하였을 경우, 2025년 기말 자본금은 얼마인가?

① 12,000,000원
② 50,000,000원
③ 60,000,000원
④ 62,000,000원

09 원가 및 비용의 분류항목 중 제조원가에 해당하는 것은 무엇인가?

① 생산공장의 전기요금   ② 영업용 사무실의 전기요금

③ 마케팅부의 교육연수비   ④ 생산공장 기계장치의 처분손실

10 다음 중 보조부문 상호간의 용역수수관계를 고려하여 보조부문원가를 제조부문과 보조부문에 배분함으로써 보조부문간의 상호 서비스 제공을 완전히 반영하는 방법으로 옳은 것은?

① 직접배분법   ② 단계배분법

③ 상호배분법   ④ 총배분법

11 다음의 자료에 의한 당기직접재료원가는 얼마인가?

- 기초원재료 1,200,000원
- 기말원재료 850,000원
- 기초재공품 200,000원
- 기초제품 400,000원
- 당기원재료매입액 900,000원
- 기말제품 500,000원
- 기말재공품 300,000원
- 직접노무원가 500,000원

① 1,150,000원   ② 1,250,000원

③ 1,350,000원   ④ 1,650,000원

12 ㈜성진은 직접원가를 기준으로 제조간접원가를 배부한다. 다음 자료에 의하여 계산한 제조지시서 no.1의 제조간접원가 배부액은 얼마인가?

공장전체 발생원가	제조지시서 no.1
• 총생산수량 : 10,000개	• 총생산수량 : 5,200개
• 기계시간 : 24시간	• 기계시간 : 15시간
• 직접재료원가 : 800,000원	• 직접재료원가 : 400,000원
• 직접노무원가 : 200,000원	• 직접노무원가 : 150,000원
• 제조간접원가 : 500,000원	• 제조간접원가 : (?)원

① 250,000원   ② 260,000원

③ 275,000원   ④ 312,500원

13 다음 중 부가가치세법상 과세기간에 대한 설명으로 옳지 않은 것은?

① 간이과세자의 과세기간은 1월 1일부터 12월 31일까지이다.

② 사업자가 폐업하는 경우의 과세기간은 폐업일이 속하는 과세기간의 개시일부터 폐업일까지로 한다.

③ 일반과세자가 간이과세자로 변경되는 경우에 그 변경되는 해의 간이과세자 과세기간은 7월 1일부터 12월 31일까지이다.

④ 간이과세자가 일반과세자로 변경되는 경우에 그 변경되는 해의 간이과세자 과세기간은 1월 1일부터 12월 31일까지이다.

14 다음 중 세금계산서의 필요적 기재사항에 해당하지 않는 것은?

① 공급연월일

② 공급하는 사업자의 등록번호와 성명 또는 명칭

③ 공급받는자의 등록번호

④ 공급가액과 부가가치세액

15 다음 중 부가가치세법에 따른 재화 또는 용역의 공급시기에 대한 설명으로 적절하지 않은 것은?

① 위탁판매의 경우 수탁자가 공급한 때이다.

② 상품권의 경우 상품권이 판매되는 때이다.

③ 장기할부판매의 경우 대가의 각 부분을 받기로 한 때이다.

④ 내국물품을 외국으로 반출하는 경우 수출재화를 선적하는 때이다.

✤ 실무시험 ✤

※ 정민상사㈜(회사코드:1093)는 전자제품의 제조 및 도·소매업을 영위하는 중소기업으로 당기
(제11기)의 회계기간은 2025.1.1.~2025.12.31.이다. 전산세무회계 수험용 프로그램을 이용하
여 다음 물음에 답하시오.

─── 〈 기본전제 〉───

• 문제에서 한국채택국제회계기준을 적용하도록 하는 전제조건이 없는 경우, 일반기업회계기준을 적용하
여 회계처리한다.
• 문제의 풀이와 답안작성은 제시된 문제의 순서대로 진행한다.

01 다음은 [기초정보관리] 및 [전기분재무제표]에 대한 자료이다. 각각의 요구사항에 대하여
답하시오. 10점

[1] 다음 자료를 이용하여 [거래처등록] 메뉴에 등록하시오. 3점

• 거래처코드 : 01230　　　　　• 거래처명 : 태형상사　　• 유형 : 동시
• 사업자등록번호 : 107-36-25785　• 대표자 : 김상수　　　• 업태 : 도소매
• 종목 : 사무기기　　　　　　• 사업장주소 : 서울시 동작구 여의대방로10가길 1(신대방동)
※ 주소 입력 시 우편번호 입력은 생략해도 무방함.

[2] 정민상사㈜의 전기말 거래처별 채권 및 채무의 올바른 잔액은 다음과 같다. 주어진 자료를
검토하여 잘못된 부분은 오류를 정정하고, 누락된 부분은 추가하여 입력하시오. 3점

계정과목	거래처	금액
받을어음	㈜원수	15,000,000원
	㈜케스터	2,000,000원
단기차입금	㈜이태백	10,000,000원
	㈜빛날통신	13,000,000원
	Champ사	12,000,000원

[3] 전기분 손익계산서를 검토한 결과 다음과 같은 오류가 발견되었다. 전기분재무제표 중 관련
재무제표를 모두 적절하게 수정 또는 삭제 및 추가입력하시오. 4점

계정과목	오류내용
보험료	제조원가 1,000,000원을 판매비와관리비로 회계처리

02 [일반전표입력] 메뉴를 이용하여 다음의 거래 자료를 입력하시오(일반전표입력의 모든 거래는 부가가치세를 고려하지 말 것). 18점

―――――〈 입력 시 유의사항 〉―――――

- 일반적인 적요의 입력은 생략하지만, 타계정 대체거래는 적요번호를 선택하여 입력한다.
- 채권·채무와 관련된 거래는 별도의 요구가 없는 한 반드시 기등록된 거래처코드를 선택하는 방법으로 거래처명을 입력한다.
- 제조경비는 500번대 계정코드를, 판매비와관리비는 800번대 계정코드를 사용한다.
- 회계처리 시 계정과목은 별도의 제시가 없는 한 등록된 계정과목 중 가장 적절한 과목으로 한다.

[1] 08월 20일 인근 주민센터에 판매용 제품(원가 2,000,000원, 시가 3,500,000원)을 기부하였다. 3점

[2] 09월 02일 대주주인 전마나 씨로부터 차입한 단기차입금 20,000,000원 중 15,000,000원은 보통예금 계좌에서 이체하여 상환하고, 나머지 금액은 면제받기로 하였다. 3점

[3] 10월 19일 ㈜용인의 외상매입금 2,500,000원에 대해 타인이 발행한 당좌수표 1,500,000원과 ㈜수원에 제품을 판매하고 받은 ㈜수원 발행 약속어음 1,000,000원을 배서하여 지급하다. 3점

[4] 11월 06일 전월분 고용보험료를 다음과 같이 현금으로 납부하다(단, 하나의 전표로 처리하고, 회사부담금은 보험료로 처리할 것). 3점

고용보험 납부내역				
사원명	소속	직원부담금	회사부담금	합계
김정직	제조부	180,000원	221,000원	401,000원
이성실	마케팅부	90,000원	110,500원	200,500원
합계		270,000원	331,500원	601,500원

[5] 11월 11일 영업부 직원에 대한 확정기여형(DC) 퇴직연금 7,000,000원을 하나은행 보통예금 계좌에서 이체하여 납입하였다. 이 금액에는 연금운용에 대한 수수료 200,000원이 포함되어 있다. 3점

[6] 12월 03일 일시보유목적으로 취득하였던 시장성 있는 ㈜세무의 주식 500주(1주당 장부금액 8,000원, 1주당 액면금액 5,000원, 1주당 처분금액 10,000원)를 처분하고 수수료 250,000원을 제외한 금액을 보통예금 계좌로 이체받았다. 3점

03 [매입매출전표입력] 메뉴를 이용하여 다음의 거래 자료를 입력하시오. 18점

─── 〈 입력 시 유의사항 〉 ───

- 일반적인 적요의 입력은 생략하지만, 타계정 대체거래는 적요번호를 선택하여 입력한나.
- 채권·채무와 관련된 거래는 별도의 요구가 없는 한 반드시 기등록된 거래처코드를 선택하는 방법으로 거래처명을 입력한다.
- 제조경비는 500번대 계정코드를, 판매비와관리비는 800번대 계정코드를 사용한다.
- 회계처리 시 계정과목은 별도의 제시가 없는 한 등록된 계정과목 중 가장 적절한 과목으로 한다.
- 입력화면 하단의 분개까지 처리하고, 전자세금계산서 및 전자계산서는 전자입력으로 반영한다.

[1] 07월 28일 총무부 직원들의 야식으로 저팔계산업(일반과세자)에서 도시락을 주문하고, 하나카드로 결제하였다. 3점

신용카드매출전표

가 맹 점 명 :　저팔계산업
사 업 자 번 호 :　127-10-12343
대 표 자 명 :　김돈육
주　　　　소 :　서울 마포구 상암동 332
롯 데 카 드 :　신용승인
거 래 일 시 :　2025-07-28 20:08:54
카 드 번 호 :　3256-6455-****-1324
유 효 기 간 :　12/24
가 맹 점 번 호 :　123412341
매 입 사 :　하나카드(전자서명전표)

상품명	금액
도시락세트	220,000

공 급 가 액 :　200,000
부 가 세 액 :　　20,000
합　　　계 :　220,000

[2] 09월 03일 공장에서 사용하던 기계장치(취득가액 50,000,000원, 처분 시점까지의 감가상각 누계액 38,000,000원)를 보람테크㈜에 처분하고 아래의 전자세금계산서를 발급하였다(당기의 감가상각비는 고려하지 말고 하나의 전표로 입력할 것). 3점

전자세금계산서						승인번호		20250903-145654645-58811657		
공급자	사업자등록번호	680-81-32549	종사업장번호			공급받는자	사업자등록번호	110-81-02129	종사업장번호	
	상호(법인명)	정민상사㈜	성명(대표자)	최정민			상호(법인명)	보람테크㈜	성명	김종대
	사업장주소	경기도 수원시 권선구 평동로79번길 45					사업장주소	경기도 안산시 단원구 광덕서로 100		
	업태	제조, 도소매	종목	전자제품			업태	제조	종목	반도체
	이메일						이메일			
작성일자		공급가액		세액		수정사유		비고		
2025.09.03.		13,500,000		1,350,000		해당 없음				
월	일	품목	규격	수량	단가		공급가액	세액		비고
09	03	기계장치 매각					13,500,000	1,350,000		
합계금액		현금		수표		어음		외상미수금		위 금액을 (청구) 함
14,850,000		4,850,000						10,000,000		

[3] 09월 22일 마산상사로부터 원재료 5,500,000원(부가가치세 포함)을 구입하고 전자세금계산서를 발급받았다. 대금은 ㈜서울에 제품을 판매하고 받은 ㈜서울 발행 약속어음 2,000,000원을 배서하여 지급하고, 잔액은 외상으로 하다. 3점

[4] 10월 31일 NICE Co.,Ltd의 해외수출을 위한 구매확인서에 따라 전자제품 100개(@700,000원)를 납품하고 영세율전자세금계산서를 발행하였다. 대금 중 50%는 보통예금 계좌로 입금받고 잔액은 1개월 후에 받기로 하다. 3점

[5] 11월 04일 영업부 거래처의 직원에게 선물할 목적으로 선물세트를 외상으로 구입하고 아래와 같은 전자세금계산서를 발급받았다. 3점

전자세금계산서						승인번호		20251104-15454645-58811889		
공급자	사업자등록번호	113-18-77299	종사업장번호			공급받는자	사업자등록번호	680-81-32549	종사업장번호	
	상호(법인명)	손오공상사	성명(대표자)	황범식			상호(법인명)	정민상사㈜	성명	최정민
	사업장주소	서울특별시 서초구 명달로 102					사업장주소	경기도 수원시 권선구 평동로79번길 45		
	업태	도매	종목	잡화류			업태	제조, 도소매	종목	전자제품
	이메일						이메일			
작성일자		공급가액		세액		수정사유		비고		
2025.11.04.		1,500,000		150,000		해당 없음				
월	일	품목	규격	수량	단가		공급가액	세액		비고
11	04	선물세트		1	1,500,000		1,500,000	150,000		
합계금액		현금		수표		어음		외상미수금		위 금액을 (청구) 함
1,650,000								1,650,000		

[6] 12월 05일 공장 신축 목적으로 취득한 토지의 토지정지 등을 위한 토목공사를 하고 ㈜만
　　들건설로부터 아래의 전자세금계산서를 발급받았다. 대금 지급은 기지급한 계
　　약금 5,500,000원을 제외하고 외상으로 하였다. **3점**

전자세금계산서					승인번호		20251205-15454645-58811886	
공급자	사업자 등록번호	105-81-23608	종사업장 번호		공급받는자	사업자 등록번호	680-81-32549	종사업장 번호	
	상호(법인명)	㈜만듬건설	성명(대표자)	다만듬		상호(법인명)	정민상사㈜	성명	최정민
	사업장주소	서울특별시 동작구 여의대방로 24가길 28				사업장주소	경기도 수원시 권선구 평동로79번길 45		
	업태	건설	종목	토목공사		업태	제조, 도소매	종목	전자제품
	이메일					이메일			

작성일자	공급가액	세액	수정사유	비고			
2025.12.05.	50,000,000	5,000,000	해당 없음				

월	일	품목	규격	수량	단가	공급가액	세액	비고
12	05	공장토지 토지정지 등			50,000,000	50,000,000	5,000,000	

합계금액	현금	수표	어음	외상미수금	위 금액을 (청구) 함
55,000,000		5,500,000		49,500,000	

04 [일반전표입력] 및 [매입매출전표입력] 메뉴에 입력된 내용 중 다음과 같은 오류가 발견되었다. 입력된 내용을 확인하여 정정하시오. **6점**

[1] 11월 10일 공장 에어컨 수리비로 가나상사에 보통예금 계좌에서 송금한 880,000원을 수
　　선비로 회계처리 하였으나, 해당 수선비는 10월 10일 미지급금으로 회계처리
　　한 것을 결제한 것이다. **3점**

[2] 12월 15일 당초 제품을 $10,000에 직수출하고 선적일 당시 환율 1,000원/$을 적용하여
　　제품매출 10,000,000원을 외상판매한 것으로 회계처리하였으나, 수출 관련 서
　　류 검토 결과 직수출이 아니라 내국신용장에 의한 공급으로 ㈜강서기술에 전자
　　영세율세금계산서를 발급한 외상매출인 것으로 확인되었다. **3점**

05 결산정리사항은 다음과 같다. 관련 메뉴를 이용하여 결산을 완료하시오. **9점**

[1] 거래처 ㈜태명에 4월 1일 대여한 50,000,000원(상환회수일 2027년 3월 31일, 연 이자율
　　6%)에 대한 기간경과분 이자를 계상하다. 단, 이자는 월할 계산하고, 매년 3월 31일에 받기
　　로 약정하였다. **3점**

[2] 제조공장의 창고 임차기간은 2025.04.01.~2026.03.31.으로 임차개시일에 임차료 3,600,000
　　원을 전액 지급하고 즉시 당기 비용으로 처리하였다. 결산정리분개를 하시오. **3점**

[3] 당기 중 단기간 시세차익을 목적으로 시장성이 있는 유가증권을 75,000,000원에 취득하였다. 당기말 해당 유가증권의 시가는 73,000,000원이다. 3점

06 다음 사항을 조회하여 알맞은 답안을 이론문제 답안작성 메뉴에 입력하시오. 9점

[1] 2025년 상반기(1월~6월) 중 판매비및관리비의 급여 발생액이 가장 많은 월(月)과 가장 적은 월(月)의 차액은 얼마인가? (단, 양수로만 기재할 것) 3점

[2] 일천상사에 대한 제품매출액은 3월 대비 4월에 얼마나 감소하였는가? (단, 음수로 입력하지 말 것) 3점

[3] 2025년 제1기 예정신고기간(1월~3월) 중 ㈜서산상사에 발행한 세금계산서의 총발행매수와 공급가액은 얼마인가? 3점

110회 전산회계 1급 기출문제(이론 + 실무)

이론시험

※ 다음 문제를 보고 알맞은 것을 골라 이론문제 답안작성 메뉴의 해당번호에 입력하시오.
(객관식 문항당 2점)

─〈 기본전제 〉─

문제에서 한국채택국제회계기준을 적용하도록 하는 전제조건이 없는 경우, 일반기업회계기준을 적용한다.

---

01 다음 중 재무상태표에 관한 설명으로 가장 옳은 것은?

① 일정 시점의 현재 기업이 보유하고 있는 자산과 부채 및 자본에 대한 정보를 제공하는 재무
보고서이다.
② 일정 기간 동안의 기업의 수익과 비용에 대해 보고하는 보고서이다.
③ 일정 기간 동안의 현금의 유입과 유출에 대한 정보를 제공하는 보고서이다.
④ 기업의 자본변동에 관한 정보를 제공하는 재무보고서이다.

02 다음 중 유동부채에 포함되지 않는 것은 무엇인가?

① 매입채무
② 단기차입금
③ 유동성장기부채
④ 임대보증금

03 다음 중 무형자산과 관련된 설명으로 옳지 않은 것은?

① 연구프로젝트에서 발생한 지출이 연구단계와 개발단계로 구분할 수 없는 경우에는 모두 연
구단계에서 발생한 것으로 본다.
② 내부적으로 창출한 브랜드, 고객목록과 같은 항목은 무형자산으로 인식할 수 있다.
③ 무형자산은 회사가 사용할 목적으로 보유하는 물리적 실체가 없는 자산이다.
④ 무형자산의 소비되는 행태를 신뢰성 있게 결정할 수 없을 경우 정액법으로 상각한다.

04 다음 중 일반기업회계기준에 의한 수익 인식 시점에 대한 설명으로 옳지 않은 것은?

① 위탁판매의 경우에는 수탁자가 위탁품을 소비자에게 판매한 시점에 수익을 인식한다.
② 시용판매의 경우에는 상품 인도 시점에 수익을 인식한다.
③ 광고 제작 수수료의 경우에는 광고 제작의 진행률에 따라 수익을 인식한다.
④ 수강료의 경우에는 강의 시간에 걸쳐 수익으로 인식한다.

05 재고자산의 단가 결정 방법 중 매출 시점에서 해당 재고자산의 실제 취득원가를 기록하여 매출원가로 대응시킴으로써 가장 정확하게 원가 흐름을 파악할 수 있는 재고자산의 단가 결정 방법은 무엇인가?

① 개별법
② 선입선출법
③ 후입선출법
④ 총평균법

06 다음 중 영업이익에 영향을 주는 거래로 옳은 것은?

① 거래처에 대한 대여금의 전기분 이자를 받았다.
② 창고에 보관하고 있던 상품이 화재로 인해 소실되었다.
③ 차입금에 대한 전기분 이자를 지급하였다.
④ 일용직 직원에 대한 수당을 지급하였다.

07 다음의 거래를 적절하게 회계처리하였을 경우, 당기순이익의 증감액은 얼마인가? (단, 주어진 자료 외의 거래는 없다고 가정한다.)

• 매도가능증권 : 장부금액 5,000,000원, 결산일 공정가치 4,500,000원
• 단기매매증권 : 장부금액 3,000,000원, 결산일 공정가치 3,300,000원
• 투자부동산 : 장부금액 9,000,000원, 처분금액 8,800,000원

① 100,000원 감소
② 100,000원 증가
③ 400,000원 감소
④ 400,000원 증가

08 ㈜수암골의 재무상태가 다음과 같다고 가정할 때, 기말자본은 얼마인가?

기초		기말		당기 중 추가출자	이익 배당액	총수익	총비용
자산	부채	부채	자본				
900,000원	500,000원	750,000원	( )	100,000원	50,000원	1,100,000원	900,000원

① 500,000원   ② 550,000원

③ 600,000원   ④ 650,000원

09 다음 중 원가회계에 대한 설명이 아닌 것은?

① 외부의 정보이용자들에게 유용한 정보를 제공하기 위함이다.

② 원가통제에 필요한 정보를 제공하기 위함이다.

③ 제품원가계산을 위한 원가정보를 제공한다.

④ 경영계획수립과 통제를 위한 원가정보를 제공한다.

10 다음 중 원가행태에 따라 변동원가와 고정원가로 분류할 때 이에 대한 설명으로 올바른 것은?

① 변동원가는 조업도가 증가할수록 총원가도 증가한다.

② 변동원가는 조업도가 증가할수록 단위당 원가도 증가한다.

③ 고정원가는 조업도가 증가할수록 총원가도 증가한다.

④ 고정원가는 조업도가 증가할수록 단위당 원가도 증가한다.

11 다음 중 보조부문의 원가 배분에 대한 설명으로 옳지 않은 것은?

① 보조부문의 원가 배분방법으로는 직접배분법, 단계배분법 및 상호배분법이 있으며, 어떤 방법을 사용하더라도 전체 보조부문의 원가는 차이가 없다.

② 상호배분법을 사용할 경우, 부문간 상호수수를 고려하여 계산하기 때문에 어떤 배분방법보다 정확성이 높다고 할 수 있다.

③ 단계배분법을 사용할 경우, 배분순서를 어떻게 하더라도 각 보조부문에 배분되는 금액은 차이가 없다.

④ 직접배분법을 사용할 경우, 보조부문 원가 배분액의 계산은 쉬우나 부문간 상호수수에 대해서는 전혀 고려하지 않는다.

12 다음 중 개별원가계산과 종합원가계산에 대한 설명으로 옳지 않은 것은?

① 개별원가계산은 작업지시서에 의한 원가계산을 한다.
② 개별원가계산은 주문형 소량 생산 방식에 적합하다.
③ 종합원가계산은 공정별 대량 생산 방식에 적합하다.
④ 종합원가계산은 여러 공정에 걸쳐 생산하는 경우 적용할 수 없다.

13 다음 중 부가가치세법상 사업자등록 정정 사유가 아닌 것은?

① 상호를 변경하는 경우
② 사업장을 이전하는 경우
③ 사업의 종류에 변동이 있는 경우
④ 증여로 인하여 사업자의 명의가 변경되는 경우

14 다음 중 부가가치세법상 영세율에 대한 설명으로 가장 옳지 않은 것은?

① 수출하는 재화에 대해서는 영세율이 적용된다.
② 영세율은 수출산업을 지원하는 효과가 있다.
③ 영세율을 적용하더라도 완전면세를 기대할 수 없다.
④ 영세율은 소비지국과세원칙이 구현되는 제도이다.

15 다음 중 영수증 발급 대상 사업자가 될 수 없는 업종에 해당하는 것은?

① 소매업
② 도매업
③ 목욕, 이발, 미용업
④ 입장권을 발행하여 영위하는 사업

÷ 실무시험 ÷

※ 오영상사㈜(회사코드:1103)는 가방 등의 제조·도소매업 및 부동산임대업을 영위하는 중소기업으로 당기(제11기) 회계기간은 2025.1.1.~2025.12.31.이다. 전산세무회계 수험용 프로그램을 이용하여 다음 물음에 답하시오.

─────〈 기본전제 〉─────

• 문제에서 한국채택국제회계기준을 적용하도록 하는 전제조건이 없는 경우, 일반기업회계기준을 적용하여 회계처리한다.
• 문제의 풀이와 답안작성은 제시된 문제의 순서대로 진행한다.

01 다음은 [기초정보관리] 및 [전기분재무제표]에 대한 자료이다. 각각의 요구사항에 대하여 답하시오. 10점

[1] 다음 자료를 이용하여 거래처등록의 [신용카드] 탭에 추가로 입력하시오. 3점

• 코드 : 99850
• 카드종류 : 사업용카드
• 카드번호 : 5531-8440-0622-2804
• 거래처명 : 하나카드
• 유형 : 매입

[2] [계정과목및적요등록] 메뉴에서 여비교통비(판매비및일반관리비) 계정에 아래의 적요를 추가로 등록하시오. 3점

• 현금적요 6번 : 야근 시 퇴근택시비 지급
• 대체적요 3번 : 야근 시 퇴근택시비 정산 인출

[3] 전기분 손익계산서를 검토한 결과 다음과 같은 오류가 발견되었다. 해당 오류와 연관된 재무제표를 모두 올바르게 정정하시오. 4점

공장 생산직 사원들에게 지급한 명절 선물 세트 1,000,000원이 회계 담당 직원의 실수로 인하여 본사 사무직 사원들에게 지급한 것으로 회계처리되어 있음을 확인한다.

02 [일반전표입력] 메뉴를 이용하여 다음의 거래 자료를 입력하시오(일반전표입력의 모든 거래는 부가가치세를 고려하지 말 것). 18점

───────────〈 입력 시 유의사항 〉───────────
• 일반적인 적요의 입력은 생략하지만, 타계정 대체거래는 적요번호를 선택하여 입력한다.
• 채권·채무와 관련된 거래는 별도의 요구가 없는 한 반드시 기등록된 거래처코드를 선택하는 방법으로 거래처명을 입력한다.
• 제조경비는 500번대 계정코드를, 판매비와관리비는 800번대 계정코드를 사용한다.
• 회계처리 시 계정과목은 별도의 제시가 없는 한 등록된 계정과목 중 가장 적절한 과목으로 한다.

[1] 07월 04일 나노컴퓨터에 지급하여야 할 외상매입금 5,000,000원과 나노컴퓨터로부터 수취하여야 할 외상매출금 3,000,000원을 상계하여 처리하고, 잔액은 당좌수표를 발행하여 지급하였다. 3점

[2] 09월 15일 투자 목적으로 보유 중인 단기매매증권(보통주 1,000주, 1주당 액면가액 5,000원, 1주당 장부가액 9,000원)에 대하여 1주당 1,000원씩의 현금배당이 보통예금 계좌로 입금되었으며, 주식배당 20주를 수령하였다. 3점

[3] 10월 05일 제품을 판매하고 ㈜영춘으로부터 받은 받을어음 5,000,000원을 만기 이전에 주거래은행인 토스뱅크에 할인하고, 할인료 55,000원을 차감한 나머지 금액을 보통예금 계좌로 입금받았다. 단, 어음의 할인은 매각거래에 해당한다. 3점

[4] 10월 30일 영업부에서 대한상공회의소 회비 500,000원을 보통예금 계좌에서 지급하고 납부영수증을 수취하였다. 3점

[5] 12월 12일 자금 조달을 위하여 발행하였던 사채(액면금액 10,000,000원, 장부가액 10,000,000원)를 9,800,000원에 조기 상환하면서 보통예금 계좌에서 지급하였다. 3점

[6] 12월 21일 보통예금 계좌를 확인한 결과, 결산이자 500,000원에서 원천징수세액 77,000원을 차감한 금액이 입금되었음을 확인하였다(단, 원천징수세액은 자산으로 처리할 것). 3점

03 [매입매출전표입력] 메뉴를 이용하여 다음의 거래 자료를 입력하시오. `18점`

───〈 입력 시 유의사항 〉───
- 일반적인 적요의 입력은 생략하지만, 타계정 대체거래는 적요번호를 선택하여 입력한다.
- 채권·채무와 관련된 거래는 별도의 요구가 없는 한 반드시 기등록된 거래처코드를 선택하는 방법으로 거래처명을 입력한다.
- 제조경비는 500번대 계정코드를, 판매비와관리비는 800번대 계정코드를 사용한다.
- 회계처리 시 계정과목은 별도의 제시가 없는 한 등록된 계정과목 중 가장 적절한 과목으로 한다.
- 입력화면 하단의 분개까지 처리하고, 전자세금계산서 및 전자계산서는 전자입력으로 반영한다.

[1] 07월 11일 성심상사에 제품을 판매하고 아래의 전자세금계산서를 발급하였다. `3점`

전자세금계산서					승인번호		20250711-1000000-00009329	
공급자	사업자 등록번호	124-87-05224	종사업장 번호		공급받는자	사업자 등록번호	134-86-81692	종사업장 번호	
	상호(법인명)	오영상사㈜	성명(대표자)	김하현		상호(법인명)	성심상사	성명	황성심
	사업장주소	경기도 성남시 분당구 서판교로6번길 24				사업장주소	경기도 화성시 송산면 마도북로 40		
	업태	제조, 도소매	종목	가방		업태	제조	종목	자동차특장
	이메일					이메일			

작성일자	공급가액	세액	수정사유	비고
2025/07/11	3,000,000	300,000	해당 없음	

월	일	품목	규격	수량	단가	공급가액	세액	비고
07	11	제품				3,000,000	300,000	

합계금액	현금	수표	어음	외상미수금	위 금액을 (청구) 함
3,300,000	1,000,000			2,300,000	

[2] 08월 25일 본사 사무실로 사용하기 위하여 ㈜대관령으로부터 상가를 취득하고, 대금은 다음과 같이 지급하였다(단, 하나의 전표로 입력할 것). `3점`

- 총매매대금은 370,000,000원으로 토지분 매매가액 150,000,000원과 건물분 매매가액 220,000,000원(부가가치세 포함)이다.
- 총매매대금 중 계약금 37,000,000원은 계약일인 7월 25일에 미리 지급하였으며, 잔금은 8월 25일에 보통예금 계좌에서 이체하여 지급하였다.
- 건물분에 대하여 전자세금계산서를 잔금 지급일에 수취하였으며, 토지분에 대하여는 별도의 계산서를 발급받지 않았다.

[3] 09월 15일 총무부가 사용하기 위한 소모품을 골드팜㈜으로부터 총 385,000원에 구매하고 보통예금 계좌에서 이체하였으며, 지출증빙용 현금영수증을 발급받았다. 단, 소모품은 구입 즉시 비용으로 처리한다. `3점`

[4] 09월 30일 경하자동차㈜로부터 본사에서 업무용으로 사용할 승용차(5인승, 배기량 998cc, 개별소비세 과세 대상 아님)를 구입하고 아래의 전자세금계산서를 발급받았다. **3점**

전자세금계산서					승인번호		20250930-145982301203467		
공급자	사업자 등록번호	610-81-51299	종사업장 번호		공급받는자	사업자 등록번호	124-87-05224	종사업장 번호	
	상호(법인명)	경하자동차㈜	성명	정선달		상호(법인명)	오영상사㈜	성명	김하현
	사업장주소	울산 중구 태화동 150				사업장주소	경기도 성남시 분당구 서판교로6번길 24		
	업태	제조, 도소매	종목	자동차		업태	제조, 도소매	종목	가방
	이메일					이메일			
작성일자		공급가액		세액	수정사유		비고		
2025/09/30		15,000,000		1,500,000	해당 없음				
월	일	품목	규격	수량	단가		공급가액	세액	비고
09	30	승용차(배기량 998cc)		1			15,000,000	1,500,000	
합계금액		현금		수표	어음		외상미수금	위 금액을 (청구) 함	
16,500,000							16,500,000		

[5] 10월 17일 미국에 소재한 MIRACLE사에서 원재료 8,000,000원(부가가치세 별도)을 수입하면서 인천세관으로부터 수입전자세금계산서를 발급받고 부가가치세는 보통예금 계좌에서 지급하였다(단, 재고자산에 대한 회계처리는 생략할 것). **3점**

[6] 10월 20일 개인 소비자에게 제품을 판매하고 현금 99,000원(부가가치세 포함)을 받았다. 단, 판매와 관련하여 어떠한 증빙도 발급하지 않았다. **3점**

04 [일반전표입력] 및 [매입매출전표입력] 메뉴에 입력된 내용 중 다음과 같은 오류가 발견되었다. 입력된 내용을 확인하여 정정하시오. **6점**

[1] 08월 31일 운영자금 조달을 위해 개인으로부터 차입한 부채에 대한 이자비용 362,500원을 보통예금 계좌에서 이체하고 회계처리하였으나 해당 거래는 이자비용 500,000원에서 원천징수세액 137,500원을 차감하고 지급한 것으로 이에 대한 회계처리가 누락되었다(단, 원천징수세액은 부채로 처리하고, 하나의 전표로 입력할 것). **3점**

[2] 11월 30일 제품생산공장 출입문의 잠금장치를 수리하고 영포상회에 지급한 770,000원(부가가치세 포함)을 자본적지출로 회계처리하였으나 수익적지출로 처리하는 것이 옳은 것으로 판명되었다. **3점**

05 결산정리사항은 다음과 같다. 관련 메뉴를 이용하여 결산을 완료하시오. 9점

[1] 2월 11일에 소모품 3,000,000원을 구입하고 모두 자산으로 처리하였으며, 12월 31일 현재 창고에 남은 소모품은 500,000원으로 조사되었다. 부서별 소모품 사용 비율은 영업부 25%, 생산부 75%이며, 그 사용 비율에 따라 배부한다. 3점

[2] 기중에 현금시재 잔액이 장부금액보다 부족한 것을 발견하고 현금과부족으로 계상하였던 235,000원 중 150,000원은 영업부 업무용 자동차의 유류대금을 지급한 것으로 확인되었으나 나머지는 결산일까지 그 원인이 파악되지 않아 당기의 비용으로 대체하다. 3점

[3] 12월 31일 결산일 현재 재고자산의 기말재고액은 다음과 같다. 3점

원재료	재공품	제품
• 장부수량 10,000개(단가 1,000원) • 실제수량 9,500개(단가 1,000원) • 단, 수량차이는 모두 정상적으로 발생한 것이다.	8,500,000원	13,450,000원

06 다음 사항을 조회하여 알맞은 답안을 이론문제 답안작성 메뉴에 입력하시오. 9점

[1] 2025년 5월 말 외상매출금과 외상매입금의 차액은 얼마인가? (단, 양수로 기재할 것) 3점

[2] 제1기 부가가치세 확정신고기간(4월~6월)의 영세율 적용 대상 매출액은 모두 얼마인가? 3점

[3] 6월에 발생한 판매비와일반관리비 중 발생액이 가장 적은 계정과목과 그 금액은 얼마인가? 3점

111회 전산회계 1급 기출문제(이론 + 실무)

⊹ 이론시험 ⊹

※ 다음 문제를 보고 알맞은 것을 골라 이론문제 답안작성 메뉴의 해당번호에 입력하시오.
(객관식 문항당 2점)

─〈 기본전제 〉─

문제에서 한국채택국제회계기준을 적용하도록 하는 전제조건이 없는 경우, 일반기업회계기준을 적용한다.

01 다음 중 아래의 자료에서 설명하고 있는 재무정보의 질적특성에 해당하지 않는 것은?

재무정보가 정보이용자의 의사결정에 유용하게 활용되기 위해서는 그 정보가 의사결정의 목적과 관련이 있어야 한다.

① 예측가치
② 피드백가치
③ 적시성
④ 중립성

02 다음 중 일반기업회계기준에 따른 재무상태표의 표시에 관한 설명으로 가장 적절하지 않은 것은?

① 비유동자산은 당좌자산, 유형자산, 무형자산으로 구분된다.
② 단기차입금은 유동부채로 분류된다.
③ 자산과 부채는 유동성배열법에 따라 작성된다.
④ 재고자산은 유동자산에 포함된다.

03 다음은 재고자산 단가 결정방법에 대한 설명이다. 어느 방법에 대한 설명인가?

• 실제의 물량 흐름에 대한 원가흐름의 가정이 대체로 유사하다.
• 현재의 수익과 과거의 원가가 대응하여 수익·비용 대응의 원칙에 부적합하다.
• 물가 상승 시 이익이 과대 계상된다.

① 개별법
② 선입선출법
③ 후입선출법
④ 총평균법

04 다음 중 현금및현금성자산에 해당하는 항목의 총합계액은 얼마인가?

• 선일자수표 500,000원	• 타인발행수표 500,000원
• 배당금지급통지서 500,000원	• 만기 6개월 양도성예금증서 300,000원

① 1,000,000원   ② 1,300,000원
③ 1,500,000원   ④ 1,800,000원

05 다음 중 자본에 대한 설명으로 옳지 않은 것은?

① 자본금은 발행주식수에 액면가액을 곱한 금액이다.
② 주식발행초과금과 감자차익은 자본잉여금이다.
③ 자본조정에는 주식할인발행차금, 감자차손 등이 있다.
④ 주식배당과 무상증자는 순자산의 증가가 발생한다.

06 다음 중 손익계산서에 나타나는 계정과목으로만 짝지어진 것은?

가. 대손상각비	나. 현금
다. 기부금	라. 퇴직급여
마. 이자수익	바. 외상매출금

① 가, 나   ② 가, 다
③ 나, 바   ④ 다, 바

07 다음은 12월 말 결산법인인 ㈜한국의 기계장치 관련 자료이다. ㈜한국이 2025년 12월 31일에 계상할 감가상각비는 얼마인가? (단, 월할 상각할 것)

• 취득일 : 2024년 7월 1일	• 상각방법 : 정률법
• 내용연수 : 5년	• 상각률 : 45%
• 취득원가 : 10,000,000원	• 잔존가치 : 500,000원

① 4,500,000원   ② 3,487,500원
③ 2,475,000원   ④ 2,250,000원

08 다음 중 손익계산서상 표시되는 매출원가를 증가시키는 영향을 주지 않는 것은?

① 판매 이외 목적으로 사용된 재고자산의 타계정대체액
② 재고자산의 시가가 장부금액 이하로 하락하여 발생한 재고자산평가손실
③ 정상적으로 발생한 재고자산감모손실
④ 원재료 구입 시 지급한 운반비

09 다음 중 원가에 대한 설명으로 가장 옳지 않은 것은?

① 기초원가이면서 가공원가에 해당하는 원가는 직접노무원가이다.
② 직접원가란 특정 제품의 생산에 직접적으로 사용되어 명확하게 추적할 수 있는 원가이다.
③ 변동원가는 생산량이 증가할 때마다 단위당 원가도 증가하는 원가이다.
④ 매몰원가는 과거에 발생하여 현재 의사결정에 영향을 미치지 않는 원가를 말한다.

10 다음 중 개별원가계산의 적용이 가능한 업종은 무엇인가?

① 제분업   ② 정유업
③ 건설업   ④ 식품가공업

11 다음 중 공손 등에 대한 설명으로 옳지 않은 것은?

① 공손은 생산과정에서 발생하는 원재료의 찌꺼기를 말한다.
② 정상공손은 효율적인 생산과정에서 발생하는 공손을 말한다.
③ 비정상공손원가는 영업외비용으로 처리한다.
④ 정상공손은 원가에 포함한다.

12 ㈜서울은 직접노무시간을 기준으로 제조간접원가를 배부하고 있다. 당해연도 초의 예상 직접노무시간은 50,000시간이고, 제조간접원가 예상액은 2,500,000원이었다. 6월의 제조간접원가 실제 발생액은 300,000원이고, 실제 직접노무시간이 5,000시간인 경우, 6월의 제조간접원가 배부차이는 얼마인가?

① 과대배부 40,000원
② 과소배부 40,000원
③ 과대배부 50,000원
④ 과소배부 50,000원

13 다음 중 부가가치세법상 세부담의 역진성을 완화하기 위한 목적으로 도입한 제도는 무엇인가?

① 영세율제도

② 사업자단위과세제도

③ 면세세도

④ 대손세액공제제노

14 다음 중 부가가치세법상 '재화의 공급으로 보지 않는 특례'에 해당하지 않는 것은?

① 담보의 제공

② 제품의 외상판매

③ 조세의 물납

④ 법률에 따른 수용

15 다음 중 부가가치세법상 과세표준에 포함하지 않는 것은?

① 할부판매 시의 이자상당액

② 개별소비세

③ 매출할인액

④ 대가의 일부로 받는 운송비

✢ 실무시험 ✢

※ 예은상사㈜(회사코드 : 1113)는 사무용가구의 제조·도소매업 및 부동산임대업을 영위하는 중소기업으로 당기(제16기) 회계기간은 2025.1.1.~2025.12.31.이다. 전산세무회계 수험용 프로그램을 이용하여 다음 물음에 답하시오.

─────〈 기본전제 〉─────

• 문제에서 한국채택국제회계기준을 적용하도록 하는 전제조건이 없는 경우, 일반기업회계기준을 적용하여 회계처리한다.
• 문제의 풀이와 답안작성은 제시된 문제의 순서대로 진행한다.

01 다음은 [기초정보관리] 및 [전기분재무제표]에 대한 자료이다. 각각의 요구사항에 대하여 답하시오. 10점

[1] 다음 자료를 이용하여 아래의 계정과목에 대한 적요를 추가로 등록하시오. 3점

| • 계정과목 : 831. 수수료비용 | • 현금적요 : (적요NO. 8) 결제 대행 수수료 |

[2] 당사는 여유자금 활용을 위하여 아래와 같이 신규 계좌를 개설하였다. [거래처등록] 메뉴를 이용하여 해당 사항을 추가로 입력하시오. 3점

| • 코드번호 : 98005 | • 거래처명 : 수협은행 |
| • 계좌번호 : 110-146-980558 | • 유형 : 정기적금 |

[3] 다음의 자료를 토대로 각 계정과목의 거래처별 초기이월 금액을 올바르게 정정하시오. 4점

계정과목	거래처명	수정 전 금액	수정 후 금액
지급어음	천일상사	9,300,000원	6,500,000원
	모닝상사	5,900,000원	8,700,000원
미지급금	대명㈜	8,000,000원	4,500,000원
	㈜한울	4,400,000원	7,900,000원

02 [일반전표입력] 메뉴를 이용하여 다음의 거래 자료를 입력하시오(일반전표입력의 모든 거래는 부가가치세를 고려하지 말 것). 18점

⟨ 입력 시 유의사항 ⟩

- 일반적인 적요의 입력은 생략하지만, 타계정 대체거래는 적요번호를 선택하여 입력한다.
- 채권·채무와 관련된 거래는 별도의 요구가 없는 한 반드시 기등록된 거래처코드를 선택하는 방법으로 거래처명을 입력한다.
- 제조경비는 500번대 계정코드를, 판매비와관리비는 800번대 계정코드를 사용한다.
- 회계처리 시 계정과목은 별도의 제시가 없는 한 등록된 계정과목 중 가장 적절한 과목으로 한다.

[1] 07월 10일 회사는 6월에 관리부 직원의 급여를 지급하면서 원천징수한 근로소득세 20,000원과 지방소득세 2,000원을 보통예금 계좌에서 이체하여 납부하였다. 3점

[2] 07월 16일 ㈜홍명으로부터 원재료를 구입하기로 계약하고, 계약금 1,000,000원은 당좌수표를 발행하여 지급하였다. 3점

[3] 08월 10일 비씨카드 7월분 결제대금 2,000,000원이 보통예금 계좌에서 인출되었다. 단, 회사는 신용카드 사용대금을 미지급금으로 처리하고 있다. 3점

[4] 08월 20일 영업부 김시성 과장이 대구세계가구박람회 참가를 위한 출장에서 복귀하여 아래의 지출결의서와 출장비 600,000원(출장비 인출 시 전도금으로 회계처리함) 중 잔액을 현금으로 반납하였다. 3점

지출결의서	
• 왕복항공권 350,000원	• 식대 30,000원

[5] 09월 12일 제조공장의 기계장치를 우리기계에 처분하고 매각대금으로 받은 약속어음 8,000,000원의 만기가 도래하여 우리기계가 발행한 당좌수표로 회수하였다. 3점

[6] 10월 28일 중국의 'lailai co. ltd'에 대한 제품 수출 외상매출금 30,000달러(선적일 기준환율 : 1,300원/$)를 회수하여 즉시 원화 보통예금 계좌로 입금하였다(단, 입금일의 기준환율은 1,380원/$이다). 3점

03 [매입매출전표입력] 메뉴를 이용하여 다음의 거래 자료를 입력하시오. 18점

─〈 입력 시 유의사항 〉─

- 일반적인 적요의 입력은 생략하지만, 타계정 대체거래는 적요번호를 선택하여 입력한다.
- 채권·채무와 관련된 거래는 별도의 요구가 없는 한 반드시 기등록된 거래처코드를 선택하는 방법으로 거래처명을 입력한다.
- 제조경비는 500번대 계정코드를, 판매비와관리비는 800번대 계정코드를 사용한다.
- 회계처리 시 계정과목은 별도의 제시가 없는 한 등록된 계정과목 중 가장 적절한 과목으로 한다.
- 입력화면 하단의 분개까지 처리하고, 전자세금계산서 및 전자계산서는 전자입력으로 반영한다.

[1] 07월 06일 ㈜아이닉스에 제품을 판매하고 다음과 같이 전자세금계산서를 발급하였으며, 대금은 한 달 뒤에 받기로 하였다. 3점

전자세금계산서						승인번호		20250706-121221589148	
공급자	사업자 등록번호	142-81-05759	종사업장 번호		공급받는자	사업자 등록번호	214-87-00556	종사업장 번호	
	상호(법인명)	예은상사㈜	성명	한태양		상호(법인명)	㈜아이닉스	성명	이소방
	사업장주소	경기도 고양시 덕양구 통일로 101				사업장주소	서울시 용산구 한남대로 12		
	업태	제조·도소매	종목	사무용가구		업태	도매 외	종목	의약외품 외
	이메일					이메일			
작성일자		공급가액		세액		수정사유		비고	
2025/07/06		23,000,000		2,300,000		해당 없음			
월	일	품목	규격	수량	단가	공급가액		세액	비고
7	6	사무용책상 등		1,000	23,000	23,000,000		2,300,000	
합계금액		현금		수표		어음		외상미수금	위 금액을 (청구) 함
25,300,000								25,300,000	

[2] 08월 10일 원재료 매입 거래처에 접대목적으로 당사의 제품(원가 300,000원)을 무상으로 제공하였다. 단, 해당 제품의 시가는 500,000원이다. 3점

[3] 09월 16일 팔팔물산에 제품을 9,000,000원(부가가치세 별도)에 판매하고 전자세금계산서를 발급하였으며, 대금으로 팔팔물산이 발행한 당좌수표를 받았다. 3점

[4] 09월 26일 회사 건물에 부착할 간판을 잘나가광고에서 주문 제작하였다. 대금 5,500,000원(부가가치세 포함)은 보통예금 계좌에서 송금하고 전자세금계산서를 발급받았다(단, 비품으로 처리할 것). 3점

[5] 10월 15일 메타가구에서 원재료(50단위, @50,000원, 부가가치세 별도)를 매입하고 아래의 전자세금계산서를 발급받았다. 대금 중 1,000,000원은 ㈜은성가구로부터 제품 판매대금으로 받아 보관 중인 ㈜은성가구 발행 약속어음을 배서양도하고 잔액은 1개월 뒤에 지급하기로 하였다. 3점

	전자세금계산서					승인번호			20251015-15421542154	
공급자	사업자 등록번호	305-81-13428	종사업장 번호		공급받는자	사업자 등록번호	142-81-05759	종사업장 번호		
	상호(법인명)	메타가구	성명	윤은영		상호(법인명)	예은상사㈜	성명	한태양	
	사업장주소	전북 김제시 금산면 청도7길 9				사업장주소	경기도 고양시 덕양구 통일로 101			
	업태	제조	종목	가구		업태	제조·도소매	종목	사무용가구	
	이메일					이메일				
작성일자		공급가액		세액		수정사유		비고		
2025/10/15		2,500,000		250,000		해당 없음				
월	일	품목	규격	수량	단가		공급가액	세액		비고
10	15	원재료	PC-5	50	50,000		2,500,000	250,000		
합계금액		현금		수표		어음		외상미수금		위 금액을 (청구) 함
2,750,000						1,000,000		1,750,000		

[6] 12월 20일 대표이사 한태양은 본인 자녀의 대학교 입학 축하 선물로 니캉전자에서 디지털 카메라를 3,800,000원(부가가치세 별도)에 구매하면서 당사 명의로 전자세금 계산서를 발급받고, 대금은 보통예금 계좌에서 지급하였다(단, 대표이사 한태양의 가지급금으로 회계처리할 것). 3점

04 [일반전표입력] 및 [매입매출전표입력] 메뉴에 입력된 내용 중 다음과 같은 오류가 발견되었다. 입력된 내용을 확인하여 정정하시오. 6점

[1] 08월 17일 사거리주유소에서 영업부가 사용하는 비영업용 소형승용차(800cc, 매입세액공제 가능 차량)에 경유를 주유하고 유류대 44,000원를 비씨카드(법인카드)로 결제한 건에 대하여 회계담당자는 매입세액을 공제받지 못하는 것으로 판단하였으며, 이를 매입매출전표에 카드면세로 입력하였다. 3점

[2] 11월 12일 매출거래처 직원의 결혼축하금으로 현금 500,000원을 지급한 것으로 회계처리하였으나 이는 당사의 공장 제조부 직원의 결혼축하금인 것으로 밝혀졌다. 3점

05 결산정리사항은 다음과 같다. 관련 메뉴를 이용하여 결산을 완료하시오. 9점

[1] 제2기 부가가치세 확정신고기간에 대한 부가세예수금은 49,387,500원, 부가세대급금은 34,046,000원이다. 부가가치세를 정리하는 회계처리를 하시오(단, 불러온 자료는 무시하고, 납부세액은 미지급세금, 환급세액은 미수금으로 회계처리할 것). 3점

[2] 2025년 7월 1일 제조부 공장의 화재보험료 1년분(2025년 7월 1일~2026년 6월 30일) 7,200,000원을 전액 납부하고 즉시 비용으로 회계처리하였다. 이에 대한 기간 미경과분 보험료를 월할계산하여 결산정리분개를 하시오. 3점

[3] 다음은 2025년 4월 15일 제조부에서 사용하기 위하여 취득한 화물차에 대한 자료이다. 아래 주어진 자료에 대해서만 감가상각을 하시오. 3점

취득일	취득원가	자산코드/명	잔존가치	내용연수	상각방법
2025.04.15.	30,000,000원	[101]/포터	0원	5	정액법

06 다음 사항을 조회하여 알맞은 답안을 이론문제 답안작성 메뉴에 입력하시오. 9점

[1] 4월(4월 1일~4월 30일)의 외상매출금 회수액은 얼마인가? 3점

[2] 상반기(1월~6월) 중 제품매출액이 가장 많은 월(月)과 가장 작은 월(月)의 차액은 얼마인가? (단, 양수로 표시할 것) 3점

[3] 2025년 제1기 부가가치세 확정신고기간(4월~6월)에 세금계산서를 받은 고정자산매입세액은 얼마인가? 3점

112회 전산회계 1급 기출문제(이론 + 실무)

⁑ 이론시험 ⁑

※ 다음 문제를 보고 알맞은 것을 골라 이론문제 답안작성 메뉴의 해당번호에 입력하시오.
(객관식 문항당 2점)

───〈 기본전제 〉───

문제에서 한국채택국제회계기준을 적용하도록 하는 전제조건이 없는 경우, 일반기업회계기준을 적용한다.

01 다음 중 일반기업회계기준에 따른 재무제표의 종류에 해당하지 않는 것은?

① 현금흐름표   ② 주석
③ 제조원가명세서   ④ 재무상태표

02 다음 중 정액법으로 감가상각을 계산할 때 관련이 없는 것은?

① 잔존가치   ② 취득원가
③ 내용연수   ④ 생산량

03 다음 중 이익잉여금처분계산서에 나타나지 않는 항목은?

① 이익준비금   ② 자기주식
③ 현금배당   ④ 주식배당

04 다음 중 수익인식기준에 대한 설명으로 잘못된 것은?

① 위탁매출은 위탁자가 수탁자로부터 판매대금을 지급받는 때에 수익을 인식한다.
② 상품권매출은 물품 등을 제공하거나 판매하면서 상품권을 회수하는 때에 수익을 인식한다.
③ 단기할부매출은 상품 등을 판매(인도)한 날에 수익을 인식한다.
④ 용역매출은 진행기준에 따라 수익을 인식한다.

05 다음 중 계정과목의 분류가 나머지 계정과목과 다른 하나는 무엇인가?

① 임차보증금   ② 산업재산권
③ 프랜차이즈   ④ 소프트웨어

06 다음 중 자본의 분류 항목의 성격이 다른 것은?

① 자기주식
② 주식할인발행차금
③ 자기주식처분이익
④ 감자차손

07 실제 기말재고자산의 가액은 50,000,000원이지만 장부상 기말재고자산의 가액이 45,000,000원으로 기재된 경우, 해당 오류가 재무제표에 미치는 영향으로 다음 중 옳지 않은 것은?

① 당기순이익이 실제보다 5,000,000원 감소한다.
② 매출원가가 실제보다 5,000,000원 증가한다.
③ 자산총계가 실제보다 5,000,000원 감소한다.
④ 자본총계가 실제보다 5,000,000원 증가한다.

08 다음의 거래를 회계처리할 경우에 사용되는 계정과목으로 옳은 것은?

> 7월 1일 투자 목적으로 영업활동에 사용할 예정이 없는 토지를 5,000,000원에 취득하고 대금은 3개월 후에 지급하기로 하다. 단, 중개수수료 200,000원은 타인이 발행한 당좌수표로 지급하다.

① 외상매입금
② 당좌예금
③ 수수료비용
④ 투자부동산

09 다음 중 원가 개념에 관한 설명으로 옳지 않은 것은?

① 관련 범위 밖에서 총고정원가는 일정하다.
② 매몰원가는 의사결정에 영향을 주지 않는다.
③ 관련 범위 내에서 단위당 변동원가는 일정하다.
④ 관련원가는 대안 간에 차이가 나는 미래원가로서 의사결정에 영향을 준다.

10 다음 중 제조원가명세서에서 제공하는 정보가 아닌 것은?

① 기말재공품재고액
② 당기제품제조원가
③ 당기총제조원가
④ 매출원가

11 다음 중 보조부문 원가의 배부기준으로 적합하지 않은 것은?

	보조부문원가	배부기준		보조부문원가	배부기준
①	건물 관리 부문	점유 면적	②	공장 인사관리 부문	급여 총액
③	전력 부문	전력 사용량	④	수선 부문	수선 횟수

12 다음 자료를 토대로 선입선출법에 의한 직접재료원가 및 가공원가의 완성품환산량을 각각
계산하면 얼마인가?

> • 기초재공품   5,000개(완성도 70%)   • 당기착수량 35,000개
> • 기말재공품 10,000개(완성도 30%)   • 당기완성품 30,000개
> • 재료는 공정초기에 전량투입되며, 가공원가는 공정 전반에 걸쳐 균등하게 발생한다.

	직접재료원가	가공원가		직접재료원가	가공원가
①	35,000개	29,500개	②	35,000개	34,500개
③	40,000개	34,500개	④	45,000개	29,500개

13 다음 중 우리나라 부가가치세법의 특징으로 옳지 않은 것은?

① 소비지국과세원칙   ② 생산지국과세원칙
③ 전단계세액공제법   ④ 간접세

14 다음 중 부가가치세법상 과세기간 등에 대한 설명으로 옳지 않은 것은?

① 사업개시일 이전에 사업자등록을 신청한 경우에 최초의 과세기간은 그 신청한 날부터 그 신
청일이 속하는 과세기간의 종료일까지로 한다.
② 사업자가 폐업하는 경우의 과세기간은 폐업일이 속하는 과세기간의 개시일부터 폐업일까지
로 한다.
③ 폐업자의 경우 폐업일이 속하는 과세기간 종료일부터 25일 이내에 확정신고를 하여야 한다.
④ 간이과세자의 과세기간은 1월 1일부터 12월 31일까지로 한다.

15 다음 중 부가가치세법상 매입세액공제가 가능한 것은?

① 사업과 관련하여 접대용 물품을 구매하고 발급받은 신용카드매출전표상의 매입세액
② 제조업을 영위하는 법인이 업무용 소형승용차(1,998cc)의 유지비용을 지출하고 발급받은 현
금영수증상의 매입세액
③ 제조부서의 화물차 수리를 위해 지출하고 발급받은 세금계산서상의 매입세액
④ 회계부서에서 사용할 물품을 구매하고 발급받은 간이영수증에 포함되어 있는 매입세액

⊹ 실무시험 ⊹

※ ㈜유미기계(회사코드 : 1123)는 기계부품 등의 제조 · 도소매업 및 부동산임대업을 영위하는 중소기업으로 당기(제10기) 회계기간은 2025.1.1.~2025.12.31.이다. 전산세무회계 수험용 프로그램을 이용하여 다음 물음에 답하시오.

─────〈 기본전제 〉─────

• 문제에서 한국채택국제회계기준을 적용하도록 하는 전제조건이 없는 경우, 일반기업회계기준을 적용하여 회계처리한다.
• 문제의 풀이와 답안작성은 제시된 문제의 순서대로 진행한다.

01 다음은 [기초정보관리] 및 [전기분재무제표]에 대한 자료이다. 각각의 요구사항에 대하여 답하시오. 10점

[1] 다음의 신규 거래처를 [거래처등록] 메뉴를 이용하여 추가로 등록하시오. 3점

• 거래처코드 : 5230
• 거래처명 : ㈜대영토이
• 사업자등록번호 : 108-86-13574
• 업태 : 제조
• 유형 : 동시
• 대표자 : 박완구
• 종목 : 완구제조
• 사업장주소 : 경기도 광주시 오포읍 왕림로 139
  ※ 주소입력 시 우편번호 입력은 생략해도 무방함.

[2] ㈜유미기계의 기초 채권 및 채무의 올바른 잔액은 다음과 같다. [거래처별초기이월] 자료를 검토하여 잘못된 부분은 오류를 정정하고, 누락된 부분은 추가하여 입력하시오. 3점

계정과목	거래처명	금액
외상매출금	알뜰소모품	5,000,000원
	튼튼사무기	3,800,000원
받을어음	㈜클래식상사	7,200,000원
	㈜강림상사	2,000,000원
외상매입금	㈜해원상사	4,600,000원

[3] 전기분 재무상태표를 검토한 결과 기말 재고자산에서 다음과 같은 오류가 발견되었다. 관련된 [전기분 재무제표]를 모두 수정하시오. 4점

계정과목	틀린 금액	올바른 금액	내용
원재료(0153)	73,600,000원	75,600,000원	입력 오류

02 [일반전표입력] 메뉴를 이용하여 다음의 거래 자료를 입력하시오(일반전표입력의 모든 거래는 부가가치세를 고려하지 말 것). 18점

─────〈 입력 시 유의사항 〉─────

• 일반적인 적요의 입력은 생략하지만, 타계정 대체거래는 적요번호를 선택하여 입력한다.
• 채권·채무와 관련된 거래는 별도의 요구가 없는 한 반드시 기등록된 거래처코드를 선택하는 방법으로 거래처명을 입력한다.
• 제조경비는 500번대 계정코드를, 판매비와관리비는 800번대 계정코드를 사용한다.
• 회계처리 시 계정과목은 별도의 제시가 없는 한 등록된 계정과목 중 가장 적절한 과목으로 한다.

[1] 08월 10일 제조부서의 7월분 건강보험료 680,000원을 보통예금으로 납부하였다. 납부한 건강보험료 중 50%는 회사부담분이며, 회사부담분 건강보험료는 복리후생비로 처리한다. 3점

[2] 08월 23일 ㈜애플전자로부터 받아 보관하던 받을어음 3,500,000원의 만기가 되어 지급제시하였으나, 잔고 부족으로 지급이 거절되어 부도처리하였다(단, 부도난 어음은 부도어음과수표 계정으로 관리하고 있다). 3점

[3] 09월 14일 영업부서에서 고용한 일용직 직원들의 일당 420,000원을 현금으로 지급하였다(단, 일용직에 대한 고용보험료 등의 원천징수액은 발생하지 않는 것으로 가정한다). 3점

[4] 09월 26일 영업부서의 사원이 퇴직하여 퇴직연금 5,000,000원을 확정급여형(DB) 퇴직연금에서 지급하였다(단, 퇴직급여충당부채 감소로 회계처리하기로 한다). 3점

[5] 10월 16일 단기 시세 차익을 목적으로 2025년 5월 3일 취득하였던 ㈜더푸른컴퓨터의 주식 전부를 37,000,000원에 처분하고 대금은 보통예금 계좌에 입금받았다. 단, 취득 당시 관련 내용은 아래와 같다. 3점

• 취득 수량 : 5,000주   • 1주당 취득가액 : 7,000원   • 취득 시 거래수수료 : 35,000원

[6] 11월 29일 액면금액 50,000,000원의 사채(만기 3년)를 49,000,000원에 발행하였다. 대금은 보통예금 계좌로 입금되었다. 3점

03 [매입매출전표입력] 메뉴를 이용하여 다음의 거래 자료를 입력하시오. 18점

─〈 입력 시 유의사항 〉─

- 일반적인 적요의 입력은 생략하지만, 타계정 대체거래는 적요번호를 선택하여 입력한다.
- 채권·채무와 관련된 거래는 별도의 요구가 없는 한 반드시 기등록된 거래처코드를 선택하는 방법으로 거래처명을 입력한다.
- 제조경비는 500번대 계정코드를, 판매비와관리비는 800번대 계정코드를 사용한다.
- 회계처리 시 계정과목은 별도의 제시가 없는 한 등록된 계정과목 중 가장 적절한 과목으로 한다.
- 입력화면 하단의 분개까지 처리하고, 전자세금계산서 및 전자계산서는 전자입력으로 반영한다.

[1] 09월 02일 ㈜신도기전에 제품을 판매하고 다음의 전자세금계산서를 발급하였다. 대금 중 어음은 ㈜신도기전이 발행한 것이다. 3점

전자세금계산서						승인번호		2025090214652823-1603488		
공급자	사업자 등록번호	138-81-61276		종사업장 번호		공급받는자	사업자 등록번호	130-81-95054	종사업장 번호	
	상호(법인명)	㈜유미기계	성명(대표자)		정현욱		상호(법인명)	㈜신도기전	성명(대표자)	윤현진
	사업장주소	서울특별시 강남구 압구정로 347					사업장주소	울산 중구 태화로 150		
	업태	제조,도소매	종목		기계부품		업태	제조	종목	전자제품 외
	이메일						이메일			
작성일자		공급가액		세액		수정사유		비고		
2025-09-02		10,000,000		1,000,000		해당 없음				
월	일	품목	규격	수량	단가		공급가액		세액	비고
09	02	제품		2	5,000,000		10,000,000		1,000,000	
합계금액		현금		수표		어음		외상미수금	위 금액을 (청구) 함	
11,000,000						8,000,000		3,000,000		

[2] 09월 12일 제조부서의 생산직 직원들에게 제공할 작업복 10벌을 인천상회로부터 구입하고 우리카드(법인)로 결제하였다(단, 회사는 작업복 구입 시 즉시 전액 비용으로 처리한다). 3점

[3] 10월 05일 미국의 PYBIN사에 제품 100개(1개당 판매금액 $1,000)를 직접 수출하고 대금은 보통예금 계좌로 송금받았다(단, 선적일인 10월 05일의 기준환율은 1,000원/$이며, 수출신고번호의 입력은 생략한다). 3점

[4] 10월 22일 영업부서 직원들의 직무역량 강화를 위한 도서를 영건서점에서 현금으로 구매하고 전자계산서를 발급받았다. 3점

전자계산서						승인번호		20251022-15454645-58811886		
공급자	사업자등록번호	112-60-61264	종사업장번호			공급받는자	사업자등록번호	138-81-61276	종사업장번호	
	상호(법인명)	영건서점	성명(대표자)	김종인			상호(법인명)	㈜유미기계	성명(대표자)	정현욱
	사업장주소	인천시 남동구 남동대로 8					사업장주소	서울특별시 강남구 압구정로 347		
	업태	소매	종목	도서			업태	제조, 도소매	종목	기계부품
	이메일						이메일			
작성일자		공급가액		수정사유		비고				
2025-10-22		1,375,000		해당 없음						

월	일	품목	규격	수량	단가	공급가액	비고
10	22	도서(슬기로운 직장 생활 외)				1,375,000	

합계금액	현금	수표	어음	외상미수금	위 금액을 (청구) 함
1,375,000	1,375,000				

[5] 11월 02일 개인소비자에게 제품을 8,800,000원(부가가치세 포함)에 판매하고 현금영수증(소득공제용)을 발급하였다. 판매대금은 보통예금 계좌로 받았다. 3점

[6] 12월 19일 매출거래처에 보낼 연말 선물로 홍성백화점에서 생활용품세트를 구입하고 아래 전자세금계산서를 발급받았으며, 대금은 국민카드(법인카드)로 결제하였다. 3점

전자세금계산서						승인번호		20251219-451542154-542124512		
공급자	사업자등록번호	124-86-09276	종사업장번호			공급받는자	사업자등록번호	138-81-61276	종사업장번호	
	상호(법인명)	홍성백화점	성명(대표자)	조재광			상호(법인명)	㈜유미기계	성명(대표자)	정현욱
	사업장주소	서울 강남구 테헤란로 101					사업장주소	서울특별시 강남구 압구정로 347		
	업태	도소매	종목	잡화			업태	제조, 도소매	종목	기계부품
	이메일						이메일			
작성일자		공급가액		세액		수정사유		비고		
2025-12-19		500,000		50,000						

월	일	품목	규격	수량	단가	공급가액	세액	비고
12	19	생활용품세트		10	50,000	500,000	50,000	

합계금액	현금	수표	어음	외상미수금	위 금액을 (청구) 함
550,000				550,000	

04 [일반전표입력] 및 [매입매출전표입력] 메뉴에 입력된 내용 중 다음과 같은 오류가 발견되었다. 입력된 내용을 확인하여 정정하시오. 6점

[1] 07월 31일 경영관리부서 직원을 위하여 확정급여형(DB형) 퇴직연금에 가입하고 보통예금 계좌에서 14,000,000원을 이체하였으나, 회계담당자는 확정기여형(DC형) 퇴직연금에 가입한 것으로 알고 회계처리를 하였다. 3점

[2] 10월 28일 영업부서의 매출거래처에 선물하기 위하여 다다마트에서 현금으로 구입한 선물 세트 5,000,000원(부가가치세 별도, 전자세금계산서 수취)을 복리후생비로 회계처리를 하였다. 3점

05 결산정리사항은 다음과 같다. 관련 메뉴를 이용하여 결산을 완료하시오. 9점

[1] 7월 1일에 가입한 토스은행의 정기예금 5,000,000원(만기 1년, 연 이자율 6%)에 대하여 기간경과분 이자를 계상하다. 단, 이자 계산은 월할 계산하며, 원천징수는 없다고 가정한다. 3점

[2] 외상매입금 계정에는 중국에 소재한 거래처 상하이에 대한 외상매입금 2,000,000원($2,000)이 포함되어 있다(결산일 현재 기준환율 : 1,040원/$). 3점

[3] 매출채권 잔액에 대하여만 1%의 대손충당금을 보충법으로 설정한다(단, 기중의 충당금에 대한 회계처리는 무시하고 아래 주어진 자료에 의해서만 처리한다). 3점

구분	기말채권 잔액	기말충당금 잔액	추가설정(△환입)액
외상매출금	15,000,000원	70,000원	80,000원
받을어음	12,000,000원	150,000원	△30,000원

06 다음 사항을 조회하여 알맞은 답안을 [이론문제 답안작성] 메뉴에 입력하시오. 9점

[1] 제1기 부가가치세 예정신고에 반영된 자료 중 현금영수증이 발행된 과세매출의 공급가액은 얼마인가? 3점

[2] 6월 한 달 동안 발생한 제조원가 중 현금으로 지급한 금액은 얼마인가? 3점

[3] 6월 30일 현재 외상매입금 잔액이 가장 작은 거래처명과 외상매입금 잔액은 얼마인가? 3점

113회 전산회계 1급 기출문제(이론 + 실무)

✦ 이론시험 ✦

※ 다음 문제를 보고 알맞은 것을 골라 이론문제 답안작성 메뉴의 해당번호에 입력하시오.
(객관식 문항당 2점)

─────〈 기본전제 〉─────

문제에서 한국채택국제회계기준을 적용하도록 하는 전제조건이 없는 경우, 일반기업회계기준을 적용한다.

01 다음 중 회계의 기본가정과 특징이 아닌 것은?

① 기업의 관점에서 경제활동에 대한 정보를 측정·보고한다.
② 기업이 예상가능한 기간동안 영업을 계속할 것이라 가정한다.
③ 기업은 수익과 비용을 인식하는 시점을 현금이 유입·유출될 때로 본다.
④ 기업의 존속기간을 일정한 기간단위로 분할하여 각 기간 단위별로 정보를 측정·보고한다.

02 다음 중 상품의 매출원가 계산 시 총매입액에서 차감해야 할 항목은 무엇인가?

① 기초재고액
② 매입수수료
③ 매입환출 및 에누리
④ 매입 시 운반비

03 건물 취득 시에 발생한 금액들이 다음과 같을 때, 건물의 취득원가는 얼마인가?

• 건물 매입금액 : 2,000,000,000원	• 자본화 대상 차입원가 : 150,000,000원
• 건물취득세 : 200,000,000원	• 관리 및 기타 일반간접원가 : 16,000,000원

① 21억 5,000만원
② 22억원
③ 23억 5,000만원
④ 23억 6,600만원

04 다음 중 무형자산에 대한 설명으로 틀린 것은?

① 물리적인 실체는 없지만 식별이 가능한 비화폐성 자산이다.

② 무형자산을 통해 발생하는 미래 경제적 효익을 기업이 통제할 수 있어야 한다.

③ 무형자산은 자산의 정의를 충족하면서 다른 자산들과 분리하여 거래를 할 수 있거나 계약상 또는 법적 권리로부터 발생하여야 한다.

④ 일반기업회계기준은 무형자산의 회계처리와 관련하여 영업권을 포함한 무형자산의 내용연수를 원칙적으로 40년을 초과하지 않도록 한정하고 있다.

05 다음 중 재무제표에 해당하지 않는 것은?

① 기업의 계정별 합계와 잔액을 나타내는 시산표

② 일정 시점 현재 기업의 재무상태(자산, 부채, 자본)을 나타내는 보고서

③ 기업의 자본에 관하여 일정기간 동안의 변동 흐름을 파악하기 위해 작성하는 보고서

④ 재무제표의 과목이나 금액에 기호를 붙여 해당 항목에 대한 추가 정보를 나타내는 별지

06 다음 중 유동부채와 비유동부채의 분류가 적절하지 않은 것은?

	유동부채	비유동부채		유동부채	비유동부채
①	단기차입금	사채	②	외상매입금	유동성장기부채
③	미지급비용	장기차입금	④	지급어음	퇴직급여충당부채

07 다음의 자본 항목 중 포괄손익계산서에 영향을 미치는 항목은 무엇인가?

① 감자차손
② 주식발행초과금
③ 자식주식처분이익
④ 매도가능증권평가이익

08 다음 자료 중 빈칸 (A)에 들어갈 금액으로 적당한 것은?

기초상품재고액	매입액	기말상품재고액	매출원가
219,000원	350,000원	110,000원	
매출액	**매출총이익**	**판매비와 관리비**	**당기순손익**
290,000원		191,000원	A

① 당기순손실 360,000원
② 당기순손실 169,000원
③ 당기순이익 290,000원
④ 당기순이익 459,000원

09 다음 중 원가행태에 따라 변동원가와 고정원가로 분류할 때 이에 대한 설명으로 틀린 것은?

① 고정원가는 조업도가 증가할수록 단위당 원가도 증가한다.
② 고정원가는 조업도가 증가하여도 총원가는 일정하다.
③ 변동원가는 조업도가 증가하여도 단위당 원가는 일정하다.
④ 변동원가는 조업도가 증가할수록 총원가도 증가한다.

10 다음 중 보조부문원가를 배분하는 방법 중 옳지 않은 것은?

① 상호배분법은 보조부문 상호 간의 용역수수관계를 완전히 반영하는 방법이다.
② 단계배분법은 보조부문 상호 간의 용역수수관계를 전혀 반영하지 않는 방법이다.
③ 직접배분법은 보조부문 상호 간의 용역수수관계를 전혀 반영하지 않는 방법이다.
④ 상호배분법, 단계배분법, 직접배분법 어떤 방법을 사용하더라도 보조부문의 총원가는 제조부문에 모두 배분된다.

11 다음 자료에 의한 당기총제조원가는 얼마인가? 단, 노무원가는 발생주의에 따라 계산한다.

- 기초원재료 300,000원
- 기말원재료 450,000원
- 전기미지급임금액 150,000원
- 당기미지급임금액 250,000원
- 당기지급임금액 350,000원
- 당기원재료매입액 1,300,000원
- 제조간접원가 700,000원
- 기초재공품 200,000원

① 2,100,000원
② 2,300,000원
③ 2,450,000원
④ 2,500,000원

12 다음 중 종합원가계산에 대한 설명으로 옳지 않은 것은?

① 소품종 대량 생산하는 업종에 적용하기에 적합하다.
② 공정 과정에서 발생하는 공손 중 정상공손은 제품의 원가에 가산한다.
③ 평균법을 적용하는 경우 기초재공품원가를 당기에 투입한 것으로 가정한다.
④ 제조원가 중 제조간접원가는 실제 조업도에 예정배부율을 반영하여 계산한다.

13 다음 중 부가가치세법상 세금계산서를 발급할 수 있는 자는?

① 면세사업자로 등록한 자
② 사업자등록을 하지 않은 자
③ 사업자등록을 한 일반과세자
④ 간이과세자 중 직전 사업연도 공급대가가 4,800만원 미만인 자

PART 03

14 다음 중 부가가치세법상 대손사유에 해당하지 않는 것은?

① 소멸시효가 완성된 어음·수표
② 특수관계인과의 거래로 인해 발생한 중소기업의 외상매출금으로서 회수기일이 2년 이상 지난 외상매출금
③ 채무자의 파산, 강제집행, 형의 집행, 사업의 폐지, 사망, 실종, 행방불명으로 인하여 회수할 수 없는 채권
④ 부도발생일부터 6개월 이상 지난 외상매출금(중소기업의 외상매출금으로서 부도발생일 이전의 것에 한정한다)

15 다음 중 부가가치세법상 공급시기로 옳지 않은 것은?

① 폐업 시 잔존재화의 경우 : 폐업하는 때
② 내국물품을 외국으로 수출하는 경우 : 수출재화의 선적일
③ 무인판매기로 재화를 공급하는 경우 : 무인판매기에서 현금을 인취하는 때
④ 위탁판매의 경우(위탁자 또는 본인을 알 수 있는 경우) : 위탁자가 판매를 위탁한 때

⊹ 실무시험 ⊹

※ ㈜혜송상사(회사코드:1133)는 자동차부품 등의 제조 및 도소매업을 영위하는 중소기업으로 당기(제14기) 회계기간은 2025.1.1.~2025.12.31.이다. 전산세무회계수험용프로그램을 이용하여 다음 물음에 답하시오.

─〈 기본전제 〉─

• 문제에서 한국채택국제회계기준을 적용하도록 하는 전제조건이 없는 경우, 일반기업회계기준을 적용하여 회계처리한다.
• 문제의 풀이와 답안작성은 제시된 문제의 순서대로 진행한다.

01 다음은 [기초정보관리] 및 [전기분재무제표]에 대한 자료이다. 각각의 요구사항에 대하여 답하시오. 10점

[1] 다음의 자료를 이용하여 [거래처등록] 메뉴에서 신규거래처를 추가로 등록하시오. 3점

• 거래처코드 : 00777
• 거래처명 : 슬기로운㈜
• 사업자등록번호 : 253-81-13578
• 업태 : 도매
• 사업장주소 : 부산광역시 부산진구 중앙대로 663(부전동)
   ※ 주소 입력 시 우편번호는 생략해도 무방함
• 거래처구분 : 일반거래처
• 유형 : 동시
• 대표자 : 김슬기
• 종목 : 금속

[2] 다음 자료를 이용하여 [계정과목및적요등록] 메뉴에서 대체적요를 등록하시오. 3점

• 코드 : 134   • 계정과목 : 가지급금   • 대체적요 : 8. 출장비 가지급금 정산

[3] 전기분 손익계산서를 검토한 결과 다음과 같은 오류가 발견되었다. 해당 오류와 관련된 [전기분원가명세서] 및 [전기분손익계산서]를 수정하시오. 4점

공장 일부 직원의 임금 2,200,000원이 판매비및일반관리비 항목의 급여(801)로 반영되어 있다.

02 [일반전표입력] 메뉴를 이용하여 다음의 거래 자료를 입력하시오(일반전표입력의 모든 거래는 부가가치세를 고려하지 말 것). 18점

─────〈 입력 시 유의사항 〉─────
- 일반적인 적요의 입력은 생략하지만, 타계정 대체거래는 적요번호를 선택하여 입력한다.
- 채권 · 채무와 관련된 거래는 별도의 요구가 없는 한 반드시 기등록된 거래처코드를 선택하는 방법으로 거래처명을 입력한다.
- 제조경비는 500번대 계정코드를, 판매비와관리비는 800번대 계정코드를 사용한다.
- 회계처리 시 계정과목은 별도의 제시가 없는 한 등록된 계정과목 중 가장 적절한 과목으로 한다.

[1] 07월 15일 ㈜상수로부터 원재료를 구입하기로 계약하고, 당좌수표를 발행하여 계약금 3,000,000원을 지급하였다. 3점

[2] 08월 05일 사옥 취득을 위한 자금 900,000,000원(만기 6개월)을 우리은행으로부터 차입하고, 선이자 36,000,000원(이자율 연 8%)을 제외한 나머지 금액을 보통예금 계좌로 입금받았다(단, 하나의 전표로 입력하고, 선이자지급액은 선급비용으로 회계처리할 것). 3점

[3] 09월 10일 창고 임차보증금 10,000,000원(거래처 : ㈜대운) 중에서 미지급금으로 계상되어 있는 작년분 창고 임차료 1,000,000원을 차감하고 나머지 임차보증금만 보통예금으로 돌려받았다. 3점

[4] 10월 20일 ㈜영광상사에 대한 외상매출금 2,530,000원 중 1,300,000원이 보통예금 계좌로 입금되었다. 3점

[5] 11월 29일 장기투자 목적으로 ㈜콘프상사의 보통주 2,000주를 1주당 10,000원(1주당 액면가액 5,000원)에 취득하고 대금은 매입수수료 240,000원과 함께 보통예금 계좌에서 이체하여 지급하였다. 3점

[6] 12월 08일 수입한 상품에 부과된 관세 7,560,000원을 보통예금 계좌에서 이체하여 납부 하였다. 3점

납부영수증서[납부자용]				File No . 사업사과세 B/L No. : 45241542434	
사업자번호 : 312-86-12548					
회계구분	관세청소관 일반회계			납부기한	2025년 12월 08일
회계연도	2025			발행일자	2025년 12월 02일
수입징수관 계좌번호	110288	납부자 번호	0127 040-11-17-6-178461-8	납기내 금액	7,560,000
※수납기관에서는 위의 굵은 선 안의 내용을 즉시 전산입력하여 수입징수관에 EDI방식으로 통지될 수 있도록 하시기 바랍니다.				납기후 금액	
수입신고번호	41209-17-B11221W		수입징수관서	인천세관	
납 부 자	성명	황동규	상 호	(주)혜송상사	
	주소	경기도 용인시 기흥구 갈곡로 6(구갈동)			
2025년 12월 2일 수입징수관 인천세관					

03 [매입매출전표입력] 메뉴를 이용하여 다음의 거래 자료를 입력하시오. 18점

─────〈 입력 시 유의사항 〉─────

• 일반적인 적요의 입력은 생략하지만, 타계정 대체거래는 적요번호를 선택하여 입력한다.
• 채권·채무와 관련된 거래는 별도의 요구가 없는 한 반드시 기등록된 거래처코드를 선택하는 방법으로 거래처명을 입력한다.
• 제조경비는 500번대 계정코드를, 판매비와관리비는 800번대 계정코드를 사용한다.
• 회계처리 시 계정과목은 별도의 제시가 없는 한 등록된 계정과목 중 가장 적절한 과목으로 한다.
• 입력화면 하단의 분개까지 처리하고, 전자세금계산서 및 전자계산서는 전자입력으로 반영한다.

[1] 08월 10일 ㈜산양산업으로부터 영업부에서 사용할 소모품(공급가액 950,000원, 부가가치 세 별도)을 현금으로 구입하고 전자세금계산서를 발급받았다. 단, 소모품은 자 산으로 처리한다. 3점

[2] 08월 22일 내국신용장으로 수출용 제품의 원재료 34,000,000원을 ㈜로띠상사에서 매입하고 아래의 영세율전자세금계산서를 발급받았다. 대금은 당사가 발행한 3개월 만기 약속어음으로 지급하였다. 3점

PART 03

영세율전자세금계산서						승인번호		20250822-14258645-58811657		
공급자	사업자등록번호	124-86-15012	종사업장번호			공급받는자	사업자등록번호	312-86-12548	종사업장번호	
	상호(법인명)	㈜로띠상사	성명(대표자)		이로운		상호(법인명)	㈜혜송상사	성명(대표자)	황동규
	사업장주소	대전광역시 대덕구 대전로1019번길 28-10					사업장주소	경기도 용인시 기흥구 갈곡로 6		
	업태	제조	종목		부품		업태	제조, 도소매	종목	자동차부품
	이메일						이메일	hyesong@hscorp.co.kr		

작성일자	공급가액		세액		수정사유	
2025/08/22	34,000,000원					
비고						

월	일	품목	규격	수량	단가	공급가액	세액	비고
08	22	부품 kT_01234				34,000,000원		

합계금액	현금	수표	어음	외상미수금	위 금액을 (청구) 함
34,000,000원			34,000,000원		

[3] 08월 25일 송강수산으로부터 영업부 직원선물로 마른멸치세트 500,000원, 영업부 거래처 선물로 마른멸치세트 300,000원을 구매하였다. 대금은 보통예금 계좌에서 이체하여 지급하고 아래의 전자계산서를 발급받았다(단, 하나의 거래로 작성할 것). 3점

전자계산서						승인번호		20250825-1832324-1635032		
공급자	사업자등록번호	850-91-13586	종사업장번호			공급받는자	사업자등록번호	312-86-12548	종사업장번호	
	상호(법인명)	송강수산	성명(대표자)		송강		상호(법인명)	㈜혜송상사	성명(대표자)	황동규
	사업장주소	경상남도 남해군 남해읍 남해대로 2751					사업장주소	경기도 용인시 기흥구 갈곡로 6		
	업태	도소매	종목		건어물		업태	제조, 도소매	종목	자동차부품
	이메일						이메일	hyesong@hscorp.co.kr		

작성일자	공급가액		수정사유		비고
2025/08/25	800,000원				

월	일	품목	규격	수량	단가	공급가액	비고
08	25	마른멸치세트		5	100,000원	500,000원	
08	25	마른멸치세트		3	100,000원	300,000원	

합계금액	현금	수표	어음	외상미수금	위 금액을 (영수) 함
800,000원	800,000원				

[4] 10월 16일 업무와 관련없이 대표이사 황동규가 개인적으로 사용하기 위하여 상해전자㈜에서 노트북 1대를 2,100,000원(부가가치세 별도)에 외상으로 구매하고 아래의 전자세금계산서를 발급받았다(단, 가지급금 계정을 사용하고, 거래처를 입력할 것). **3점**

전자세금계산서					승인번호		20251016-15454645-58811886	
공급자	사업자 등록번호	501-81-12347	종사업장 번호		공급받는자	사업자 등록번호	312-86-12548	종사업장 번호	
	상호(법인명)	상해전자㈜	성명(대표자)	김은지		상호(법인명)	㈜혜송상사	성명(대표자)	황동규
	사업장주소	서울특별시 동작구 여의대방로 28				사업장주소	경기도 용인시 기흥구 갈곡로 6		
	업태	도소매	종목	전자제품		업태	제조, 도소매	종목	자동차부품
	이메일					이메일	hyesong@hscorp.co.kr		
작성일자		공급가액		세액			수정사항		
2025/10/16		2,100,000원		210,000원			해당 없음		
비고									
월	일	품목	규격	수량	단가	공급가액	세액	비고
10	16	노트북		1	2,100,000원	2,100,000원	210,000원	
합계금액		현금		수표		어음		외상미수금	위 금액을 (청구) 함
2,310,000원								2,310,000원	

[5] 11월 04일 개인소비자 김은우에게 제품을 770,000원(부가가치세 포함)에 판매하고, 대금은 김은우의 신한카드로 수취하였다(단, 신용카드 결제대금은 외상매출금으로 회계처리할 것). **3점**

[6] 12월 04일 제조부가 사용하는 기계장치의 원상회복을 위한 수선비 880,000원을 하나
   카드로 결제하고 다음의 매출전표를 수취하였다. 3점

하나카드 승인전표

카드번호	4140-0202-3245-9959
거래유형	국내일반
결제방법	일시불
거래일시	2025.12.04.15:35:45
취소일시	
승인번호	98421149

공급가액	800,000원
부가세	80,000원
봉사료	
승인금액	880,000원
가맹점명	㈜뚝딱수선
가맹점번호	00990218110
가맹점 전화번호	031-828-8624
가맹점 주소	경기도 성남시 수정구 성남대로 1169
사업자등록번호	204-81-76697
대표자명	이은샘

🇴 하나카드

---

04 [일반전표입력] 및 [매입매출전표입력] 메뉴에 입력된 내용 중 다음과 같은 오류가 발견되
   었다. 입력된 내용을 확인하여 정정하시오. 6점

[1] 09월 09일 ㈜초록산업으로부터 5,000,000원을 차입하고 이를 모두 장기차입금으로 회
   계처리하였으나, 그중 2,000,000원의 상환기일은 2025년 12월 8일로 확인되
   었다. 3점

[2] 10월 15일 바로카센터에서 영업부의 영업용 화물차량을 점검 및 수리하고 차량유지비
   250,000원(부가세 별도)을 현금으로 지급하였으며, 전자세금계산서를 발급받
   았다. 그러나 회계 담당 직원의 실수로 이를 일반전표에 입력하였다. 3점

05 결산정리사항은 다음과 같다. 관련 메뉴를 이용하여 결산을 완료하시오. 9점

[1] 결산일 현재 외상매입금 잔액은 2025년 1월 2일 미국에 소재한 원재료 공급거래처 NOVONO로부터 원재료 $5,500를 외상으로 매입하고 미지급한 잔액 $2,000가 포함되어 있다(단, 매입 시 기준환율은 1,100원/$, 결산 시 기준환율은 1,200원/$이다). 3점

[2] 12월 31일 결산일 현재 단기 매매 목적으로 보유 중인 지분증권에 대한 자료는 다음과 같다. 적절한 결산 분개를 하시오. 3점

종목	취득원가	결산일 공정가치	비고
㈜가은	56,000,000원	54,000,000원	단기 매매 목적

[3] 2025년 5월 1일 제조부 공장의 1년치 화재보험료(2025년 5월 1일~2026년 4월 30일) 3,600,000원을 보통예금 계좌에서 이체하여 납부하고 전액 보험료(제조경비)로 회계처리하였다(단, 보험료는 월할 계산하고, 거래처입력은 생략할 것). 3점

06 다음 사항을 조회하여 알맞은 답안을 이론문제 답안작성 메뉴에 입력하시오. 9점

[1] 2025년 제1기 부가가치세 확정신고(2025.04.01.~2025.06.30.)에 반영된 예정신고누락분 매출의 공급가액과 매출세액은 각각 얼마인가? 3점

[2] 2분기(4월~6월) 중 제조원가 항목의 복리후생비 지출액이 가장 많이 발생한 월(月)과 그 금액을 각각 기재하시오. 3점

[3] 4월 말 현재 미지급금 잔액이 가장 큰 거래처명과 그 금액은 얼마인가? 3점

114회 전산회계 1급 기출문제(이론 + 실무)

✦ 이론시험 ✦

※ 다음 문제를 보고 알맞은 것을 골라 이론문제 답안작성 메뉴의 해당번호에 입력하시오.
(객관식 문항당 2점)

─〈 기본전제 〉─

문제에서 한국채택국제회계기준을 적용하도록 하는 전제조건이 없는 경우, 일반기업회계기준을 적용한다.

01 다음 중 거래내용에 대한 거래요소의 결합관계를 바르게 표시한 것은?

거래요소의 결합관계	거래내용
① 자산의 증가 : 자산의 증가	외상매출금 4,650,000원을 보통예금으로 수령하다.
② 자산의 증가 : 부채의 증가	기계장치를 27,500,000원에 구입하고 구입대금은 미지급하다.
③ 비용의 발생 : 자산의 증가	보유 중인 건물을 임대하여 임대료 1,650,000원을 보통예금으로 수령하다.
④ 부채의 감소 : 자산의 감소	장기차입금에 대한 이자 3,000,000원을 보통예금에서 이체하는 방식으로 지급하다.

02 다음 중 재고자산이 아닌 것은?

① 약국의 일반의약품 및 전문의
② 제조업 공장의 생산 완제품
③ 부동산매매업을 주업으로 하는 기업의 판매 목적 토지
④ 병원 사업장소재지의 토지 및 건물

03 다음은 ㈜한국이 신규 취득한 기계장치 관련 자료이다. 아래의 기계장치를 연수합계법으로 감가상각할 경우, ㈜한국의 당기(회계연도 : 매년 1월 1일~12월 31일) 말 현재 기계장치의 장부금액은 얼마인가?

• 기계장치 취득원가 : 3,000,000원	• 잔존가치 : 300,000원
• 취득일 : 2025.01.01.	• 내용연수 : 5년

① 2,000,000원
② 2,100,000원
③ 2,400,000원
④ 2,460,000원

04 다음은 ㈜서울의 당기 지출 내역 중 일부이다. 아래의 자료에서 무형자산으로 기록할 수 있는 금액은 모두 얼마인가?

- 신제품 특허권 취득 비용 30,000,000원
- 신제품의 연구단계에서 발생한 재료 구입 비용 1,500,000원
- A기업이 가지고 있는 상표권 구입 비용 22,000,000원

① 22,000,000원   ② 30,000,000원
③ 52,000,000원   ④ 53,500,000원

05 다음 중 매도가능증권에 대한 설명으로 옳지 않은 것은?

① 기말 평가손익은 기타포괄손익누계액에 반영한다.
② 취득 시 발생한 수수료는 당기 비용으로 처리한다.
③ 처분 시 발생한 처분손익은 당기손익에 반영한다.
④ 보유 목적에 따라 당좌자산 또는 투자자산으로 분류한다.

06 다음 중 채권 관련 계정의 차감적 평가항목으로 옳은 것은?

① 감가상각누계액   ② 재고자산평가충당금
③ 사채할인발행차금   ④ 대손충당금

07 다음 중 자본잉여금 항목에 포함되는 것을 모두 고른 것은?

| 가. 주식발행초과금 | 나. 자기주식처분손실 |
| 다. 주식할인발행차금 | 라. 감자차익 |

① 가, 라   ② 나, 다
③ 가, 나, 다   ④ 가, 다, 라

08 다음은 현금배당에 관한 회계처리이다. 아래의 괄호 안에 각각 들어갈 회계처리 일자로 옳은 것은?

(가)	(차) 이월이익잉여금	×××원	(대) 이익준비금	×××원
	미지급배당금	×××원		
(나)	(차) 미지급배당금	×××원	(대) 보통예금	×××원

	(가)	(나)		(가)	(나)
①	회계종료일	배당결의일	②	회계종료일	배당지급일
③	배당결의일	배당지급일	④	배당결의일	회계종료일

09 원가의 분류 중 원가행태(行態)에 따른 분류에 해당하는 것은?

① 변동원가   ② 기회원가
③ 관련원가   ④ 매몰원가

10 다음은 제조업을 영위하는 ㈜인천의 당기 원가 관련 자료이다. ㈜인천의 당기총제조원가는 얼마인가? 단, 기초재고자산은 없다고 가정한다.

- 기말재공품재고액 300,000원
- 매출원가 2,000,000원
- 제조간접원가 600,000원
- 기말제품재고액 500,000원
- 기말원재료재고액 700,000원
- 직접재료원가 1,200,000원

① 1,900,000원   ② 2,200,000원
③ 2,500,000원   ④ 2,800,000원

11 평균법에 따른 종합원가계산을 채택하고 있는 ㈜대전의 당기 물량 흐름은 다음과 같다. 재료원가는 공정 초기에 전량 투입되며, 가공원가는 공정 전반에 걸쳐 균등하게 발생한다. 아래의 자료를 이용하여 재료원가 완성품환산량을 계산하면 몇 개인가?

- 기초재공품 수량 : 1,000개(완성도 20%)
- 당기착수량 : 10,000개
- 당기완성품 수량 : 8,000개
- 기말재공품 수량 : 3,000개(완성도 60%)

① 8,000개   ② 9,000개
③ 9,800개   ④ 11,000개

12 다음 중 개별원가계산에 대한 설명으로 옳지 않은 것은?

① 항공기 제조업은 종합원가계산보다는 개별원가계산이 더 적합하다.
② 제품원가를 제조공정별로 집계한 후 이를 생산량으로 나누어 단위당 원가를 계산한다.
③ 직접원가와 제조간접원가의 구분이 중요하다.
④ 단일 종류의 제품을 대량으로 생산하는 업종에는 적합하지 않은 방법이다.

13 다음 중 우리나라 부가가치세법의 특징으로 틀린 것은?

① 국세   ② 인세
③ 전단계세액공제법   ④ 다단계거래세

14 다음 중 부가가치세법상 주된 사업에 부수되는 재화·용역의 공급으로서 면세 대상이 아닌 것은?

① 은행업을 영위하는 면세사업자가 매각한 사업용 부동산인 건물
② 약국을 양수도하는 경우로서 해당 영업권 중 면세 매출에 해당하는 비율의 영업권
③ 가구제조업을 영위하는 사업자가 매각한 사업용 부동산 중 토지
④ 부동산임대업자가 매각한 부동산임대 사업용 부동산 중 상가 건물

15 다음 중 부가가치세법상 아래의 괄호 안에 공통으로 들어갈 내용으로 옳은 것은?

> 가. 부가가치세 매출세액은 (   )에 세율을 곱하여 계산한 금액이다.
> 나. 재화 또는 용역의 공급에 대한 부가가치세의 (   )(은)는 해당 과세기간에 공급한 재화 또는 용역의 공급가액을 합한 금액으로 한다.
> 다. 재화의 수입에 대한 부가가치세의 (   )(은)는 그 재화에 대한 관세의 과세가격과 관세, 개별소비세, 주세, 교육세, 농어촌특별세 및 교통·에너지·환경세를 합한 금액으로 한다.

① 공급대가   ② 간주공급
③ 과세표준   ④ 납부세액

✦ 실무시험 ✦

※ ㈜하나전자(회사코드:1143)는 전자부품의 제조 및 도소매업을 영위하는 중소기업으로 당기(제
10기) 회계기간은 2025.1.1.~2025.12.31.이다. 전산세무회계 수험용 프로그램을 이용하여 다
음 물음에 답하시오.

〈 기본전제 〉

• 문제에서 한국채택국제회계기준을 적용하도록 하는 전제조건이 없는 경우, 일반기업회계기준을 적용하
여 회계처리한다.
• 문제의 풀이와 답안작성은 제시된 문제의 순서대로 진행한다.

01 다음은 [기초정보관리] 및 [전기분재무제표]에 대한 자료이다. 각각의 요구사항에 대하여
답하시오. **10점**

[1] 다음의 자료를 이용하여 [거래처등록] 메뉴에서 신규거래처를 추가로 등록하시오. **3점**

• 거래처코드 : 00500   • 거래처구분 : 일반거래처
• 사업자등록번호 : 134-24-91004   • 업태 : 정보통신업
• 거래처명 : 한국개발   • 유형 : 동시
• 대표자성명 : 김한국   • 종목 : 소프트웨어개발
• 주소 : 경기도 성남시 분당구 판교역로192번길 12 (삼평동)
  ※ 주소 입력 시 우편번호 입력은 생략함

사업자등록증
(일반과세자)
등록번호 : 134-24-91004

상   호 : 한국개발
성   명 : 김한국   생년월일 : 1985 년 03 월 02 일
개 업 연 월 일 : 2021 년 07 월 25 일
사업장소재지 : 경기도 성남시 분당구 판교역로192번길 12 (삼평동)
사업의 종류 : [업태] 정보통신업   [종목] 소프트웨어개발
발 급 사 유 : 사업장 소재지 정정
공 동 사 업 자 :

사업자 단위 과세 적용사업자 여부 : 여( ) 부(∨)
전자세금계산서 전용 전자우편주소 :

2025 년 01 월 20 일
분당세무서장

[2] 다음 자료를 이용하여 [계정과목및적요등록]에 반영하시오. 3점

> • 코드 : 862
> • 계정과목 : 행사지원비
> • 성격 : 경비
> • 현금적요 1번 : 행사지원비 현금 지급
> • 대체적요 1번 : 행사지원비 어음 발행

[3] 전기분 원가명세서를 검토한 결과 다음과 같은 오류가 발견되었다. 이와 관련된 전기분 재무제표(재무상태표, 손익계산서, 원가명세서, 잉여금처분계산서)를 모두 적절하게 수정하시오. 4점

> 해당 연도(2024년)에 외상으로 매입한 부재료비 3,000,000원이 누락된 것으로 확인된다.

02 [일반전표입력] 메뉴를 이용하여 다음의 거래 자료를 입력하시오(일반전표입력의 모든 거래는 부가가치세를 고려하지 말 것). 18점

───〈 입력 시 유의사항 〉───

• 일반적인 적요의 입력은 생략하지만, 타계정 대체거래는 적요번호를 선택하여 입력한다.
• 채권·채무와 관련된 거래는 별도의 요구가 없는 한 반드시 기등록된 거래처코드를 선택하는 방법으로 거래처명을 입력한다.
• 제조경비는 500번대 계정코드를, 판매비와관리비는 800번대 계정코드를 사용한다.
• 회계처리 시 계정과목은 별도의 제시가 없는 한 등록된 계정과목 중 가장 적절한 과목으로 한다.

[1] 07월 05일 영업팀 직원들에 대한 확정기여형(DC형) 퇴직연금 납입액 1,400,000원을 보통예금 계좌에서 이체하여 납입하였다. 3점

[2] 07월 25일 ㈜고운상사의 외상매출금 중 5,500,000원은 약속어음으로 받고, 나머지 4,400,000원은 보통예금 계좌로 입금받았다. 3점

[3] 08월 30일 자금 부족으로 인하여 ㈜재원에 대한 받을어음 50,000,000원을 만기일 전에 은행에서 할인받고, 할인료 5,000,000원을 차감한 잔액이 보통예금 계좌로 입금되었다(단, 본 거래는 매각거래이다). 3점

[4] 10월 03일 단기 투자 목적으로 보유하고 있는 ㈜미학건설의 주식으로부터 배당금 2,300,000원이 확정되어 즉시 보통예금 계좌로 입금되었다. 3점

[5] 10월 31일 재무팀 강가연 팀장의 10월분 급여를 농협 보통예금 계좌에서 이체하여 지급하였다(단, 공제합계액은 하나의 계정과목으로 회계처리할 것). **3점**

2025년 10월 급여명세서

이름	강가연	지급일	2025년 10월 31일
기 본 급	4,500,000원	소 득 세	123,000원
식 대	200,000원	지 방 소 득 세	12,300원
자가운전보조금	200,000원	국 민 연 금	90,500원
		건 강 보 험	55,280원
		고 용 보 험	100,000원
급 여 계	4,900,000원	공 제 합 계	381,080원
		지 급 총 액	4,518,920원

[6] 12월 21일 자금 조달을 위하여 사채(액면금액 8,000,000원, 3년 만기)를 8,450,000원에 발행하고, 납입금은 당좌예금 계좌로 입금하였다. **3점**

03 [매입매출전표입력] 메뉴를 이용하여 다음의 거래 자료를 입력하시오. **18점**

──〈 입 력 시 유 의 사 항 〉──

• 일반적인 적요의 입력은 생략하지만, 타계정 대체거래는 적요번호를 선택하여 입력한다.
• 채권·채무와 관련된 거래는 별도의 요구가 없는 한 반드시 기등록된 거래처코드를 선택하는 방법으로 거래처명을 입력한다.
• 제조경비는 500번대 계정코드를, 판매비와관리비는 800번대 계정코드를 사용한다.
• 회계처리 시 계정과목은 별도의 제시가 없는 한 등록된 계정과목 중 가장 적절한 과목으로 한다.
• 입력화면 하단의 분개까지 처리하고, 전자세금계산서 및 전자계산서는 전자입력으로 반영한다.

[1] 07월 20일 미국 소재법인 NDVIDIA에 직수출하는 제품의 선적을 완료하였으며, 수출 대금 $5,000는 차후에 받기로 하였다. 제품수출계약은 7월 1일에 체결하였으며, 일자별 기준환율은 아래와 같다(단, 수출신고번호 입력은 생략할 것) **3점**

일자	계약일 2025.07.01.	선적일 2025.07.20.
기준환율	1,100원/$	1,200원/$

[2] 07월 23일 당사가 소유하던 토지(취득원가 62,000,000원)를 돌상상회에 65,000,000원에 매각하기로 계약하면서 동시에 전자계산서를 발급하였다. 대금 중 30,000,000원은 계약 당일 보통예금 계좌로 입금받았으며, 나머지는 다음달에 받기로 약정하였다. 3점

[3] 08월 10일 영업팀에서 회사 제품을 홍보하기 위해 광고닷컴에서 홍보용 수첩을 제작하고 현대카드로 결제하였다. 3점

카드번호 (9876-****-****-1230)	
승인번호	28516480
거래일자	2025년08월10일15:29:44
결제방법	일시불
가맹점명	광고닷컴
가맹점번호	23721275
대표자명	김광고
사업자등록번호	305-35-65424
전화번호	02-651-1212
주소	서울특별시 서초구 명달로 100
공급가액	4,000,000원
부가세액	400,000원
승인금액	4,400,000원

고객센터(1577-8398) | www.hyundaicard.com

Hyundai Card 현대카드

[4] 08월 17일 제품 생산에 필요한 원재료를 구입하고, 아래의 전자세금계산서를 발급받았다. 3점

전자세금계산서					승인번호		20250817-15454645-58811889		
공급자	사업자등록번호	139-81-54313	종사업장번호		공급받는자	사업자등록번호	125-86-65247	종사업장번호	
	상호(법인명)	㈜고철상사	성명(대표자)	황영민		상호(법인명)	㈜하나전자	성명(대표자)	김영순
	사업장주소	서울특별시 서초구 명달로 3				사업장주소	경기도 남양주시 덕릉로 1067		
	업태	도소매	종목	전자부품		업태	제조, 도소매	종목	전자부품
	이메일					이메일			

작성일자	공급가액	세액	수정사유	비고
2025/08/17	12,000,000	1,200,000	해당 없음	

월	일	품목	규격	수량	단가	공급가액	세액	비고
08	17	k-312 벨브		200	60,000	12,000,000	1,200,000	

합계금액	현금	수표	어음	외상미수금	위 금액을 (청구) 함
13,200,000			5,000,000	8,200,000	

[5] 08월 28일 ㈜와마트에서 업무용으로 사용하는 냉장고를 5,500,000원(부가가치세 포함)에 현금으로 구입하고, 현금영수증(지출증빙용)을 수취하였다(단, 자산으로 처리할 것). **3점**

㈜와마트

133-81-05134
류예린
서울특별시 구로구 구로동로 10
TEL : 02-117-2727
홈페이지 http://www.kacpta.or.kr

현금영수증(지출증빙용)

구매 2025/08/28/17:27
거래번호 : 0031-0027

상품명	수량	단가	금액
냉장고	1	5,500,000원	5,500,000원
		과 세 물 품 가 액	5,000,000원
		부 가 가 치 세 액	500,000원
		합 계	5,500,000원
		받 은 금 액	5,500,000원

[6] 11월 08일 대표이사 김영순(거래처코드 : 375)의 호텔 결혼식장 대관료(업무관련성 없음)를 당사의 보통예금 계좌에서 이체하여 지급하고, 아래의 전자세금계산서를 수취하였다. **3점**

전자세금계산서			승인번호		20251108-27620200-4651260	
공급자 사업자등록번호	511-81-53215	종사업장번호	**공급받는자** 사업자등록번호	125-86-65247	종사업장번호	
상호(법인명)	대박호텔㈜	성명(대표자) 김대박	상호(법인명)	㈜하나전자	성명(대표자)	김영순
사업장주소	서울특별시 강남구 도산대로 104		사업장주소	경기도 남양주시 덕릉로 1067		
업태	숙박, 서비스	종목 호텔, 장소대여	업태	제조, 도소매	종목	전자부품
이메일			이메일			

작성일자	공급가액	세액	수정사유
2025/11/08	25,000,000	2,500,000	해당 없음
비고			

월	일	품목	규격	수량	단가	공급가액	세액	비고
11	08	파라다이스 홀 대관			25,000,000	25,000,000	2,500,000	

합계금액	현금	수표	어음	외상미수금	위 금액을 (영수) 함
27,500,000	27,500,000				

04 [일반전표입력] 및 [매입매출전표입력] 메뉴에 입력된 내용 중 다음과 같은 오류가 발견되었다. 입력된 내용을 확인하여 정정하시오. 6점

[1] 11월 12일 호호꽃집에서 영업부 사무실에 비치할 목적으로 구입한 공기정화식물(소모품비)의 대금 100,000원을 보통예금 계좌에서 송금하고 전자계산서를 받았으나 전자세금계산서로 처리하였다. 3점

[2] 12월 12일 본사 건물에 엘리베이터를 설치하고 ㈜베스트디자인에 지급한 88,000,000원(부가가치세 포함)을 비용으로 처리하였으나, 건물의 자본적지출로 처리하는 것이 옳은 것으로 판명되었다. 3점

05 결산정리사항은 다음과 같다. 관련 메뉴를 이용하여 결산을 완료하시오. 9점

[1] 당기 중 단기시세차익을 목적으로 ㈜눈사람의 주식 100주(1주당 액면금액 100원)를 10,000,000원에 취득하였으나, 기말 현재 시장가격은 12,500,000원이다(단, ㈜눈사람의 주식은 시장성이 있다). 3점

[2] 기말 현재 미국 GODS사에 대한 장기대여금 $2,000가 계상되어 있다. 장부금액은 2,100,000원이며, 결산일 현재 기준환율은 1,120원/$이다. 3점

[3] 기말 현재 당기분 법인세(지방소득세 포함)는 15,000,000원으로 산출되었다. 관련된 결산 회계처리를 하시오(단, 당기분 법인세 중간예납세액 5,700,000원과 이자소득 원천징수세액 1,300,000원은 선납세금으로 계상되어 있다). 3점

06 다음 사항을 조회하여 알맞은 답안을 이론문제 답안작성 메뉴에 입력하시오. 9점

[1] 3월에 발생한 판매비와일반관리비 중 발생액이 가장 적은 계정과목과 그 금액은 얼마인가? 3점

[2] 2025년 2월 말 현재 미수금과 미지급금의 차액은 얼마인가? (단, 반드시 양수로 기재할 것) 3점

[3] 2025년 제1기 부가가치세 확정신고기간(4월~6월)의 공제받지못할매입세액은 얼마인가? 3점

115회 **전산회계 1급 기출문제(이론 + 실무)**

이론시험

※ 다음 문제를 보고 알맞은 것을 골라 이론문제 답안작성 메뉴의 해당번호에 입력하시오.
(객관식 문항당 2점)

─〈 기본전제 〉─

문제에서 한국채택국제회계기준을 적용하도록 하는 전제조건이 없는 경우, 일반기업회계기준을 적용한다.

01 다음 중 회계순환과정에 있어 기말결산정리의 근거가 되는 가정으로 적절한 것은?

① 발생주의 회계　　　　　　　② 기업실체의 가정
③ 계속기업의 가정　　　　　　④ 기간별 보고의 가정

02 다음 중 당좌자산에 포함되지 않는 것은 무엇인가?

① 선급비용　　　　　　　　② 미수금
③ 미수수익　　　　　　　　④ 선수수익

03 다음에서 설명하는 재고자산 단가 결정방법으로 옳은 것은?

실제 물량 흐름과 원가 흐름의 가정이 유사하다는 장점이 있으나, 수익·비용 대응의 원칙에 부적합하고, 물가 상승 시 이익이 과대 계상되는 단점이 있다.

① 개별법　　　　　　　　② 선입선출법
③ 후입선출법　　　　　　④ 총평균법

04 다음 중 유형자산에 대한 추가적인 지출이 발생했을 경우 발생한 기간의 비용으로 처리하는 거래로 옳은 것은?

① 건물의 피난시설을 설치하기 위한 지출
② 내용연수를 연장시키는 지출
③ 건물 내부 조명기구를 교체하는 지출
④ 상당한 품질향상을 가져오는 지출

05 다음 중 무형자산에 대한 설명으로 가장 옳지 않은 것은?

① 무형자산은 상각완료 후 잔존가치로 1,000원을 반드시 남겨둔다.
② 무형자산의 상각방법은 정액법, 정률법 둘 다 사용 가능하다.
③ 무형자산을 상각하는 회계처리를 할 때는 일반적으로 직접법으로 처리하고 있다.
④ 무형자산 중 내부에서 창출한 영업권은 무형자산으로 인정되지 않는다.

06 다음 중 일반기업회계기준에 따른 부채가 아닌 것은 무엇인가?

① 임차보증금   ② 퇴직급여충당부채
③ 선수금   ④ 미지급배당금

07 다음의 자본 항목 중 성격이 다른 하나는 무엇인가?

① 자기주식처분이익   ② 감자차익
③ 자기주식   ④ 주식발행초과금

08 다음의 자료를 이용하여 영업이익을 구하시오(기초재고는 50,000원, 기말재고는 '0'으로 가정한다).

• 총매출액 500,000원	• 매입에누리 20,000원
• 통신비 5,000원	• 임차료 25,000원
• 매출할인 10,000원	• 이자비용 30,000원
• 감가상각비 10,000원	• 유형자산처분손실 30,000원
• 당기총매입액 300,000원	• 급여 20,000원
• 배당금수익 20,000원	

① 60,000원   ② 70,000원
③ 100,000원   ④ 130,000원

09 다음 중 보조부문의 원가 배분에 대한 설명으로 옳지 않은 것은?

① 보조부문의 원가 배분방법으로는 직접배분법, 단계배분법 및 상호배분법이 있으며, 이들 배분 방법에 따라 전체 보조부문의 원가에 일부 차이가 있을 수 있다.

② 상호배분법은 부문간 상호수수를 고려하여 계산하기 때문에 다른 배분방법보다 계산이 복잡한 방법이라 할 수 있다.

③ 단계배분법은 보조부문간 배분순서에 따라 각 보조부문에 배분되는 금액에 차이가 있을 수 있다.

④ 직접배분법은 보조부문 원가 배분액의 계산이 상대적으로 간편한 방법이라 할 수 있다.

10 다음의 원가 분류 중 분류 기준이 같은 것으로만 짝지어진 것은?

가. 변동원가	나. 관련원가
다. 직접원가	라. 고정원가
마. 매몰원가	바. 간접원가

① 가, 나
② 나, 다
③ 나, 마
④ 라, 바

11 다음 자료를 참고하여 2025년 제조작업지시서 #200에 대한 제조간접원가 예정배부율과 예정배부액을 계산하면 각각 얼마인가?

가. 2024년 연간 제조간접원가 4,200,000원, 총기계작업시간은 100,000시간인 것으로 파악되었다.

나. 2025년 연간 예정제조간접원가 3,800,000원, 총예정기계작업시간은 80,000시간으로 예상하고 있다.

다. 2025년 제조작업지시서별 실제기계작업시간은 다음과 같다.
- 제조작업지시서 #200 : 11,000시간
- 제조작업지시서 #300 : 20,000시간

	제조간접원가 예정배부율	제조간접원가 예정배부액
①	42원/기계작업시간	462,000원
②	52.5원/기계작업시간	577,500원
③	47.5원/기계작업시간	522,500원
④	46원/기계작업시간	506,000원

12 다음 중 종합원가계산을 적용할 경우 평균법과 선입선출법에 의한 완성품 환산량의 차이를 발생시키는 주요 원인은 무엇인가?

① 기초재공품 차이
② 기초제품 차이
③ 기말제품 차이
④ 기말재공품 차이

13 다음 중 부가가치세법상 납세의무자에 대한 설명으로 가장 옳지 않은 것은?

① 부가가치세법상 사업자는 일반과세자와 간이과세자이다.
② 국가·지방자치단체도 납세의무자가 될 수 있다.
③ 사업자단위과세사업자는 모든 사업장의 부가가치세를 총괄하여 신고만 할 수 있다.
④ 영세율을 적용받는 사업자도 부가가치세법상의 사업자등록의무가 있다.

14 다음 중 부가가치세법상 매입세액공제가 가능한 경우는?

① 면세사업에 관련된 매입세액
② 비영업용 소형승용자동차의 유지와 관련된 매입세액
③ 토지의 형질변경과 관련된 매입세액
④ 제조업을 영위하는 사업자가 농민으로부터 구입한 면세 농산물의 의제매입세액

15 다음 중 부가가치세법상 세금계산서 발급 의무가 면제되지 않는 경우는?

① 택시운송사업자가 공급하는 재화 또는 용역
② 미용업자가 공급하는 재화 또는 용역
③ 제조업자가 구매확인서에 의하여 공급하는 재화
④ 부동산임대업자의 부동산임대용역 중 간주임대료

✛ 실무시험 ✛

※ 다산컴퓨터㈜(회사코드:1153)는 컴퓨터 등의 제조 및 도소매업을 영위하는 중소기업으로 당기
(제11기) 회계기간은 2025.1.1.~2025.12.31.이다. 전산세무회계 수험용 프로그램을 이용하여
다음 물음에 답하시오.

─〈 기본전제 〉─

• 문제에서 한국채택국제회계기준을 적용하도록 하는 전제조건이 없는 경우, 일반기업회계기준을 적용하
여 회계처리한다.
• 문제의 풀이와 답안작성은 제시된 문제의 순서대로 진행한다.

01 다음은 [기초정보관리] 및 [전기분재무제표]에 대한 자료이다. 각각의 요구사항에 대하여
답하시오. 10점

[1] 다음의 자료를 이용하여 [거래처등록] 메뉴에서 신규거래처를 추가로 등록하시오(단, 주어
진 자료 외의 다른 항목은 입력할 필요 없음). 3점

• 거래처코드 : 02411
• 사업자등록번호 : 189-86-70759
• 거래처구분 : 일반거래처
• 대표자성명 : 이주연
• 사업장주소 : 울산광역시 울주군 온산읍 종동길 102
• 거래처명 : ㈜구동컴퓨터
• 업태 : 제조
• 유형 : 동시
• 종목 : 컴퓨터 및 주변장치

[2] 기초정보관리의 [계정과목및적요등록] 메뉴에서 821.보험료 계정과목에 아래의 적요를 추
가로 등록하시오. 3점

• 현금적요 7번 : 경영인 정기보험료 납부
• 대체적요 5번 : 경영인 정기보험료 미지급
• 대체적요 6번 : 경영인 정기보험료 상계

[3] 다음은 다산컴퓨터㈜의 올바른 선급금, 선수금의 전체 기초잔액이다. [거래처별초기이월] 메뉴의 자료를 검토하여 오류가 있으면 올바르게 삭제 또는 수정, 추가 입력을 하시오. 4점

계정과목	거래처명	금액
선급금	해원전자㈜	2,320,000원
	공상㈜	1,873,000원
선수금	㈜유수전자	2,100,000원
	㈜신곡상사	500,000원

02 [일반전표입력] 메뉴를 이용하여 다음의 거래 자료를 입력하시오(일반전표입력의 모든 거래는 부가가치세를 고려하지 말 것). 18점

─〈 입력 시 유의사항 〉─
- 일반적인 적요의 입력은 생략하지만, 타계정 대체거래는 적요번호를 선택하여 입력한다.
- 채권·채무와 관련된 거래는 별도의 요구가 없는 한 반드시 기등록된 거래처코드를 선택하는 방법으로 거래처명을 입력한다.
- 제조경비는 500번대 계정코드를, 판매비와관리비는 800번대 계정코드를 사용한다.
- 회계처리 시 계정과목은 별도의 제시가 없는 한 등록된 계정과목 중 가장 적절한 과목으로 한다.

[1] 07월 28일 거래처 ㈜경재전자의 외상매입금 2,300,000원 중 2,000,000원은 당사에서 어음을 발행하여 지급하고 나머지는 면제받았다. 3점

[2] 09월 03일 하나은행에서 차입한 단기차입금 82,000,000원과 이에 대한 이자 2,460,000원을 보통예금계좌에서 이체하여 지급하였다. 3점

[3] 09월 12일 중국의 DOKY사에 대한 제품 수출 외상매출금 10,000$(선적일 기준환율 : 1,400원/$)를 회수하여 즉시 원화 보통예금 계좌로 입금하였다(단, 입금일의 기준환율은 1,380원/$이다). 3점

[4] 10월 07일 주당 액면가액이 5,000원인 보통주 1,000주를 주당 7,000원에 발행하였고, 발행가액 전액이 보통예금 계좌로 입금되었다(단, 하나의 전표로 처리하며 신주 발행 전 주식할인발행차금 잔액은 1,000,000원이고 신주발행비용은 없다고 가정한다). 3점

[5] 10월 28일 당기분 DC형 퇴직연금 불입액 12,000,000원이 자동이체 방식으로 보통예금 계좌에서 출금되었다. 불입액 12,000,000원 중 4,000,000원은 영업부에서 근무하는 직원들에 대한 금액이고 나머지는 생산부에서 근무하는 직원들에 대한 금액이다. 3점

[6] 11월 12일 전기에 회수불능으로 일부 대손처리한 ㈜은상전기의 외상매출금이 회수되었으며, 대금은 하나은행 보통예금 계좌로 입금되었다. 3점

[보통예금(하나)] 거래 내용

행	연월일	내용	찾으신 금액	맡기신 금액	잔액	거래점
			계좌번호 120-99-80481321			
1	2025-11-12	㈜은상전기		₩2,500,000	******	1111

03 [매입매출전표입력] 메뉴를 이용하여 다음의 거래 자료를 입력하시오. 18점

───〈 입력 시 유의사항 〉───

• 일반적인 적요의 입력은 생략하지만, 타계정 대체거래는 적요번호를 선택하여 입력한다.
• 채권·채무와 관련된 거래는 별도의 요구가 없는 한 반드시 기등록된 거래처코드를 선택하는 방법으로 거래처명을 입력한다.
• 제조경비는 500번대 계정코드를, 판매비와관리비는 800번대 계정코드를 사용한다.
• 회계처리 시 계정과목은 별도의 제시가 없는 한 등록된 계정과목 중 가장 적절한 과목으로 한다.
• 입력화면 하단의 분개까지 처리하고, 전자세금계산서 및 전자계산서는 전자입력으로 반영한다.

[1] 07월 03일 회사 영업부 야유회를 위해 도시락 10개를 구입하고 현대카드로 결제하였다. 3점

```
            신용카드매출전표
가 맹 점 명 :  맛나도시락
사업자번호 :  127-10-12343
대 표 자 명 :  김도식
주     소 :  서울 마포구 마포대로 2
롯 데 카 드 :  신용승인
거 래 일 시 :  2025-07-03 11:08:54
카 드 번 호 :  3256-6455-****-1329
유 효 기 간 :  12/26
가맹점번호 :  123412341
매  입  사 :  현대카드(전자서명전표)

  상품명             금액
 한식도시락세트       330,000
공 급 가 액 :    300,000
부 가 세 액 :     30,000
합     계 :    330,000
```

[2] 08월 06일 제품을 만들고 난 후 나온 철 스크랩을 비사업자인 최한솔에게 판매하고, 판매 대금 1,320,000원(부가가치세 포함)을 수취하였다. 대금은 현금으로 받고, 해 당 거래에 대한 증빙은 아무것도 발급하지 않았다(계정과목은 잡이익으로 하고, 거래처를 조회하여 입력할 것). **3점**

[3] 08월 29일 ㈜선월재에게 내국신용장에 의해 제품을 판매하고 전자세금계산서를 발급하였 다. 대금 중 500,000원은 현금으로 받고 나머지는 외상으로 하였다(단, 서류번 호입력은 생략할 것). **3점**

영세율전자세금계산서						승인번호		20250829-100028100-484650		
공급자	사업자등록번호	129-81-50101	종사업장번호		공급받는자	사업자등록번호	601-81-25803	종사업장번호		
	상호(법인명)	다산컴퓨터㈜	성명(대표자)	박새은		상호(법인명)	㈜선월재	성명(대표자)		정일원
	사업장주소	경기도 남양주시 가운로 3-28				사업장주소	경상남도 사천시 사천대로 11			
	업태	제조, 도소매	종목	컴퓨터		업태	도소매	종목		컴퓨터 및 기기장치
	이메일					이메일				
작성일자		공급가액		세액		수정사유		비고		
2025.08.29		5,200,000								
월	일	품목	규격	수량	단가		공급가액	세액		비고
8	29	제품A		1	5,200,000		5,200,000			
합계금액		현금		수표		어음		외상미수금		위 금액을 (청구) 함
5,200,000		500,000						4,700,000		

[4] 10월 15일 ㈜우성유통에 제품을 판매하고 다음과 같이 전자세금계산서를 발급하였다. 대 금 중 8,000,000원은 하움공업이 발행한 어음을 배서양도받고, 나머지는 다음 달에 받기로 하였다. **3점**

전자세금계산서						승인번호		20251015-100028100-484650		
공급자	사업자등록번호	129-81-50101	종사업장번호		공급받는자	사업자등록번호	105-86-50416	종사업장번호		
	상호(법인명)	다산컴퓨터㈜	성명(대표자)	박새은		상호(법인명)	㈜우성유통	성명(대표자)		김성길
	사업장주소	경기도 남양주시 가운로 3-28				사업장주소	서울시 강남구 강남대로 292			
	업태	제조, 도소매	종목	컴퓨터		업태	도소매	종목		기기장치
	이메일					이메일				
작성일자		공급가액		세액		수정사유		비고		
2025.10.15		10,000,000		1,000,000		해당 없음				
월	일	품목	규격	수량	단가		공급가액	세액		비고
10	15	컴퓨터					10,000,000	1,000,000		
합계금액		현금		수표		어음		외상미수금		위 금액을 (청구) 함
11,000,000						8,000,000		3,000,000		

[5] 10월 30일 미국의 MARK사로부터 수입한 업무용 컴퓨터(공급가액 6,000,000원)와 관련하여 인천세관장으로부터 수입세금계산서를 발급받고, 해당 부가가치세를 당좌예금 계좌에서 이체하여 납부하였다(단, 부가가치세 회계처리만 할 것). 3점

[6] 12월 02일 공장 직원들의 휴게공간에 간식을 비치하기 위해 두나과일로부터 샤인머스캣 등을 구매하면서 구매대금 275,000원을 현금으로 지급하고, 지출증빙용 현금영수증을 발급받았다. 3점

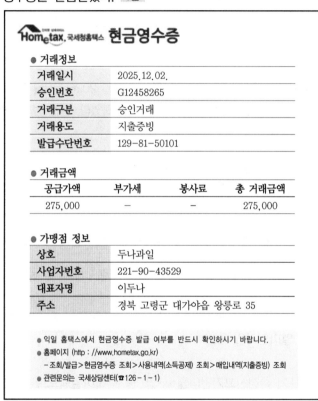

04 [일반전표입력] 및 [매입매출전표입력] 메뉴에 입력된 내용 중 다음과 같은 오류가 발견되었다. 입력된 내용을 확인하여 정정하시오. 6점

[1] 11월 01일 ㈜호수의 주식 1,000주를 단기간 차익을 목적으로 1주당 12,000원(1주당 액면가 5,000원)에 현금으로 취득하고 발생한 수수료 120,000원을 취득원가에 포함하였다. 3점

[2] 11월 26일 원재료 매입 거래처의 워크숍을 지원하기 위해 ㈜산들바람으로부터 현금으로 구매한 선물세트 800,000원(부가가치세 별도, 종이세금계산서 수취)을 소모품비로 회계처리하였다. **3점**

05 결산정리사항은 다음과 같다. 관련 메뉴를 이용하여 결산을 완료하시오. 9점

[1] 12월 31일 제2기 부가가치세 확정신고기간의 부가가치세 매출세액은 14,630,000원, 매입세액은 22,860,000원, 환급세액은 8,230,000원이다. 관련된 결산 회계처리를 하시오(단, 환급세액은 미수금으로 처리한다). **3점**

[2] 10월 1일에 로배전자에 30,000,000원(상환기일 2026년 9월 30일)을 대여하고, 연 7%의 이자를 상환일에 원금과 함께 수취하기로 약정하였다. 결산 정리분개를 하시오(이자는 월할 계산할 것). **3점**

[3] 12월 31일 현재 신한은행의 장기차입금 중 일부인 13,000,000원의 만기상환기일이 1년 이내에 도래할 것으로 예상되었다. **3점**

06 다음 사항을 조회하여 알맞은 답안을 │이론문제 답안작성│ 메뉴에 입력하시오. 9점

[1] 6월 말 현재 외상매입금 잔액이 가장 많은 거래처명과 그 금액은 얼마인가? **3점**

[2] 1분기(1월~3월) 중 판매비와관리비 항목의 소모품비 지출액이 가장 적게 발생한 월과 그 금액은 얼마인가? **3점**

[3] 2025년 제1기 확정신고기간(4월~6월) 중 ㈜하이일렉으로부터 발급받은 세금계산서의 총 매수와 매입세액은 얼마인가? **3점**

PART

04

전산회계 1급
기출문제 정답 및 해설

104회 전산회계 1급 기출문제 정답 및 해설

✦ 이론시험 ✦

·정답·

01 ③	02 ②	03 ①	04 ②	05 ②	06 ④	07 ②	08 ①	09 ④	10 ②
11 ③	12 ②	13 ②	14 ③	15 ④					

01 ③ 연수합계법은 유형자산의 감가상각방법 중 하나이다.

02 ② 1,950,000원 = 현금 1,000,000원 + 우편환증서 50,000원 + 보통예금 500,000원 + 당좌예금 400,000원

03 ① 건물의 엘리베이터 설치는 자본적 지출에 해당하며, 나머지는 수익적 지출에 해당한다.

04 ② 무형자산은 산업재산권, 저작권, 개발비 등과 사업결합에서 발생한 영업권을 포함한다(일반기업회계기준 문단 실2.35).

05 ② 매도가능증권 평가손익은 자본항목(기타포괄손익누계액)이다.

06 ④ 자기주식처분이익과 감자차익은 자본잉여금으로, 자기주식처분손실은 자본조정으로 계상한다.

07 ② • 상품매출원가 : 기초상품재고액 10,000,000원 + 당기순매입액 4,300,000원 − 기말상품재고액 4,000,000원 = 10,300,000원
     • 당기순매입액 : 당기상품매입액 5,000,000원 − 매입에누리 및 매입환출 700,000원 = 4,300,000원

08 ① (차) 수수료비용   ×××(비용발생)   (대) 미지급비용   ×××(부채증가)
                                              또는 미지급금

09 ④ 기말제품재고액은 재무상태표와 손익계산서에서 확인할 수 있다.

10 ② 통제가능성과 관련된 원가는 통제가능원가와 통제불능원가로 구분된다. 역사적원가와 예정원가는 시점에 따른 분류이다.

11 ③ • 기초원가 : 직접재료비 100,000원 + 직접노무비 200,000원 = 300,000원
     • 가공원가 : 직접노무비 200,000원 + 간접재료비 50,000원 + 간접노무비 100,000원 + 제조경비 50,000원 = 400,000원

12　②　3,870,000원 = 제조간접비 예정배부액 4,000,000원 - 과대배부차이 130,000원
　　　• 제조간접비 예정배부액 : 50,000시간 × 80원 = 4,000,000원

13　②　사업장별로 사업에 관한 모든 권리와 의무를 포괄적으로 승계하는 경우 재화의 공급으로 보지 않는다. 일부의 사업만을 양도하는 경우에는 사업양도에 해당하지 않아 재화의 공급에 해당한다.

14　③　• 재화의 수입에 대한 부가가치세의 과세표준은 그 재화에 대한 관세의 과세가격과 관세, 개별소비세, 주세, 교육세, 농어촌특별세 및 교통·에너지·환경세를 합한 금액으로 한다(부가가치세법 제29조 제2항).
　　　• 다음 각 호의 금액은 공급가액에 포함하지 아니한다(부가가치세법 제29조 제5항).
　　　　1. 재화나 용역을 공급할 때 그 품질이나 수량, 인도조건 또는 공급대가의 결제방법이나 그 밖의 공급조건에 따라 통상의 대가에서 일정액을 직접 깎아 주는 금액
　　　　2. 환입된 재화의 가액
　　　　3. 공급받는 자에게 도달하기 전에 파손되거나 훼손되거나 멸실한 재화의 가액
　　　　4. 재화 또는 용역의 공급과 직접 관련되지 아니하는 국고보조금과 공공보조금
　　　　5. 공급에 대한 대가의 지급이 지체되었음을 이유로 받는 연체이자
　　　　6. 공급에 대한 대가를 약정기일 전에 받았다는 이유로 사업자가 당초의 공급가액에서 할인해 준 금액

15　④　사업자가 부동산 임대용역을 공급하는 경우로서 예정신고기간 또는 과세기간의 종료일(부가가치세법 시행령 제29조 제2항 제2호)

＋ 실무시험 ＋

01　기초정보관리 및 전기분재무제표
　　[1] [일반거래처] 탭 〉
　　　• 거래처코드 : 1001
　　　• 거래처명 : ㈜보석상사
　　　• 유형 : 3.동시
　　　• 사업자등록번호 : 108-81-13579
　　　• 대표자 : 송달인
　　　• 업태 : 제조
　　　• 종목 : 금속가공
　　　• 사업장주소 : 경기도 여주시 세종로 14 (홍문동)

[2] [계정과목및적요등록] 〉 811.복리후생비 〉 대체적요 NO.3, 임직원피복비 미지급

[3] [전기분원가명세서] 〉

- 외주가공비 5,500,000원 추가입력
- 당기제품제조원가 74,650,000원 → 80,150,000원 변경 확인

[전기분손익계산서] 〉

- 제품매출원가 〉 당기제품제조원가 74,650,000원 → 80,150,000원으로 수정
- 당기순이익 24,030,000원 → 18,530,000원 변경 확인

[전기분잉여금처분계산서] 〉 F6 불러오기 〉

- 당기순이익 24,030,000원 → 18,530,000원 변경 확인
- 미처분이익잉여금 42,260,000원 → 36,760,000원 변경 확인

[전기분재무상태표] 〉

- 이월이익잉여금 42,260,000원 → 36,760,000원으로 수정
- 대차차액 0원 확인

02 일반전표입력

[1] 07월 10일

(차) 받을어음(㈜신흥기전) 10,000,000원 (대) 외상매출금(㈜서창상사) 10,000,000원

[2] 08월 08일

(차) 예수금 220,000원 (대) 보통예금 200,000원
현금 20,000원

[3] 09월 30일

(차) 재해손실 7,200,000원 (대) 제품 7,200,000원
(8. 타계정으로 대체)

[4] 10월 20일

(차) 운반비(판) 250,000원 (대) 현금 250,000원
또는 (출금) 운반비(판) 250,000원

[5] 11월 08일

(차) 현금 390,000원 (대) 자기주식 450,000원
자기주식처분손실 60,000원

[6] 12월 26일

(차) 기부금 3,000,000원 (대) 현금 3,000,000원
또는 (출금) 기부금 3,000,000원

03 매입매출전표입력

[1] 08월 25일

유형 : 53.면세, 공급가액 : 200,000원, 부가세 : 0원, 거래처 : 남동꽃도매시장, 전자 : 여, 분개 : 현금 또는 혼합

(차) 기업업무추진비(판)　200,000원　(대) 현금　200,000원

[2] 09월 5일

유형 : 54.불공, 공급가액 : 5,000,000원, 부가세 : 500,000원, 거래처 : ㈜한화공인중개법인, 전자 : 여, 분개 : 혼합, 불공제사유 : ⑥ 토지의 자본적 지출 관련

(차) 토지　5,500,000원　(대) 보통예금　5,500,000원

[3] 11월 15일

유형 : 22.현과, 공급가액 : 880,000원, 부가세 : 88,000원, 거래처 : 이영수, 분개 : 현금 또는 혼합

(차) 현금　968,000원　(대) 부가세예수금　88,000원
　　　　　　　　　　　　　　제품매출　880,000원

[4] 11월 19일

유형 : 11.과세, 공급가액 : 12,500,000원, 부가세 : 1,250,000원, 거래처 : ㈜연기실업, 전자 : 여, 분개 : 혼합

(차) 감가상각누계액　35,000,000원　(대) 부가세예수금　1,250,000원
　　보통예금　13,750,000원　　차량운반구　50,000,000원
　　유형자산처분손실　2,500,000원

[5] 12월 06일

유형 : 51.과세, 공급가액 : 2,500,000원, 부가세 : 250,000원, 거래처 : 하우스랜드, 전자 : 여, 분개 : 혼합

(차) 부가세대급금　250,000원　(대) 미지급금　2,750,000원
　　임차료(제)　2,500,000원　　(또는 미지급비용)

[6] 12월 11일

유형 : 12.영세, 공급가액 : 11,000,000원, 부가세 : 0원, 거래처 : ㈜아카디상사, 전자 : 여, 분개 : 혼합, 영세율구분 : ③ 내국신용장·구매확인서에 의하여 공급하는 재화

(차) 외상매출금　7,000,000원　(대) 제품매출　11,000,000원
　　받을어음　4,000,000원

04 오류수정

[1] 08월 31일 일반전표입력 수정

- 수정 전 : (차) 이자비용　362,500원　(대) 보통예금　362,500원
- 수정 후 : (차) 이자비용　500,000원　(대) 보통예금　362,500원
　　　　　　　　　　　　　　　　　　　예수금　137,500원

[2] 10월 02일 매입매출전표입력 수정
- 수정 전 : 유형 : 16.수출, 공급가액 : 3,600,000원, 부가세 : 0원, 거래처 : TOMS사, 분개 : 혼합
  (차) 외상매출금　　　　3,600,000원　(대) 제품매출　　　　3,600,000원
- 수정 후 : 유형 : 16.수출, 공급가액 : 3,750,000원, 부가세 : 0원, 거래처 : TOMS사, 분개 : 혼합
  (차) 외상매출금　　　　3,750,000원　(대) 제품매출　　　　3,750,000원

05　결산정리사항

[1] 12월 31일 일반전표입력
(차) 소모품비(판)　　　　1,500,000원　(대) 소모품　　　　1,500,000원
- [합계잔액시산표] 〉 기간 : 2025년 12월 31일 조회 〉 1.유동자산 〉 재고자산 〉 소모품 잔액 2,500,000원

[2] 12월 31일 일반전표입력
(차) 현금과부족　　　　570,000원　(대) 선수금((주)건영상사)　　　340,000원
　　　　　　　　　　　　　　　잡이익　　　　230,000원

[3] 12월 31일
1. [결산자료입력] 〉
- 제조원가 〉 퇴직급여전입액 15,000,000원 입력
- 판매관리비 〉 퇴직급여전입액 13,000,000원 입력 〉 F3전표추가
2. 또는 일반전표입력
(차) 퇴직급여(판)　　13,000,000원　(대) 퇴직급여충당부채　28,000,000원
　　퇴직급여(제)　　15,000,000원

06　조회분석

[1] 200,000원
[거래처원장] 〉 기간 : 2025년 04월 01일~2025년 04월 30일 〉 계정과목 : 253.미지급금 〉 거래처 : 99602.롯데카드에서 대변금액 확인

[2] 7,957,200원
[일계표] 〉 [일계] 탭 〉 기간 : 2025년 05월 01일~2025년 05월 31일 〉 5. 판매비 및 일반관리비 차변 합계
또는 [월계표] 탭 〉 기간 : 2025년 05월~2025년 05월

[3] 5,000,000원
[세금계산서합계표] 〉 기간 : 2025년 04월~2025년 06월 〉 [매출] 탭 조회

105회 **전산회계 1급 기출문제 정답 및 해설**

÷ 이론시험 ÷

·정답·

01 ③	02 ①	03 ④	04 ③	05 ②	06 ②	07 ①	08 ②	09 ③	10 ④
11 ③	12 ②	13 ①	14 ④	15 ④					

---

01 ③ 상품 주문은 순자산 변동이 없으므로 회계상 거래가 아니다.

02 ① 계속기업의 가정에 대한 설명이다.

03 ④ '재고자산'은 정상적인 영업과정에서 판매를 위하여 보유하거나 생산과정에 있는 자산 및 생산 또는
서비스 제공과정에 투입될 원재료나 소모품의 형태로 존재하는 자산을 말한다(일반기업회계기준 7.3).
① 유형자산, ② 유형자산, ③ 투자자산

04 ③ 새로운 건물을 신축하기 위하여 기존건물을 철거하는 경우 기존건물의 장부가액은 제거하여 처분
손실로 하고, 철거비용은 당기 비용처리한다(일반기업회계기준 10.13).

05 ② 특별한 경우를 제외하고는 무형자산의 상각기간은 20년을 초과할 수 없다.

06 ② 주요장부에는 총계정원장과 분개장이 있다.

07 ① 감자차손, 자기주식, 주식할인발행차금은 자본조정항목에 해당한다.

08 ② 매출총이익 295,000원 = 순매출액 475,000원 − 매출원가 180,000원
• 당기순매입 : 당기총매입 200,000원 − 매입할인 5,000원 − 매입환출 5,000원 = 190,000원
• 매출원가 : 기초상품 100,000원 + 당기순매입 190,000원 − 기말상품 110,000원 = 180,000원

상품(자산)

기초상품재고액	100,000원	매출원가	180,000원
매입액	200,000원	기말상품재고액	110,000원
매입할인	(5,000)원		
매입환출	(5,000)원		
(증가)		(감소)	
	290,000원		290,000원

09 ③ 가공원가 3,600,000원 = 직접노무원가 1,600,000원 + 총제조간접원가 2,000,000원
    • 총제조간접원가 : 변동제조간접원가 600,000원 ÷ 0.3 = 2,000,000원

10 ④ 고정원가에 대한 그래프이다.
    ① 변동원가, ② 준변동원가, ③ 변동원가에 해당한다.

11 ③ 가공원가 완성품환산량 9,800개 = 당기완성품 수량 8,000개 + 기말재공품 완성품환산량 3,000개
    × 60%

12 ② 종합원가계산은 각 공정별로 원가보고서를 작성한다.

13 ① 부가가치세의 납세의무는 사업목적이 영리인지 비영리인지 관계없이 발생한다.

14 ④ 면세제도는 부가가치세의 역진성완화를 위한 제도로 부분면세제도이며, 면세포기 시 지체없이 등록
    신청하여야 한다. 나대지의 토지 임대와 일반의약품은 과세대상이다.

15 ④ 주사업장총괄납부에 대한 설명이다.

┼ 실무시험 ┼

01 기초정보관리 및 전기분재무제표
    [1] [전기분재무상태표] 〉
        • 토지 : 20,000,000원 → 31,000,000원 수정입력
        • 건물 : 150,000,000원 → 139,000,000원 수정입력
    [2] [계정과목및적요등록] 〉 824. 운반비 〉 현금적요란 〉 적요NO : 4, 택배운송비 지급
    [3] [거래처별초기이월] 〉
        1. 외상매출금 〉
            • ㈜보령전자 : 12,000,000원 → 10,200,000원으로 수정
            • 평택전자㈜ : 3,680,000원 → 36,800,000원으로 수정
        2. 지급어음 〉
            • 대덕전자부품㈜ : 1,000,000원 → 10,000,000원으로 수정
            • 명성전자㈜ : 20,000,000원 → 27,000,000원으로 수정

02 일반전표입력

[1] 08월 16일

　　(차) 수선비(판)　　　　　　　　2,800,000원　(대) 당좌예금　　　　　　　　2,800,000원

[2] 09월 30일

　　(차) 보통예금　　　　　　　　　9,700,000원　(대) 외상매출금　　　　　　10,000,000원

　　　　매출할인(406)　　　　　　　300,000원　　　(㈜창창기계산업)

[3] 10월 27일

　　(차) 보통예금　　　　　　　　25,600,000원　(대) 자본금　　　　　　　　20,000,000원

　　　　　　　　　　　　　　　　　　　　　　　　　　주식발행초과금　　　　　5,600,000원

[4] 10월 28일

　　(차) 원재료　　　　　　　　　　2,000,000원　(대) 보통예금　　　　　　　2,000,000원

[5] 10월 29일

　　(차) 광고선전비(판)　　　　　　　510,000원　(대) 미지급금(국민카드)　　　510,000원

　　　　　　　　　　　　　　　　　　　　　　　　　　또는 미지급비용

[6] 11월 30일

　　(차) 대손충당금(115)　　　　　　660,000원　(대) 단기대여금(㈜동행기업)　3,000,000원

　　　　기타의대손상각비(954)　　2,340,000원

03 매입매출전표입력

[1] 07월 20일

　　유형 : 61.현과, 공급가액 : 30,000원, 부가세 : 3,000원, 거래처 : 상록택배, 분개 : 혼합

　　(차) 부가세대급금　　　　　　　　3,000원　(대) 보통예금　　　　　　　　33,000원

　　　　원재료　　　　　　　　　　　30,000원

[2] 09월 30일

　　유형 : 11.과세, 공급가액 : 25,000,000원, 부가세 : 2,500,000원, 거래처 : ㈜청주자동차, 전자 : 여,
　　분개 : 혼합

　　(차) 외상매출금(㈜청주자동차)　2,500,000원　(대) 부가세예수금　　　　　2,500,000원

　　　　받을어음(㈜청주자동차)　25,000,000원　　　제품매출　　　　　　　25,000,000원

[3] 11월 07일

　　유형 : 16.수출, 공급가액 : 50,400,000원, 부가세 : 0원, 거래처 : 글로벌인더스트리, 분개 : 혼합,
　　영세율구분 : ① 직접수출(대행수출 포함)

　　(차) 외상매출금　　　　　　　50,400,000원　(대) 제품매출　　　　　　　50,400,000원

　　　　(글로벌인더스트리)

[4] 12월 07일

　　유형 : 14.건별, 공급가액 : 100,000원, 부가세 : 10,000원, 거래처 : 강태오, 분개 : 현금 또는 혼합

　　(차) 현금 　　　　　　　　　　 110,000원 　 (대) 부가세예수금 　　　　　　　　 10,000원

　　　　　　　　　　　　　　　　　　　　　　　　 제품매출 　　　　　　　　　　 100,000원

[5] 12월 20일

　　유형 : 57.카과, 공급가액 : 600,000원, 부가세 : 60,000원, 거래처 : 커피프린스,

　　분개 : 카드 또는 혼합, 신용카드사 : 신한카드

　　(차) 부가세대급금 　　　　　　 60,000원 　 (대) 미지급금(신한카드) 　　　　　 660,000원

　　　　복리후생비(제) 　　　　　　 600,000원 　　　　 또는 미지급비용

[6] 12월 30일

　　유형 : 54.불공, 공급가액 : 2,000,000원, 부가세 : 200,000원, 거래처 : 두리상사, 전자 : 여,

　　분개 : 혼합, 불공제사유 : ④ 기업업무추진비 및 이와 유사한 비용 관련

　　(차) 기업업무추진비(판) 　　　 2,200,000원 　 (대) 보통예금 　　　　　　　　 2,200,000원

04 　오류수정

[1] 12월 01일 일반전표입력 수정

　• 수정 전 : (차) 임대보증금(나자비) 　 20,000,000원 (대) 보통예금 　　　　　　　 20,000,000원

　• 수정 후 : (차) 임차보증금(나자비) 　 20,000,000원 (대) 보통예금 　　　　　　　 20,000,000원

[2] 일반전표 삭제 후 매입매출전표입력 수정

　• 수정 전 : 12월 09일 일반전표입력

　(차) 차량유지비(판) 　　　　　　 990,000원 　 (대) 보통예금 　　　　　　　　 990,000원

　• 수정 후 : 12월 09일 매입매출전표입력

　유형 : 51.과세, 공급가액 : 900,000원, 부가세 : 90,000원, 거래처 : 전의카센터, 전자 : 여,

　분개 : 혼합

　(차) 부가세대급금 　　　　　　 90,000원 　 (대) 보통예금 　　　　　　　　 990,000원

　　　차량유지비(제) 　　　　　　 900,000원

05 　결산정리사항

[1] 12월 31일 일반전표입력

　　(차) 부가세예수금 　　　　 62,346,500원 　 (대) 부가세대급금 　　　　　 52,749,000원

　　　　　　　　　　　　　　　　　　　　　　　　 미지급세금 　　　　　　　　 9,597,500원

[2] 12월 31일 일반전표입력

　　(차) 외화환산손실 　　　　 3,000,000원 　 (대) 단기차입금 　　　　　　 3,000,000원

　　　　　　　　　　　　　　　　　　　　　　　　 (아메리칸테크㈜)

[3] 12월 31일 일반전표입력

    (차) 단기매매증권평가손실   15,000,000원   (대) 단기매매증권   15,000,000원

    • 49,000,000원(2025.12.31.공정가액) − 64,000,000원(2025.4.25.취득가액) = 15,000,000원(평가손실)

06 조회분석

[1] 2,500,000원

    [부가가치세신고서] 〉 조회기간 : 4월 1일~6월 30일 〉 고정자산매입(11)란의 세액 확인한다.

[2] 1,200,000원

    [총계정원장(월별)] 〉 조회기간 : 4월 1일~6월 30일 〉 계정과목 : 831.수수료비용 조회한다.

[3] 송도무역, 108,817,500원

    [거래처원장] 〉 조회기간 : 1월 1일~6월 30일 〉 계정과목 : 108.외상매출금 조회한다.

PART
04

106회 전산회계 1급 기출문제 정답 및 해설

✦ 이론시험 ✦

·정답·

01 ①	02 ④	03 ②	04 ③	05 ①	06 ④	07 ④	08 ①	09 ①	10 ①
11 ③	12 ④	13 ④	14 ②	15 ④					

01 ① 유형자산을 역사적 원가로 평가하면 일반적으로 검증가능성이 높으므로 측정의 신뢰성은 제고되나 목적적합성은 저하될 수 있다(일반기업회계기준 재무회계개념체계 52).

02 ④ 손익계산서는 일정 기간 동안 기업의 경영성과에 대한 정보를 제공하는 보고서이다. 손익계산서는 당해 회계기간의 경영성과를 나타낼 뿐만 아니라 기업의 미래현금흐름과 수익창출능력 등의 예측에 유용한 정보를 제공한다(일반기업회계기준 2.44).

03 ② 새로운 상품과 서비스를 제공하는 데 소요되는 원가는 취득원가에 포함하지 않는다.

04 ③ 만기보유증권은 채권에만 적용되며, 매도가능증권은 주식, 채권에 적용 가능하다.

05 ① 감자차익은 자본잉여금에, 주식할인발행차금, 자기주식, 자기주식처분손실은 자본조정에 속한다.

06 ④ 재화의 판매, 용역의 제공, 이자, 배당금, 로열티로 분류할 수 없는 기타의 수익은 다음 조건을 모두 충족할 때 발생기준에 따라 합리적인 방법으로 인식한다(일반기업회계기준서 16.17).
(1) 수익가득과정이 완료되었거나 실질적으로 거의 완료되었다.
(2) 수익금액을 신뢰성 있게 측정할 수 있다.
(3) 경제적 효익의 유입 가능성이 매우 높다.

07 ④ 매출원가 5,950,000원 = 기초상품재고액 500,000원 + 당기순매입액 7,250,000원 − 타계정대체금액 300,000원 − 기말상품재고액 1,500,000원
• 순매입액 : 총매입액 8,000,000원 − 매입에누리금액 750,000원 = 7,250,000원

상품(자산)

기초상품재고액	500,000원	매출원가	5,950,000원
총매입액	8,000,000원	타계정대체금액	300,000원
매입에누리금액	(750,000)원	기말상품재고액	1,500,000원
	7,750,000원		7,750,000원

08 ① 자산 과소계상 및 수익 과소계상
    • 아래의 올바른 회계처리가 누락되어 자산(외상매출금)과 수익(상품매출)이 과소계상된다.
    2025.12.26.   (차) 외상매출금   (대) 상품매출

09 ① 자료에서 설명하는 원가는 준변동원가로, 기본요금 및 사용량에 따른 요금이 부과되는 전화요금이 이에 해당한다.
    • 변동원가 : 직접재료원가, 직접노무원가
    • 고정원가 : 감가상각비, 화재보험료 등
    • 준변동원가 : 전력비, 전화요금, 가스요금 등
    • 준고정원가 : 생산관리자의 급여, 생산량에 따른 설비자산의 임차료 등

10 ① 단일 종류의 제품을 연속생산, 대량생산하는 업종에 적합한 원가계산 방법은 종합원가계산이다. 개별원가계산은 다품종 소량생산, 주문생산하는 업종에 적합하다.

11 ③ 비정상공손수량(영업외비용 공손수량) 150개 = 공손수량 200개 − 정상공손수량 50개
    • 당기 완성품 수량 1,000개 = 기초재공품 400개 + 당기착수량 1,000개 − 기말재공품 200개 − 공손수량 200개
    • 정상공손수량 : 당기 완성품 수량 1,000개 × 5% = 50개

12 ④ 당기총제조원가 750,000원 = 직접재료원가 180,000원 + 직접노무원가 320,000원 + 제조간접원가 250,000원
    • 제조간접원가 : 공장 전력비 50,000원 + 공장 임차료 200,000원 = 250,000원

13 ④ 사업자가 행하는 재화 또는 용역의 공급, 재화의 수입 거래에 대하여 과세한다.

14 ② 사업자는 제1항에 따른 사업자등록의 신청을 사업장 관할 세무서장이 아닌 다른 세무서장에게도 할 수 있다. 이 경우 사업장 관할 세무서장에게 사업자등록을 신청한 것으로 본다(부가가치세법 제8조 제2항).

15 ④ 간이과세자의 경우 제3항(매입세금계산서 등 수취세액공제) 및 제46조 제1항(신용카드매출전표 등 발행세액공제)에 따른 금액의 합계액이 각 과세기간의 납부세액을 초과하는 경우에는 그 초과하는 부분은 없는 것으로 본다(부가가치세법 제63조 제5항).

÷ 실무시험 ÷

01 기초정보관리 및 전기분재무제표

[1] [계정과목및적요등록] 〉 511.복리후생비 〉
- 현금적요 〉 적요NO : 9. 생산직원 독감 예방접종비 지급
- 대체적요 〉 적요NO : 3. 직원 휴가비 보통예금 인출

[2] [거래처등록] 〉 일반거래처 〉
- 거래처코드 : 00450
- 거래처명 : ㈜대박
- 유형 : 3.동시
- 사업자등록번호 : 403-81-51065
- 대표자 : 박대박
- 업태 : 제조
- 종목 : 원단
- 사업장주소 : 경상북도 칠곡군 지천면 달서원길 16

[3] 1. [전기분손익계산서] 〉
- 광고선전비(판) 3,800,000원 → 5,300,000원으로 수정
- 당기순이익 88,020,000원 → 86,520,000원으로 변경 확인

2. [전기분잉여금처분계산서] 〉
- 6.당기순이익 88,020,000원 → 86,520,000원으로 수정(또는 F6 불러오기)
- Ⅰ.미처분이익잉여금 164,900,000원 → 163,400,000원으로 변경 확인

3. [전기분재무상태표] 〉
- 이월이익잉여금 164,900,000원 → 163,400,000원으로 수정하고 대차차액이 없음을 확인한다.

또는

1. [전기분손익계산서] 〉
- 매출원가 〉 당기제품제조원가 550,900,000원 → 538,900,000원으로 수정
- 광고선전비(판) 3,800,000원 → 5,300,000원으로 수정
- 당기순이익 88,020,000원 → 98,520,000원으로 변경 확인

2. [전기분잉여금처분계산서] 〉
- 6.당기순이익 88,020,000원 → 98,520,000원으로 수정(또는 F6 불러오기)
- Ⅰ.미처분이익잉여금 164,900,000원 → 175,400,000원으로 변경 확인

3. [전기분재무상태표] 〉
- 이월이익잉여금 164,900,000원 → 175,400,000원으로 수정하고 대차차액 (−)12,000,000원 발생 확인한다.

02 일반전표입력

[1] 07월 18일

(차) 외상매입금(㈜괴안공구)	33,000,000원	(대) 지급어음(㈜괴안공구)	23,000,000원
		보통예금	10,000,000원

[2] 07월 30일

(차) 대손충당금(109)	320,000원	(대) 외상매출금(㈜지수포장)	1,800,000원
대손상각비(판)	1,480,000원		

[3] 08월 30일

(차) 임차보증금(형제상사)	5,000,000원	(대) 선급금(형제상사)	1,500,000원
		보통예금	3,500,000원

[4] 10월 18일

(차) 단기차입금(대표이사)	19,500,000원	(대) 채무면제이익	19,500,000원

[5] 10월 25일

(차) 여비교통비(판)	2,850,000원	(대) 가지급금(누리호)	3,000,000원
현금	150,000원		

[6] 11월 04일

(차) 퇴직급여(판)	2,000,000원	(대) 보통예금	5,000,000원
퇴직급여(제)	3,000,000원		

03 매입매출전표입력

[1] 07월 14일

유형 : 16.수출, 공급가액 : 50,000,000원, 부가세 : 0원, 거래처 : HK사, 분개 : 혼합,
영세율구분 : ① 직접수출(대행수출 포함)

(차) 선수금	10,000,000원	(대) 제품매출	50,000,000원
외상매출금	40,000,000원		

[2] 08월 05일

유형 : 11.과세, 공급가액 : 10,000,000원, 부가세 : 1,000,000원, 거래처 : ㈜동도유통, 전자 : 여,
분개 : 혼합

(차) 받을어음(㈜서도상사)	10,000,000원	(대) 부가세예수금	1,000,000원
외상매출금	1,000,000원	제품매출	10,000,000원

[3] 08월 20일

유형 : 57.카과, 공급가액 : 4,400,000원, 부가세 : 440,000원, 거래처 : 함안전자,
분개 : 혼합 또는 카드, 신용카드사 : 국민카드

(차) 부가세대급금	440,000원	(대) 미지급금(국민카드)	4,840,000원
비품	4,400,000원		

[4] 11월 11일

　　유형 : 53.면세, 공급가액 : 5,000,000원, 부가세 : 0원, 거래처 : ㈜더람, 전자 : 여, 분개 : 혼합

　　(차) 교육훈련비(판)　　　　　　5,000,000원　　(대) 선급금　　　　　　　　　1,000,000원

　　　　　　　　　　　　　　　　　　　　　　　　　　　보통예금　　　　　　　　　4,000,000원

[5] 11월 26일

　　유형 : 51.과세, 공급가액 : 10,000,000원, 부가세 : 1,000,000원, 거래처 : ㈜미래상사, 전자 : 여,
　　분개 : 혼합

　　(차) 부가세대급금　　　　　　　1,000,000원　　(대) 보통예금　　　　　　　11,000,000원

　　　　개발비　　　　　　　　　　10,000,000원

[6] 12월 04일

　　유형 : 54.불공, 공급가액 : 750,000원, 부가세 : 75,000원, 거래처 : 차차카센터, 전자 : 여,
　　분개 : 혼합, 불공제사유 : ③ 개별소비세법 제1조 제2항 제3호에 따른 자동차 구입, 유지 및 임차

　　(차) 차량유지비(제)　　　　　　825,000원　　(대) 보통예금　　　　　　　　825,000원

04　오류수정

[1] 08월 02일 일반전표입력 수정

　• 수정 전 : (차) 외상매입금(온누리)　　800,000원　(대) 보통예금　　　　　　　800,000원
　• 수정 후 : (차) 미지급금(온누리)　　　800,000원　(대) 보통예금　　　　　　　800,000원

[2] 일반전표 삭제 후 매입매출전표입력 수정

　• 수정 전 : 11월 19일 일반전표입력

　　(차) 운반비(판)　　　　　　　　330,000원　　(대) 현금　　　　　　　　　　330,000원

　• 수정 후 : 11월 19일 매입매출전표입력

　　유형 : 51.과세, 공급가액 : 300,000원, 부가세 : 30,000원, 거래처 : 차차운송, 전자 : 여,
　　분개 : 현금 또는 혼합

　　(차) 부가세대급금　　　　　　　30,000원　　(대) 현금　　　　　　　　　　330,000원

　　　　원재료　　　　　　　　　　300,000원

05　결산정리사항

[1] 12월 31일 일반전표입력

　　(차) 재고자산감모손실　　　　2,000,000원　　(대) 제품　　　　　　　　　2,000,000원

　　　　　　　　　　　　　　　　　　　　　　　　　　(적요 8. 타계정으로 대체액)

[2] 12월 31일 일반전표입력

　　(차) 소모품　　　　　　　　　2,500,000원　　(대) 광고선전비(판)　　　　　2,500,000원

[3] 12월 31일 일반전표입력

1. [결산자료입력] 〉 기간 : 1월~12월 〉 9. 법인세등 〉 1). 선납세금 결산반영금액 6,500,000원 입력,

2). 추가계상액 결산반영금액 4,250,000원 입력 〉 F3 전표추가

2. 또는 일반전표입력

(차) 법인세등　　　　　　　　　10,750,000원　　(대) 선납세금　　　　　　　　6,500,000원

미지급세금　　　　　　　　4,250,000원

06 조회분석

[1] 다솜상사, 63,000,000원

[거래처원장] 〉 기간 : 1월 1일~6월 30일 〉 계정과목 : 외상매입금(251) 조회한다.

[2] 11,250,700원

[부가가치세신고서] 〉 기간 : 4월 1일~6월 30일 〉 차가감하여 납부할세액(환급받을세액) 확인한다.

[3] 6월, 5,000,000원

[총계정원장] 〉 기간 : 4월 1일~6월 30일 〉 계정과목 : 광고선전비(833) 조회한다.

107회 전산회계 1급 기출문제 정답 및 해설

✦ 이론시험 ✦

·정답·

01 ③	02 ②	03 ①	04 ②	05 ①	06 ①	07 ②	08 ③	09 ④	10 ④
11 ①	12 ③	13 ④	14 ④	15 ③

01 ③ ① 자산 : 자산은 과거의 거래나 사건의 결과로서 현재 기업실체에 의해 지배되고 미래에 경제적 효익을 창출할 것으로 기대되는 자원이다.
② 부채 : 부채는 과거의 거래나 사건의 결과로 현재 기업실체가 부담하고 있고 미래에 자원의 유출 또는 사용이 예상되는 의무이며, 기업실체가 현재 시점에서 부담하는 경제적 의무이다.
④ 비용 : 비용은 차손을 포함한다.

02 ② 계속기록법과 실지재고조사법을 통해 기말재고자산의 수량을 결정한다.

03 ① 선일자수표는 받을어음으로 처리한다.

04 ② ① 기업이 보유하고 있는 토지는 보유목적에 따라 재고자산, 투자자산, 유형자산으로 분류될 수 있다.
③ 유형자산을 취득한 후 발생하는 비용은 성격에 따라 당기 비용 또는 자산의 취득원가에 포함한다.
④ 토지와 건설중인자산은 감가상각을 하지 않는다.

05 ① 손익계산서의 영업외손익 200,000원 = 단기매매증권평가이익 200,000원 − 단기매매증권평가손실 100,000원 + 배당금수익 50,000원 + 단기매매증권처분이익 50,000원
• 단기매매증권평가이익 : A주식 기말공정가액 700,000원 − 취득원가 500,000원 = 200,000원
• 단기매매증권평가손실 : B주식 취득원가 300,000원 − 기말공정가액 200,000원 = 100,000원
• 단기매매증권처분이익 : C주식 처분가액 300,000원 − 취득원가 250,000원 = 50,000원

06 ① ① 사채의 액면발행, 할인발행, 할증발행 여부와 관계없이 액면이자는 매년 동일하다.
② 할증발행 시 유효이자는 매년 감소한다.
③ 사채발행비는 사채발행가액에서 차감한다.
④ 할인발행 또는 할증발행 시 발행차금의 상각액 및 환입액은 매년 증가한다.

07 ② ① 주식발행초과금 : 자본잉여금
③ 자기주식 : 자본조정
④ 매도가능증권평가손익 : 기타포괄손익누계액

08 ③ 자본적지출을 수익적지출로 잘못 처리했을 경우 당기 비용은 과대계상되어 당기의 당기순이익은 과소계상되고, 차기의 당기순이익은 과대계상된다.

09 ④ 자산을 다른 용도로 사용하는 것은 기회원가에 해당한다. 대체 자산 취득 시 기존 자산의 취득원가는 의사결정에 영향을 주지 않는 경우 매몰원가에 해당한다.

10 ④ 변동원가는 관련범위 내에서 조업도가 증가하면 변동원가 총액이 증가하고, 단위당 변동원가는 일정하다.

11 ① • 재료원가 : 당기완성 1,800개 + 기말재공품 300개 = 2,100개
        • 가공원가 : 당기완성 1,800개 + 기말재공품 300개 × 70% = 2,010개

12 ③ 매출원가 1,200,000원 = 기초제품 800,000원 + 당기제품제조원가 700,000원 − 기말제품 300,000원
        • 당기제품제조원가 700,000원 = 기초재공품 500,000원 + 당기총제조원가 1,500,000원 − 기말재공품 1,300,000원

13 ④ 항공기, 고속버스, 전세버스, 택시, 특수자동차, 특종선박(特種船舶) 또는 고속철도에 의한 여객운송 용역을 제외한 여객운송 용역은 부가가치세를 면제한다.

14 ④ 사업자는 각 과세기간에 대한 과세표준과 납부세액 또는 환급세액을 그 과세기간이 끝난 후 25일(폐업하는 경우 제5조 제3항에 따른 폐업일이 속한 달의 다음 달 25일) 이내에 대통령령으로 정하는 바에 따라 납세지 관할 세무서장에게 신고하여야 한다(부가가치세법 제49조 제1항).

15 ③ 법인사업자의 주주가 변동된 것은 사업자등록 정정 사유가 아니다.

✛ 실무시험 ✛

01 기초정보관리 및 전기분재무제표
    [1] [계정과목 및 적요등록] 〉 842. 견본비 〉 현금적요 〉 적요NO : 2, 전자제품 샘플 제작비 지급
    [2] [거래처별초기이월] 〉
        • 외상매출금 : ㈜홍금전기 3,000,000원 → 30,000,000원으로 수정
        • 외상매입금 : 하나무역 12,000,000원 → 26,000,000원으로 수정
        • 받을어음 : ㈜대호전자 25,000,000원 추가 입력

[3] [전기분원가명세서]〉
- 전력비 2,000,000원 → 4,200,000원 수정
- 당기제품제조원가 94,300,000원 → 96,500,000원 변경 확인

[전기분손익계산서]〉
- 당기제품제조원가 94,300,000원 → 96,500,000원 수정
- 제품매출원가 121,650,000원 → 123,850,000원 변경 확인
- 수도광열비(판) 3,000,000원 → 1,100,000원 수정
- 당기순이익 88,200,000원 → 87,900,000원 변경 확인

[전기분잉여금처분계산서]〉 F6 불러오기
- 당기순이익 88,200,000원 → 87,900,000원 변경 확인
- 미처분이익잉여금 및 차기이월미처분이익잉여금 134,800,000원 → 134,500,000원 변경 확인

[전기분재무상태표]〉
- 이월이익잉여금 134,800,000원 → 134,500,000원 수정. 대차 금액이 일치하는지를 확인한다.

02 일반전표입력

[1] 07월 03일

(차) 선급금(세무빌딩)	600,000원	(대) 보통예금		600,000원

[2] 08월 01일

(차) 보통예금	3,430,000원	(대) 외상매출금(하나카드)	3,500,000원
수수료비용(판)	70,000원		

[3] 08월 16일

(차) 퇴직급여(판)	8,800,000원	(대) 퇴직연금운용자산	8,800,000원

[4] 08월 23일

(차) 장기차입금(나라은행)	20,000,000원	(대) 보통예금	20,200,000원
이자비용	200,000원		

[5] 11월 05일

(차) 받을어음(㈜다원)	3,000,000원	(대) 외상매출금(㈜다원)	4,000,000원
단기대여금(㈜다원)	1,000,000원		

[6] 11월 20일

(차) 차량운반구	400,000원	(대) 현금	400,000원
또는 (출금) 차량운반구	400,000원		

03 매입매출전표입력

[1] 08월 17일

유형 : 52.영세, 공급가액 : 15,000,000원, 거래처 : ㈜직지상사, 전자 : 여, 분개 : 혼합

(차) 원재료	15,000,000원	(대) 지급어음	5,000,000원
		외상매입금	10,000,000원

[2] 08월 28일

유형 : 51.과세, 공급가액 : 1,000,000원, 부가세 : 100,000원, 거래처 : 이진컴퍼니, 전자 : 부, 분개 : 혼합

(차) 부가세대급금	100,000원	(대) 미지급금	1,100,000원
복리후생비(제)	1,000,000원	(또는 미지급비용)	

[3] 09월 15일

유형 : 61.현과, 공급가액 : 220,000원, 부가세 : 22,000원, 거래처 : 우리카센타, 분개 : 현금 또는 혼합

(차) 부가세대급금	22,000원	(대) 현금	242,000원
차량유지비(제)	220,000원		

[4] 09월 27일

유형 : 53.면세, 공급가액 : 200,000원, 거래처 : ㈜대한도서, 전자 : 여, 분개 : 혼합

(차) 도서인쇄비(판)	200,000원	(대) 미지급금	200,000원
(또는 교육훈련비(판))		(또는 미지급비용)	

[5] 09월 30일

유형 : 54.불공, 공급가액 : 700,000원, 부가세 : 70,000원, 거래처 : ㈜세무렌트, 전자 : 여, 분개 : 혼합, 불공제사유 : ③ 개별소비세법 제1조 제2항 제3호에 따른 자동차 구입, 유지 및 임차

(차) 임차료(판)	770,000원	(대) 미지급금	770,000원
		(또는 미지급비용)	

[6] 10월 15일

유형 : 11.과세, 공급가액 : −10,000,000원, 부가세 : −1,000,000원, 거래처 : 우리자동차㈜, 전자 : 여, 분개 : 외상 또는 혼합

(차) 외상매출금	−11,000,000원	(대) 부가세예수금	−1,000,000원
		제품매출	−10,000,000원
		(또는 매출환입및에누리(405))	

04 오류수정

[1] 07월 06일 일반전표입력 수정

• 수정 전 : (차) 외상매입금(㈜상문) 3,000,000원 (대) 보통예금 3,000,000원
• 수정 후 : (차) 외상매입금(㈜상문) 3,000,000원 (대) 받을어음(상명상사) 3,000,000원

[2] 일반전표 삭제 후 매입매출전표입력 수정

- 수정 전 : 12월 13일 일반전표입력

  (차) 수도광열비(판)　　　　　　121,000원　(대) 현금　　　　　　　　　　121,000원

- 수정 후 : 12월 13일 매입매출전표입력

  유형 : 51.과세, 공급가액 : 110,000원, 부가세 : 11,000원, 거래처 : 한국전력공사, 전자 : 여,

  분개 : 현금 또는 혼합

  (차) 부가세대급금　　　　　　　11,000원　(대) 현금　　　　　　　　　　121,000원

  　　 전력비(제)　　　　　　　110,000원

05 결산정리사항

[1] 12월 31일 일반전표입력

(차) 장기차입금(대한은행)　　50,000,000원　(대) 유동성장기부채(대한은행) 50,000,000원

[2] 12월 31일 일반전표입력

1. [결산자료입력] 〉 기간 : 2025년 01월~2025년 12월 〉 4. 판매비와 일반관리비 〉 6). 무형자산상각

   비〉특허권 결산반영금액란 〉 6,000,000원 입력 〉 F3 전표추가

2. 또는 일반전표입력

   (차) 무형자산상각비(판)　　　6,000,000원　(대) 특허권　　　　　　　　6,000,000원

- 특허권 취득가액 : 전기말 상각후잔액 24,000,000원×5/4＝30,000,000원
- 무형자산상각비 : 30,000,000원×1/5＝6,000,000원

[3] 12월 31일 일반전표입력

1. [결산자료입력] 〉 기간 : 2025년 01월~2025년 12월, 〉 9. 법인세등 〉 1). 선납세금 6,800,000원

   입력, 2). 추가계상액 6,700,000원 입력 〉 F3 전표추가

2. 또는 일반전표입력

   (차) 법인세등　　　　　　13,500,000원　(대) 선납세금　　　　　　　6,800,000원

   　　　　　　　　　　　　　　　　　　　　 미지급세금　　　　　　　6,700,000원

06 조회분석

[1] 191,786,000원

[재무상태표] 〉 기간 : 6월 〉 [제출용] 탭을 확인한다. 191,786,000원 ＝ 6월 30일 284,609,000원

－ 전기말 92,823,000원

[2] 390,180,000원

[부가가치세신고서] 〉 기간 : 4월 1일~6월 30일 조회한다. 390,180,000원 ＝ 과세 세금계산서 발급

분 공급가액 351,730,000원＋영세 세금계산서발급분 공급가액 38,450,000원

[3] 40,000,000원

[거래처원장] 〉 기간 : 6월 1일~6월 30일 〉 계정과목 : 251.외상매입금 〉 지예상사 차변 금액을 확인

한다.

108회 전산회계 1급 기출문제 정답 및 해설

✦ 이론시험 ✦

·정답·

01 ④	02 ①	03 ②	04 ③	05 ①	06 ②	07 ④	08 ①	09 ③	10 ④
11 ①	12 ③	13 ③	14 ④	15 ②					

01 ④ 자기주식처분손실은 자본조정 항목이다.

02 ① 계약금은 선수금으로 회계처리하고, 타인이 발행한 당좌수표를 수취한 경우에는 현금으로 회계처리한다.

03 ② 기말재고자산을 실제보다 과대계상한 경우, 매출원가가 실제보다 과소계상되고, 매출총이익 및 당기순이익은 과대계상되어 자본총계도 과대계상된다.

04 ③ 무형자산의 상각기간은 독점적·배타적인 권리를 부여하고 있는 관계 법령이나 계약에 정해진 경우를 제외하고는 20년을 초과할 수 없다(일반기업회계기준 11.26).

05 ① 단기투자자산 합계액 7,000,000원 = 1년 만기 정기예금 3,000,000원 + 단기매매증권 4,000,000원
현금, 당좌예금, 우편환증서는 현금및현금성자산에 해당하며, 외상매출금은 매출채권에 해당한다.

06 ② 비유동부채에는 사채, 퇴직급여충당부채 2개가 해당한다. 유동성장기부채, 선수금은 유동부채이다.

07 ④ 재고자산평가손실 1,000,000원 = 비누(취득원가 75,000원 − 순실현가능가치 65,000원) × 100개로 계상한다. 그리고 세제의 경우 평가이익에 해당하나 최초의 취득가액을 초과하는 이익은 저가법상 인식하지 않는다.

08 ① ② 예약판매계약 : 공사결과를 신뢰성 있게 추정할 수 있을 때에 진행기준을 적용하여 공사수익을 인식한다.
③ 할부판매 : 이자부분을 제외한 판매가격에 해당하는 수익을 판매시점에 인식한다. 이자부분은 유효이자율법을 사용하여 가득하는 시점에 수익으로 인식한다.
④ 위탁판매 : 위탁자는 수탁자가 해당 재화를 제3자에게 판매한 시점에 수익을 인식한다.

09 ③ 당기 원재료원가 23억원 = 당기 원재료 매입액 20억원＋원재료 재고 감소액 3억원
• 당기원재료비 : 기초 원재료 재고액 A＋당기 원재료 매입액 20억원－기말 원재료 재고액 B

10 ④ 가. 기초재공품재고액, 나. 기말원재료재고액, 라. 당기제품제조원가, 마. 당기총제조비용은 제조원
　　가명세서에서 확인할 수 있다. 다. 기말제품재고액은 재무상태표와 손익계산서에서 확인할 수 있다.

11 ① 제조간접비 배부차이 100,000원 과대배부 = 제조간접원가 예정배부액 600,000원 − 실제 제조간
　　접원가 발생액 500,000원
　　• 제조간접원가 예정배부액 : 실제 직접노무시간 3,000시간×예정배부율 200원＝600,000원

12 ③ 기초재공품이 존재하지 않는 경우에 평균법과 선입선출법의 당기완성품원가와 기말재공품원가가
　　일치한다.

13 ③ 구매확인서에 의하여 공급하는 재화는 영세율 적용 대상 거래이지만 세금계산서 발급의무가 있다.

14 ④ 부동산매매업은 법인의 경우 법인의 등기부상 소재지가 해당한다.

15 ② 사업자 또는 재화를 수입하는 자 중 어느 하나에 해당하는 자로서 개인, 법인(국가·지방자치단체
　　와 지방자치단체조합을 포함한다), 법인격이 없는 사단·재단 또는 그 밖의 단체는 이 법에 따라
　　부가가치세를 납부할 의무가 있다.

∻ 실무시험 ∻

01 기초정보관리 및 전기분재무제표
　　[1] [거래처등록] 〉
　　　• 코드 : 3000
　　　• 거래처명 : ㈜나우전자
　　　• 유형 : 3.동시
　　　• 사업자등록번호 : 108−81−13579
　　　• 대표자성명 : 김나우
　　　• 업종 : 업태−제조, 종목−전자제품
　　　• 주소 : 서울특별시 서초구 명달로 104 (서초동)
　　[2] [계정과목 및 적요 등록] 〉 186. 퇴직연금운용자산 〉
　　　• 대체적요 NO.1, 제조 관련 임직원 확정급여형 퇴직연금부담금 납입
　　[3] [전기분재무상태표] 〉
　　　• 260.단기차입금 20,000,000원 추가입력
　　　• 장기차입금 20,000,000원 → 0원으로 수정

[거래처별초기이월] 〉

- 260.단기차입금 : 기업은행 20,000,000원 추가입력
- 장기차입금 : 신한은행 20,000,000원 → 0원으로 수정 또는 삭제

또는

[전기분재무상태표] 〉

- 260.단기차입금 20,000,000원 추가입력
- 장기차입금 20,000,000원 → 삭제

[거래처별초기이월] 〉

- 260.단기차입금 : 기업은행 20,000,000원 추가입력

02 일반전표입력

[1] 08월 01일

| (차) 외화장기차입금(미국은행) | 37,500,000원 | (대) 보통예금 | 39,000,000원 |
| 외환차손 | 1,500,000원 | | |

[2] 08월 12일

| (차) 부도어음과수표 | 50,000,000원 | (대) 받을어음(㈜모모가방) | 50,000,000원 |
| (㈜모모가방) | | | |

[3] 08월 23일

| (차) 미지급배당금 | 10,000,000원 | (대) 보통예금 | 8,460,000원 |
| | | 예수금 | 1,540,000원 |

[4] 08월 31일

| (차) 기계장치 | 5,500,000원 | (대) 자산수증이익 | 5,500,000원 |

[5] 09월 11일

| (차) 단기매매증권 | 4,000,000원 | (대) 보통예금 | 4,010,000원 |
| 수수료비용(984) | 10,000원 | | |

- 단기매매증권의 취득과 직접 관련된 거래원가는 비용(일반적인 상거래에 해당하지 않으므로 영업외비용 항목의 수수료비용)으로 처리한다.

[6] 09월 13일

| (차) 현금 | 1,000,000원 | (대) 외상매출금(㈜다원) | 4,000,000원 |
| 받을어음(㈜다원) | 3,000,000원 | | |

03 매입매출전표입력

[1] 07월 13일

유형 : 17.카과, 공급가액 : 5,000,000원, 부가세 : 500,000원, 거래처 : ㈜남양가방,
분개 : 카드 또는 혼합, 신용카드사 : 비씨카드

| (차) 외상매출금(비씨카드) | 5,500,000원 | (대) 부가세예수금 | 500,000원 |
| | | 제품매출 | 5,000,000원 |

[2] 09월 05일

　　유형 : 51.과세, 공급가액 : 500,000원, 부가세 : 50,000원, 거래처 : 쾌속운송, 전자 : 여,

　　분개 : 혼합

　　(차) 부가세대급금　　　　　　　　50,000원　　(대) 보통예금　　　　　　　　550,000원

　　　　기계장치　　　　　　　　500,000원

[3] 09월 06일

　　유형 : 51.과세, 공급가액 : 10,000,000원, 부가세 : 1,000,000원, 거래처 : 정도정밀, 전자 : 여,

　　분개 : 혼합

　　(차) 부가세대급금　　　　　　　1,000,000원　　(대) 보통예금　　　　　　　11,000,000원

　　　　외주가공비(제)　　　　　10,000,000원

[4] 09월 25일

　　유형 : 54.불공, 공급가액 : 3,500,000원, 부가세 : 350,000원, 거래처 : ㈜목포전자, 전자 : 여,

　　분개 : 혼합, 불공제사유 : ② 사업과 직접 관련 없는 지출

　　(차) 기부금　　　　　　　　3,850,000원　　(대) 미지급금　　　　　　　　3,850,000원

　　• 국가 및 지방자치단체에 무상으로 공급하는 재화의 경우, 취득 당시 사업과 관련하여 취득한 재
　　　화이면 매입세액을 공제하고, 사업과 무관하게 취득한 재화이면 매입세액을 공제하지 아니한다.

[5] 10월 06일

　　유형 : 57.카과, 공급가액 : 1,500,000원, 부가세 : 150,000원, 거래처 : ㈜ok사무,

　　분개 : 카드 또는 혼합, 신용카드사 : 하나카드

　　(차) 부가세대급금　　　　　　　150,000원　　(대) 미지급금(하나카드)　　　1,650,000원

　　　　비품　　　　　　　　1,500,000원

[6] 12월 01일

　　유형 : 51.과세, 공급가액 : 2,500,000원, 부가세 : 250,000원, 거래처 : ㈜국민가죽, 전자 : 여, 분개 : 혼합

　　(차) 부가세대급금　　　　　　　250,000원　　(대) 현금　　　　　　　　250,000원

　　　　원재료　　　　　　　2,500,000원　　　　외상매입금　　　　　　2,500,000원

04　오류수정

[1] 07월 22일

　　• 수정 전 : 유형 : 51.과세, 공급가액 : 15,000,000원 부가세 : 1,500,000원, 거래처 : 제일자동차,
　　　전자 : 여, 분개 : 혼합

　　　(차) 부가세대급금　　　　　　1,500,000원　　(대) 보통예금　　　　　　16,500,000원

　　　　　차량운반구　　　　　15,000,000원

　　• 수정 후 : 유형 : 54.불공, 공급가액 : 15,000,000원, 부가세 : 1,500,000원, 거래처 : 제일자동차, 전
　　　자 : 여, 분개 : 혼합, 불공제사유 : ③ 개별소비세법 제1조 제2항 제3호에 따른 자동차 구입, 유지 및 임차

　　　(차) 차량운반구　　　　　16,500,000원　　(대) 보통예금　　　　　　16,500,000원

[2] 09월 15일

- 수정 전 : (차) 대손상각비   3,000,000원   (대) 외상매출금   3,000,000원
                                                    (㈜댕댕오디오)
- 수정 후 : (차) 대손충당금(109)   1,500,000원   (대) 외상매출금   3,000,000원
              대손상각비(판)   1,500,000원   (㈜댕댕오디오)

05 결산정리사항

[1] 12월 31일 일반전표입력

     (차) 외상매입금(하나무역)   2,500,000원   (대) 가지급금   2,550,000원
           잡손실   50,000원

     또는

     (차) 외상매입금(하나무역)   2,500,000원   (대) 가지급금   2,500,000원
     (차) 잡손실   50,000원   (대) 가지급금   50,000원

[2] 12월 31일 일반전표입력

     (차) 단기대여금(필립전자)   6,000,000원   (대) 외화환산이익   6,000,000원

- 대여일 기준환율 : 60,000,000원÷$30,000＝2,000원/$
- 외화환산이익 : $30,000×(결산일 기준환율 2,200원－대여일 기준환율 2,000원)＝6,000,000원

[3] 12월 31일 일반전표입력

   1. [결산자료입력]〉기간 : 1월~12월〉F8 대손상각〉대손율(%) : 1.00 입력, 미수금 외 채권 : 추가 설정액 0원 입력〉결산반영〉F3 전표추가

   2. [결산자료입력]〉7.영업외비용〉2).기타의대손상각〉미수금 결산반영금액 300,000원 입력〉 F3 전표추가

   3. 또는 일반전표입력

       (차) 기타의대손상각비   300,000원   (대) 대손충당금(121)   300,000원

      • 대손충당금(미수금) : 미수금 잔액 40,000,000원×1%－대손충당금(121) 잔액 100,000원＝300,000원

06 조회분석

[1] 1,330,000원

    [매입매출장]〉기간 : 01월 01일~03월 31일〉구분 : 2.매출〉유형 : 17.카과〉분기계 합계 금액 확인한다.

[2] 131,000원

    [일계표/월계표]〉[월계표]〉조회기간 : 6월〉8.영업외비용 차변 계 확인한다.

[3] 3,060,000원

    [부가가치세신고서]〉기간 : 4월 1일~6월 30일〉16.세액(공제받지못할매입세액) 금액 확인한다.

109회 전산회계 1급 기출문제 정답 및 해설

✦ 이론시험 ✦

·정답·

01	④	02	④	03	②	04	②	05	①	06	④	07	③	08	③	09	①	10	③
11	②	12	③	13	④	14	①	15	②										

01 ④ ① 원가관리회계의 목적이다.
② 세무회계의 정보이용자에 해당한다.
③ 세무회계의 목적이다.
④ 일반목적의 재무제표 작성을 목적으로 하며 주주, 투자자, 채권자 등이 회계정보이용자이다.

02 ④ 단기매매증권은 유동자산 중 당좌자산으로 분류된다.

03 ② 재고자산의 매입원가는 매입금액에 매입운임, 하역료 및 보험료 등 취득과정에서 정상적으로 발생한 부대비용을 가산한 금액이다. 매입과 관련된 할인, 에누리 및 기타 유사한 항목은 매입원가에서 차감한다.

04 ② 자본적지출을 수익적지출로 잘못 처리하게 되면, 자산은 과소계상, 비용은 과대계상되므로 자본은 과소계상하게 된다.

05 ① 감자차손 200,000원 = 200주 × (취득가액 7,000원 – 액면가액 5,000원) – 감자차익 200,000원
• 기인식된 감자차익 200,000원을 상계하고 감자차손은 200,000원만 인식한다.

06 ④ 수익과 비용은 각각 총액으로 보고하는 것을 원칙으로 한다.

07 ③ 선수금을 제품매출로 인식함에 따라 유동부채가 과소계상된다.
• 옳은 회계처리 : (차) 현금　　　　　　　　500,000원　 (대) 선수금　　　　　　　　500,000원
• 당좌자산의 금액은 차이가 없으나, 영업수익(제품매출)은 과대계상하였으므로 당기순이익도 과대계상 된다.

08 ③ 기말자본금 60,000,000원 = 기초 자본금 50,000,000원 + (2,000주 × 액면금액 5,000원)

09 ① 영업용 사무실의 전기요금, 마케팅부의 교육연수비는 판매비와관리비에 해당하고, 유형자산의 처분으로 인한 손익은 영업외손익에 해당한다.

10 ③ 상호배분법에 대한 설명이다.

11 ② 당기 직접재료원가 1,250,000원 = 기초원재료 1,200,000원 + 당기원재료매입액 900,000원
    − 기말원재료 850,000원

12 ③ 제조지시서 no.1의 제조간접원가 배부액 275,000원 = (직접재료원가 400,000원 + 직접노무원
    가 150,000원) × 배부율 0.5원
    • 제조간접원가 배부율 0.5원/직접원가당 = 제조간접원가 500,000원÷(직접재료원가 800,000원+
    직접노무원가 200,000원)

13 ④ 간이과세자가 일반과세자로 변경되는 경우 : 그 변경되는 해의 1월 1일부터 6월 30일까지(부가가
    치세법 제5조)

14 ① 공급연월일은 임의적 기재사항이며, 작성연월일이 필요적 기재사항이다.

15 ② 상품권이 현물과 교환되어 재화가 실제로 인도되는 때를 공급시기로 본다.

÷ 실무시험 ÷

01 기초정보관리 및 전기분재무제표
    [1] [거래처등록] 〉 [일반거래처] 〉
    • 코드 : 01230
    • 거래처명 : 태형상사
    • 유형 : 3.동시
    • 사업자등록번호 : 107−36−25785
    • 대표자성명 : 김상수
    • 업태 : 도소매
    • 종목 : 사무기기
    • 사업장주소 : 서울시 동작구 여의대방로10가길 1(신대방동)
    [2] [거래처별 초기이월] 〉
    • 받을어음 〉 ㈜원수 10,000,000원 → 15,000,000원으로 수정
    • 단기차입금 〉 ㈜이태백 10,000,000원 추가입력
    • 단기차입금 〉 ㈜빛날통신 3,000,000원 → 13,000,000원으로 수정

[3] [전기분원가명세서] 〉
- 보험료(제) 1,000,000원 추가입력
- 당기제품제조원가 93,000,000원 → 94,000,000원 금액 변경 확인

[전기분손익계산서] 〉
- 제품매출원가 〉 당기제품제조원가 93,000,000원 → 94,000,000원으로 수정
- 매출원가 120,350,000원 → 121,350,000원 변경 확인
- 보험료(판) 3,000,000원 → 2,000,000원으로 수정
- 당기순이익 356,150,000원 변동 없음

따라서 재무상태표, 잉여금처분계산서는 변동사항 없음

02 일반전표입력

[1] 08월 20일

(차) 기부금	2,000,000원	(대) 제품		2,000,000원
		(적요 8. 타계정으로 대체액)		

- 제품을 기부하였을 경우 해당 비용은 원가의 금액으로 하며, 적요는 8. 타계정으로 대체 처리한다.

[2] 09월 02일

(차) 단기차입금(전마나)	20,000,000원	(대) 보통예금	15,000,000원
		채무면제이익	5,000,000원

또는

(차) 단기차입금(전마나)	15,000,000원	(대) 보통예금	15,000,000원
(차) 단기차입금(전마나)	5,000,000원	(대) 채무면제이익	5,000,000원

[3] 10월 19일

(차) 외상매입금(㈜용인)	2,500,000원	(대) 현금	1,500,000원
		받을어음(㈜수원)	1,000,000원

[4] 11월 06일

(차) 예수금	270,000원	(대) 현금	601,500원
보험료(제)	221,000원		
보험료(판)	110,500원		

[5] 11월 11일

(차) 퇴직급여(판)	6,800,000원	(대) 보통예금	7,000,000원
수수료비용(판)	200,000원		

또는

(차) 퇴직급여충당부채	6,800,000원	(대) 보통예금	7,000,000원
수수료비용(판)	200,000원		

[6] 12월 03일

(차) 보통예금	4,750,000원	(대) 단기매매증권	4,000,000원
		단기매매증권처분이익	750,000원

- 처분금액 : 10,000원×500주 − 처분수수료 250,000원 = 4,750,000원
- 장부금액 : 8,000원×500주 = 4,000,000원
- 처분손익 : 처분금액 4,750,000원 − 장부금액 4,000,000원 = 처분이익 750,000원

03 매입매출전표입력

[1] 07월 28일

유형 : 57.카과, 공급가액 : 200,000원, 부가세 : 20,000원, 거래처 : 저팔계산업,
분개 : 카드 또는 혼합, 신용카드사 : 하나카드

(차) 부가세대급금	20,000원	(대) 미지급금(하나카드)	220,000원
복리후생비(판)	200,000원	(또는 미지급비용)	

[2] 09월 03일

유형 : 11.과세, 공급가액 : 13,500,000원, 부가세 : 1,350,000원, 거래처 : 보람테크㈜, 전자 : 여, 분개 : 혼합

(차) 감가상각누계액	38,000,000원	(대) 부가세예수금	1,350,000원
현금	4,850,000원	기계장치	50,000,000원
미수금	10,000,000원	유형자산처분이익	1,500,000원

[3] 09월 22일

유형 : 51.과세, 공급가액 : 5,000,000원, 부가세 : 500,000원, 거래처 : 마산상사, 전자 : 여, 분개 : 혼합

(차) 부가세대급금	500,000원	(대) 받을어음(㈜서울)	2,000,000원
원재료	5,000,000원	외상매입금	3,500,000원

[4] 10월 31일

유형 : 12.영세, 공급가액 : 70,000,000원, 거래처 : NICE Co.,Ltd, 전자 : 여, 분개 : 혼합,
영세율구분 : ③ 내국신용장·구매확인서에 의하여 공급하는 재화

(차) 외상매출금	35,000,000원	(대) 제품매출	70,000,000원
보통예금	35,000,000원		

[5] 11월 04일

유형 : 54.불공, 공급가액 : 1,500,000원, 부가세 : 150,000원, 거래처 : 손오공상사, 전자 : 여,
분개 : 혼합, 불공제사유 : ④ 기업업무추진비 및 이와 유사한 비용 관련

(차) 기업업무추진비(판)	1,650,000원	(대) 미지급금	1,650,000원
		(또는 미지급비용)	

[6] 12월 05일

유형 : 54.불공, 공급가액 : 50,000,000원, 부가세 : 5,000,000원, 거래처 : ㈜만듬건설, 전자 : 여,
분개 : 혼합, 불공제사유 : ⑥ 토지의 자본적지출 관련

(차) 토지	55,000,000원	(대) 선급금	5,500,000원
		미지급금	49,500,000원

04 오류수정

[1] 11월 10일 일반전표입력
- 수정 전 : (차) 수선비(제)   880,000원 (대) 보통예금   880,000원
- 수정 후 : (차) 미지급금(가나상사)   880,000원 (대) 보통예금   880,000원

[2] 12월 15일 매입매출전표입력
- 수정 전 : 유형 : 16.수출, 공급가액 : 10,000,000원, 거래처 : ㈜강서기술, 전자 : 부, 분개 : 혼합,
  영세율구분 : ① 직수출(대행수출 포함)
  (차) 외상매출금   10,000,000원 (대) 제품매출   10,000,000원
- 수정 후 : 유형 : 12.영세, 공급가액 : 10,000,000원, 거래처 : ㈜강서기술, 전자 : 여, 분개 : 혼합,
  영세율구분 : ③ 내국신용장 · 구매확인서에 의하여 공급하는 재화
  (차) 외상매출금   10,000,000원 (대) 제품매출   10,000,000원

05 결산정리사항

[1] 12월 31일 일반전표입력
   (차) 미수수익   2,250,000원   (대) 이자수익   2,250,000원
- 이자수익 : 50,000,000원×6%×9/12 = 2,250,000원

[2] 12월 31일 일반전표입력
   (차) 선급비용   900,000원   (대) 임차료(제)   900,000원

[3] 12월 31일 일반전표입력
   (차) 단기매매증권평가손실 2,000,000원   (대) 단기매매증권   2,000,000원

06 조회분석

[1] 3,000,000원
   [총계정원장] 〉 기간 : 1월 1일~6월 30일 〉 계정과목 : 801.급여 조회한다.
   차액 3,000,000원 = 3월 8,400,000원 - 1월 5,400,000원

[2] 8,140,000원
   [거래처원장] 〉
- 기간 : 3월 1일~3월 31일 〉 계정과목 : 404.제품매출 〉 거래처 : 일천상사 조회 〉 대변합계
- 기간 : 4월 1일~4월 30일 〉 계정과목 : 404.제품매출 〉 거래처 : 일천상사 조회 〉 대변합계
   감소액 8,140,000원 = 3월 13,000,000원 - 4월 4,860,000원

[3] 6매, 10,320,000원
   [세금계산서합계표] 〉 매출 〉 기간 : 1월~3월 조회한다.

110회 전산회계 1급 기출문제 정답 및 해설

✦ 이론시험 ✦

·정답·

01 ①	02 ④	03 ②	04 ②	05 ①	06 ④	07 ②	08 ④	09 ①	10 ①
11 ③	12 ④	13 ④	14 ③	15 ②					

01 ① ① 재무상태표는 일정 시점 현재 기업이 보유하고 있는 자산과 부채, 그리고 자본에 대한 정보를 제공하는 재무보고서이다.
② 일정 기간 동안의 기업의 수익과 비용에 대해 보고하는 보고서는 손익계산서이다.
③ 일정 기간 동안의 현금의 유입과 유출의 정보를 제공하는 보고서는 현금흐름표이다.
④ 기업의 자본변동에 관한 정보를 제공하는 재무보고서는 자본변동표이다.

02 ④ 임대보증금은 비유동부채에 포함된다.

03 ② 내부적으로 창출한 브랜드, 고객목록과 같은 항목은 무형자산으로 인식할 수 없다.

04 ② 시용판매의 경우에는 소비자가 매입의사를 표시하는 시점에 수익을 인식한다.

05 ① 매출 시점에 실제 취득원가를 기록하여 매출원가로 대응시켜 원가 흐름을 가장 정확하게 파악할 수 있는 재고자산의 단가 결정 방법은 개별법이다.

06 ④ 일용직 직원에 대한 수당은 잡급(판)으로 처리한다. 이자수익은 영업외수익으로, 재해손실과 이자비용은 영업외비용으로 처리한다.

07 ② 당기순이익 100,000원 증가 = 단기매매증권평가이익 300,000원 - 투자자산처분손실 200,000원
• 결산일에 매도가능증권을 공정가치로 평가하여 발생하는 손익은 기타포괄손익누계액(자본)으로 회계처리하도록 규정하고 있다.
• 단기매매증권평가이익 : 공정가치 3,300,000원 - 장부금액 3,000,000원 = 300,000원
• 투자자산처분손실 : 처분금액 8,800,000원 - 장부금액 9,000,000원 = △200,000원

08 ④ 기말자본 650,000원 = 기초자본 400,000원 + 추가출자 100,000원 - 이익배당액 50,000원 + 당기순이익 200,000원
• 기초자본 : 기초자산 900,000원 - 기초부채 500,000원 = 400,000원
• 당기순이익 : 총수익 1,100,000원 - 총비용 900,000원 = 200,000원

09 ① 외부의 정보이용자들에게 유용한 정보를 제공하는 것은 재무회계의 목적이다.

10 ① 변동원가는 조업도가 증가할수록 총원가는 증가하지만 단위당 원가는 변동이 없다. 고정원가는 조업도가 증가할 때 총원가는 일정하며 단위당 원가는 감소한다.

11 ③ 단계배분법을 사용할 경우, 배부순서에 따라 각 보조부문에 배분되는 금액은 차이가 발생한다.

12 ④ 공정별 원가계산에 적합한 것이 종합원가계산이다.

13 ④ 증여로 인하여 사업자의 명의가 변경되는 경우는 폐업 사유에 해당한다. 증여자는 폐업, 수증자는 신규 사업자등록 사유이다.

14 ③ 영세율은 완전면세제도이다.

15 ② 도매업은 영수증 발급 대상 사업자가 될 수 없다.

÷ 실무시험 ÷

01 기초정보관리 및 전기분재무제표
[1] [거래처등록] 〉 [신용카드] 탭 〉
- 코드 : 99850
- 거래처명 : 하나카드
- 유형 : 2.매입
- 카드번호 : 5531-8440-0622-2804
- 카드종류 : 3.사업용카드
[2] [계정과목및적요등록] 〉 812.여비교통비 〉
- 현금적요 NO.6, 야근 시 퇴근택시비 지급
- 대체적요 NO.3, 야근 시 퇴근택시비 정산 인출
[3] [전기분원가명세서] 〉
- 511.복리후생비 9,000,000원 → 10,000,000원
- 당기제품제조원가 94,200,000원 → 95,200,000원
[전기분손익계산서] 〉
- 당기제품제조원가 94,200,000원 → 95,200,000원
- 455.제품매출원가 131,550,000원 → 132,550,000원

- 811.복리후생비 30,000,000원 → 29,000,000원
- 당기순이익 61,390,000원 확인

[전기분이익잉여금처분계산서] 〉 미처분이익잉여금이나 이월이익잉여금에 변동이 없으므로 정정 불필요
[전기분재무상태표] 〉 당기순이익에 변동이 없으므로 정정 불필요

02 일반전표입력

[1] 07월 04일

(차) 외상매입금(나노컴퓨터)	5,000,000원	(대) 외상매출금(나노컴퓨터)	3,000,000원
		당좌예금	2,000,000원

[2] 09월 15일

(차) 보통예금	1,000,000원	(대) 배당금수익	1,000,000원

[3] 10월 05일

(차) 보통예금	4,945,000원	(대) 받을어음(㈜영춘)	5,000,000원
매출채권처분손실	55,000원		

[4] 10월 30일

(차) 세금과공과(판)	500,000원	(대) 보통예금	500,000원

[5] 12월 12일

(차) 사채	10,000,000원	(대) 보통예금	9,800,000원
		사채상환이익	200,000원

[6] 12월 21일

(차) 보통예금	423,000원	(대) 이자수익	500,000원
선납세금	77,000원		

03 매입매출전표입력

[1] 07월 11일

유형 : 11.과세, 공급가액 : 3,000,000원, 부가세 : 300,000원, 거래처 : 성심상사, 전자 : 여, 분개 : 혼합

(차) 외상매출금	2,300,000원	(대) 부가세예수금	300,000원
현금	1,000,000원	제품매출	3,000,000원

[2] 08월 25일

유형 : 51.과세, 공급가액 : 200,000,000원, 부가세 : 20,000,000원, 거래처 : ㈜대관령, 전자 : 여, 분개 : 혼합

(차) 부가세대급금	20,000,000원	(대) 선급금	37,000,000원
토지	150,000,000원	보통예금	333,000,000원
건물	200,000,000원		

[3] 09월 15일

　유형 : 61.현과, 공급가액 : 350,000원, 부가세 : 35,000원, 거래처 : 골드팜㈜, 분개 : 혼합

　(차) 부가세대급금　　　　　　　35,000원　(대) 보통예금　　　　　　　385,000원

　　　소모품비(판)　　　　　　　350,000원

　또는

　유형 : 62.현면, 공급가액 : 385,000원, 거래처 : 골드팜㈜, 분개 : 혼합

　(차) 소모품비(판)　　　　　　385,000원　(대) 보통예금　　　　　　　385,000원

[4] 09월 30일

　유형 : 51.과세, 공급가액 : 15,000,000원, 부가세 : 1,500,000원, 거래처 : 경하자동차㈜, 전자 : 여,
　분개 : 혼합

　(차) 부가세대급금　　　　　1,500,000원　(대) 미지급금　　　　　16,500,000원

　　　차량운반구　　　　　　15,000,000원

　※ 개별소비세 과세 대상 차량이 아닌 승용차는 매입세액 공제 대상이다.

[5] 10월 17일

　유형 : 55.수입, 공급가액 : 8,000,000원, 부가세 : 800,000원, 거래처 : 인천세관, 전자 : 여, 분개 : 혼합

　(차) 부가세대급금　　　　　800,000원　(대) 보통예금　　　　　　800,000원

[6] 10월 20일

　유형 : 14.건별, 공급가액 : 90,000원, 부가세 : 9,000원, 분개 : 현금 또는 혼합

　(차) 현금　　　　　　　　99,000원　(대) 부가세예수금　　　　　9,000원

　　　　　　　　　　　　　　　　　　　제품매출　　　　　　　90,000원

04　오류수정

[1] 08월 31일 일반전표입력

　• 수정 전 : (차) 이자비용　　　　362,500원　(대) 보통예금　　　　362,500원

　• 수정 후 : (차) 이자비용　　　　500,000원　(대) 보통예금　　　　362,500원

　　　　　　　　　　　　　　　　　　　　　예수금　　　　　137,500원

[2] 11월 30일 매입매출전표입력

　• 수정 전 : 유형 : 51.과세, 공급가액 : 700,000원, 부가세 : 70,000원, 거래처 : 영포상회,
　　전자 : 여, 분개 : 혼합

　　(차) 부가세대급금　　　　70,000원　(대) 보통예금　　　　　770,000원

　　　　건물　　　　　　　700,000원

　• 수정 후 : 유형 : 51.과세, 공급가액 : 700,000원, 부가세 : 70,000원, 거래처 : 영포상회, 전자 : 여,
　　분개 : 혼합

　　(차) 부가세대급금　　　　70,000원　(대) 보통예금　　　　　770,000원

　　　　수선비(제)　　　　700,000원

05 결산정리사항

[1] 12월 31일 일반전표입력

(차) 소모품비(제)	1,875,000원	(대) 소모품	2,500,000원
소모품비(판)	625,000원		

또는

(차) 소모품비(제)	1,875,000원	(대) 소모품	1,875,000원
(차) 소모품비(판)	625,000원	(대) 소모품	625,000원

- 소모품비(판) : (3,000,000원 − 500,000원)×25% = 625,000원
- 소모품비(제) : (3,000,000원 − 500,000원)×75% = 1,875,000원

[2] 12월 31일 일반전표입력

(차) 차량유지비(판)	150,000원	(대) 현금과부족	235,000원
잡손실	85,000원		

[3] [결산자료입력] 〉 기간 : 1월~12월 〉 ① 원재료 9,500,000원 입력, ② 재공품 8,500,000원 입력, ③ 제품 13,450,000원 입력 〉 F3 전표추가

- 원재료 : 9,500개×1,000원=9,500,000원(정상적인 수량차이는 원가에 포함한다.)

06 조회분석

[1] 40,465,000원

[재무상태표] 〉 기간 : 2025년 5월 조회, 외상매출금 107,700,000원 − 외상매입금 67,235,000원 =40,465,000원

[2] 48,450,000원 = 12.영세 38,450,000원 + 16.수출 10,000,000원

1. [매입매출장] 〉 조회기간 : 2025년 04월 01일~2025년 06월 30일 〉 구분 : 2.매출 〉
   - 유형 : 12.영세 〉 ⑩전체 〉 분기계 합계 금액 확인,
   - 유형 : 16.수출 〉 분기계 합계 금액 확인

2. [부가가치세신고서] 〉 조회기간 : 2025년 4월 1일~2025년 6월 30일 〉 과세표준및매출세액 〉 영세 〉 세금계산서발급분 금액, 기타 금액 조회한다.

[3] 도서인쇄비, 10,000원

[일계표(월계표)] 〉 [월계표] 탭 〉 조회기간 : 2025년 06월~2025년 06월

111회 전산회계 1급 기출문제 정답 및 해설

✧ 이론시험 ✧

·정답·

01	④	02	①	03	②	04	①	05	④	06	②	07	②	08	①	09	③	10	③
11	①	12	④	13	③	14	②	15	③										

01 ④ 회계정보의 질적 특성 중 목적 적합성에 관련된 설명이며, 예측가치, 피드백가치, 적시성이 이에 해당한다. 중립성은 표현의 충실성, 검증가능성과 함께 신뢰성에 해당하는 질적 특성이다.

02 ① 당좌자산은 유동자산으로 구분된다.

03 ② 원가흐름 가정 중 선입선출법은 먼저 입고된 자산이 먼저 출고된 것으로 가정하여 입고 일자가 빠른 원가를 출고 수량에 먼저 적용한다. 선입선출법은 실제 물량 흐름에 대한 원가흐름의 가정이 유사하다는 장점이 있으나, 수익·비용 대응의 원칙에 부적합하고, 물가 상승 시 이익이 과대 계상되는 단점이 있다.

04 ① 1,000,000원＝배당금지급통지서 500,000원＋타인발행수표 500,000원
• 현금성자산에 해당하는 것은 배당금지급통지서, 타인발행수표이다.

05 ④ 주식배당과 무상증자는 순자산의 증가가 발생하지 않는다.

06 ② 대손상각비, 기부금, 퇴직급여, 이자수익이 손익계산서에 나타나는 계정과목이다. 현금, 외상매출금은 재무상태표에 나타나는 자산 계정과목이다.

07 ② 감가상각비 3,487,500원＝(취득원가 10,000,000원－감가상각누계액 2,250,000원)×45%
• 2024년 12월 31일 감가상각비 : 취득원가 10,000,000원×45%×6/12＝2,250,000원

08 ① 기업의 정상적인 영업활동의 결과로써 재고자산은 제조와 판매를 통해 매출원가로 대체된다. 그러나 재고자산이 외부 판매 이외의 용도로 사용될 경우 '타계정대체'라 하며 이때는 매출원가가 증가하지 않는다.

09 ③ 변동원가는 생산량이 증가할 경우 총원가는 증가하지만, 단위당 원가는 일정하다.

10 ③ 건설업에 개별원가계산의 적용이 가능하다. 정유업, 제분업, 식품가공업은 종합원가계산의 적용이 가능한 업종으로 개별원가계산은 적합하지 않다.

11 ① 생산과정에서 나오는 원재료의 찌꺼기는 작업폐물이다.

12 ④ 과소배부 50,000원 = 실제발생액 300,000원 − 예정배부액 250,000원
   • 예정배부율 : 제조간접원가 예상액 2,500,000원/예상 직접노무시간 50,000시간 = 50원/시간
   • 예정배부액 : 6월 실제 직접노무시간 5,000시간 × 예정배부율 50원/시간 = 250,000원

13 ③ 면세제도에 대한 설명이다.

14 ② 제품의 외상판매는 재화의 공급에 해당한다.
   • 재화의 공급으로 보지 않는 특례
     − 사업의 양도(사업양수 시 양수자 대리납부의 경우 재화의 공급으로 인정)
     − 담보의 제공·조세의 물납·법률에 따른 공매·경매
     − 법률에 따른 수용·신탁재산의 이전

15 ③ 매출할인액은 과세표준에서 제외한다.

╌ 실무시험 ╌

01 기초정보관리 및 전기분재무제표
   [1] [계정과목및적요등록] 〉 831.수수료비용 〉 현금적요 NO.8, 결제 대행 수수료
   [2] [거래처등록] 〉 [금융기관] 탭 〉
      • 거래처코드 : 98005
      • 거래처명 : 수협은행
      • 유형 : 3.정기적금
      • 계좌번호 : 110-146-980558
   [3] [거래처별초기이월] 〉
      1. 지급어음 〉
         • 천일상사 9,300,000원 → 6,500,000원으로 수정
         • 모닝상사 5,900,000원 → 8,700,000원으로 수정
      2. 미지급금 〉
         • 대명㈜ 8,000,000원 → 4,500,000원으로 수정
         • ㈜한울 4,400,000원 → 7,900,000원으로 수정

02 일반전표입력

[1] 07월 10일

| (차) 예수금 | 22,000원 | (대) 보통예금 | 22,000원 |

[2] 07월 16일

| (차) 선급금((주)홍명) | 1,000,000원 | (대) 당좌예금 | 1,000,000원 |

[3] 08월 10일

| (차) 미지급금(비씨카드) | 2,000,000원 | (대) 보통예금 | 2,000,000원 |

[4] 08월 20일

| (차) 여비교통비(판) | 380,000원 | (대) 전도금 | 600,000원 |
| 현금 | 220,000원 | | |

[5] 09월 12일

| (차) 현금 | 8,000,000원 | (대) 미수금(우리기계) | 8,000,000원 |

[6] 10월 28일

| (차) 보통예금 | 41,400,000원 | (대) 외상매출금(lailai co. ltd.) | 39,000,000원 |
| | | 외환차익 | 2,400,000원 |

03 매입매출전표입력

[1] 07월 06일

유형 : 11.과세, 공급가액 : 23,000,000원, 부가세 : 2,300,000원, 거래처 : (주)아이닉스, 전자 : 여,
분개 : 외상 또는 혼합

| (차) 외상매출금 | 25,300,000원 | (대) 부가세예수금 | 2,300,000원 |
| | | 제품매출 | 23,000,000원 |

[2] 08월 10일

유형 : 14.건별, 공급가액 : 500,000원, 부가세 : 50,000원, 거래처 : 없음, 전자 : 부, 분개 : 혼합

(차) 기업업무추진비(제)	350,000원	(대) 부가세예수금	50,000원
		제품	300,000원
		(적요 8. 타계정으로 대체액)	

[3] 09월 16일

유형 : 11.과세, 공급가액 : 9,000,000원, 부가세 : 900,000원, 거래처 : 팔팔물산, 전자 : 여,
분개 : 현금 또는 혼합

| (차) 현금 | 9,900,000원 | (대) 부가세예수금 | 900,000원 |
| | | 제품매출 | 9,000,000원 |

[4] 09월 26일

    유형 : 51.과세, 공급가액 : 5,000,000원, 부가세 : 500,000원, 거래처 : 잘나가광고, 전자 : 여,

    분개 : 혼합

(차) 부가세대급금	500,000원	(대) 보통예금	5,500,000원
비품	5,000,000원		

[5] 10월 15일

    유형 : 51.과세, 공급가액 : 2,500,000원, 부가세 : 250,000원, 거래처 : 메타가구, 전자 : 여, 분개 : 혼합

(차) 부가세대급금	250,000원	(대) 받을어음(㈜은성가구)	1,000,000원
원재료	2,500,000원	외상매입금	1,750,000원

[6] 12월 20일

    유형 : 54.불공, 공급가액 : 3,800,000원, 부가세 : 380,000원, 거래처 : 니캉전자, 전자 : 여,

    분개 : 혼합, 불공제사유 : ② 사업과 직접 관련 없는 지출

(차) 가지급금(한태양)	4,180,000원	(대) 보통예금	4,180,000원

04 오류수정

[1] 08월 17일 매입매출전표입력

- 수정 전 : 유형 : 58.카면, 공급가액 : 44,000원, 거래처 : 사거리주유소, 분개 : 카드 또는 혼합, 신용카드사 : 비씨카드

(차) 차량유지비(판)	44,000원	(대) 미지급금(비씨카드)	44,000원

- 수정 후 : 유형 : 57.카과, 공급가액 : 40,000원, 부가세 : 4,000원, 거래처 : 사거리주유소, 분개 : 카드 또는 혼합, 신용카드사 : 비씨카드

(차) 부가세대급금	4,000원	(대) 미지급금(비씨카드)	44,000원
차량유지비(판)	40,000원	(또는 미지급비용)	

[2] 11월 12일 일반전표입력

- 수정 전 : (차) 기업업무추진비(판)   500,000원 (대) 현금   500,000원
- 수정 후 : (차) 복리후생비(제)   500,000원 (대) 현금   500,000원
-     또는 (출금) 복리후생비(제)   500,000원

05 결산정리사항

[1] 12월 31일 일반전표입력

(차) 부가세예수금	49,387,500원	(대) 부가세대급금	34,046,000원
		미지급세금	15,341,500원

[2] 12월 31일 일반전표입력

(차) 선급비용	3,600,000원	(대) 보험료(제)	3,600,000원

[3] 1. [결산자료입력] 〉 F7 감가상각 〉 차량운반구(제조) 결산반영금액 입력 〉 결산반영 〉 F3 전표추가
2. 또는 [결산자료입력] 〉 2. 매출원가 〉 2). 일반감가상각비 〉 차량운반구 결산반영금액 입력 〉 F3 전표추가
3. 또는 일반전표입력
(차) 감가상각비(제)　　　　4,500,000원　　(대) 감가상각누계액(209)　　　4,500,000원
　　　　　　　　　또는 4,250,000원　　　　　　　　　　　　　또는 4,250,000원
　　　　　　　　　또는 4,290,410원　　　　　　　　　　　　　또는 4,290,410원

06 조회분석

[1] 40,000,000원
[계정별원장] 〉 기간 : 4월 1일~4월 30일 〉 계정과목 : 108.외상매출금 조회 〉 대변 월계금액 확인
[2] 117,630,000원
[총계정원장] 〉 [월별] 탭 〉 기간 : 1월 1일~ 6월 30일 〉 계정과목 : 404.제품매출 조회 〉 대변 금액 확인
6월 매출액 147,150,000원 - 2월 매출액 29,520,000원 = 117,630,000원
[3] 6,372,000원
[부가가치세신고서] 〉 기간 : 4월 1일~6월 30일 〉 11.고정자산매입(세금계산서 수취분) 세액란 금액 확인

112회 전산회계 1급 기출문제 정답 및 해설

⊹ 이론시험 ⊹

· 정답 ·

01 ③	02 ④	03 ②	04 ①	05 ①	06 ③	07 ④	08 ④	09 ①	10 ④
11 ②	12 ①	13 ②	14 ③	15 ③					

01 ③ 재무제표는 재무상태표, 손익계산서, 현금흐름표, 자본변동표로 구성되며, 주석을 포함한다.

02 ④ 생산량은 생산량비례법을 계산할 때 필수요소이다.

03 ② 자기주식은 이익잉여금처분계산서에 나타나지 않는다.

04 ① 위탁매출은 수탁자가 해당 재화를 제3자에게 판매한 시점에 수익으로 인식한다.

05 ① 임차보증금은 기타비유동자산으로 분류하고, 나머지는 무형자산으로 분류한다.

06 ③ 자기주식처분이익은 자본잉여금으로 분류되고, 자기주식, 주식할인발행차금, 감자차손은 자본조정으로 분류된다.

07 ④ 기말재고자산을 실제보다 낮게 계상한 경우, 매출원가가 과대계상되므로 그 결과 당기순이익과 자본은 과소계상된다.

08 ④ (차) 투자부동산　　　　　　5,200,000원　(대) 미지급금　　　　　　　5,000,000원
　　　　　　　　　　　　　　　　　　　　　　현금　　　　　　　　　200,000원

09 ① 총고정원가는 관련 범위 내에서 일정하고, 관련 범위 밖에서는 일정하다고 할 수 없다.

10 ④ 매출원가는 손익계산서에서 제공되는 정보이다.

11 ② 공장 인사 관리 부문의 원가는 종업원의 수를 배부기준으로 하는 것이 적합하다.

12 ① • 직접재료원가 완성품환산량 : 완성품 30,000개 + 기말재공품 10,000개 − 기초재공품 5,000개
　　= 35,000개
　　• 가공원가 완성품환산량 : 완성품 30,000개 + 기말재공품 10,000개 × 30% − 기초재공품 5,000개
　　× 70% = 29,500개

13 ② 우리나라 부가가치세법은 소비지국과세원칙을 채택하고 있다.

14 ③ 폐업자의 경우 폐업일이 속하는 달의 다음 달 25일까지 확정신고를 하여야 한다.

15 ③ ① 기업업무추진비는 매입세액불공제 대상이다.
  ② 개별소비세법 제1조 제2항 제3호에 따른 자동차 구입, 유지, 임차에 관한 세액은 매입세액 불공
    제 대상이다.
  ③ 개별소비세법 제1조 제2항 제3호에 따른 자동차가 아니므로 매입세액공제 가능하다.
  ④ 세금계산서, 신용카드매출전표, 현금영수증에 기재된 매입세액은 공제가능하다.

∻ 실무시험 ∻

01 기초정보관리 및 전기분재무제표
  [1] [거래처등록] 〉 [일반거래처] 탭 〉
    • 거래처코드 : 5230
    • 거래처명 : ㈜대영토이
    • 유형 : 3.동시
    • 사업자등록번호 : 108-86-13574
    • 대표자 : 박완구
    • 업태 : 제조
    • 종목 : 완구제조
    • 사업장주소 : 경기도 광주시 오포읍 왕림로 139
  [2] [거래처별초기이월] 〉
    • 외상매출금 〉 튼튼사무기 8,300,000원 → 3,800,000원
    • 받을어음 〉 ㈜강림상사 20,000,000원 → 2,000,000원
    • 외상매입금 〉 ㈜해원상사 4,600,000원 추가 입력
  [3] [전기분재무상태표] 〉
    • 원재료 73,600,000원 → 75,600,000원 수정
    [전기분원가명세서] 〉
    • 기말원재료재고액 73,600,000원 → 75,600,000원 확인
    • 당기제품제조원가 505,835,000원 → 503,835,000원 확인
    [전기분손익계산서] 〉
    • 당기제품제조원가 505,835,000원 → 503,835,000원 수정
    • 당기순이익 131,865,000원 → 133,865,000원 확인

[전기분잉여금처분계산서] 〉
- 당기순이익 131,865,000원 → 133,865,000원 수정
- 미처분이익잉여금 169,765,000원 → 171,765,000원 확인

[전기분재무상태표] 〉
- 이월이익잉여금 169,765,000원 → 171,765,000원 수정

02 일반전표입력

[1] 08월 10일

| (차) 예수금 | 340,000원 | (대) 보통예금 | 680,000원 |
| 복리후생비(제) | 340,000원 | | |

[2] 08월 23일

| (차) 부도어음과수표 | 3,500,000원 | (대) 받을어음 | 3,500,000원 |
| ((주)애플전자) | | ((주)애플전자) | |

[3] 09월 14일

| (차) 잡급(판) | 420,000원 | (대) 현금 | 420,000원 |

[4] 09월 26일

| (차) 퇴직급여충당부채 | 5,000,000원 | (대) 퇴직연금운용자산 | 5,000,000원 |

[5] 10월 16일

| (차) 보통예금 | 37,000,000원 | (대) 단기매매증권 | 35,000,000원 |
| | | 단기매매증권처분이익 | 2,000,000원 |

[6] 11월 29일

| (차) 보통예금 | 49,000,000원 | (대) 사채 | 50,000,000원 |
| 사채할인발행차금 | 1,000,000원 | | |

03 매입매출전표입력

[1] 09월 02일

유형 : 11.과세, 공급가액 : 10,000,000원, 부가세 : 1,000,000원, 거래처 : (주)신도가전, 전자 : 여,
분개 : 혼합

| (차) 받을어음 | 8,000,000원 | (대) 부가세예수금 | 1,000,000원 |
| 외상매출금 | 3,000,000원 | 제품매출 | 10,000,000원 |

[2] 09월 12일

유형 : 57.카과, 공급가액 : 450,000원, 부가세 : 45,000원, 거래처 : 인천상회,
분개 : 카드 또는 혼합, 신용카드사 : 우리카드(법인)

| (차) 부가세대급금 | 45,000원 | (대) 미지급금 | 495,000원 |
| 복리후생비(제) | 450,000원 | (우리카드(법인)) | |

[3] 10월 05일

　유형 : 16.수출, 공급가액 : 100,000,000원, 거래처 : PYBIN사, 분개 : 혼합,

　영세율구분 : ① 직접수출(대행수출 포함)

　(차) 보통예금　　　　　　　　100,000,000원　(대) 제품매출　　　　　　　100,000,000원

[4] 10월 22일

　유형 : 53.면세, 공급가액 : 1,375,000원, 거래처 : 영건서점, 전자 : 여, 분개 : 현금 또는 혼합

　(차) 도서인쇄비(판)　　　　　　1,375,000원　(대) 현금　　　　　　　　　1,375,000원

[5] 11월 02일

　유형 : 22.현과, 공급가액 : 8,000,000원, 부가세 : 800,000원, 거래처 : 없음, 분개 : 혼합

　(차) 보통예금　　　　　　　　　8,800,000원　(대) 부가세예수금　　　　　　800,000원

　　　　　　　　　　　　　　　　　　　　　　　　제품매출　　　　　　　　8,000,000원

[6] 12월 19일

　유형 : 54.불공, 공급가액 : 500,000원, 부가세 : 50,000원, 거래처 : 홍성백화점, 전자 : 여,

　분개 : 카드 또는 혼합, 불공제사유 : ④ 기업업무추진비 및 이와 유사한 비용 관련

　(차) 기업업무추진비(판)　　　　　550,000원　(대) 미지급금(국민카드)　　　　550,000원

04　오류수정

[1] 07월 31일 일반전표입력

　• 수정 전 : (차) 퇴직급여(판)　　　14,000,000원　(대) 보통예금　　　　　14,000,000원

　• 수정 후 : (차) 퇴직연금운용자산　14,000,000원　(대) 보통예금　　　　　14,000,000원

[2] 10월 28일 매입매출전표입력

　• 수정 전 : 유형 : 51.과세, 공급가액 : 5,000,000원, 부가세 : 500,000원, 거래처 : 다다마트,

　　전자 : 여, 분개 : 현금

　　(차) 부가세대급금　　　　　　　500,000원　(대) 현금　　　　　　　　　5,500,000원

　　　　복리후생비(판)　　　　　5,000,000원

　• 수정 후 : 유형 : 54.불공, 공급가액 : 5,000,000원, 부가세 : 500,000원, 거래처 : 다다마트,

　　전자 : 여, 분개 : 현금 또는 혼합, 불공제사유 : ④ 기업업무추진비 및 이와 유사한 비용 관련

　　(차) 기업업무추진비(판)　　　5,500,000원　(대) 현금　　　　　　　　　5,500,000원

05　결산정리사항

[1] 12월 31일 일반전표입력

　　(차) 미수수익　　　　　　　　　150,000원　(대) 이자수익　　　　　　　　150,000원

　• 5,000,000원×6%×6/12＝150,000원

[2] 12월 31일 일반전표입력

　　(차) 외화환산손실　　　　　　　80,000원　(대) 외상매입금(상하이)　　　　80,000원

　• 외화환산손실 : (결산일 기준환율 1,040원×$2,000) − 장부금액 2,000,000원＝80,000원

[3] 1. [결산자료입력] 〉 기간 : 1월~12월 〉 F8 대손상각 〉 외상매출금 80,000원 입력, 받을어음 −30,000원 입력 〉 결산반영 〉 F3 전표추가

2. 또는 [결산자료입력] 〉 기간 : 1월~12월 〉 4. 판매비와 일반관리비 〉 5). 대손상각 〉 외상매출금 80,000원 입력, 받을어음 −30,000원 입력 〉 F3 전표추가

3. 또는 일반전표입력

(차) 대손상각비(835)	80,000원	(대) 대손충당금(109)		80,000원
대손상각비(835)	−30,000원	대손충당금(111)		−30,000원

또는

(차) 대손상각비(835)	50,000원	(대) 대손충당금(109)		80,000원
또는		대손충당금(111)		−30,000원

(차) 대손상각비(835)	80,000원	(대) 대손충당금(109)		80,000원
대손충당금(111)	30,000원	대손상각비(835)		30,000원

또는

(차) 대손상각비(835)	50,000원	(대) 대손충당금(109)		80,000원
대손충당금(111)	30,000원			

06 조회분석

[1] 700,000원

[매입매출장] 〉 조회기간 : 2025년 01월 01일~2025년 03월 31일 〉 구분 : 2.매출 〉 유형 : 22.현과

[2] 3,162,300원

[일(월)계표] 〉 조회기간 : 2025년 06월 01일~2025년 06월 30일 〉 5.제조원가 차변 현금액 확인

[3] 전설유통, 700,000원

[거래처원장] 〉 조회기간 : 2025년 01월 01일~2025년 06월 30일 〉 계정과목 : 251.외상매입금 조회

113회 전산회계 1급 기출문제 정답 및 해설

÷ 이론시험 ÷

·정답·

01 ③	02 ③	03 ③	04 ④	05 ①	06 ②	07 ④	08 ①	09 ①	10 ②
11 ②	12 ④	13 ③	14 ②	15 ④

01 ③ 회계는 발생주의를 기본적 특징으로 한다. 위 내용은 현금주의에 대한 설명이다.
① 기업실체의 가정, ② 계속기업의 가정, ④ 기간별보고의 가정에 대한 설명이다.

02 ③ 상품의 매입환출 및 매입에누리는 매출원가 계산 시 총매입액에서 차감하는 항목이다.

03 ③ 취득원가 23억 5,000만원＝매입금액 20억원＋자본화차입원가 1억 5,000만원＋취득세 2억원
• 관리 및 기타 일반간접원가는 판매비와관리비로서 당기 비용처리한다.

04 ④ 일반기업회계기준은 무형자산의 회계처리와 관련하여 영업권을 포함한 무형자산의 내용연수를 원칙적으로 20년을 초과하지 않도록 한정하고 있다.

05 ① 합계잔액시산표에 관한 설명으로 합계잔액시산표는 재무제표에 해당하지 않는다. 재무제표는 재무상태표, 손익계산서, 현금흐름표 및 자본변동표와 주석으로 구성되어 있다.
② 재무상태표, ③ 자본변동표, ④ 주석에 대한 설명이다.

06 ② 유동성장기부채는 비유동부채였으나 보고기간 종료일 현재 만기가 1년 이내 도래하는 부채를 의미하므로 영업주기와 관계없이 유동부채로 분류한다.

07 ④ 매도가능증권평가이익은 기타포괄손익누계액에 포함되는 항목으로 매도가능증권평가이익의 증감은 포괄손익계산서상의 기타포괄손익에 영향을 미친다.

08 ① 당기순손실 360,000원

기초상품 재고액	매입액	기말상품 재고액	매출원가	매출액	매출총이익	판매비와 관리비	당기순손익
219,000원	350,000원	110,000원	459,000원	290,000원	−169,000원	191,000원	−360,000원

09 ① 고정원가는 조업도가 증가할수록 단위당 원가는 감소한다.

10　② 단계배분법은 보조부문 상호 간의 용역수수관계를 일부 인식하는 방법이다.

11　② 당기총제조원가 2,300,000원 = 직접재료원가 1,150,000원 + 직접노무원가 450,000원 + 제조간접원가 700,000원
   - 직접재료원가 : 기초원재료 300,000원 + 당기원재료매입액 1,300,000원 – 기말원재료 450,000원 = 1,150,000원
   - 직접노무원가 : 당기지급임금액 350,000원 + 당기미지급임금액 250,000원 – 전기미지급임금액 150,000원 = 450,000원

12　④ 개별원가계산에 대한 설명이다.

13　③ 사업자등록을 한 일반과세자는 세금계산서를 발급할 수 있다.

14　② 중소기업의 외상매출금 및 미수금(이하 "외상매출금등"이라 한다)으로서 회수기일이 2년 이상 지난 외상매출금 등은 부가가치세법상 대손 사유에 해당한다. 다만, 특수관계인과의 거래로 인하여 발생한 외상매출금 등은 제외한다.

15　④ 위탁판매의 경우 부가가치세법상 공급시기는 위탁받은 수탁자 또는 대리인이 실제로 판매한 때이다(부가가치세법 시행령 제28조 제10항).

⊹ 실무시험 ⊹

01　기초정보관리 및 전기분재무제표
　　[1] [거래처등록] 〉 [일반거래처] 〉
　　　- 코드 : 00777
　　　- 거래처명 : 슬기로운㈜
　　　- 유형 : 3.동시
　　　- 사업자번호 : 253-81-13578
　　　- 대표자성명 : 김슬기
　　　- 업태 : 도매
　　　- 종목 : 금속
　　　- 사업장주소 : 부산광역시 부산진구 중앙대로 663(부전동)
　　[2] [계정과목및적요등록] 〉 134.가지급금 〉 대체적요란 〉 적요NO.8, 출장비 가지급금 정산
　　[3] [전기분 원가명세서] 〉
　　　- 임금 45,000,000원 → 47,200,000원 수정
　　　- 당기제품제조원가 398,580,000원 → 400,780,000원 변경 확인

[전기분 손익계산서] 〉 제품매출원가 〉
- 당기제품제조원가 398,580,000원 → 400,780,000원 수정
- 매출원가 391,580,000원 → 393,780,000원 변경 확인
- 급여 86,500,000원 → 84,300,000원 수정
- 당기순이익 74,960,000원 확인

[전기분재무상태표] 및 [전기분잉여금처분계산서] 변동 없음

02 일반전표입력

[1] 07월 15일

(차) 선급금((주)상수)	3,000,000원	(대) 당좌예금	3,000,000원

[2] 08월 05일

(차) 보통예금	864,000,000원	(대) 단기차입금(우리은행)	900,000,000원
선급비용	36,000,000원		

[3] 09월 10일

(차) 미지급금((주)대운)	1,000,000원	(대) 임차보증금((주)대운)	10,000,000원
보통예금	9,000,000원		

[4] 10월 20일

(차) 보통예금	1,300,000원	(대) 외상매출금((주)영광상사)	1,300,000원

[5] 11월 29일

(차) 매도가능증권(178)	20,240,000원	(대) 보통예금	20,240,000원

[6] 12월 08일

(차) 상품	7,560,000원	(대) 보통예금	7,560,000원

03 매입매출전표입력

[1] 08월 10일

유형 : 51.과세, 공급가액 : 950,000원, 부가세 : 95,000원, 거래처 : (주)산양산업, 전자 : 여,
분개 : 현금 또는 혼합

(차) 부가세대급금	95,000원	(대) 현금	1,045,000원
소모품	950,000원		

[2] 08월 22일

유형 : 52.영세, 공급가액 : 34,000,000원, 부가세 : 0원, 거래처 : (주)로띠상사, 전자 : 여, 분개 : 혼합

(차) 원재료	34,000,000원	(대) 지급어음	34,000,000원

[3] 08월 25일

유형 : 53.면세, 공급가액 : 800,000원, 거래처 : 송강수산, 전자 : 여, 분개 : 혼합

(차) 복리후생비(판)	500,000원	(대) 보통예금	800,000원
기업업무추진비(판)	300,000원		

[4] 10월 16일

유형 : 54.불공, 공급가액 : 2,100,000원, 부가세 : 210,000원, 거래처 : 상해전자(주), 전자 : 여,
분개 : 혼합, 불공제사유 : ② 사업과 직접 관련 없는 지출

(차) 가지급금(황동규)	2,310,000원	(대) 미지급금	2,310,000원

[5] 11월 04일

유형 : 17.카과, 공급가액 : 700,000원, 부가세 : 70,000원, 거래처 : 김은우, 분개 : 카드 또는 혼합,
신용카드사 : 신한카드

(차) 외상매출금	770,000원	(대) 부가세예수금	70,000원
		제품매출	700,000원

[6] 12월 04일

유형 : 57.카과, 공급가액 : 800,000원, 부가세 : 80,000원, 거래처 : (주)뚝딱수선,
분개 : 카드 또는 혼합, 신용카드사 : 하나카드

(차) 부가세대급금	80,000원	(대) 미지급금(하나카드)	880,000원
수선비(제)	800,000원		

04 오류수정

[1] 09월 09일 일반전표입력

- 수정 전 : (차) 보통예금　　　5,000,000원　(대) 장기차입금　　　5,000,000원
　　　　　　　　　　　　　　　　　　　　　　　　　((주)초록산업)

- 수정 후 : (차) 보통예금　　　5,000,000원　(대) 장기차입금　　　3,000,000원
　　　　　　　　　　　　　　　　　　　　　　　　　((주)초록산업)
　　　　　　　　　　　　　　　　　　　　　　　단기차입금　　　2,000,000원
　　　　　　　　　　　　　　　　　　　　　　　　　((주)초록산업)

　　　　　　　또는

　　　　　　(차) 보통예금　　　3,000,000원　(대) 장기차입금　　　3,000,000원
　　　　　　　　　　　　　　　　　　　　　　　　　((주)초록산업)
　　　　　　(차) 보통예금　　　2,000,000원　(대) 단기차입금　　　2,000,000원
　　　　　　　　　　　　　　　　　　　　　　　　　((주)초록산업)

[2] 10월 15일 일반전표 삭제 후 매입매출전표입력

- 수정 전 : 일반전표입력

(차) 차량유지비(판)	275,000원	(대) 현금	275,000원

- 수정 후 : 매입매출전표입력

유형 : 51.과세, 공급가액 : 250,000원, 부가세 : 25,000원, 거래처 : 바로카센터, 전자 : 여,
분개 : 현금 또는 혼합

(차) 부가세대급금	25,000원	(대) 현금	275,000원
차량유지비(판)	250,000원		

05 결산정리사항

[1] 12월 31일 일반전표입력

(차) 외화환산손실 200,000원 (대) 외상매입금(NOVONO) 200,000원

- 기말환산액 : $2,000 × 결산 시 기준환율 1,200원 = 2,400,000원
- 장부금액 : $2,000 × 매입 시 기준환율 1,100원 = 2,200,000원
- 외화환산손실 : 기말환산액 2,400,000원 − 장부금액 2,200,000원 = 200,000원, 외화부채이므로 외화환산손실로 처리한다.

[2] 12월 31일 일반전표입력

(차) 단기매매증권평가손실 2,000,000원 (대) 단기매매증권 2,000,000원

[3] 12월 31일 일반전표입력

(차) 선급비용 1,200,000원 (대) 보험료(제) 1,200,000원

06 조회분석

[1] 공급가액 5,100,000원, 세액 300,000원

[부가가치세신고서] 〉 조회기간 : 2025년 4월 1일~2025년 6월 30일 조회 〉 과세표준 및 매출세액 란 〉 예정신고누락분 금액 및 세액 확인(또는 7.매출(예정신고누락분) 합계 금액 및 세액 확인)

[2] 4월, 416,000원

[총계정원장] 〉 [월별] 탭 〉 기간 : 2025년 4월 1일~2025년 6월 30일 〉 계정과목 : 0511.복리후생비 조회

[3] 세경상사, 50,000,000원

[거래처원장] 〉 [잔액] 탭 〉 기간 : 2025년 1월 1일~2025년 4월 30일 〉 계정과목 : 0253.미지급금 조회

114회 전산회계 1급 기출문제 정답 및 해설

✦ 이론시험 ✦

·정답·

01 ②	02 ④	03 ②	04 ③	05 ②	06 ④	07 ①	08 ③	09 ①	10 ④
11 ④	12 ②	13 ②	14 ④	15 ③					

01 ② (차) 기계장치   27,500,000원(자산증가)   (대) 미지급금   27,500,000원(부채증가)

02 ④ 병원 사업장소재지의 토지 및 건물은 병원의 유형자산이다.

03 ② 2,100,000원＝취득원가 3,000,000원－감가상각누계액 900,000원
   - 1차연도 감가상각비 : (취득원가 3,000,000원－잔존가치 300,000원)×5/(5+4+3+2+1)
     ＝900,000원

04 ③ 52,000,000원＝신제품 특허권 구입 비용 30,000,000원+A기업의 상표권 구입 비용 22,000,000원
   - 연구단계에서 발생한 비용은 기간비용으로 처리한다.

05 ② 매도가능증권을 취득하는 경우에 발생한 수수료는 취득원가에 가산한다.

06 ④ 대손충당금은 자산의 채권 관련 계정의 차감적 평가항목이다.

07 ① 가, 라
   - 자본잉여금 : 주식발행초과금, 감자차익
   - 자본조정 : 자기주식처분손실, 주식할인발행차금

08 ③ (가)는 배당결의일의 회계처리이고, (나)는 배당지급일의 회계처리이다.

09 ① 원가행태에 따른 분류에는 변동원가, 고정원가, 혼합원가, 준고정원가가 있다.

10 ④ 당기총제조원가 2,800,000원＝당기제품제조원가 2,500,000원＋기말재공품 300,000원－기초재
   공품 0원
   - 당기제품제조원가 : 기말제품 500,000원+매출원가 2,000,000원－기초제품 0원＝2,500,000원

11 ④ 11,000개＝당기완성품 수량 8,000개＋기말재공품 완성품환산량 3,000개

12 ② 종합원가계산에 대한 설명이다.

13 ② 부가가치세법은 인적사항을 고려하지 않는 물세이다.

14 ④ 부동산임대업자가 해당 사업에 사용하던 건물을 매각하는 경우는 과세 대상이다.

15 ③ 괄호 안에 들어갈 내용은 과세표준이다(가. 부가가치세법 제37조 제1항, 나. 동법 제29조 제1항, 다. 동법 제29조 제2항)

✦ 실무시험 ✦

01 기초정보관리 및 전기분재무제표
[1] [거래처등록] 〉
  • 코드 : 00500
  • 거래처명 : 한국개발
  • 유형 : 3.동시
  • 사업자등록번호 : 134-24-91004
  • 대표자성명 : 김한국
  • 업태 : 정보통신업
  • 종목 : 소프트웨어개발
  • 주소 : 경기도 성남시 분당구 판교역로192번길 12 (삼평동)
[2] [계정과목및적요등록] 〉 862.행사지원비 〉 성격 : 3.경비 〉 현금적요 NO.1, 행사지원비 현금 지급 〉 대체적요 NO.1, 행사지원비 어음 발행
[3] [전기분원가명세서] 〉
  • 부재료비 〉 당기부재료매입액 3,000,000원 추가입력
  • 당기제품제조원가 87,250,000원 → 90,250,000원으로 변경 확인
  [전기분손익계산서] 〉
  • 당기제품제조원가 87,250,000원 → 90,250,000원
  • 당기순이익 81,210,000원 → 78,210,000원으로 변경 확인
  [전기분잉여금처분계산서] 〉 F6불러오기
  • 당기순이익 81,210,000원 → 78,210,000원으로 변경 확인
  • 미처분이익잉여금 93,940,000원 → 90,940,000원으로 변경 확인
  [전기분재무상태표] 〉
  • 이월이익잉여금 90,940,000원으로 수정
  • 외상매입금 90,000,000원으로 수정

02 일반전표입력

[1] 07월 05일

(차) 퇴직급여(판)　　　　　　3,000,000원　　(대) 보통예금　　　　　　　3,000,000원

[2] 07월 25일

(차) 보통예금　　　　　　　4,400,000원　　(대) 외상매출금((주)고운상사)　9,900,000원

　　받을어음((주)고운상사)　5,500,000원

[3] 08월 30일

(차) 보통예금　　　　　　　45,000,000원　　(대) 받을어음((주)재원)　　50,000,000원

　　매출채권처분손실　　　　5,000,000원

[4] 10월 03일

(차) 보통예금　　　　　　　2,300,000원　　(대) 배당금수익　　　　　　2,300,000원

[5] 10월 31일

(차) 급여(판)　　　　　　　4,900,000원　　(대) 예수금　　　　　　　　381,080원

　　　　　　　　　　　　　　　　　　　　　　　보통예금　　　　　　　4,518,920원

[6] 12월 21일

(차) 당좌예금　　　　　　　8,450,000원　　(대) 사채　　　　　　　　　8,000,000원

　　　　　　　　　　　　　　　　　　　　　　　사채할증발행차금　　　　450,000원

03 매입매출전표입력

[1] 07월 20일

유형 : 16.수출, 공급가액 : 6,000,000원, 부가세 : 0원, 거래처 : NDVIDIA, 분개 : 외상 또는 혼합,

영세율구분 : ① 직접수출(대행수출 포함)

(차) 외상매출금(NDVIDIA)　6,000,000원　　(대) 제품매출　　　　　　　6,000,000원

[2] 07월 23일

유형 : 13.면세, 공급가액 : 65,000,000원, 거래처 : 돌상상회, 전자 : 여, 분개 : 혼합

(차) 보통예금　　　　　　　30,000,000원　　(대) 토지　　　　　　　　　62,000,000원

　　미수금　　　　　　　　35,000,000원　　　유형자산처분이익　　　　3,000,000원

[3] 08월 10일

유형 : 57.카과, 공급가액 : 4,000,000원, 부가세 : 400,000원, 거래처 : 광고닷컴,

분개 : 카드 또는 혼합, 신용카드사 : 현대카드

(차) 부가세대급금　　　　　400,000원　　(대) 미지급금(현대카드)　　4,400,000원

　　광고선전비(판)　　　　4,000,000원

[4] 08월 17일

유형 : 51.과세, 공급가액 : 12,000,000원, 부가세 : 1,200,000원, 거래처 : (주)고철상사, 전자 : 여, 분개 : 혼합

(차) 원재료	12,000,000원	(대) 지급어음	5,000,000원
부가세대급금	1,200,000원	외상매입금	8,200,000원

[5] 08월 28일

유형 : 61.현과, 공급가액 : 500,000원, 부가세 : 50,000원, 거래처 : (주)와마트, 분개 : 현금 또는 혼합

(차) 비품	5,000,000원	(대) 현금	5,500,000원
부가세대급금	500,000원		

[6] 11월 08일

유형 : 54.불공, 공급가액 : 25,000,000원, 부가세 : 2,500,000원, 거래처 : 대박호텔(주), 전자 : 여, 분개 : 혼합, 불공제사유 : ② 사업과 직접 관련 없는 지출

(차) 가지급금(김영순)	27,500,000원	(대) 보통예금	27,500,000원

04 오류수정

[1] 11월 12일 매입매출전표입력

- 수정 전 : 유형 : 51.과세, 공급가액 : 90,909원, 부가세 : 9,091원, 거래처 : 호호꽃집, 전자 : 여, 분개 : 혼합

(차) 소모품비(판)	90,909원	(대) 보통예금	100,000원
부가세대급금	9,091원		

- 수정 후 : 유형 : 53.면세, 공급가액 : 100,000원, 거래처 : 호호꽃집, 전자 : 여, 분개 : 혼합

(차) 소모품비(판)	100,000원	(대) 보통예금	100,000원

[2] 12월 12일 매입매출전표입력

- 수정 전 : 유형 : 51.과세, 공급가액 : 80,000,000원, 부가세 : 8,000,000원, 거래처 : (주)베스트디자인, 전자 : 여, 분개 : 혼합

(차) 수선비(판)	80,000,000원	(대) 보통예금	88,000,000원
부가세대급금	8,000,000원		

- 수정 후 : 유형 : 51.과세, 공급가액 : 80,000,000원, 부가세 : 8,000,000원, 거래처 : (주)베스트디자인, 전자 : 여, 분개 : 혼합

(차) 건물	80,000,000원	(대) 보통예금	88,000,000원
부가세대급금	8,000,000원		

05 결산정리사항

[1] 12월 31일 일반전표입력

(차) 단기매매증권	2,500,000원	(대) 단기매매증권평가이익	2,500,000원

[2] 12월 31일 일반전표입력

    (차) 장기대여금(GODS사)　　　　　140.000원　　(대) 외화환산이익　　　　　　　140.000원

    • ($2,000×1,120원/$)−2,100,000원=140,000원

[3] 1. [결산자료입력]〉9. 법인세등〉1). 선납세금 결산반영금액 7,000,000원 입력, 2). 추가계상액
    결산반영금액 8,000,000원 입력〉F3전표추가

   2. 또는 12월 31일 일반전표입력

    (차) 법인세등　　　　　　　15,000,000원　　(대) 선납세금　　　　　　　7,000,000원

    　　　　　　　　　　　　　　　　　　　　　　　미지급세금　　　　　　　8,000,000원

06 조회분석

[1] 기업업무추진비, 50,000원

    [일계표(월계표)]〉[월계표] 탭〉조회기간 : 2025년 03월~2025년 03월

[2] 5,730,000원=미수금 22,530,000원−미지급금 16,800,000원

    [재무상태표] 기간 : 2025년 02월 조회

[3] 3,060,000원

    [부가가치세신고서]〉조회기간 : 4월 1일~6월 30일〉공제받지못할매입세액(16)란의 세액 확인

115회 전산회계 1급 기출문제 정답 및 해설

÷ 이론시험 ÷

· 정답 ·

01 ④	02 ④	03 ②	04 ③	05 ①	06 ①	07 ③	08 ③	09 ①	10 ③
11 ③	12 ①	13 ③	14 ④	15 ③					

01 ④ 재무제표의 기본가정 중 기간별 보고의 가정이 기말결산정리의 근거가 되는 가정이다.

02 ④ 선수수익은 유동부채 항목이다.

03 ② 선입선출법에 대한 설명으로, 먼저 입고된 자산이 먼저 출고된 것으로 가정하여 입고 일자가 빠른 원가를 출고 수량에 먼저 적용하는 방법이다. 선입선출법은 실제 물량 흐름과 원가 흐름의 가정이 유사하다는 장점이 있으나, 수익·비용 대응의 원칙에 부적합하고, 물가 상승 시 이익이 과대 계상되는 단점이 있다.

04 ③ 건물 내부의 조명기구를 교체하는 지출은 수선유지를 위한 지출에 해당하며 이는 자본적 지출에 해당하지 않으므로 발생한 기간의 비용으로 인식한다.

05 ① 무형자산의 잔존가치는 원칙적으로 '0'인 것으로 본다.

06 ① 임차보증금은 기타비유동자산으로서 자산계정에 해당한다.

07 ③ 자기주식은 자본조정 항목이고, 자기주식처분이익과 감자차익, 주식발행초과금은 자본잉여금 항목이다.

08 ③ 영업이익 100,000원 = 순매출액 490,000원 − 매출원가 330,000원 − 판매비와관리비 60,000원
   • 순매출액 : 총매출액 500,000원 − 매출할인 10,000원 = 490,000원
   • 매출원가 : 기초재고 50,000원 + (당기총매입액 300,000원 − 매입에누리 20,000원) = 330,000원
   • 판매비와관리비 : 급여 20,000원 + 통신비 5,000원 + 감가상각비 10,000원 + 임차료 25,000원
     = 60,000원
   • 이자비용과 유형자산처분손실은 영업외비용, 배당금수익은 영업외수익이다.

09 ① 보조부문의 원가 배분방법으로는 직접배분법, 단계배분법 및 상호배분법이 있으며, 이들 배분 방법에 관계없이 전체 보조부문의 원가는 동일하다.

10 ③ 나, 마
- 가, 라 : 원가행태에 따른 분류
- 나, 마 : 의사결정과의 관련성에 따른 분류
- 다, 바 : 원가 추적가능성에 따른 분류

11 ③ • 제조간접원가 예정배부율 : 3,800,000원/80,000시간＝47.5원/기계작업시간
- 제조간접원가 예정배부액 : 11,000시간(#200 실제기계작업시간)×47.5원/기계작업시간
  ＝522,500원

12 ① 평균법과 선입선출법에 의한 완성품 환산량의 차이는 기초재공품의 차이에서 발생한다.

13 ③ 사업자단위과세사업자는 모든 사업장의 부가가치세를 총괄하여 신고 및 납부할 수 있다.

14 ④ 사업자가 부가가치세를 면제받아 공급받거나 수입한 농·축·수산물 또는 임산물을 원재료로 하여 제조·가공한 재화 또는 창출한 용역의 공급에 대하여 부가가치세가 과세되는 경우 면세 농산물 등에 매입세액이 있는 것으로 보아 매입세액을 공제할 수 있다(부가가치세법 제42조).

15 ③ 내국신용장 또는 구매확인서에 의하여 공급하는 재화는 세금계산서 발급 의무가 있다(부가가치세법 제33조 제1항 및 시행령 제71조 제1항).

✛ 실무시험 ✛

01 기초정보관리 및 전기분재무제표
[1] [거래처등록] 〉
- 거래처코드 : 02411
- 거래처명 : ㈜구동컴퓨터
- 등록번호 : 189-86-70759
- 유형 : 3.동시
- 대표자 : 이주연
- 업태 : 제조
- 종목 : 컴퓨터 및 주변장치
- 사업장주소 : 울산광역시 울주군 온산읍 종동길 102

[2] [계정과목및적요등록] 〉 821.보험료
- 현금적요 NO.7, 경영인 정기보험료 납부
- 대체적요 NO.5, 경영인 정기보험료 미지급
- 대체적요 NO.6, 경영인 정기보험료 상계

[3] [거래처별초기이월]〉

  1. 선급금 〉
- 공상㈜ 1,873,000원 입력
- 해원전자㈜ 1,320,000원 → 2,320,000원으로 수정

  2. 선수금 〉
- ㈜유수전자 210,000원 → 2,100,000원으로 수정
- 데회전자 500,000원 삭제(또는 금액을 0원으로 수정)

02 일반전표입력

[1] 07월 28일

(차) 외상매입금((주)경재전자)	2,300,000원	(대) 지급어음((주)경재전자)	2,000,000원
		채무면제이익	300,000원

[2] 09월 03일

(차) 단기차입금(하나은행)	82,000,000원	(대) 보통예금	84,460,000원
이자비용	2,460,000원		

[3] 09월 12일

(차) 보통예금	13,800,000원	(대) 외상매출금(DOKY사)	14,000,000원
외환차손	200,000원		

[4] 10월 07일

(차) 보통예금	7,000,000원	(대) 자본금	5,000,000원
		주식할인발행차금	1,000,000원
		주식발행초과금	1,000,000원

[5] 10월 28일

(차) 퇴직급여(제)	8,000,000원	(대) 보통예금	12,000,000원
퇴직급여(판)	4,000,000원		

[6] 11월 12일

(차) 보통예금	2,500,000원	(대) 대손충당금(109)	2,500,000원

03 매입매출전표입력

[1] 07월 03일

유형 : 57.카과, 공급가액 : 300,000원, 부가세 : 30,000원, 거래처 : 맛나도시락,
분개 : 카드 또는 혼합, 신용카드사 : 현대카드

(차) 부가세대급금	30,000원	(대) 미지급금(현대카드)	330,000원
복리후생비(판)	300,000원		

[2] 08월 06일

  유형 : 14.건별, 공급가액 : 1,200,000원, 부가세 : 120,000원, 거래처 : 최한솔, 분개 : 현금 또는 혼합

  (차) 현금   1,320,000원   (대) 부가세예수금   120,000원

                                      잡이익   1,200,000원

[3] 08월 29일

  유형 : 12.영세, 공급가액 : 5,200,000원, 거래처 : (주)선월재, 전자 : 여, 분개 : 혼합,

  영세율구분 : ③ 내국신용장·구매확인서에 의하여 공급하는 재화

  (차) 현금   500,000원   (대) 제품매출   5,200,000원

    외상매출금   4,700,000원

[4] 10월 15일

  유형 : 11.과세, 공급가액 : 10,000,000원, 부가세 : 1,000,000원, 거래처 : (주)우성유통, 전자 : 여,

  분개 : 혼합

  (차) 받을어음(하움공업)   8,000,000원   (대) 부가세예수금   1,000,000원

    외상매출금   3,000,000원   제품매출   10,000,000원

[5] 10월 30일

  유형 : 55.수입, 공급가액 : 6,000,000원, 부가세 : 600,000원, 거래처 : 인천세관, 전자 : 여, 분개 : 혼합

  (차) 부가세대급금   600,000원   (대) 당좌예금   600,000원

[6] 12월 02일

  유형 : 62.현면, 공급가액 : 275,000원, 거래처 : 두나과일, 분개 : 현금 또는 혼합

  (차) 복리후생비(제)   275,000원   (대) 현금   275,000원

04 오류수정

[1] 11월 01일 일반전표입력

  • 수정 전 : (차) 단기매매증권   12,120,000원 (대) 현금   12,120,000원

  • 수정 후 : (차) 단기매매증권   12,000,000원 (대) 현금   12,120,000원

            수수료비용(984)   120,000원

[2] 11월 26일 매입매출전표입력

  • 수정 전 : 유형 : 51.과세, 공급가액 : 800,000원, 부가세 : 80,000원, 거래처 : (주)산들바람,

    전자 : 부, 분개 : 혼합

    (차) 소모품비(제)   800,000원   (대) 현금   880,000원

      부가세대급금   80,000원

  • 수정 후 : 유형 : 54.불공, 공급가액 : 800,000원, 부가세 : 80,000원, 거래처 : (주)산들바람,

    전자 : 부, 분개 : 현금 또는 혼합, 불공제사유 : ④ 기업업무추진비 및 이와 유사한 비용 관련

    (차) 기업업무추진비(제)   880,000원   (대) 현금   880,000원

05 결산정리사항

[1] 12월 31일 일반전표입력

(차) 부가세예수금	14,630,000원	(대) 부가세대급금	22,860,000원
미수금	8,230,000원		

[2] 12월 31일 일반전표입력

(차) 미수수익	525,000원	(대) 이자수익	525,000원

• 당기분 이자 : 30,000,000원×7%×3/12＝525,000원

[3] 12월 31일 일반전표입력

(차) 장기차입금(신한은행)	13,000,000원	(대) 유동성장기부채(신한은행)	13,000,000원

06 조회분석

[1] 민선전자, 36,603,000원

[거래처원장]〉[잔액]〉조회기간 : 1월 1일~6월 30일〉계정과목 : 251.외상매입금 조회 확인

[2] 2월, 800,000원

[총계정원장]〉기간 : 1월 1일~3월 31일 → 계정과목 : 소모품비(830) 조회

[3] 2매, 440,000원

세금계산서합계표〉2025년 4월~2025년 6월 조회〉매입〉㈜하이일렉의 매수와 세액 확인

AUTHOR
저자 소개

공경태

약력
- 충북대학교 일반대학원 회계학과 경영학박사(세무회계 전공)
- 서울디지털대학교 세무회계학과 교수
- 한국산업인력공단 과정평가형(사무자동화산업기사/전산회계운용사) 국가기술자격 시험출제위원 및 외부심사평가위원
- 한국생산성본부 ERP 정보관리사 시험출제위원
- 한국공인회계사회 FAT/TAT 시험출제 및 선정위원, 채점위원장
- 전국상업경진대회 시험출제 및 감수위원
- 직업훈련교사 회계 1급, ERP 정보관리사 1급(인사·회계·생산·물류), 전산세무 1급, TAT 1급 등 다수 자격증 보유
- 직업훈련교사 독공회계 1급, ERP 정보관리사

저서
- 독공 전산세무 1,2급, 독공 전산회계 1,2급, 독공 TAT(세무실무) 1,2급, 독공 FAT(회계실무) 1,2급 (박문각출판)

박병규

약력
- 수원대학교 회계학과 졸업
- 인성회계직업전문학원 대표 회계강사
- 직업능력개발교사(회계, 재무, 생산관리, 일반판매, e-비지니스)
- 전산회계운용사 1급, 전산세무 1급, TAT(세무정보처리) 1급, ERP 정보관리사 1급(인사·회계·생산·물류) 등 자격증 보유

저서
- 독공 전산세무 1,2급, 독공 전산회계 1,2급, 독공 TAT(세무실무) 1,2급, 독공 FAT(회계실무) 1,2급 (박문각출판)

수상내역
- 2022년 직업능력의 달 "국무총리 표창장"
- 제21회, 제22회 전국 전산회계 경진대회 표창장
- 제8회 공인회계사회 TAT 2급 "AT Award 표창장"

강만성

약력
- 전주대학교 경상대학 졸업(회계학 전공)
- 한길IT경영아카데미학원 원장 겸 대표강사(회계,세무)
- 前 대영직업전문학교 전산세무 전임강사, 논산새일센터 전임강사(회계), 前 익산새일센터 전임강사(세무)

저서
- 독공 전산세무 1,2급, 독공 전산회계 1,2급, 독공 TAT(세무실무) 1,2급, 독공 FAT(회계실무) 1,2급 (박문각출판)

■ 정혜숙

약력
- 충북대학교 일반대학원 회계학과 경영학 석사(회계학 전공)
- 한국기술교육대학교 직업능력개발원 전공역량보수교육 교수
- 한국산업인력공단 과정평가형(전산회계운용사) 국가기술자격 시험출제위원 및 외부심사평가위원
- 한국생산성본부 ERP 정보관리사 시험출제위원
- 전국상업경진대회 시험출제 및 감수위원
- 한국세무사회 자격시험 T/F위원
- 성결대학교 교양학부, 대한상공회의소 인천인력개발원 외 다수 강의
- 에듀윌, EBS 플러스2 교육방송 ERP 정보관리사 생산·물류, AT자격시험 온라인 강의

저서
- 독공 전산세무 1,2급, 독공 전산회계 1,2급, 독공 TAT(세무실무) 1,2급, 독공 FAT(회계실무) 1,2급 (박문각출판)

■ 김현상

약력
- 회계학 박사
- 두풍회계직업전문학교 학장
- 대구대학교, 선린대학교 겸임교수, 동국대학교, 울산대학교 출강
- 한국회계학회, 한국전산회계학회, 한국산업정보학회 회원

상훈사항
- 직업훈련기관 대표 고용노동부장관 표창

저서 및 논문
- 독공 전산세무 1,2급, 독공 전산회계 1,2급, 독공 TAT(세무실무) 1,2급, 독공 FAT(회계실무) 1,2급 (박문각출판)
- 김현상의 회계실무강좌 (경영과 회계)
- 월별세무업무 실무해설 (경영과 회계)
- 기업회계와 세무회계실무해설 (경영과 회계)
- 생활속의 세금이야기 생활세금 (경영과 회계)
- ERP 실무 −ERP실무2급용 핵심ERP (도서출판 글로벌)
- 개인의 성격유형이 ERP수용에 미치는 영향에 관한 탐색적 연구 (한국산업정보학회 최우수논문상)
- 회계처리 형태에 따른 회계정보 활용에 관한 연구 (한국전산회계학회 전산회계연구)
- ERP 시스템의 내부통제와 품질요인의 관계에 관한 연구 (한국전산회계학회)

■ 이동하

약력
- 경일대학교 경영학박사(세무,회계학)
- 구미직업능력개발학원 원장
- 내일뉴스 발행인
- 구미대학교 스마트경영과 겸임교수

기타
- 구미직업능력개발학원 고용노동부 우수훈련기관 선정(2019년~2022년, 2023년~2027년)

제4판 인쇄 2025. 1. 10. | **제4판 발행** 2025. 1. 15. | **편저자** 공경태, 김현상, 박병규, 정혜숙, 강만성, 이동하
발행인 박 용 | **발행처** (주)박문각출판 | **등록** 2015년 4월 29일 제2019-000137호
주소 06654 서울시 서초구 효령로 283 서경 B/D 4층 | **팩스** (02)723-6870
전화 교재 문의 (02)723-6869

정가 26,000원
ISBN 979-11-7262-257-2